权威·前沿·原创

皮书系列为
“十二五”“十三五”国家重点图书出版规划项目

山东社会科学院创新工程重大项目

山东社会形势分析与预测（2019）

THE ANALYSIS AND FORECAST OF SHANDONG'S SOCIETY (2019)

山东乡村振兴与农村社会发展

主　编／侯小伏
副主编／陈建伟

社会科学文献出版社
SOCIAL SCIENCES ACADEMIC PRESS (CHINA)

图书在版编目（CIP）数据

山东社会形势分析与预测．2019：山东乡村振兴与农村社会发展／侯小伏主编．--北京：社会科学文献出版社，2019.8

（山东蓝皮书）

ISBN 978-7-5201-5195-5

Ⅰ．①山…　Ⅱ．①侯…　Ⅲ．①社会分析-山东-2019 ②社会预测-山东-2019　Ⅳ．①D668

中国版本图书馆 CIP 数据核字（2019）第 179853 号

山东蓝皮书
山东社会形势分析与预测（2019）
——山东乡村振兴与农村社会发展

主　　编／侯小伏
副 主 编／陈建伟

出 版 人／谢寿光
组稿编辑／宋月华
责任编辑／韩莹莹
文稿编辑／朱子晔

出　　版／社会科学文献出版社·人文分社（010）59367215
地址：北京市北三环中路甲 29 号院华龙大厦　邮编：100029
网址：www.ssap.com.cn
发　　行／市场营销中心（010）59367081　59367083
印　　装／天津千鹤文化传播有限公司

规　　格／开 本：787mm×1092mm　1/16
印 张：20.5　字 数：337 千字
版　　次／2019 年 8 月第 1 版　2019 年 8 月第 1 次印刷
书　　号／ISBN 978-7-5201-5195-5
定　　价／138.00 元

《山东社会形势分析与预测（2019）》
编　委　会

主要编撰者简介

侯小伏　女，山东威海人，研究员。山东社会科学院省情与社会发展研究院院长。主要研究领域：农村社会学、发展社会学、组织社会学。主要研究成果：《打开另一扇门：中国社团组织的现状与发展》（专著）、《英国环境管理的公众参与及其对中国的启示》（论文）、《国家能力建设与社会组织统战工作》（论文）、《以资源整合服务下沉推动社会治理创新》（论文）、《社会项目与民主、平等及经济增长》（论文）、《山东省扩大内需提升消费的社会支持条件》（论文）、《集体消费理论视角下基本公共服务供给侧改革的着力点》（论文）、《山东省城乡结合部社区建设调查》（研究报告）、《社会保障满意度的相关因素研究》（论文/合著）等。

李　爱　女，山东蓬莱人，研究员。山东社会科学院省情与社会发展研究院研究人员。主要研究领域：社会保障学、发展社会学、人口社会学。主要研究成果：《农村劳动力转移中的政府行为》（专著）、《新时期我国农村社会结构变迁研究》（论文）、《统筹发展城乡社会保障制度研究》（论文）、《我国农村剩余劳动力的转移与问题》（论文）、《农村新型合作医疗体系建设问题研究》（论文）、《山东省深化医药卫生体制改革绩效研究》（研究报告）、《我国老年长期护理服务体系建设研究》（论文）等。

陈建伟　男，山东蒙阴人，博士。山东社会科学院省情与社会发展研究院研究人员。主要研究领域：社会分层与流动、就业与工作质量。主要研究成果：《当代社会学中的阶级分析——理论视角和分析范式》（论文/合著）、《权威阶层体系的构建——基于工作状况和组织权威的分析》（论文/合著）、《以结构调整提升就业水平》（论文）、《时空结构中的资源、权力与实践》（论文）、《我国城市新区义务教育服务设施配置研究》（论文/合著）、《从工作质量角度推动就业研究》（论文）等。

前　言

实施乡村振兴战略，是党的十九大做出的重大决策部署，是决胜全面建成小康社会、全面建设社会主义现代化国家的重大历史任务。习近平总书记在参加十三届全国人大一次会议山东代表团审议时，就实施乡村振兴战略，特别是推动产业振兴、人才振兴、文化振兴、生态振兴、组织振兴和乡村振兴健康有序进行做出重要指示，要求山东充分发挥农业大省优势，打造乡村振兴的齐鲁样板。2018 年，山东省委、省政府认真落实习近平总书记重要指示精神，以打造乡村振兴的“齐鲁样板”为目标，大力推进乡村振兴战略。2018 年 5 月，山东省率先发布《山东省乡村振兴战略规划（2018～2022 年）》，并编制了产业、人才、文化、生态、组织“五个振兴”专项工作方案。一年来，山东省的农业、农村、农民工作取得显著成绩。农业“新六产”培育壮大，田园综合体、休闲农业、乡村旅游、农村电商等快速发展。农村集体产权制度改革升级为国家整省试点，农民合作社、家庭农场分别达到 20.30 万家和 6.37 万家。农村人居环境整治三年行动顺利推进，美丽村居建设“四一三”行动①启动实施。新时代文明实践中心建设试点工作全面启动，村级综合性文化服务中心基本实现全覆盖。省标以下 17.2 万名贫困人口全部脱贫，基本完成脱贫任务。在新型职业农民培育、保障和改善民生、农村地区改厕、特色小镇建设等方面也都取得可喜进展。可以说，2018 年是山东省农村地区发展史上具有里程碑意义的一年。

为全面反映当前山东省农村地区的生产、生态、生活状况，为乡村振兴战略的深入实施提供基础省情数据和科学决策支持，山东社会科学院于 2018 年

① 山东省美丽村居建设“四一三”行动，指建设胶东、鲁中、鲁西南、鲁西北 4 大风貌区，胶东海滨、沂蒙山区、黄河沿岸、大运河沿线、青兰－京沪高速沿线、日兰高速沿线、京沪高铁－京台高速沿线、滨莱－京沪高速沿线、荣乌－长深高速沿线、青银－荣潍－沈海高速沿线等 10 条风貌带，培育 300 个美丽村居示范村，着力打造乡村振兴齐鲁样板。

继续开展山东省经济社会综合调查。2018 年，山东省经济社会综合调查紧紧围绕“乡村振兴”这一主题，涵盖农村土地流转、农村宅基地利用、农民生产经营、农村生态环保、农村文化生活、农民医疗和养老保障、农村社区治理等方面，力求全方位、多角度、广覆盖地获取与乡村振兴有关的微观数据。2018 年度的调查对全省 10 个市 20 个县（区）的 300 个村庄进行入户问卷访问，并首次采用计算机辅助面访系统（CAPI），大大提高了调查执行、数据审核和整理的效率，并有效保证了问卷数据的准确性和完整性。以山东省经济社会综合调查数据为基础，2019 年的山东蓝皮书·社会延续 2018 年的做法，突出报告的数据分析支撑，定量描述全省农业农村的发展现状、存在的问题，分析各项指标与规划预期目标或全国平均水平之间的差距，并进行综合趋势性判断。在具体的篇章组织上，2019 年的山东蓝皮书·社会强调点面结合、统筹兼顾。一方面，蓝皮书围绕乡村产业振兴、人才振兴、生态振兴、文化振兴和组织振兴等“五大振兴”任务，分析了山东省农村的生产经营情况和新型职业农民培育情况、农村生态文明建设情况、农村文化建设情况、农村社区治理情况，以及农村地区养老和医疗保障等民生发展情况；另一方面，蓝皮书选取了与实施乡村振兴战略密切相关的几个领域，对近年来特别是 2018 年的山东省小城镇建设发展情况、农村“厕所革命”开展情况，以及农村青年发展和基层团组织建设情况等进行了具体分析，剖析了存在的问题，并提出了相应的政策建议。

综合分析各篇报告可以得出结论，实施乡村振兴战略是恰逢其时、恰在其势。山东省实施乡村振兴战略已具备良好的基础和条件。近年来，山东省农业综合生产能力不断巩固，全省主要农产品产量、农产品出口额、农业增加值长期位居全国前列；农业产业化经营规模不断壮大，农民合作社的吸引力越来越强，合作社成员数和带动非成员农户数均突破 500 万；农村基础设施建设不断加强，自来水、乡村公路、无害化厕所、移动互联网等建设全面提速，农民生产生活条件显著改善。但与此同时，山东省农村地区发展不平衡不充分的问题依然突出。农村劳动力数量和结构矛盾日益凸显，部分农村的“村庄空心化、农户空巢化、农民老龄化”问题不断加剧。土地碎片化问题严重，如何实现小农户与现代大农业有机衔接的问题还没有得到解决。村庄建设缺乏规划，存在宅基地多占问题，闲置宅基地没有得到充分利用。农村环境污染和生态破坏未得到有效遏制，人们的环境意识与环境行为存在一定的分离。一些农村地区的陈规陋习没有得到有效扭转，公共文化服务供给与农民文化需求衔接不畅的问题较为突出。实施乡村振兴战略，就是要坚持把解决好“三农”问题作为全党工作的重中之重，坚持农业农村优先发展，让农业成为有奔头的产业，让农民成为有吸引力的职业，让农村成为安居乐业的美丽家园。2019 年山东省政府工作报告提出，要通过探索土地规模化经营、村庄布局调整、美丽乡村和田园综合体建设与乡村“五个振兴”统筹推进机制，高起点打造乡村振兴齐鲁样板。随着农村集体产权制度改革的不断深化，现代农业生产体系、经营体系的加快构建，特别是农村一、二、三产业融合发展的有力推进，农业的全产业链增值收益会不断提高，农民就业创业的渠道会更加宽广，农村的发展机会将越来越多。总之，在新时代的山东，“农村天地广阔、大有可为”。

2018 年是山东省谋篇布局的一年，2019 年则是狠抓落实的一年。打造乡村振兴齐鲁样板，是习近平总书记赋予新时代山东的重大使命。再创“全国农业看山东”的辉煌，既需要搞好顶层设计、排兵布阵的工作，也需要全省广大干部群众真抓实干、埋头苦干。“潮平两岸阔，风正一帆悬”，在中央的坚强领导下，在历年打下的厚实基础上，山东省的“三农”工作一定会取得更大的成绩，山东农村一定会变得更加富饶、和谐、美丽。

侯小伏　陈建伟

2019 年 3 月

摘　要

本书是山东社会科学院2019年蓝皮书系列之一。2019年度山东蓝皮书·社会的主题是山东乡村振兴与农村社会发展。

2018年是乡村振兴战略开局之年。本书总报告以“打造乡村振兴的齐鲁样板”为主题，分析了2018年山东省乡村振兴的进展状况，指出山东省农业、农村、农民发展存在的突出短板，预测了山东省2019年乡村振兴的走势，提出2019年以城乡融合和制度创新为核心，推进乡村振兴规划落地落实的建议。

本书认为，2018年山东省委、省政府带领全省人民站在新起点、谋划新作为，把乡村振兴战略与脱贫攻坚、美丽乡村建设紧密结合起来，坚定不移地推进农业供给侧改革。山东省率先行动，科学设计，出台实施乡村振兴“1+1+5+N”政策规划体系，方向明确，路径清晰。山东聚合资源，全面发力，“十百千”示范创建工程全面展开，省级涉农资金统筹整合成效明显。农业“新六产”培育壮大，田园综合体、休闲农业、乡村旅游、农村电商等快速发展，农民合作社、家庭农场等新型农业经营主体逐渐成为乡村振兴的“主力军”。农村集体产权制度改革升级为国家整省试点，首个国家农业开放发展综合试验区在潍坊设立。农村人居环境整治三年行动顺利推进，美丽村居建设“四一三”行动启动实施。开启土地利用制度改革，探索盘活农村闲散土地，进一步释放乡村发展活力。聚焦培养好、引进来、沉得下、留得住，以务实管用的人才政策推动乡村人才振兴。以基层党组织建设带动乡村治理，铸魂塑形乡村文明，促使支持乡村振兴的力量进一步凝聚。一年的探索和实践，迅速打开了乡村振兴“齐鲁样板”打造的新局面，乡村的产业、人才、文化、生态、组织“五大振兴”开局有力，成效初显。

本书认为，山东省农村社会发展存在农业现代化的短板、农民增收的短项、农村基础设施和公共服务的短板、城乡融合发展的制度供给短缺的短板、乡村振兴中农民主体性作用发挥的短板，需要在2019年的乡村振兴战略实施中加以重点解决。2019 年山东农业农村形势发展将呈现如下特点："农村人居环境整治"作为乡村振兴的第一场硬仗将取得实质性进展，各具特色的美丽村庄即将跃然而出；农村一、二、三产业融合发展将得到前所未有的重视和培育壮大，新的产业园区、"新六产"融合示范区将有大的发展；农村土地制度创新和制度供给将进一步加强，土地要素在乡村振兴中的作用有望被激活；农村集体产权制度改革整省试点进一步深化，农村集体资产股权质押贷款试点将缓解农民贷款的"担保难"。

本书提出，2018 年齐鲁大地乡村振兴的美好蓝图已经绘好，2019 年乡村振兴齐鲁样板的打造应以城乡融合和制度创新为核心，围绕破解投入不足、用地缺乏、人才制约等难题，推动乡村振兴规划进一步落地实施。2019 年应着重在以下方面发力，并寻求突破：大力发展规模化、集约化、绿色化、工业化、社会化的现代农业；深化"十百千"示范创建，探索村庄布局调整、美丽乡居建设和农村土地制度改革统筹推进；充分发挥新型城镇化对乡村振兴的促进作用，下大力气补齐农村基本公共服务短板；以四链融合为抓手，加快推进农村一、二、三产业融合发展；以土地制度和集体产权制度改革为动力，为乡村振兴增添新活力；党建引领探索高质量的"三治"融合，激活乡村振兴内在动力；加快形成各类人才"到乡村去"的激励机制，尽快释放乡村人才振兴的政策红利。

本书各篇分报告以 2018 年山东社会科学院创新工程重大支撑项目山东省经济社会综合调查（乡村振兴专题）数据，以及相关学者开展的专题调查为依据，研究了农村产业振兴、农村养生保障、农民医疗保障、农村文化建设、农村生态文明建设、村庄发展和乡村治理方面存在的主要问题，以及小镇建设、"厕所革命"、农村青年和青年组织等专题方面存在的问题，并提出了相应的对策建议。

关键词： 乡村振兴　齐鲁样板　"新六产"

目　录

Ⅰ　总报告

Ⅱ　分报告

皮书数据库阅读**使用指南**

总 报 告

General Report

B.1 打造乡村振兴的齐鲁样板

——2018~2019年山东省乡村振兴形势分析与预测

侯小伏*

摘 要： 2018年是实施乡村振兴战略的开局之年。山东省率先行动，科学设计，编制出台了“1+1+5+N”的乡村振兴政策规划体系，搭建起乡村振兴齐鲁样板的“四梁八柱”。聚合资源，全面发力，启动“十百千”示范创建工程，探索乡村振兴齐鲁样板的新模式、新经验。创新涉农资金管理机制，省级涉农资金统筹整合分配到县。培育壮大农业“新六产”，农村新产业、新业态呈快速发展之势。大力培育新型农业经营主体，农村集体产权制度改革整省试点激活要素资源。全面启动农村人居环境三年整治行动，高质量绘就“齐鲁乡村风情画”。开启土地利用制度改革，全面

* 侯小伏，山东社会科学院省情与社会发展研究院院长、研究员，主要研究方向为农村社会学、发展社会学。

盘活农村闲散土地。聚焦培养好、引进来、沉得下、留得住，以务实管用的人才政策推动乡村人才振兴。以基层党组织建设带动乡村治理，铸魂塑形乡村文明，促使支持乡村振兴的力量进一步凝聚。山东省农业、农村、农民发展存在农业现代化的短板、农民增收的短项、农村基础设施和公共服务的短板、城乡融合发展的制度供给短缺的短板、乡村振兴中农民主体性作用发挥的短板，需要在2019年的乡村振兴战略实施中加以重点解决。2018年齐鲁大地乡村振兴的美好蓝图已经绘好，2019年应以城乡融合和制度创新为核心，推动乡村振兴规划进一步落地实施。

关键词： 乡村振兴　齐鲁样板　城乡融合发展　制度创新

一　2018年山东省乡村振兴的总体形势

山东是农业大省，以占全国6%的耕地贡献了8%～9%的粮食和肉类，12%～14%的水果、蔬菜、水产品，以及19%的花生，农产品出口额居全国首位，占全国的24%。实施乡村振兴战略，是2017年10月召开的党的十九大做出的重大决策部署，由此，乡村振兴上升到前所未有的国家战略高度。山东作为农业大省，自然引起国家重视。2018年3月，习近平总书记参加十三届全国人大一次会议山东代表团审议，“要求山东充分发挥农业大省优势，推动产业振兴、人才振兴、文化振兴、生态振兴、组织振兴，打造乡村振兴的齐鲁样板”[①]。这既是总书记对实施乡村振兴战略的又一次深刻阐述，又是对作为农业大省的山东的殷切期望。山东省委、省政府高度重视实施乡村振兴战略，把落实习近平总书记重要指示作为使命担当，相继推出乡村振兴的一系列重大

① 山东省委理论学习中心组：《推动“五个振兴”全力打造乡村振兴齐鲁样板》，《求是》2018年第11期。

规划、重大政策、重大举措。乡村振兴齐鲁样板在顶层设计、领导体制、工作机制、政策措施等方面开篇布局，有序推进。

（一）编制出台乡村振兴“1 + 1 + 5 + N”政策规划体系，搭建乡村振兴齐鲁样板的“四梁八柱”

1. 规划先行方案细化，为乡村振兴“齐鲁样板”谋篇布局

乡村振兴，要目标明确、规划先行、标准引领、措施保障。为此，山东省相继出台了一个 2018 年一号文件、一个战略规划、五个专业工作方案和 N 个行动方案措施。2008 年 1 月出台的《中共山东省委、山东省人民政府关于贯彻落实中央决策部署实施乡村振兴战略的意见》（以下简称“一号文件”）对山东省实施乡村振兴战略的总体要求、基本原则、目标任务和政策措施进行了全面部署。“一号文件”最主要的精神是提出“五个聚焦”：聚焦农业农村优先，要求各级党委和政府把实施乡村振兴战略摆在优先位置，在干部配备、要素配置、公共财政投入和公共服务上优先安排、优先保障；聚焦乡村全面振兴，实现农村经济、政治、文化、社会、生态文明“五大建设”有机整合、统筹谋划、协调推进；聚焦城乡融合发展，着眼于破除权益僵化固化模式，在城乡融合发展的体制机制方面寻求突破，为乡村振兴注入新动能；聚焦统筹推动，注重规划设计、智力支持、考核制度、方案实施方面的统筹；聚焦党管农村工作，确立了省市县乡村五级书记抓乡村振兴的领导体制和省负总责、市县抓落实的工作机制。

继“一号文件”之后，2018 年 5 月，山东省委、省政府又发布了《山东乡村振兴战略规划（2018 ~ 2022 年）》。该战略规划进一步明确了山东省乡村振兴的时间表、路线图和任务书。为了把上述战略规划确定的目标任务落实落细，又配套制定了“五个振兴”专项工作方案，分别是：《推动乡村产业振兴工作方案》《推动乡村人才振兴工作方案》《推动乡村文化振兴工作方案》《推动乡村生态振兴工作方案》《推动乡村组织振兴工作方案》。上述五个工作方案均提出该专项工作的目标任务、工作重点、实施项目以及保障措施。有些项目以表格的形式呈现，对自身建设标准、实施区域、资金来源、责任主体和完成时限均做出明确规定，以此确保全省乡村振兴战略规划和各项政策措施的落地生效。

为进一步推动乡村的产业振兴，山东省又出台了《山东省农业“新六产”发展规划》和《山东省农业“新六产”发展监测指标体系》；为进一步推动乡村的人才振兴，山东又出台了《推进乡村人才振兴若干措施》，20 条具体举措一次推出；为进一步推动人居环境整治和美丽村居建设，又出台了《山东省农村人居环境整治三年行动实施方案》《山东省美丽村居建设“四一三”行动推进方案》。至此，乡村振兴齐鲁样板的打造方案形成了“1 +1 +5 + N”政策规划体系。

2. “1 +1 +5 +N”政策规划体系的主要内容

“1 +1 +5 + N”政策规划体系的主要内容体现在“13613”框架体系中。

“1”即一个样板引领。山东省围绕“三生三美”（生产美产业强、生态美环境优、生活美家园好），打造乡村振兴的齐鲁样板。为此，制定了产业兴旺“六化发展”（品质化、水利化、机械化、科技化、信息化、融合化），生态宜居“五有建设”（有村庄规划、有卫生厕所、有垃圾处理、有污水处理、有道路硬化），乡风文明“四率提升”（文明村镇达标率、学前入园率、文化中心覆盖率、生态安葬率），治理有效“三项工程”（农村社区党群服务中心建设工程、雪亮工程、综治中心建设工程）和生活富裕“三个维度”（农民收入、城乡差距、生活质量）的“六五四三三”乡村振兴指标体系。9 项约束性指标、18 项预期性指标共同构成了山东省乡村振兴的指标体系。

“3”即村庄发展“三步走”战略。山东将现有村庄分为示范引领、特色发展、改造提升、搬迁撤并四大类，实行差异化分类推进。规划每五年一个大台阶，分三步走。第一步，“到 2022 年，全省生态宜居美丽乡村取得重要突破，30% 的村庄基本实现农业农村现代化”①；第二步，“到 2030 年，山东特色美丽乡村整体塑形，60% 的村庄基本实现农业农村现代化”②；第三步，“到 2035 年，广大乡村‘齐鲁风情画’全面展现，全部村庄基本实现农业农村现代化”③。

“6”指实施 6 大重点工程。包括农业综合生产能力提升、“新六产”发

① 王宗阳：《解码山东乡村振兴“1 +1 +5”规划 2030 年美丽乡村整体“塑形”》，http：//sd. dzwww. com/sdnews/201805/t20180511_ 17359096. htm。

② 同上。

③ 同上。

展、质量品牌建设、农业开放合作、乡村生态保护与修复、脱贫攻坚。

“13”指开展13项重大行动计划。包括农业科技“展翅”行动、现代农业经营体系培育行动、乡村人才振兴行动、乡村文明建设行动、乡村公共文化服务提升行动、乡村传统文化传承行动、农村人居环境整治行动、农业绿色发展行动、乡村生态保护与修复重大行动、乡村社会治理行动、乡村就业创业促进行动、农村基础设施建设行动、农村公共服务提升行动。

6大工程和13项行动计划，构成了山东乡村振兴的骨干支撑。

3. 全省各市县因地制宜编制规划，探索新路破解难题

省级乡村振兴规划编制完成后，全省各地立即行动起来，充分结合各自的优势和特点，因地制宜，组织编制了相应的市、县、镇级《乡村振兴战略规划（2018~2022年）》，为各自区域乡村未来的发展勾画出新蓝图。例如，泰安市东平县编制了山东省首份县级乡村振兴战略规划，突出其“合作治理”特点。该县的规划充分挖掘本地内生资源潜力，致力于破解政府、市场、村民单一主体资源供给不足的难题，打造“以合作开发创新产业供给，以合作建设创新城镇格局，以合作参与创新乡村治理，以合作共享创新共富路径”①的新亮点。规划提出，加强政府、村集体、农民等主体之间的合作，将东平打造成为全省“集体经济发展创新区”“共治共享引领区”。素有“调味品第一镇”之称的德州乐陵市杨安镇，编制了全省首个镇级乡村振兴规划，确立了“以调味品特色小镇建设为引领的镇村一体、融合发展”的乡村振兴路径。各地编制乡村振兴规划，除了期望能够引起国家重视，借此得到国家相关优惠政策和项目倾斜外，也希望能够吸引民间资本到当地投资，借助外力推动本地发展。截至2018年底，山东省14个市级规划已经印发出台，县级规划编制完成率达到45%。

（二）聚焦“五个振兴”，为乡村振兴战略落地开好头起好步

1. 启动“十百千”示范创建工程，探索乡村振兴齐鲁样板的新模式、新经验

2018年10月，山东省发改委会同省委组织部等11个部门，谋划实施乡村振兴“十百千”示范创建工程，以全省10个县（市、区）、100个乡（镇、街）、1000个村为示范创建单位，打造不同区域特色、不同发展类型的示范标

① 孔冠军：《东平县发布山东首份县级乡村振兴战略规划纲要》，齐鲁网，2018年2月8日。

杆。针对全省东部、中部、西部不同地区的资源禀赋、产业基础、区位优势，“十百千”示范创建工程注重差异化布局，鼓励探索平原、山区、库湖区等地各具特色的乡村振兴之路；既注重统筹推进“五个振兴”，又注重突出产业、生态、文化等特色优势。入选的邹城市等10个县、平阴县玫瑰镇等100个乡镇、商河县龙桑寺镇刘集村等1000个村将通过示范创建工作，既以点带面地推动全省乡村振兴，也探索各具特点的新模式、新路径、新机制，为全省乃至全国乡村振兴之路趟出新路子、提供新经验。

2. 创新涉农资金管理机制，省级涉农资金统筹整合分配到县

山东省对中央（部分）和省级涉农资金，包括中央（部分）和省级的农业基础设施建设和生产发展、农村基础设施建设和生态环境保护、乡村组织建设和文化建设等方面的专项资金，进行全面归并整合，设立了乡村振兴重大专项资金，按照集中统一管理的原则统筹安排使用。在资金管理体制机制上，从涉农专项资金设置体系、涉农专项资金管理体制、涉农专项资金分配方式三个方面改革创新。在涉农专项资金体系设置上，进行“自上而下”的整合，将涉农资金全面归并整合，设立了山东省乡村振兴重大专项资金。该资金划分为省级统筹安排资金、切块分配市县使用资金两大类，前者主要用于省委、省政府确定的乡村振兴重大任务、重大工程（项目）以及应急救灾工作，后者由市县统筹用于推进乡村振兴和脱贫攻坚。在涉农专项资金管理体制上，将涉农资金全部纳入乡村振兴的资金池，由省委农村工作领导小组统一集中、统一决策、统一分配、统一考核，职能部门提报需求、制定标准、加强指导、参与监督考核。在涉农专项资金分配上，省级统筹安排资金进行任务（项目）管理，切块分配到县（市、区）使用，由各县科学配置、合理安排，实行目标、任务、资金、权责到县的“四到县”管理模式。2018年，全省统筹整合约400亿元涉农资金下放到县（市、区），为乡村振兴提供了源头活水。

3. 培育壮大农业“新六产”，农村新产业新业态呈快速发展之势

产业振兴在乡村振兴的“五个振兴”中具有引领性作用和优先地位。围绕着加快发展农业“新六产”，延伸、提升、优化产业链、价值链和供应链，相关企业参与热情高涨，鲁商集团、山东省土地集团等省属企业率先行动，抢抓机遇，“抢跑”乡村振兴。鲁商集团作为山东省的国资企业，充分发挥其业

务与群众生活息息相关之优势，把企业发展方向与乡村振兴战略紧密结合，使企业发展定位主动向文旅产业转变。2018 年 9 月成立的山东鲁商集团乡村振兴有限公司，通过集团所属分支银座幼儿园、福瑞达健康养老、智慧零售、精品旅游、职业学校、农副产品保鲜等六种优势业态“进村”模式，陆续进入鲁商集团乡村振兴样板村，着力打造一、二、三产业高度融合乡村集群。通过创造“能吃、能住、能玩、能购、能让群众富起来、能让村集体有收入”的“六能”新模式，形成可借鉴、可复制、易推广的特色样板，推动当地的农业升级、农村进步和农民发展。同年 12 月，正式成立了规模为 50 亿元的乡村振兴产业基金，将乡村振兴和文化旅游项目作为投资方向，以化解集团企业向文旅产业转变中的资金瓶颈。山东省土地发展集团于 2018 年 5 月密集成立 5 家投资公司，分别对应投资、地产、土地综合整治及矿山修复、乡村振兴、康养文旅等 5 大业务板块。

山东省全力培植农村新产业新业态，积极支持特色小镇和田园综合体发展，有针对性地开展现代农业产业园、农村产业融合发展示范园、休闲农业和乡村旅游示范创建活动，奋力促进农村一、二、三产业融合发展。特色小镇以特色立镇，具有明确产业定位，文化内涵丰富，兼具旅游特色，社区生态宜居，为农村产业升级和农村一、二、三产业融合发展提供了无限的可能，是培育农业农村发展的新动能。2017 年，山东省政府公布了 109 个特色小镇创建名单和创建 22 个全国特色小镇的实施方案，在用地、财政、金融、技术等方面给予全力支持。2018 年，在全省特色小镇主导产业中，旅游发展型和工业发展型较多，分别占 37% 和 36% 。济南平阴县玫瑰镇、青岛平度云山樱桃电商小镇等 22 个特色“电商小镇”的创建，推动了当地农民将自己的特色产业与电子商务深度融合，不断增强特色产品的竞争力和影响力，其一、二、三产业融合发展的优势，正带动着当地农民不断提升收入，发展后劲持续增强。

农业 + 文旅 + 社区的田园综合体是乡村综合发展的新模式。田园综合体项目以田园景观和农业生产为基础，以农民充分参与和受益为核心，集聚农业生产交易、田园休闲体验、乡村生态居住等多种功能，成为推动农村一、二、三产业融合发展的重要平台。2018 年，山东省成功创建 1 个国家级田园综合体——沂南县朱家林田园综合体。作为山东省首个国家级田园综合体，其在支持返乡创业、田园社区建设、民宿旅游建设、乡村创业创新平台建设等方面创造出一批好的经验做法。2018 年 5 月，在总结朱家林田园综合体建设经验、深入调研全国该领域建设模式的基础上，山东省在全国率先制定并发布了田园综合体建设的四个地方标准，填补了国内在该领域的空白，为“标准化”建设田园综合体提供了指引。除创建了 1 个国家级田园综合体外，山东省还创建了济宁市泗水县圣水峪田园综合体等 16 个省级试点田园综合体项目。试点田园综合体项目正对全省农村生产、生活、生态融合，以及农业加工业与服务业有机结合发挥着示范引领作用。

现代农业产业园、农村产业融合发展示范园、休闲农业和乡村旅游示范区（县、点、村、园、农庄）是激活农业农村发展活力的重要载体，正成为从黄海之滨到鲁西平原的齐鲁大地发展农业新业态，一、二、三产业融合发展的亮丽风景。山东省金乡县现代农业产业园、山东省潍坊市寒亭区现代农业产业园、山东省栖霞市现代农业产业园 3 家入围首批国家现代农业产业园。安丘市农谷农村产业融合发展示范园等 5 家入选首批国家农村产业融合发展示范园。诸城市按照“种养加一条龙”“贸工农一体化”的发展思路，建设农村产业融合发展示范园，强化园内 17 家潍坊市级以上农业龙头企业的带动作用，进一步完善“生产基地 + 加工企业 + 终端销售”模式。自 2017 年以来，新建农业园区内 90% 以上的农户与示范园农业龙头企业或大型商超建立了稳定供销关系。菏泽市牡丹区示范园借助科技创新、政策推动、三产联动、电商带动、低碳循环方式，推动了牡丹区一、二、三产融合发展。新泰市农光互补示范园“农业大棚 + 光伏发电 + 沉陷区治理”三管齐下、“运维中心 + 技术服务 + 数据平台”三位一体、示范园与光伏发电相融合、产业园区与文化旅游相融合，打造了“新六产”，盘活了村集体，带富了老百姓。省农业农村厅和旅发委等实施了“休闲农业和乡村旅游示范创建”工程，打造了休闲农业和乡村旅游示范县、示范点、美丽休闲乡村、齐鲁美丽田园、休闲农业精品园区（农庄）五类示范样板，包括 9 个示范县、21 个示范点、24 个美丽休闲乡村、24 个齐鲁美丽田园和 23 个休闲农业精品园区（农庄），加速了全省农业农村发展的动能转换。2018 年，全省“实现乡村旅游消费 2955.24 亿元，同比增长15.94%”①。

① 姜宏建等：《去年省级财政筹资亿元支持发展乡村旅游》，《大众日报》2019 年 3 月 17 日。

农村公路建设、物流服务网点的覆盖，推动了农村电商的发展，农村新产业新业态正加快培育。山东省推进“四好农村路”建设和开展农村公路“三年集中攻坚”专项行动，使全省行政村物流服务网点覆盖率迅猛提升。截至2018年11月底，山东省已完成投资1.73亿元，建成4700个农村客运站点，贫困村客运站点建成率已达99.3%。77971个建制村的通客车率达到98.5%，8335个省定贫困村的通客车率达99.6%。行政村实现了光纤全覆盖。山东借助邮政、供销系统的优势和电商平台，积极开展日用消费品和农资下乡、快递物流及互联网金融服务，积极对接阿里、京东、苏宁的农村电商战略，加快服务站点建设。2018年山东省经济社会综合调查数据显示，农村居民回答所在地“交通基础设施快捷、顺畅”的占87.5%，“信息网络条件较好、上网方便”的占76.7%，“配套服务体系健全，具有冷藏、包装等设备和快递服务”的占52.7%。农村交通、电信、电子商务和物流的发展，推动菏泽这个曾经的山东最穷市变成了农村电商样板，淘宝村和淘宝镇数量连续两年居全国第一。“互联网+特色农产品”的模仿效应使滨州市淘宝村大规模聚集，形成了博兴县老粗布和草柳编产业集群、沾化区冬枣产业集群。2018年，山东省农产品网络零售额达到221亿元，增长了30%以上。

4. 大力培育新型农业经营主体，农村集体产权制度改革整省试点激活要素资源

2018年6月，山东省出台了《关于加快构建政策体系培育新型农业经营主体的实施意见》。该实施意见为培育新型农业经营主体，在政策、财政支农资金分配、项目扶持、税收优惠、农村用地、生产经营基础条件、融资需求和信贷担保、人才等方面制定了一系列措施，努力使新型经营主体发展壮大，成为乡村振兴的“主力军”。例如，在用地支持方面，支持新型农业经营主体依法依规盘活现有农村集体建设用地以发展新产业，合建或与农村集体经济组织共建农业设施，支持其发展自身所需建设用地；在项目支持方面，支持新型农业经营主体发展绿色、生态、循环农业，支持其在绿色生产、品牌化销售、智能化管理等方面制定发展标准；在人才支持方面，建立新型职业农民培育新机制，鼓励基层农技人员和科研人员对新型农业经营主体开展技术指导服务。2018年，山东省加快培育农业新型经营主体，农民合作经济组织、龙头企业、经营大户、家庭农场、生产性服

务组织、产业联盟等新型经营主体稳步发展。全省已累计培育从事生产经营的新型职业农民 13 万人、认定 2.5 万人，农民合作社、家庭农场分别达到 20.30 万家和 6.37 万家，新型农业经营主体数量位居全国第一。这些新型农业经营主体与个体农户的利益联结形式多种多样，包括订单合同型、股份合作型、技术资本服务型、返租倒包再就业型等，农业企业、合作社与个体农民的利益联结不断密切。

2018 年 4 月，山东省发布了《关于稳步推进农村集体产权制度改革的实施意见》。该意见将农村集体资产分为集体资源性、经营性和非经营性资产，并提出各类集体资产产权制度改革的具体目标任务：对集体“资源性资产，抓好确权登记颁证工作，发展多种形式农业适度规模经营；对集体公益设施等非经营性资产，要探索建立集体统一运行管护的有效机制；对经营性资产，着力推进确权到户和股份合作制改革”。意见还进一步提出抓好农村集体产权制度改革的重点工作。同年 5 月，又召开了“全省农村集体产权制度改革暨农村集体资产清产核资工作动员电视会议”，山东省农村集体资产清产核资、集体经济组织身份确认、经营性资产股份合作制改革由此在全省各地市推开。2018 年 6 月，山东入选了全国农村集体产权制度改革整省试点名单。农村集体产权制度改革有三个关键环节。首先是集体经济组织成员身份的确认。山东省“按照尊重历史、兼顾现实、程序规范、群众认可的原则，统筹考虑户籍关系、农村土地承包关系、对集体积累的贡献等因素，协调平衡各方利益”①，统筹解决成员边界不清的问题。其次是设置股份。集体经济组织成员股既可以仅设置人口股，也可以根据实际需要，分别设置人口股和农龄股。最后是明确公积金、公益金提取比例。农村集体产权制度改革，不仅通过建立集体资产股权登记制度，保障了农民集体资产股份权利，把农民集体资产收益分配权落到实处，而且可以唤醒农村“沉睡”的资产，促进农村各类产权规范有序流转，进一步激活农村各种要素资源的潜力，为乡村振兴增添新的动能。截至 2018 年底，山东省基本摸清了全省 86977 个涉农村庄的“家底”，清查资产近 5700 亿元，56.7% 的村（组）成立了新的集体经济组织。

---

① 山东省委、省政府：《关于稳步推进农村集体产权制度改革的实施意见》，http://www.sdny.gov.cn/rdzt/zxrd/cbtdqq/201804/t20180404_1249182.html。

5. 首个国家农业开放发展综合试验区在潍坊设立，为农业开放发展树立了新样板

2018 年 9 月，国家农业农村部、山东省人民政府以部省文件印发了《潍坊国家农业开放发展综合试验区总体方案》，潍坊成为首个国家农业开放发展综合试验区。该综合试验区分为核心区和辐射区。核心区的功能定位，一是搭建农业科技研发、集成创新和成果转化的高端平台；二是建设农业先进国家技术合作示范基地，探索建立与国际标准接轨的农产品食品质量安全监管新模式。寿光市目前正在建设总规划面积 200 公顷的现代农业高新技术集成示范区，以蔬菜智慧产业化为目标，重点打造设施农业技术展示区、科研成果转化区、生物育种技术实验区、数字农业和节水农业示范区、农民教育培训中心，引导企业和业户主动与科技前沿接轨。潍坊国家农业开放发展综合试验区的设立，既是对山东农业对外开放所取得的成就的充分认可，也吹响了农业对外开放要更加注重创新、丰富内涵、提高质量的新号角。该试验区将聚集新技术、新产业、新业态和新模式，其高起点定位、高水平试验和高标准建设将成为山东拓展农业“新六产”和扩大对外开放的新高地，以及新旧动能转换的重要平台。

6. 全面启动农村人居环境三年整治行动，高质量绘就齐鲁乡村风情画

针对农村基础设施和人居环境中的如厕难、环境脏、村容差等突出问题，山东省把改善农村人居环境作为实施乡村振兴战略要打的第一场硬仗。全省启动农村道路硬化“户户通”工程，村庄道路硬化逐步由“村村通”转变成“户户通”，2000 个省扶贫重点村年底实现村内主次街道全硬化。农村垃圾综合治理、推进农村“厕所革命”、推进农村生活污水治理、全面改善村容村貌是《山东省农村人居环境整治三年行动实施方案》确定的主攻方向，目标要求是实现“一年提标扩面、两年初见成效、三年全面提升”。为此，山东省广泛开展村容村貌集中整治行动，大力推进农村垃圾、“三大堆”整治。通过打造一批干净整洁、生态宜居的整治榜样村庄，引领农村人居环境整治提档升级。加快推进农村生活垃圾治理长效化，“户集、村收、镇运、县处理”的城乡环卫一体化处理模式全面推开，村镇垃圾实现全收集和无害化处理。有条件的镇村开始推行垃圾分类、畜禽粪污和农业种植有机废物资源化利用试点。启动了农村厕所改造，按照“因地制宜、整村推进、严格质量、强化管护”的思路推进“厕所革命”。针对“群众不会用”“厕具不能修”“抽取不及时”

等问题进行集中整改，坚持改厕“回头看”，对已完成改厕户进行全面督查。加强系统改厕后的维修服务、清运服务、利用处理三大体系建设。明确改厕后抽厕和维护的责任主体，对后期抽厕、管护费用采取政府补贴的模式，妥善解决管理维护问题，为改厕提供长效保障。将农村改厕与生活污水治理有效衔接、同步推进。有些村镇开展了农村污水处理一体化试点，厕所、厨房、洗浴等生活污水全部集中处理并达标排放。推动城镇污水管网向周边村庄延伸覆盖，对位置偏远且达到一定规模的村庄，积极推广成本低、维护易、效率高的污水处理技术，建设经济实用的污水处理设施。2018 年，全省各级共筹集资金 220.3 亿元，用于农村人居环境整治。2018 年底，山东省基本完成乡镇内农村无害化卫生厕所改造，1000 万户农村居民用上了无害化卫生厕所。全省有污水处理设施的建制镇达到 91%，畜禽粪污综合利用率 86.8%，农作物秸秆综合利用率超过 90%。

实施美丽村居建设“四一三”行动推进方案，打造具有山东特色的现代版“富春山居图”。山东省《美丽村居建设“四一三”行动推进方案》提出，到 2020 年，全省将打造 300 个省级试点，胶东、鲁中、鲁西南、鲁西北 4 大风貌区和 10 条风貌带。首批入选试点的村庄达到 56 个。为彰显“鲁派民居”新范式，山东省成立了美丽村居建设专家委员会，对试点方案进行技术审查。各地选聘设计师，全程参与美丽村居设计建设。按照不同地域特色，高起点、高标准编制（修编）村庄规划。在塑造乡村特色风貌上，山东省综合考虑自然景观、乡土文化、产业资源等要素，将全省乡村风貌分区，划定了特色风貌带。突出山区、平原、水乡、滨海等地理区域风貌和历史文化差异，打造“石头房”“海草房”等多样化特色民居，建设体现地域特点、民族特色和时代特征的乡村建筑。强化农房建设规划管控，加强“空心村”整治改造，整理利用废弃宅基地，为美丽村居建设腾出空间。开展田园建筑示范，实施乡村绿化行动，提升山东乡村整体风貌。加强历史文化名镇名村、传统村落保护，彰显传统文化底蕴。

为推进农业绿色发展，山东省推出《推动乡村生态振兴工作方案》。方案提出“投入品减量化、生产清洁化、废弃物资源化、产业模式生态化”的绿色发展方向，重点实施 7 项工程，即农业节水、废弃物资源化利用（包括畜禽粪污资源化利用、秸秆综合利用、地膜污染防治）、化肥农药减量、生态循环农业示范、渔业生态养殖和污染治理、耕地资源保护和质量提升、农用地土壤污染防治，并且对这7项工程提出具体明确的要求。方案指出的“产出高效、产品安全、资源节约、环境友好”道路，既为齐鲁乡村风情画描绘了自信的底色，又指引着全省农业发展走绿色高质量之路。例如，昌邑市围子街道辛赵村博航养殖合作社建有现代化肉鸡养殖小区，肉鸡一直生活在笼子里。其排出的粪便漏到笼子下面的传送带上，养殖户按下按钮，传送带就可将粪便输送到棚外的养殖粪污集中处理场，实现无害化处理。粪污经过处理供周边种植合作社使用，既减少了养殖污染，又实现了粪污的资源化利用。

7. 开启土地利用制度改革，探索盘活农村闲散土地

2018年6月，山东省发布了《关于开展农村宅基地“三权分置”试点促进乡村振兴的实施意见》。意见要求“探索落实宅基地集体所有权、保障宅基地农户资格权和农民房屋财产权、适度放活宅基地和农民房屋使用权、完善宅基地管理的体制机制，盘活农村建设用地，提高土地资源节约集约利用水平，满足乡村发展需求，促进乡村振兴”①。意见还对探索落实宅基地“三权分置”、探索放活宅基地和农民房屋使用权、盘活农村集体建设用地促进乡村振兴这三项重点任务进行了较详细的布置。2018年，山东省以县为单位，根据全省东中西部、远近郊区和山地平原的不同特点，兼顾不同发展阶段和模式，确定了济阳、平度等17个试点县（市、区）并开展宅基地“三权分置”试点。通过落实宅基地集体所有权、保障资格权、适度放活使用权，实现宅基地集体所有权实现方式制度化、农户资格权保障方式规范化、使用权流转方式多样化，以此挖掘齐鲁大地农村丰富的闲置宅基地和闲置农房资源，并使其发挥最大效益，助推乡村振兴。

2018年11月，山东省政府办公厅出台了《关于进一步推进农村闲散土地盘活利用的通知》。该通知对农村闲散土地范围进行了界定，提出“对无建筑物或建筑物已坍塌的废弃宅基地、历史遗留工矿仓储废弃地”等目前已形成的农村闲散土地进行盘活利用。通知中提出的任务是，“全省每年盘活20%以上，利用3～5年时间实现全面盘活”。农村闲散土地可用作补充增加耕地、保

① 山东省委办公厅、省政府办公厅：《关于开展农村宅基地“三权分置”试点促进乡村振兴的实施意见》，http：//www.sddlr.gov.cn/zwgk/zxwj/201807/t20180702_1384410.html。

障发展用地、保障生态用地、保障文体设施用地和预留发展用地。其中规定，“闲散土地盘活优先用于交通水利、医疗卫生、居家养老、取暖设施、垃圾和污水处理、旅游休闲等公共基础设施建设，提升农村基础设施配套水平；在满足规划和用途管制的前提下，鼓励集体经济组织以自营、出租、入股、联营等方式，将盘活的闲散土地用于发展乡村民宿、健康养老、民俗展览、创意办公、乡村旅游和农产品冷链、初加工、仓储等产业融合发展项目；经村集体同意，盘活的农村建设用地可用于村集体成员住房建设”①。德州禹城市是全省开展废弃宅基地和空闲地收回整治试点县。据测算，待整治完成后，全市 833 个村可清理出 2.5 万亩地，“空心村”由此可以获得新的发展空间。其中，只有 255 人的伦镇小孙村，通过拆除 15 处废弃宅基地和收回村民占用多年的空闲地，腾出七八十亩土地用于发展乡村旅游。烟台市牟平区高陵镇嵎山后、里二地和冰流旺三个村，依托依山傍水、环境优美、气候宜人、果品丰富的优势，将原本破旧且空置多年的农房修建、扩建成民宿。民宿建成后通过网络平台进行出租，实现农房“共享”，村民经过统一培训后上岗。此类利用闲置民房打造特色民宿的案例，既带动了村民就业，又唤醒了农村“沉睡”的资源，乡村旅游由此发展起来。

8. 以务实管用的新政策新措施，推动乡村人才振兴

针对乡村振兴的基层组织人才匮乏、创新创业能力不强、涉农干部队伍不强等突出问题，山东省相继出台了《乡村人才振兴工作方案》《推进乡村人才振兴若干措施》《加强基层农技推广人才队伍建设“二十条”》。这些方案、措施和意见分别针对下派干部、县乡涉农干部、下乡创业的工商界人士、“雁归兴乡”创业人士、社会化服务组织、村“两委”干部、农村专业人才、新型职业农民八支队伍。其包含的奖惩激励、待遇保障、培训提升、项目帮扶、评先争优等一系列政策举措的突破力度之大、含金量之高，前所未有。人才振兴的新政策、新举措主要体现在如下四个方面。

聚焦“培养好”。实施乡村技能培训计划，创新乡土人才培育机制，分类型、分层次开展新型职业农民培育，通过实施百万新型农民技能提升计划、百

① 《山东省人民政府办公厅关于进一步推进农村闲散土地盘活利用的通知》，http：//www.shandong.gov.cn/art/2018/11/28/art_2259_29089.html。

万乡土人才培育示范计划、百万乡村人才定向培养计划，实现从对农村劳动力的“简单培训”，到对专业大户、家庭农场、合作社和龙头企业领办人和骨干人员的“精准培育”的转变，着力打造了一支爱农业、懂技术、善经营的新型职业农民队伍。实施基层农技推广体系改革与建设补助项目，以每年分层分批培训基层农技人员5000人的力度，加强农技推广。通过上述宏大的培训计划，做大人才存量。

推动“引进来”。实施“雁归兴乡”返乡创业推进行动，以推荐项目、提供创业政策支持、开展特色创业培训等方式，引导外出务工经商的农民工和成功创业人士返乡创业、发展家乡；招募“乡村振兴合伙人”，以享有项目开发优先权、就业创业优惠政策和人才评选适度倾斜政策的优势，与合伙人开展全方位、多形式的合作。实施高校毕业生基层成长计划，每年遴选3000人纳入毕业生基层成长计划后备人才库，加大高校毕业生“三支一扶”计划招募力度；畅通各界人士报效乡梓的渠道，鼓励和引导山东原籍企业家、专家学者、人大代表、政协委员、经济文化能人等用多种方式反哺故里、报效乡梓。通过上述乡村人才引进机制的创新，做优人才增量。

鼓励“沉得下”。开展“万名专家服务三农”行动，推动各类高层次人才“上山下乡”，每年分级组织各类人才到农村基层服务。建设省级乡村振兴专家服务基地，并鼓励支持各设区市建立市级乡村振兴专家服务基地，以此搭建乡村引才聚才平台。实施科技特派员“千人服务千企”三年行动计划，为农村创新创业服务提供科技、信息、资金、管理等支持。开展农业科技服务（扶贫）月活动，进行品种技术的新动能、种养新模式、特色新产业新业态的推广服务。

紧扣“留得住”。创新乡土人才评价机制，通过建立“定向评价、定向使用”的基层高级专业技术职称评审管理制度、实行乡镇专业技术人才直评直聘政策、创新乡镇事业单位人才招聘方式、落实乡镇工作人员待遇保障等制度创新，打破乡村人才职业发展“天花板”。山东在全国率先建立起职业农民职称制度和乡土人才技能等级评价制度。职业农民职称评审以业绩贡献、经济社会效益和示范带动作用为考察重点。在东营组织开展的职业农民职称制度试点中，84人获评首批农艺师职称。探索制定乡土人才技能评价地方标准，建立乡土人才以赛代评制度。创新基层人事管理制度，基层职称均可提升到正高级，提高乡镇高级岗位结构比例，释放农村基层的人才活力。

9. 铸魂和塑形并重，着力提升农民精神风貌和乡村文明程度

为打造乡村文化振兴的齐鲁样板，山东省出台了《推动乡村文化振兴工作方案》。方案提出实施六个乡村文化振兴工程。一是实施铸魂强农工程。以普及社会科学理论、开展政策宣讲、加强基层理论骨干培训等方式，强化习近平新时代中国特色社会主义思想的政治引领作用。二是实施文化惠民工程。通过加强基层公共文化服务阵地建设、开展丰富多彩的群众性文化活动、提高公共文化服务供给质量、鼓励农村题材文艺创作、繁荣发展乡村文化产业，保障文化民生。三是实施优秀传统文化传承发展工程。传承发展孔孟文化等优秀传统文化，积极培育新乡贤文化，大力传承沂蒙精神等红色基因，加大乡村文化遗产保护展示力度，实现弘扬中华传统美德和红色基因。四是实施文明传习工程。通过推进新时代文明传习中心建设、实施“孝诚爱仁”四德工程、深入开展移风易俗行动和家风村风行风建设、深化乡村文明行动，培育新时代的文明风尚。五是实施乡村网络文化建设工程。通过推进乡村公共文化网络载体建设、鼓励乡村题材网络文艺作品创作、深入开展乡村网络公益活动，推动网络惠民。六是实施乡村文化人才培育工程。通过加大优秀乡村文化人才选拔培养和资助扶持力度、培育乡村“非遗”文化传承人、壮大乡村文化人才队伍，强化乡村文化建设的人才支撑。2018 年，山东省农村文化建设投入力度持续加大，公共文化服务水平进一步提高。截至 2018 年，山东省村级综合性文化服务中心覆盖率超过 80%，其中省定贫困村覆盖率达到 89.94%。2018 年山东省经济社会综合调查显示，老宅院、古寺庙教堂、古树木、文化遗迹和独特手工艺、民间文学美术音乐、民间表演艺术等物质和非物质文化遗产在山东农村都有一定保有量，农村的传统文化保护意识也普遍较强，文化传承和保护情况较好。

10. 以基层党组织建设带动乡村治理，乡村振兴整体合力进一步凝聚

近几年来，山东省持续加强农村基层党组织建设，把建设坚强有力的农村基层党组织作为乡村振兴的政治保证和组织保障。山东省出台了《进一步加强农村村级党组织建设的若干意见》《乡村组织振兴工作方案》，针对乡村组织振兴，重点关注如下五个方面。一是要进一步提升农村党组织的组织力，实施农村过硬支部建设“百千万计划”。通过党支部规范化、标准化建设，开展农村党组织评星定级，实行主题党日制度，推行党员量化积分管理制度，实现

建设农村过硬党支部的目标。二是加强以党组织为核心的各类乡村组织建设。加强党组织对村民自治组织、农村集体经济组织、群团组织、农村合作经济组织和社会组织的领导，促使这些组织健康有序发展。三是健全党组织领导的乡村治理机制。明确基层党组织在基层治理体系中的领导地位，推动把加强党的领导的有关要求写入村民自治组织、农村集体经济组织等相关组织的章程，建立村党组织领导的基层协商民主制度。四是建强乡村组织振兴的骨干队伍。推进村党组织带头人队伍整体优化提升，建立乡村组织和基层干部激励关爱机制，选派第一书记到扶贫工作重点村、软弱涣散村、集体经济空壳村。五是强化促进乡村组织作用发挥的保障。建立村级组织运转经费保障和正常增长机制，保障村干部待遇合理。每年补助村级组织的运转经费不得低于9万元，村党组织书记报酬不低于上年度农村人均收入的两倍。

一系列加强农村村级党组织建设的政策措施，既让党员的带头作用具有制度保障，又激发了基层党组织和党员的活力。全省农村基层党组织建设呈现新景象，党组织的战斗堡垒作用进一步彰显。2018年山东经济社会综合调查对100个村的村干部问卷调查的数据显示，71%的村干部认为“本村党员能够在新农村建设中发挥战斗堡垒作用”。拥有3个自然村、1160户人家、140名党员的济南市章丘区双山街道三涧溪村，坚持党建引领乡村振兴，以党风带民风，以民风促村风，成为山东省依靠基层党组织的威信和战斗力，促经济、惠民生、倡文明，建设富裕美丽新农村的代表。

11. 乡村振兴研讨会不断推出，为齐鲁样板的打造提供了智力支持

2018年，全省各个层次、各类形式的乡村振兴研讨会不断推出。从时间上来看，具体如下。4月，山东省郓城县举行了“西部隆起带（郓城）乡村振兴”研讨会，建立了农业高端专家智库；山东财经大学、国际公益学院主办了“中国乡村振兴”国际学术论坛、“文化艺术振兴乡村”专题研讨会。5月，山东大学纪念改革开放四十周年之“乡村振兴战略”研讨会在威海校区召开；省文化厅主办、山东师范大学齐鲁文化研究院承办的山东“乡村文化振兴”学术研讨会召开。8月，中国孔子研究院、孟子研究院、邹城市乡贤文化研究会联合主办了新时代新乡贤与乡村振兴研讨会。9月，“山东社科论坛·乡村振兴研讨会”在诸城市召开。10月，省政府发展研究中心主办了以“新时代新机遇新征程，全力打造乡村振兴的齐鲁样板”为主题的首届乡村振

兴（山东）高峰论坛；乡村人才振兴研讨会在潍坊寒亭区中国食品谷举行；山东省民俗学会2018年学术年会暨“民俗传承发展与乡村振兴战略”学术研讨会召开。11月，青岛市太平洋学会、青岛明月海藻集团举办了“特色小镇建设与乡村振兴学术研讨会”。12月，全国党建研究会主办、潍坊市委党建研究会和诸城市委承办的“组织振兴推动乡村振兴专题研讨会”在诸城市召开。山东省几乎每月都有乡村振兴论坛或学术研讨会，从产业融合、文化振兴、组织振兴等多方面“把脉问诊”“对症开方”，为推动全面的农业升级、农村进步和农民发展，打造乡村振兴的齐鲁样板提供了智力支持。

总之，2018年山东乡村振兴率先行动，科学设计，方向明确，路径清晰，资源聚合，全面发力。经过一年的探索和实践，迅速打开了乡村振兴“齐鲁样板”打造的新局面。

二　山东省农业、农村、农民发展存在的突出短板

虽然2018年山东省乡村振兴开局有力、成效初显，但与“走在前列”“打造乡村振兴的齐鲁样板”的目标相比，与解决城乡之间不平衡这个山东最突出的问题相比，仍然差距巨大。因此，近期乡村振兴战略的实施必须聚焦聚力山东农业农村发展的突出短板，解决一个接一个问题。近期，山东省乡村振兴应围绕着补齐以下四个突出短板进行。

（一）农业现代化的短板

1. 农业机械化、水利化水平亟待提升

截至2017年底，尽管山东省农作物耕、种、收的综合机械化率超过83%，高出全国平均水平17个百分点，但与荷兰、美国、加拿大等农业大国相比，与农业大省、农业强省的发展要求相比，仍有较大差距。欧美发达国家农业科技进步贡献率已达85%，山东仅62.6%。当前山东农业在耕整地环节的机械化水平与农业大国的差距相对较小，在种植、采运、水肥、环境控制等多环节，机械化水平仍然很低，设施农业的装备水平尚处在“初级阶段”，机械化率亟待提高。水利是农业的命脉，山东虽然是农业大省，但是水资源严重短缺。全省人均、亩均水量仅为315立方米、263立方米，分别不足全国平均

量的1/6、1/7。水肥一体化技术的普及率和应用水平不高，灌排工程体系建设和抗御旱涝灾害能力亟待提升。

2. 农业投入严重不足

农业现代化相比工业化、城镇化和信息化严重滞后、差距巨大，首要原因在于农业投入不足。总体来看，农业缺乏投入主体。从政府投入来看，国家投入不够，省、市、县各级地方政府投入意愿不足，政府的要素配置长期偏向工业领域；从农业生产的主体农民来看，其难有能力进行较大规模投入；从社会投资来看，目前还属于“靠天吃饭”的农业难以应对自然灾害、技术风险及市场的不确定性，依靠规模整合和自然增长的农业企业相较其他行业利润率较低，难以吸引社会资本对其投资。投资缺乏必然影响农业装备水平的提高，劳动生产率长期处于较低水平，农业的国际竞争力不高。

3. 农业劳动力年龄老化素质偏低

农业农村现代化水平提高，必然依赖于具有较高素质的农业从业者提升劳动生产率和土地产出率。当前山东农村人口老龄化问题突出，农业生产主体普遍年龄偏高，接受新品种、新技术、新事物的意愿及能力不强，人才流失严重，青年人返乡的意愿不足。2018 年山东省经济社会综合调查数据显示，农村居民受访者年龄为61～80 岁的占36.4%，高出全省城乡平均水平15 个百分点，这还不包括没有进入调查视野的80 周岁以上老人。尽管开展调查时青壮年受访对象外出不在家的可能性更大，但无论是15 个百分点的差距，还是现场调查的实际感受，都表明山东农村老龄化程度严重、形势严峻。从教育程度来看，初中及以下教育水平的占比接近70%。农业生产主体年龄偏高、文化素质偏低，难以适应乡村振兴对农民素质和科学文化水平的要求。受年龄老化的影响，农村居民学习技能的意愿不足，缺少创新意识与创业能力。在回答“您最想学的技术是什么”时，竟有高达54.1%的人表示“什么都不想学”。即使在46～60 岁年龄组中，表示“什么都不想学”的比例也达到50.9%。此外，青年人力资本流失严重，农业发展后备力量不足。在受访的100 个村庄中，每村平均外来流入人口只占全村总人口的1.5%，每村近2 年回流的外出务工人员只占全村总人口的1.4%，两者加起来还不到3%。被多次转移筛选过的农村留守劳动力由于较低的文化素质和缺少技能，难以匹配现代农业技术手段，也难以成为农业规模化经营的合格主体。

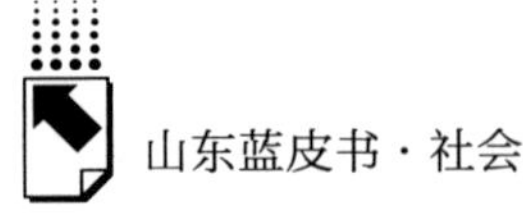

4. 土地碎片化严重

2018 年山东经济社会综合调查数据显示，最近一次村庄土地调整后的家庭人均承包地面积为 1.6 亩，比 20 世纪 80 年代增长了 0.2 亩，每户家庭平均拥有 2.9 块承包土地，平均每个地块面积为 2.1 亩。但人均承包地面积在 1 亩以下的家庭所占比例明显增加，1 亩以上比例明显减少，这说明全省农村耕地的分配较 20 世纪 80 年代更加碎片化（见图 1）。

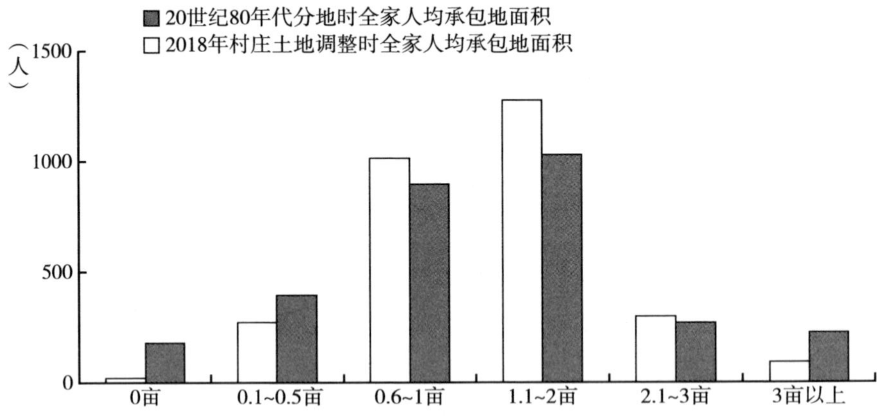

图 1　20 世纪 80 年代与 2018 年农村居民家庭人均承包地面积变化

农民人均 1.6 亩的土地分散经营对农业机械化和规模经营产生不了很大需求。土地流转发展规模化经营是解决农业现代化的必由之路，但山东农村的土地流转状况并不乐观。调查显示，尽管退出承包土地的农户占比较 20 世纪 80 年代显著增加，由 0.8% 提高到 5.9%，但没有参加土地流转即承包土地未转出也未转入的农户仍占 59%。在参加土地流转的农户中，全部转出土地的农户占 15.7%，部分转出的占 13.4%，转入的占 11.2%（见图 2）。

目前还没有土地流转但表示“愿意”流转的家庭户占 51.2%；愿意流转土地却没有流转的首要原因是“没有人愿意承包”，占 62.4%；表示“没有流转服务平台，不知道怎么操作”和“没有信息渠道”的共占 18.5%（见图 3）。由此可见，推动土地流转发展规模化经营仍有很大的发展空间。

5. 小农户与现代农业发展亟待有机衔接

虽然近年来山东省的家庭农场、农民专业合作社等新型农业经营主体

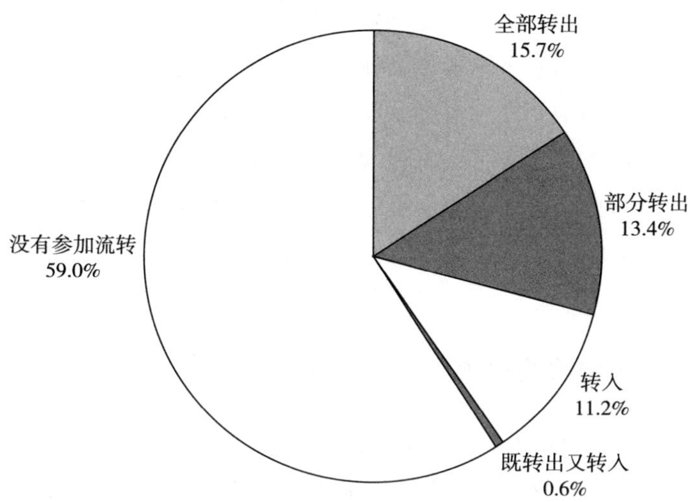

图 2　农村居民参加土地流转概况

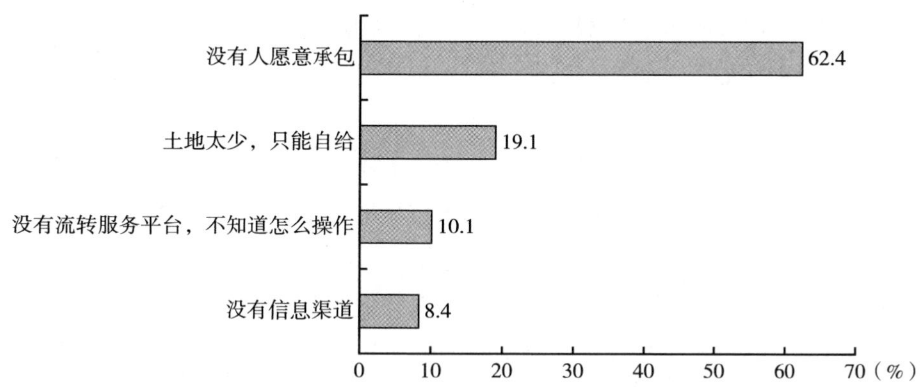

图 3　农民愿意流转土地却没有流转的主要原因

不断涌现，但 2018 年山东经济社会综合调查数据显示：在农村居民中，普通农户仍占主导地位，比例超过 86%；其次为城镇打工家庭，占 7.9%；接下来是个体工商户家庭，占 4.4%；拥有农场的家庭占 0.73%；种粮大户占 0.7%；拥有工商企业的家庭占 0.17%。可见，普通小农户的家庭经营仍然是全省农业生产经营的基本形式。小农户分散经营的状态与现代农业产业分工体系存在严重的结构性矛盾。如何解决小农户经营过程中的市场信息闭塞、信息化服务缺失的问题，建立支撑小农户发展的集融资、信息和服务功能于一体的管理服务系统；如何解决小农户生产经营中农产品质量控制机制缺失的问题，构建一整套专门的农产品生产标准化质量认证体系，使小农户的产品也能拥有质量信誉标签，获得市场信誉；如何解决小农户成长中区域品牌缺失的问题，构建一套区域化小农户农产品品牌化发展的战略和策略；等等。这些促进小农户与现代农业发展有机衔接的问题仍没有被破解。

（二）农民增收的短项

近年来，山东农民收入增速趋缓，由2010年的10.4%下降到2018年的7.8%。城乡居民人均收入绝对差额也呈逐年递增趋势，由2010年的11919元扩大到2018年的23252元。城乡收入比值一直保持在2.4以上，当前农村居民收入只相当于城镇居民2007~2008年的水平，农民收入水平要落后城市居民十年之久。农民收入水平提高缓慢，核心原因是农村一、二、三产业融合难，突出表现在如下方面。

1. 农村产业融合层次和深度不够

首先，表现在农产品的同质化和品质、品牌上。尽管全省各地出现了一些农村产业融合发展的亮点，但总体上仍比较分散。一是农产品“大路货”多。以蔬菜和水果为例，由于农户“重量不重质”，对品质、营养、口感和品牌没有进行系统打造，产品较低端。寿光作为全国老百姓的“菜篮子”，提供的只是低端产品，高端蔬菜领域内在全国有影响力的品牌几乎没有。二是同质化低价竞争严重，名特优新农产品数量不足。农户把重心放在提高产量和追求上市时间上，对产品质量和安全性重视不足。大众果蔬多，精致化果蔬少。三是缺乏品牌化、市场化运作。虽然全省拥有很多地标品牌，比如烟台苹果和樱桃、沾化冬枣、寿光蔬菜等，但其含金量溢价没有做起来。很多外省的地标品牌，比如五常大米、阿克苏苹果、赣南脐橙、蒲江丑柑和红心猕猴桃等已经走在山东前面。

其次，表现为农村从事二、三产业的劳动力严重不足。2018年山东省经济社会综合调查数据显示，农村居民生产经营方式仍较为单一，且以粮食作物种植为主，副业、加工业发展不足。其中，从事生产性服务业的占2.8%，从事生活性服务业的占2.1%，从事农产品加工或销售的占1.4%，从事农村电子商务的占0.5%，从事农村休闲旅游的占0.1%（见图4）。

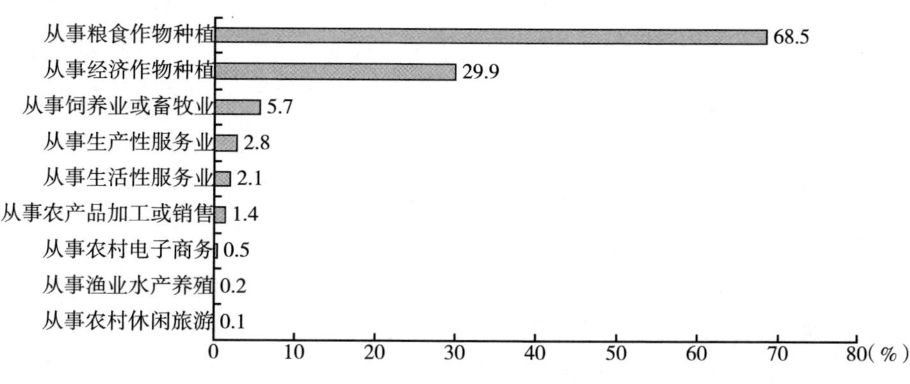

图4　农村劳动力生产经营类型

农村劳动力从事的生产经营活动类型与其收入密切相关。经计算分析，个人粮食作物种植的平均年收入为4740.36元，分别比经济作物种植和渔业水产养殖、饲养或畜牧业生产经营收入少62%、少83%、少83%，而农村电子商务的平均年收入高达32746.15元，接近粮食作物种植收入的7倍（见表1）。

表1　农村劳动力生产经营类型与个人年收入情况

单位：个，元

生产经营类型	样本量	年收入中位数	年收入平均值	年收入标准差
粮食作物种植	1967	2000	4740.36	9265.60
经济作物种植	813	3000	12422.00	31047.97
渔业水产养殖	3	30000	27666.67	23586.72
饲养或畜牧业	127	10000	27659.21	99816.89
农产品加工销售	40	17500	24857.50	29924.47
农村电子商务	13	5000	32746.15	57810.58
农村休闲旅游	3	30000	26666.67	5773.50
生产性服务业	77	20000	31660.39	37194.20
生活性服务业	62	10000	17865.16	16863.11

最后，表现为农业产业链融合多终止于二产融合，加工增值链条较短，附加值不高。涉农企业多以种植、养殖业或农产品初加工业为主，精深加工水平不高，农产品高端品牌匮乏。农村的三产融合深度不够，特别是文化创意农业、休闲观光农业等第三产业发展严重不足，农业生产经营中考虑更多的是产品多少、“够不够”等产量问题，农业生产活动和生产环境中的生态价值、社会价值、文化价值没有得到充分挖掘。当外省的休闲农业、生态农业风生水起时，山东农村拼资源、拼消耗的惯性仍在持续。

2. 新型经营主体带动力偏弱

目前全省农业龙头企业、各类农业新型经营主体尚处在发育初期，产业化经营能力、融合带动能力和集聚集中能力还有待进一步提升。尽管在按照2016年营业收入进行排名的2018年农业产业化龙头企业500强排行榜中，山东共有80家企业入围，数量最多，但全省有实力的农业龙头企业的辐射带动作用仍然有限。2018年山东省经济社会综合调查数据表明，拥有家庭农场的家庭只占农村家庭户的0.73%，种粮大户家庭只占0.7%。尽管种粮大户和拥有家庭农场的家庭农业年收入分别高达12.6万元和15.5万元，是普通农户的13.5倍和16.7倍，经济收入的确可观，示范推广作用显著，但由于两者所占比例过低，对农民增收的辐射带动作用相当有限。而且，这些种粮大户和家庭农场的规模化生产和多样化经营能力仍欠缺，参与融合能力仍然较弱。新型职业农民数量严重不足，只有7.3%的人认为自己是新型职业农民。在这些自我认定的新型职业农民中，有54.6%的人认为自己是专业技能型职业农民（如农业技术工人），34.4%的人认为自己是生产经营型职业农民（如专业大户），11.0%的人认为自己是专业服务型职业农民（如跨区作业农机手、农村经纪人等）。尽管这些新型职业农民开展各类生产经营活动的年收入平均为32589元，比非新型职业农民收入高出16776元，但其科技水平、生产经营能力与乡村人才振兴的要求仍有较大差距。虽然全省农民合作社数量不少，2018年达到20.3万家，但2018年山东经济社会综合调查数据显示，只有14.0%的受访者表示参加了合作社。大多数合作社缺少连接产权和股份的纽带，属于单干、松散的联合体，农民合作社与社员之间仅仅是生产销售的合作关系，实力足够、利益连接紧密、功能强大的联合体在全省仍很少见。各类经营主体之间协同发展、利益共享的合作机制尚不健全。

3. 土地人才资金要素支撑不强

土地供给不足，项目落地难；资金供给不足，融资难、融资贵；专业型、复合型人才缺乏。这些是农村一、二、三产业融合发展面临的突出问题。

在土地方面，伴随着“互联网+时代”的特色农产品网上销售量的增加，其对生产用地和仓储用地的需求旺盛；农村三产融合用地成本较高，一亩农用地的流转价格一般是每年几百元到两千元不等，而农业三产融合项目用地的成本要高很多。配套用地政策落实难，发展农业休闲、观光农业等农业新业态需要配套进行基础设施建设，而现有乡镇基层非农用地指标非常稀缺。尽管政策对完善农村一、二、三产业融合发展的项目用地管理做了明确规定，但在执行中用地审批仍存在很多障碍。农村一、二、三产业融合项目开发涉及多个部门，多头管理协调难、报建审批流程不明确、相关部门职能不明确，导致部门间互相推诿和扯皮，项目审批周期过长。政策不配套的问题仍然存在，项目配套用地往往向大项目倾斜，致使大量小规模经营单位难以享受到政策优惠，农村一、二、三产业融合发展往往面临无地可用的尴尬局面。

在资金方面，农业项目具有投资周期长、回收慢、收益低、风险高的特点，导致农业对民间资本的吸引力不足，金融机构提供信贷支持的积极性也不高。2018 年山东省经济社会综合调查数据显示，关于农村居民当前生产经营活动遇到的最主要困难，有近三分之一的人选择“融资难、发展资金紧缺”。当前金融机构对于农村及涉农产业贷款仍有诸多限制性条件，农业企业或农户手中有价值的农产品加工设备对金融机构来说价值不高，通过将其抵押得到贷款支持的难度极大。集体土地、生态旅游景区的附属设施等都难以当作抵押品进行融资；有些工商企业和大户虽然有能力先期进行三产融合的投资，但出于对政策实施长效性的担忧而对较大规模投资存有顾虑。很多政府部门制定的以奖代补政策的考核期限过于短暂，与涉农产业投资回报周期长的特性形成难以调和的矛盾，难以真正起到鼓励社会资本加大农业投入的作用。调查还显示，很多企业和个人对国家和省设立的农村一、二、三产业融合发展专项建设基金领悟不透，有相当一部分人“不了解家庭农场、农村三产融合发展等政策”，专项基金发挥的撬动作用仍然有限。

在人才方面，根据 2018 年山东省经济社会综合调查数据，农村居民中初中文化水平的占比最高，达 40.7%，其次为小学文化水平，占 29.2%，高中水平的占9.8%，技校（职高）、大专（高职）和大学及以上文化程度的占比均较低，界于1%～2%。农村一、二、三产业融合发展是农业、文化、旅游产业的融合过程，是生产、生活、生态融合发展的过程。其对人才素质的要求远高于以往的农产品加工，需要大量规划设计、经营管理、生态农业、市场营销、旅游开发等方面的复合型人才，急需电商交易平台综合服务、支撑服务等电子商务人才、农旅融合的经营人才，而农村人才引进难、留住难等问题极大地制约了农村一、二、三产业的融合发展。

（三）农村基础设施和公共服务的短板

1. 农村地区基础设施落后，偏远地区欠账严重

山东省第三次农业普查数据显示，截至2016年底，全省只有51.4%的农户使用经过净化处理的自来水，10.2%的村通了天然气。城市居民人均日生活用水量是农村居民的2倍多，燃气普及率和污水处理率城乡相差近10个百分点。2017年山东经济社会综合调查数据显示，农村居民急需的前三项基础设施依次是道路建设、集中供暖、自来水净化，农村居民对集中供暖、公交站、农田灌溉设施的需求分别比城市居民高6.9个、2.7个和2.4个百分点。在环境设施方面，农村居民认为目前最需要政府提供的环境基础设施和服务项目依次是安全饮水、污水处理、垃圾处理。探索适合全省农村的饮用水安全和污水处理方式，解决农村面源污染问题，应是满足广大农村居民对美好生活的需求需要重点解决的事项。在休闲娱乐基础设施建设方面，山东省第三次农业普查数据显示，2016年，全省农村有剧场和影剧院的乡镇只占11.1%，有体育馆的乡镇只占7.9%，72.1%的村有体育健身场所。2017年山东经济社会综合调查数据显示，农村居民最急需的休闲娱乐服务是相关休闲娱乐设施或场地，占36.2%，比城市居民高6个百分点。

2. 基本公共服务总量不足，结构性矛盾仍然很突出

在公共服务提供方面，城乡之间存在严重的不均等，而供给双轨制导致公民社会权不平等。在教育方面，农村公共投入明显偏少。截至2016年底，全省只有25.8%的村有幼儿园、托儿所。2017年山东经济社会综合调查数据显示，农村儿童入园率为94.9%，比城镇儿童低3个百分点，学前教育和高质量特色化的高中教育资源短缺问题突出，农村留守儿童急需生活关爱、课后服

务与家庭教育帮辅。在医疗社保方面，农村居民医疗保障、社会保险水平明显偏低。2016 年，全省农村只有 60.8% 的村有卫生室，39.8% 的村有执业（助理）医师。2017 年山东经济社会综合调查数据显示，农村居民大多参加的是城乡居民社会保险，缴费的档次和享受的待遇水平都较低。农村居民缴纳的养老保险在 12 个档次中以低档的 300 元和 500 元居多，分别占 65.9% 和 12.6%。农村居民缴纳医疗保险，大多选择当地缴费标准的最低档次。2018 年，山东省居民基本养老保险基础养老金最低标准是每月 118 元，老年农民一年的补贴不及老年城市职工一个月的补贴。

（四）城乡融合发展的制度供给短缺

补齐农业现代化的短板、农民增收的短项、农村基础设施和公共服务的短板，必须破除城乡二元发展的体制，实现土地、人口、资金政策的城乡融合发展。目前实施的城乡二元体制导致人口土地配置错位、人才资源流入城市，严重影响了全省的城乡融合发展。例如，乡村振兴中能够带动农村经济发展的产业，往往是以旅游业为代表的非农产业。但这些新产业、新业态的用地要求在现有制度下难以得到充分满足。农村土地浪费严重，农村常住人口减少，居民点用地反而不断增加；城镇建设用地紧张，建设指标却遭遇“天花板”。2018 年，全省农村居民总用地规模为 123.1 万公顷，相当于同期全省城镇建设用地面积 71.0 万公顷的 1.73 倍。根据 2018 年山东经济社会综合调查数据，3000 个农民家庭户的平均宅基地面积为 296 平方米，超出省规定的 264 平方米上限。拥有 2 处及以上宅基地住房的家庭占受访家庭户的比例为 23.4%（见图 5）。

农村居民调查问卷显示，农民宅基地闲置比例平均为 10.2%。由于调查对象主要是生活在农村的居民，很多转移到城镇的人已经不在农村居住，所以这个数字对于实际闲置率来说显然偏低。考虑到农村常住人口数量，预计农村实际闲置宅基地比例应在 15% 以上。拥有 2 处宅基地的闲置比例为 22.1%，拥有 3 处宅基地的闲置比例为 32.9%（见图 6）。

从对闲置宅基地住房的处理来看，88.2% 的住房处于“闲置”状态，用于“出租”和“从事生产经营活动”的住房分别只占 5.3% 和 6.5%（见图 7）。

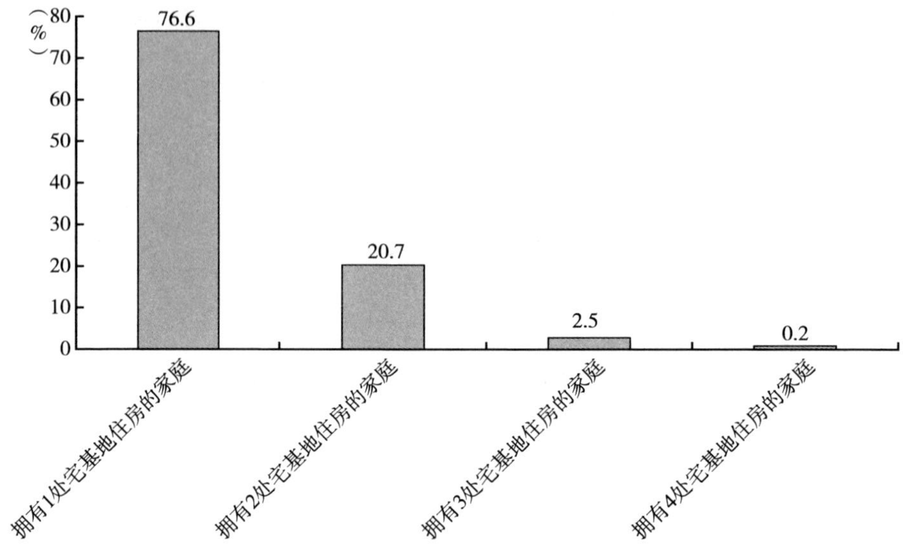

图5　农户宅基地住房拥有情况

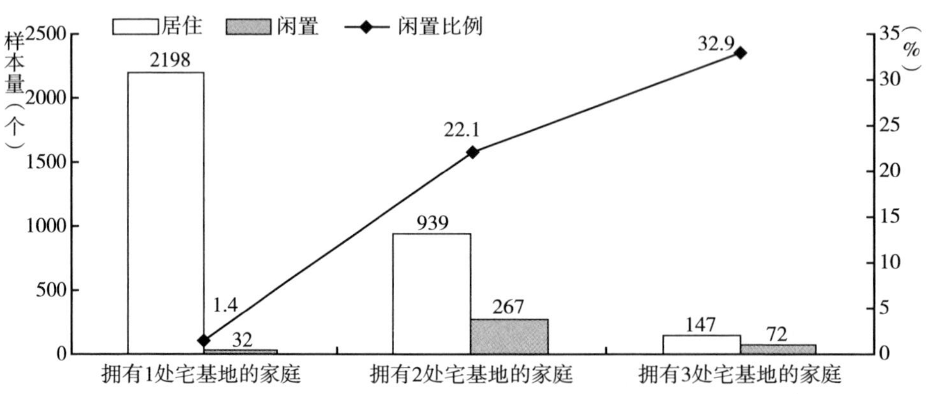

图6　农村居民家庭拥有宅基地数量及其使用（闲置）情况

2017 年末，山东省规划建设用地总规模只有 59 万亩，建设任务重的青岛、烟台等 8 个市总规模基本达到上限。而通过跨省域调剂指标进行城市建设，“带规划规模”的新增空间则价格不菲、成本高企（2018 年 3 月，国家增减挂钩节余指标跨省域流转对山东省确定的价格标准是每亩 80 万元）。如此严重的人口土地配置错位问题，凸显了启动农村宅基地“三权分置”改革、盘

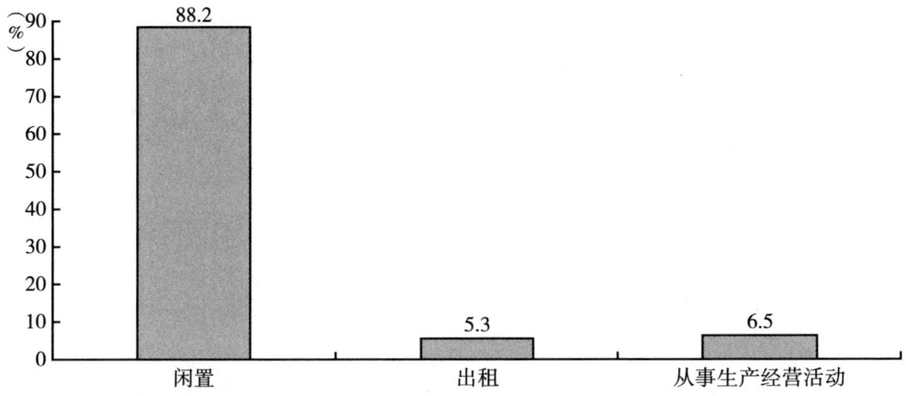

图7　对闲置的宅基地住房如何处理

活农村建设用地资源的迫切性。虽然山东已于2018年确定了宅基地改革试点，但从各地已有的试点经验来看，宅基地制度改革的单独推进并不顺利。除了部分山区、库区结合扶贫、移民、搬迁等工作取得一定进展外，大部分平原地区的宅基地改革进程缓慢。其症结在于，作为宅基地制度改革核心的有偿使用制度难以落地。在受让方受到严格管控的情况下，宅基地的退出大多要依靠政府或者集体经济组织出资回购，这样的成本分担方式既不现实，也难以持续。同时，在封闭市场条件下，价格确定要靠协商，不但降低了资源的配置效率，还有可能造成土地出让冲突。

（五）乡村振兴中农民主体性的短板

乡村振兴的目的是使生活在乡村的农民受益。乡村振兴的主体应该是农民。但目前乡村振兴在确保农民主体性地位上，仍面临着一些体制性困境，抑制了弱势群体农民的经济主体性、政治主体性、文化主体性和社会主体性，造成了农民主体性地位的缺失。

在经济主体性方面，农民往往在经营活动中缺乏主导权。产业发展往往是被动参与或卷入，人口、土地、资金等要素流动性不足也限制了农民主体性的发挥。以土地为例，一方面，农村集体土地被承包分田到户后，村集体无权强制收回与集中开发，要想集中土地用于产业发展规模经营，需要一家一户去谈判，土地统筹利用的成本很高；另一方面，由于集体资产权属不明，农民往往

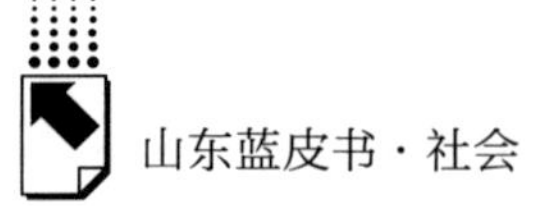

被集体左右，而这个集体由于组织管理不健全、运行机制不完善，经常被换成几个村干部，或者被在政府或资本支配下的几个村干部所代表。

政治主体性主要体现在农民在乡村治理中的主角身份上。从乡村治理的权利来说，乡村治理应该交由农民自己做主，但是目前农民在村庄事务中并没有多少主动权和主导权，行政化事物下沉与乡村自治产生了一定的抑制作用。近年来，在快速推进城市化、脱贫攻坚和乡村振兴的各项任务中，行政化下沉趋势日益明显。快速的城市化需要土地征用和房屋拆迁，基层的乡镇政府需要村干部的配合，以加强乡村社会的动员，化解因土地征用和房屋拆迁而生的利益纠葛和矛盾纠纷。脱贫攻坚任务中的贫困户建档立卡、上级的各种检查评比、美丽乡村的规划建设等重大事务层层加码，运动式治理，最后都加压到村干部头上。行政性政务不断下沉和加重，虽然适应了乡村社会的特定需要，但还是与“乡村自治”形成了一定的对冲和紧张关系。如何激活乡村社会的自治活力，让农民群众真正成为乡村振兴的主体，尚待破题。在目前的乡村治理中，农民在“四大民主”中的民主选举作用得到较充分的保障，但在村庄的民主决策、民主管理、民主监督中，其主体作用并没有得到有效发挥。

文化主体性的缺失突出表现在城市中心主义价值取向所引发的乡村文化自卑上，乡村建设盲目城镇化、贪大求洋。满墙贴瓷砖的农家乐、不伦不类的罗马柱宅院、过度硬化的大广场，将乡村的田园特色、生态特色、乡村审美抛弃了。

社会主体性的表现应是农村居民与城镇居民一样，二者同样是公民，应获得同样的公民社会权，享受一样的基础设施和基本公共服务。但在现实中，二元供给体制导致的公民社会权不平等造成了城乡基础设施和公共服务的机会不均等，也产生了文化歧视、生活疏远和农民市民化进展缓慢问题。只有在乡村振兴中赋予农民充分的主体性地位，坚持平权同利、普惠均等原则，下大力气破解城乡二元体制难题，使农民还权赋能或增权赋能，加大基础设施和基本公共服务向基层、农村、弱势群体倾斜的力度，才能促进人口、土地、资金等要素向农村流转，使得农村居民获得与城市居民相差无几的就业、教育、医疗、交通及其他基础设施和公共服务的机会，城乡融合发展才有制度保障。

三　2019年山东省乡村振兴形势预测

2019 年是全面建成小康社会的关键时期，也是打赢脱贫攻坚战和实施乡村振兴战略的历史交汇期。2020 年的乡村振兴是否能取得重要进展，2019 年至关重要。如果说 2018 年山东省实施乡村振兴战略最重要的特色在于“规划指路”，为齐鲁大地绘制了乡村振兴的美好蓝图，那么 2019 年将以制度创新改革引路，以更加切实的制度机制和政策措施，抓好乡村振兴各项任务的落实。预计 2019 年山东省乡村振兴战略将在如下领域有所突破。

（一）“农村人居环境整治”作为乡村振兴的第一场硬仗会取得实质性进展，各具特色的美丽村庄即将跃然而出

行路难、环境脏、如厕难、村容村貌差是农村与城市发展差距大的最直观表现。2018 年，山东省已经明确提出，到 2020 年，农村道路硬化基本实现“户户通”，所以 2019 年村内道路硬化的工作将继续向前推进，确保 2020 年如期完成。2018 年 2 月，中办、国办印发的《农村人居环境整治三年行动方案》已经确立了到 2020 年实现“农村人居环境明显改善，村庄环境基本干净整洁有序，村民环境与健康意识普遍增强”① 的目标，山东省也确立了农村人居环境整治“到 2020 年，全省农村人居环境明显改善，实施乡村振兴战略取得重要阶段性成效”的行动目标、基本原则、重点任务、保障措施。2019 年，山东省将高度重视农村人居环境整治工作，会进一步压实责任，深入推进。预计农村污水治理模式探索、农村生活垃圾分类、农村改厕后续管护长效机制建设、村庄清洁行动和农业绿色发展将成为农村人居环境整治的重点或重要抓手。《美丽村居建设“四一三”行动》提出的打造方案，将在 2019 年加速推进。作为乡村振兴齐鲁样板重要呈现形式的“鲁派民居”新范式，将按照分类推进、设计先行、统筹配套的要求，集中全力进行打造。胶东、鲁中、鲁西

---

① 中共中央办公厅、国务院办公厅：《农村人居环境整治三年行动方案》，http://www.xinhuanet.com/politics/2018-02/05/c_1122372353.htm。

南、鲁西北4大风貌区，10条风貌带，300个示范村的村容村貌和宜居水平也将在“四一三”行动中得到明显提升。农村住房节能改造，对改善居住条件、节约能源、减少环境污染、降低采暖费的作用显著，在2019年大力开展的农村危房改造和农村住房建设试点中，将加大对其提倡和推广的力度。为了完成既定任务，山东将从制度层面加强农村基础设施改善、财政补助、社会资金调动、监督考核等工作措施的规范和落地，全省农村人居环境突出问题也将得到有效整治，美丽村居不久后将成为齐鲁大地乡村风情画的最美底色。

（二）农村一、二、三产业融合发展将得到前所未有的重视和培育壮大，新的产业园区、“新六产”融合示范区将有大的发展

实施乡村振兴战略，必须建立健全城乡融合发展的体制机制和政策体系。城乡融合发展，首要任务就是农村一、二、三产业的融合发展。只有农村的一、二、三产业融合发展，城市的要素和资源流向农村，才能形成城乡要素的良性互动。现代农业产业园、农业高新技术开发、田园综合体、“新六产”融合示范区对农业产业化的作用巨大。加大对这些“新六产”、产业园区的培育壮大力度，着力在培植产业主体、搭建载体平台上下功夫，促进城乡要素集聚融合发展，是实现农村一、二、三产业融合发展的关键。2019年，山东省将把一、二、三产业融合发展作为城乡融合发展的关键，培育壮大“新六产”示范创建工程的力度将更强、更大。重点围绕对一、二、三产业融合发展的新业态、新园区的打造，充分发挥其示范带动作用。以特色产业立镇，发展壮大特色产业，用乡村低成本吸引创业者，使统筹城乡发展的特色小镇崭露峥嵘。集现代农业、休闲旅游、田园社区于一体，多业态叠加，用城市因素解决乡村问题的田园综合体将得到更大发展。

（三）农村土地制度创新和制度供给将进一步加强，土地要素在乡村振兴中的作用有望激活

农村土地制度改革在实施乡村振兴战略中处于关键性的位置。打破城乡二元发展体制、发展农村要素市场，重要一环是实施土地制度改革，实现城乡土地权利的平等。改革开放40年，中国经济之所以能够实现崛起，在很大程度上依赖于廉价的土地。政府通过牺牲农村利益的农地征用方式，在农村土地上

建设工业园区、商住房。这种“城市偏向型工业化发展模式”是乡村空心化、伪城市化、城乡二元病态化出现的重要原因，城乡二元土地结构成为制约城乡融合发展的主要障碍。只有土地要素逐步市场化，农民对土地的财产权利逐步实现，才能促使国民收入分配格局发生重大变化，促进农业人口加速市民化，从而实现城乡二元结构逐步消除、城乡融合发展的目标。2018 年，中央提出“适度放活宅基地和农民房屋使用权”，这是对农村宅基地使用权的松绑，也是对盘活利用空闲农房及宅基地、增加农民财产性收入的再度明确。为了激活农村土地资源，山东将探索土地规模化经营、村庄布局调整、土地资源整理、美丽乡村、田园综合体建设的统筹推进机制。适度放活宅基地和农民房屋使用权，探索农房抵押、出租、合作开发等新途径，使农民的闲置住房在经过整修改造后成为发展乡村旅游、养老等产业的重要载体。退出的宅基地作为增减挂钩节余指标在省域内流转，使农民宅基地的财产权益得以显化，土地要素在乡村振兴中的作用被发掘出来。农村创新创业的“一池春水”在土地制度探索创新中必将被进一步激活，乡村产业振兴的“底火”在土地制度改革探索中必将烧得更旺。

（四）农村集体产权制度改革整省试点进一步深化，农村集体资产股权质押贷款试点将缓解农民贷款的“担保难”

如何夯实农村集体经济这一基础，扭转乡村集体经济和集体组织弱化的局面，为乡村振兴提供必要的组织资源支撑，是乡村振兴必须面对和解决的问题。人口流动频繁，农村集体资产底数不清、权属不明、监管不严、“跑冒滴漏”，集体经济“看得见、摸不着”“人人有、人人没份”的虚化，农民对集体经济支配的失语失权，是全省农村集体经济普遍存在的问题。只有推进农村集体产权制度改革，让集体经济从“看得见、摸不着”变成“人人有、人人有份”，让村民成为集体经济发展的真正参与者和受益者，农村集体产权制度改革才能成为乡村振兴的强劲动力。中央提出，农村集体资产股份制改革将于 2021 年基本完成，山东省将总结推广资源变资产、资金变股金、农民变股东的经验，把农村集体产权制度改革最基础的工作——农村集体资产清产核资，以农民认可的方式，不留矛盾隐患、高质量地按期完成。对于集体经济比较薄弱的村庄，清产核资、身份确认、村庄财务管理工作将全面开展，并探索农民变股东的有效途径。在城中村、城郊村和经济发达村的集体资产股份制改革完成清产核资、成员身份确认之后，资产折股量化和建立新型集体经济组织也就成为必然的选择。与此同时，农村集体资产监督管理平台建设也将加快进度，集体资产各项管理制度也将进一步建立健全，农村集体经济组织在乡村振兴中管理集体资产、开发集体资源的作用将更好地发挥出来。山东省在完成中央确定的改革试点基础上主动开展的农村股权质押贷款试点的“自选动作”，将进一步盘活农村闲置资产，激发集体产权活力，缓解农民贷款的“担保难”问题。村级集体经济也可能因此试点而重振雄风。

总之，随着促进城乡融合发展体制和政策体系的建立和完善，全省范围内资源配置格局和基本公共服务供给将进一步向农村倾斜。人口、土地和资本要素将逐渐从单向度流入城市转变为在城市和乡村两大地域间相互流动和双向配置。农、文、旅、康、研进一步结合，观光农业、游憩休闲、健康养生、生态教育、共享经济、共享田园、共享农庄、共享民宿将进一步发展壮大并有机结合起来。乡村以其特有的田园风光乡村风貌、乡音乡礼乡俗乡情、民间风物传统风味，满足城市人的学习体验、研学旅行、投资创业、工作生活、休闲度假、养老养生需求。由此，2019 年农村居民的生存、生活问题和城市居民的生活、生命、生态环境和长远发展问题，将出现令人期待的发展动向。

四　以城乡融合和制度创新为核心，推进乡村振兴规划落地落实

（一）大力发展规模化、集约化、绿色化、工业化、社会化的现代农业

1. 大力培育新型农业经营主体，发挥其对现代农业发展的引领和支撑作用

新型农业经营主体的生产经营具有生产集约、管理先进、效益明显的特点，对现代农业的发展可以起到引领和支撑作用。以初级农产品生产为主的种养大户和家庭农场，可以在农业生产的规模化、集约化、商品化方面起引领作用。农民合作社在农业生产经营中可以发挥其在农资供应、产品销售等服务环

节中的优势。农业龙头企业可以在带动产业升级、增加农民收入方面发挥重要作用。培育新型农业经营主体，应引导其合理定位、多元融合发展，提升发展规模和质量，与普通农户建立更为密切的利益联结机制。为此，要着力为新型农业经营主体落实税收优惠政策、解决用地困难、加大金融信贷支持力度、改善生产经营基础条件。

2. 推进土地集约化、规模化经营，增强农民风险防范意识

土地流转和适度规模经营是实施“乡村振兴战略”的护卫舰。通过土地流转、入股土地股份合作社等方式，将土地逐渐向经营大户、农业新型经营主体集中，扩大土地经营规模，提高农业规模效益，这样不仅能够促进现代农业发展，而且转出土地的个体农户能得到土地流转的收入，或通过参加土地股份合作社得到分红收入，更可从效益低下的土地耕种中解放出来，通过进城务工或当农民工人等途径，获得工资收入。2018 年山东经济社会综合调查中土地流转的数据显示，在目前还没有进行土地流转的家庭户中，“愿意流转”和“不愿意流转”的基本上各占一半。对愿意流转土地却没有流转的原因进行分析发现，表示“没有人愿意承包”的占 62.4%；表示“没有流转服务平台，不知道怎么操作”和“没有信息渠道”的合计占 18.5%。上述数据表明，推进土地规模化经营还有很大的发展空间。而对不愿意土地流转的原因进行分析发现，居第一位的是“不放心，害怕土地流转后生活缺乏保障”，占 53.9%，第二位是“流转补偿费太少，收益较低”，占 20.8%（见图 8）。

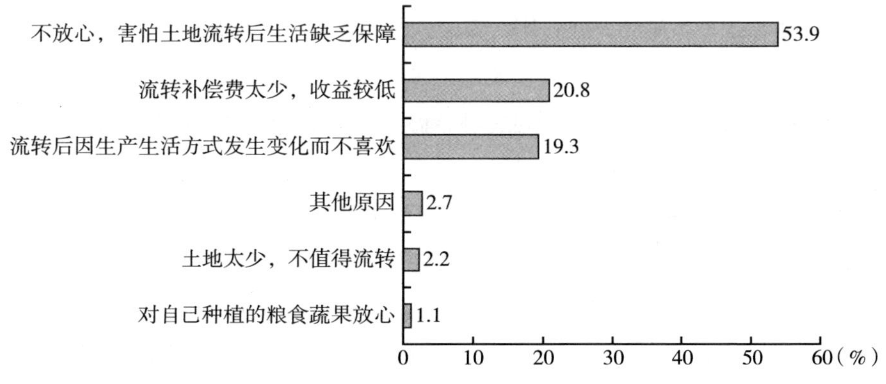

图 8　农民不愿意土地流转的原因

基于上述土地流转状况及流转意愿数据分析，我们认为，山东省适度推动土地规模化经营需要关注以下三个关键环节：一是政府推动完善土地流转的政策激励机制，构建土地流转与农民社保相结合的机制，解除农民土地流转的后顾之忧；二是市场主导建立全覆盖的土地流转中介组织，打造土地流转信息服务和实现交易平台，为农民土地流转提供信息服务，实现交易方便；三是培育新型经营主体，加大对规模生产经营的补贴扶持力度，提高个人或企业承包土地从事农业规模经营的积极性。

需要注意的是，在推动土地流转和资本下乡进行规模经营的实际操作中，要增强风险防范意识，不断提高制度的执行力和约束力。一是严格把握资本下乡的制度槛、信贷槛。通过建立严格的资本下乡准入和监管制度，明确正确的金融信贷投向，避免承租人对土地的掠夺式开发，确保资本下乡不走偏。二是提高农户和土地股份合作社的风险防控意识，有效防控农民薄利风险。为此要设定合适的土地经营权出租年限和合适的地租形式，保证土地租金价格随行就市，确保农民利益不受损失。建立土地流转风险保证金制度，将农民利益受损风险降到最低。三是确保土地流转中的农民主体地位。要提高农民对土地流转的知晓度和参与程度，确保农民对土地流转的知情权、选择权、表决权和质询权。规范基层政府和村“两委”的行为，进一步明确政府部门介入农村土地流转的范围及边界，有效防范基层政府的侵权行为，防止强制性的土地流转。四是加强对转出土地农民的技术培训，提升其文化素质，提高其非农就业能力，创造其就业及转移就业的市场优势。

3. 加强农业资源集约高效利用，集聚集成资源建立产业集群

要优化农村产业资源利用，大力发展“名特优新稀”农产品，开展菜、果、茶、中药材、桑蚕等特色产业提质增效转型升级行动，促进山东农业区域特色、比较优势的进一步彰显。延伸发展“农业＋精深加工”，提升农业精深加工水平，促进农业原料及加工的规模化、集聚化、品牌化发展。深度挖掘品牌价值，全省整体打造“齐鲁灵秀地品牌农产品”金字招牌，切实增强农产品的国内外市场竞争力。要优化利用农村生态资源和文化资源，大力发展都市型现代高效生态农业，加快乡村旅游和特色旅游产品开发，积极发展农旅融合、“互联网＋农业”等农业新业态。推动美丽乡村与影视文化融合、农业与其他文化产业融合。要充分利用产业与空间融合资源，构建产业集群，推进农

村产业链融合发展，集聚农村资源和要素，推动形成新的块状经济。

4. 推进农业政策转型，促进农业绿色发展

把农产品的质量、安全和品质放在首位，全力推进农业政策转型，增强农业补贴政策的指向性和精准性。农业政策导向要及时从增长导向型向质效导向型转变。前者主要依靠化学农业、增加化学品投入支撑农业增长；后者则以绿色农业为支撑，追求质量和效率的协调统一。要大力发展有机农业和生态农业，加大对农业面源污染的治理力度。要努力推进化肥和农药使用从零数增长向减量使用转变，并稳定在安全合理的适宜区间内。对采用和推广有机肥替代化肥的地区给予政策补贴，打造有机、绿色、生态、高效的现代农业发展先行区和示范区。

5. 提高农业工业化水平，增强信息技术对农业发展的支撑作用

以市场需求为导向，提高农业生产和农产品加工的现代技术装备水平。增强运用工业化的理念和组织方式对农业的生产经营进行管理的理念。加快高端农业、设施农业、资源节约型农业发展，促进农产品增值。农业科技创新要进一步明确创新的重点和主攻方向，聚焦新品种选育、绿色增产、节本增效等领域的技术，加强科技研发和推广应用。要充分利用“互联网＋农业”的技术支撑，充分发挥现代农业综合服务平台的作用。在平台企业普遍“用资本换时间、抢市场”的形势下，要增强危机感，确保全国农业大数据综合开发利用平台落户山东，充分发挥农业大数据在农业结构调整、优质农资农机推广应用，以及提高农产品效益和质量方面的作用。

6. 健全社会化服务体系，组织服务小农、带动提升小农、激活支撑小农

要积极发展多元化、多层次的农业生产性服务业。为小农提供土地托管、联耕联种、统防统治等服务的农业生产服务组织对现代农业发展的作用巨大，应积极支持其扩大服务规模。要积极发展多种形式的农业适度规模经营，积极引导小农生产进入现代农业大体系，实现与新型农业经营主体的有机衔接。衡量新型经营主体与小农有机衔接的标准，一是要确保能够为小农提供所需服务，二是要能够有效抑制市场波动，三是要能够提高小农的组织化程度，四是利益联结机制要具有保障小农利益的合意性，五是要让小农有自我成长空间。要实现这样的有机衔接，必须通过组织化路径，以利益机制为纽带，以组织小农、服务小农、带动小农、提升小农、激活小农、支撑小农为抓手，根据现代

农业的发展要求进行有效整合。在组织小农方面，应积极推动产业化联合体建设，建立和发布示范农业产业化联合体名录，并对其给予重点支持。要充分发挥农业龙头企业对小农的生产带动作用和农民合作社的服务功能，实现资源共享、利益共享。在服务小农方面，要加快完善农业服务体系。应围绕小农户最需要的生产性服务、经营性服务和金融性服务，积极探索创新农业社会化服务的工作机制和有效模式。在带动小农方面，应大力培育地区农业公用品牌，鼓励成立农产品区域公用品牌建设推进委员会，培育一批具有较高市场知名度的农产品区域公用品牌，有效带动小农生产。在提升小农方面，应以需求为导向、以田间为课堂、以实践为手段，深入实施职业农民培育计划，创新优化新型职业农民教育培训平台。建设项目、师资、人才、教材和实训基地等各类信息库，充分利用互联网等现代信息技术手段，优化信息管理平台。在激活小农方面，应培育壮大农业农村新业态。结合一、二、三产业融合发展、城乡建设用地增减挂钩试点、盘活“四荒地”、农村宅基地和农村集体建设用地改革试点，鼓励小农参与建设经营休闲旅游、养生定制等各种形态的“共享农庄”，以此获得地租、劳务、入股分红、品牌溢价等多种收入。在支撑小农方面，应加快推进农产品电商出村、农村电商带头人计划实施和农产品电子商务标准化建设。加强仓储物流等基础设施建设，强化仓储、包装、发货、品控、供应链等服务。提供农特产品品牌策划、包装设计、视频拍摄、运营推广、第三方平台对接等服务，高水平推动农产品上行。

（二）深化“十百千”示范创建，探索村庄布局调整、美丽村居建设和农村土地制度改革的统筹推进机制

1. 扎实推进农村人居环境整治工作，努力将示范工程从少数“盆景”变成一道“风景”、一片“风光”

一要以农村垃圾处理、污水治理和村容村貌提升为主攻方向，统筹推进农村“厕所革命”、污水和生活垃圾处理、畜禽养殖废弃物资源化利用、村庄清洁行动，加快补齐农村人居环境的突出短板。二要开展扎实全面的摸底调研，分类确定村庄发展方向和建设标准。对全省 7.4 万个村庄的资源禀赋、形态布局和发展潜力做进一步的精准分析和相应指导，分类确定村庄发展方向和建设标准，建立差异化的推进和考核机制，科学引导村庄规划建设。三要确保

“十百千”示范创建工程、美丽村居建设与农民的真实生活紧密相连。科学合理的村居规划建设应在对村庄经济情况、村民意愿、产业基础、人口变化、文化底蕴、乡风民俗等方面进行系统调研和分析研究的基础上进行。示范创建工程、美丽村居建设首先必须了解农民的真实生活，以及对公共基础设施和生活服务的真实需求，有针对性地找到突破点，让乡村居民有实实在在的获得感。四要深度挖掘地域特色，防止对乡村传统风貌和古建筑的“破坏性改造”。特色是乡村得以永续的灵魂所在，要注重对建筑风格、建筑材质、典型建筑元素等方面的挖掘，进而打造“鲁派民居”。对乡风民俗、历史典故、名人轶事、文化遗产等物质或非物质的本地资源进行重点梳理，并应用到美丽村居建设中。将存在于口头或单一形态的“静态文化”创新打造成可流动、可参与、可感知的“活态文化”，使文化大省散发出应有的齐鲁神韵。要注意避免旅游经济、民宿经济发展可能引发的对乡村传统风貌和建筑的“破坏性改造”，防止资本下乡有可能带来的“城市模板”在乡村的复制。五要确立发展重点，防止过度供给。应冷静分析各类村庄发展的基础，确定村庄发展阶段，切不能好高骛远、一味冒进，建一些浪费资源的大绿地大广场、华而不实的亭台楼阁、华表石雕等。应将近期、远期发展结合起来，有序推进。2019 年应以基本的民生工程为主，通过道路、供水、污水处理、厕所改造、网络通信等建设保障，改善村庄人居环境，为村庄未来发展奠定基础。近 3～5 年，通过丰富公共设施、升级田园产业、配套文旅设施等，依托乡镇住地实现城乡基本公共服务均等化，使周围农户在附近大型居民点获得公共服务，避免农村公共服务效率低下。六要多元创新，全力保障。农村人居环境整治、美丽村居建设需要各级政府部门提供土地、政策、资金、人才、技术等方面的支持，应创新支持方式方法，优化审批流程，建立联合办公体制机制，严格管理监督，提高工作效率。

2. 探索村庄布局调整、美丽村居建设、土地制度改革的统筹推进机制

鉴于影响当前农村居住环境面貌的主要因素是农房建设缺乏规划，布局混乱无序、朝向杂乱无章、私搭乱建严重，道路不畅、污水横流，导致农村“有新房无新村”“有新村无新貌”，因此应将农村居住环境改善与村庄布局调整、土地制度改革统筹推进，推动农村工业企业向规划区集中、农民向社区集中、农用地向规模经营集中。在产业方面，鼓励新办企业落户园区，促使单一的产业集聚向产业集群转变，以集中促集约。对农村布局进行重新规划，促使

农民向城镇新社区集中。借鉴浙江“千村示范、万村整治”经验，以县为单位有序推进合村并居。在有条件的地区，规划建设村民集中居住小区，将附近村民集中起来，形成拥有1万~2万人口规模的小镇。这样不仅可以更低成本提供教育、医疗、商业、文化、交通等公共服务，以及水、电、暖、排污等基础设施，而且能让乡村的村容村貌得到极大改善，使村民也能像城市人一样拥有更好的生活、生态环境。与此同时，合村并居、盘活原村落闲置土地，将节约的土地交由集体统一运作、连片开发，吸引大型农业企业、种植大户等流转土地进行规模化经营，也可以以土地入股，各单位联合起来从事旅游开发，发展第三产业。这样既节约了大量土地，拉动了建材工业的发展，也为农民在家门口就业创造了更多机会。

（三）充分发挥新型城镇化对乡村振兴的促进作用，下大力气补齐农村基本公共服务短板

1. 同步推进新型城镇化，注重解决四个关键环节的问题

乡村振兴如果缺少外部力量的注入，将难以有根本性的改变。城镇化可以通过非农产业的就业吸纳作用带动农村剩余劳动力资源流出。当过剩劳动力流出使农村人均占有资源达到一定规模时，按市场规则流动的资本和要素就会自动流向农村，盘活农村闲置资源，激活农村潜在的资源活力。从这个意义上说，如果没有持续的城镇化政策带动农村人口的减少，不在城镇化问题上进行深刻的变革，而只是依靠行政上的资金和政策支持，将难以真正提高农业收益水平和激发农村活力，盲目的行政性支持也将成为低效或无效的投入。因此，在实施乡村振兴战略的同时，一定要抓好城镇化政策的落实，推进新型城镇化和乡村振兴双向互动，促进城乡各种要素的自由双向流动。

当前农民工家庭在家庭经济收入、家庭成员社会生活、家庭成员的制度身份上仍处于“半城市化”状态。农民家庭在过上“优于乡村”的城市生活的过程中，存在三个关键节点需要跨过，分别是标志着家庭经济收入开始城市化的进城务工，标志着家庭生活走入城市的进城买房定居，标志着农民与农村脱钩的户籍城市化。当前进城务工不是大问题，保障农民工在城市的居住权、提供户籍城市化所承载的公共服务才是农民工市民化的最大障碍。如何保障农民工在城市的居住权，核心有以下两点。一是要开放农民集体对土地的租赁权，

而不要将租赁主体和开发主体都集中到政府身上，以此解决城乡接合部地区外来人口租赁住房价格高企的问题。二是开放外来人口对集体住房的租赁权。外来人口不一定在城市购买商品房，因此可以拿出政府提供的保障房让他们租赁，保证其居住体面。农民工的市民化需要重点解决如下四个关键环节的问题：附着在户籍制度上的教育资源分布，城乡社会保障体系的接轨和可迁移性，城镇化后农民宅基地、承包地、集体收益分配权等利益的承续交换和退出等权益保障机制，农民工在城市落地所需资金的合理分担机制。

2. 下大力气补齐农村基本公共服务短板，推动农民教育、医疗和社会保障享有水平再上一个台阶

城乡融合的基本条件之一是消弭城乡居民因生活居住地点的不同而在基本公共服务享有方面存在的差距。城乡融合尤其需要在农村基本公共服务提供方面下大力气补齐短板。在医疗和社会保障方面，要针对当前老年人口增速快、占比高，空巢老人多，弱势家庭老人处境堪忧的现实情况，加大对社会投资农村养老服务体系的支持力度，并配套规范、引导和管理措施。针对城乡老年居民政府养老补贴差距巨大的问题，应适当提高对 60 岁以上农村老人的补贴标准。农村居民医疗保险报销比例偏低，农村老人不到万不得已不会去医院治疗，坚持“小病扛，大病拖”，由此失去很多治疗机会。应当适当提高老年农民医药费报销标准，放宽对必需药物报销的限制，让老年农民共享改革开放成果。在教育方面，应创新学前教育普惠性健康发展的体制机制，明确财政对农村学前教育的投入和补助，加强乡镇幼儿老师队伍建设。农村义务教育重点任务要从硬件的均衡发展逐步转向内涵式发展，着力提高农村中小学的教学综合质量。要适应农民群众对高质量高中教育的需求，加快发展高质量、特色化的高中教育。要加大对职业教育的扶持力度，吸引更多的农民子弟主动就读、学有专长。在文化娱乐方面，要通过建立活动广场、公园和娱乐设施等，拓展农村居民的活动空间，缩小城乡差距。

（四）以“四链”融合为抓手，加快推进农村一、二、三产业融合发展

1. 全产业链融合

一要提升全省农村农产品加工转化水平。支持新型农业经营主体建设储藏、包装等初加工设施，推动农产品就地加工转化增值，使农产品在田头就变

成标准化的高附加值商品，将农产品产业链增值更多留在乡村，惠及广大农民。二要加强规划引导和政策支持，推动农产品加工业向主产区、产业园区聚集发展，建设一批农产品精深加工示范基地。三要以知识、技术、信息、数据要素支撑农业发展，建立物联网全程可控制、可追溯的生产流程，农产品加工后直达消费者餐桌，实现农产品从田间到餐桌无缝对接的全产业链融合。四要全方位开发拓展农业农村的多种功能，把农业农村的生态文化价值转化为经济效益，开展重要农业文化遗产发掘和保护工作，积极推进农业中的林业与旅游、文化、康养、体育等深度融合。

2. 全生物链融合

转变农业发展方式，推进绿色、低碳、可持续的农业发展路径，以质量兴农。一是全力推动农业绿色高质高效发展。大力发展有机农业和生态农业，实施特色产业提质增效转型升级行动，推动农业生产由主要满足量的需求向更加注重满足质的需求转变。增加优质农产品供给，增强农产品的国内外市场竞争力。二是全程推进农业标准化生产。发展资源节约环境友好型农业，采取有力措施减少化学投入品的使用，下大力气缓解农业面源污染给资源环境造成的巨大压力，确保化肥和农药使用总量和使用强度实现“双下降”。为此，要着力构建与质量兴农、绿色兴农相适应的农业地方标准体系，确保主要农作物生产有标可依；推进农业标准化生产基地建设，推行农业良好生产规范和标准化生产技术模式。三是加强农产品质量安全监管追溯体系建设，实现全产业链的农产品质量安全监管追溯，推进“食安山东”建设，确保粮食安全、质量安全、生态安全，实现从生产到生态的全生物链融合。

3. 全供应链融合

提升物流与供应链服务水平，加强冷链工程、“中央厨房”等建设，推进海关通关便利化等。大力发展农村物流业，推进电子商务进农村、“邮政在乡”、“快递下乡”等，开展农村代购代销，促进农村销售网络全覆盖。加强信息基础设施建设，充分利用直播、电商、社交媒体等网络平台的可见性、平等进入、去中心化、信任约束等优势，大力培养农村电商，全面开展农民触网行动，降低农产品的交易成本，扩大市场范围。积极培育电商龙头，引导新型经营主体和企业开展线上营销，实现从线下到线上、从实体店到网店、从生产到物流的全供应链融合。

4. 全利益链融合

发展和完善多种形式的产业化经营模式，支持家庭承包与专业大户、家庭农场、农民合作社、集体经济组织和企业相结合，积极发展农业社会化服务组织，实现适度规模经营，进一步提高全省农业规模化经营水平。积极支持新型农业经营主体联动，鼓励其创新经营方式，促进合作经营。提升合作社规范化水平，清理“空壳合作社”。推动新型农业经营主体与小农户搭建紧密的利益联结机制，协同发展，实现从农民个体到新型经营主体的全利益链融合。

（五）以土地制度和集体产权制度改革为动力，为乡村振兴增添新活力

1. 稳慎推进农村宅基地制度改革

（1）探索农村宅基地流转具备一定的客观基础

2018 年山东省经济社会综合调查数据显示，农村居民户均拥有宅基地面积 296 平方米，超出省规定的 264 平方米上限。拥有 2 处及以上宅基地住房的居民占受访者的 23.4%，农村实际宅基地住房的闲置率约为 15%。在宅基地住宅经常闲置的原因中，有接近 50% 的人是自身在城镇生活而使宅基地住房闲置。其中，“在城镇生活，但工作和收入不稳定”的人占 36.7%，“在城镇生活且工作和收入稳定”的人占 12.8%（见图 9）。

在闲置的宅基地住房中，88.2% 的住房处于“闲置”状态，用于“出租”和“从事生产经营活动”的分别只占 5.3% 和 6.5%（见图 7）。

在宅基地住宅退出方面，调查问卷给出的宅基地退出及补偿的政策情景如下。政府将宅基地回收复垦，农户可以选择两种补偿方式：一是可获得与原宅基地和房屋价值量等同的货币补偿；二是可获得与原有住房同样面积、基础设施比较完善的集中（中心村、集镇或县城）的安居房。在访问受访者是否愿意退出宅基地时，有 52% 的受访者表示愿意退出，48% 的人表示不愿意。在表示愿意退出宅基地住房的受访者中，55.7% 的人退出的主要原因是“希望能获得更好的居住生活条件”，居第一位；居第二位的是“希望能够获得更多的福利待遇”，占 25.7%（见图 10）。这表明，一方面，获得更好的居住生活条件和更高的福利待遇是绝大多数农民愿意退出宅基地住房的基本条件；另一方面，虽然城镇化还在继续，但愿意或有能力进城的农民已经大幅减少，即农村能够转移出来的人大幅减少。

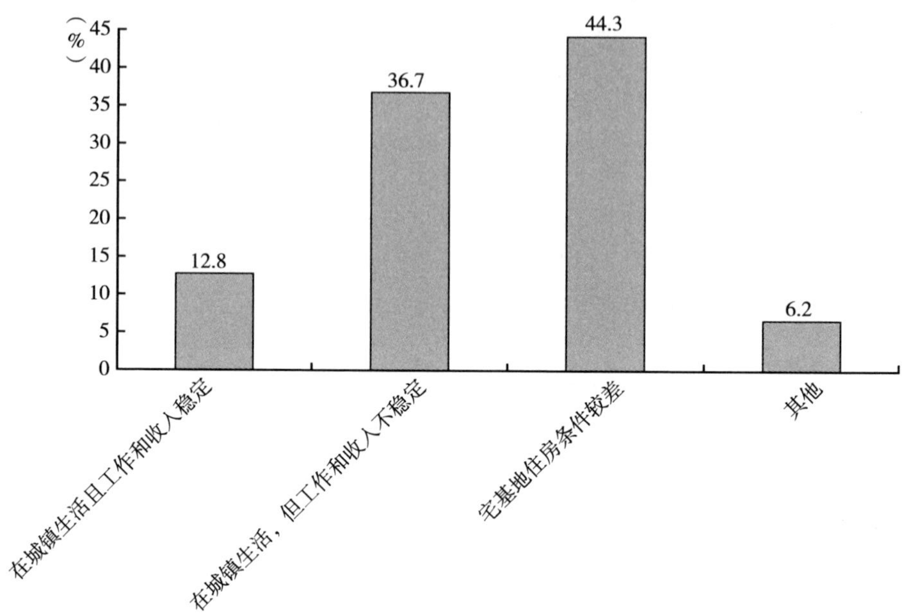

图 9　宅基地住房经常闲置的原因

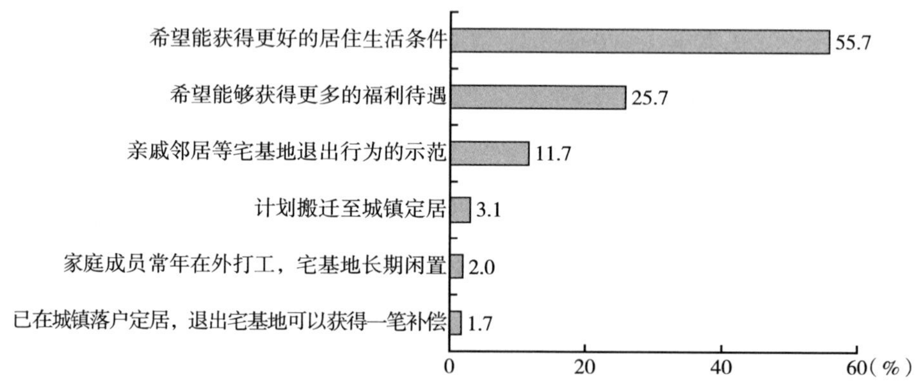

图 10　愿意退出宅基地住房的原因分析

从农村居民户均拥有宅基地住房面积、拥有 2 处及以上宅基住房的居民比例、宅基地闲置比例、闲置宅基地住房的处理及自愿退出宅基地的家庭比例来看，通过盘活利用农村闲置宅基地，增加农民的财产性收入，促进乡村振兴，具有一定的必要性。

（2）将农村闲置宅基地利用改革与“五个振兴”统筹推进，探索适度放活宅基地和农民房屋使用权制度

农村闲置宅基地利用改革，应与为农村一、二、三产业融合发展提供充足空间、保障农民的新增建房用地需求、村庄布局调整、推进土地规模化经营、美丽村居建设、增加农民财产性收入、提升乡村治理能力密切结合、统筹推进，并注重实践经验的制度化。宅基地制度改革探索从以下几方面进行。一要改革完善宅基地权益保障和取得方式，落实宅基地集体所有权，适度放活宅基地和农民房屋使用权。将“虚置”的集体土地所有权“做实”，解决宅基地管理混乱、村集体所有权虚置和管理缺位问题，使村集体组织依法依规履行村庄规划以及宅基地分配、使用、退出、流转的管理职责。在宅基地有偿使用或退出后，村集体取得的土地增值收益应纳入农村集体资产进行统一管理，主要用于村庄基础设施配套建设、建筑补助等，由集体成员共同分享。土地增值收益分配情况应纳入村务公开内容，使集体成员所有权能通过民主程序达成共同意志。在严格遵守《中共中央国务院乡村振兴战略意见》中提出的对宅基地制度改革的“硬约束”时，可以探索适度放活宅基地和农民房屋使用权制度，可以探索突破宅基地及其房屋仅限于在集体经济组织成员之间流转的规定，还可以探索突破宅基地使用权仅限于保障村民居住需要的规定。二要探索宅基地有偿使用制度，执行一户一宅基地政策。对于历史因素造成的“一户多宅”、超标准占用、非本集体经济组织成员除继承外的占用等问题，建议推行由集体经济组织主导的有偿使用制度。对超出规定标准的部分，明确有偿使用标准，探索分级收取多占宅基地使用费的办法。三要探索宅基地自愿有偿退出机制，保留进城落户农民的宅基地资格权，探索资格权的保障形式，探索建立宅基地资格权重获制度。对于进城落户农民，可以选择保留资格权，即从集体经济组织处申请获得宅基地的权利。对于农户资格权的确认，由各村集体根据国家规定结合各自实际情况，民主协商出一个全体村民大致认可的资格认定条件，并且一以贯之地执行。进城落户农民宅基地资格权保障可以有多种可能性。对于城镇郊区的村庄或者其他符合集中居住条件的村庄来说，符合条件的农民可以申请经济适用房、廉租房，也可以换股权、换社保或颁发地票期权等，以此实现对资格权的行使。鼓励有条件的农户自愿有偿放弃资格权。对于那些有退出意向但又不愿意彻底失去宅基地资格权的农户，可以通过“留权不留地”、颁发地票期权等方式，保留其资格

权。对于自然灾害造成宅基地使用权灭失的、进城落户农民自愿无偿退出宅基地等情形，建立宅基地资格权重获制度，以保证农民有需要时可以重新获得宅基地资格权。四要探索开展宅基地抵押担保制度。放活农村宅基地及农房的“使用权”是农村宅基地“三权分置”改革的核心。可以探索建立农村宅基地抵押担保制度，将农民宅基地的不动产权证作为抵押获得贷款。

（3）山东省宅基地制度改革探索应注意的问题

结合近年来全国宅基地改革的试点经验，以及2018年山东经济社会综合调查数据来看，应注意如下问题。

一是要避免过于强调节约、集约使用宅基地，而忽视宅基地所具有的服务于农民生产生活的功能。农村宅基地退出或整治后可以将建设用地指标交易给城市或发达地区，但同时必须建立乡村建设用地指标最低限额留存制度。二是要避免过于强调宅基地权利人当下经济利益实现的侧向，从而忽视了宅基地所具有的服务地方全面发展、长远发展的多种功能。宅基地留存规模要统筹考虑其持续保障“户有所居”的使命，以及未来该地乡村振兴的用地需要。三是要尊重山东农村实际和农民群众意愿，稳慎推进。从2018年山东省经济社会综合调查数据来看，宅基地适度流转的基础是客观存在的。但在探索盘活利用农村闲置宅基地的改革实践中，不应忘却的是，山东农村中普通农户比例超过86%，拥有家庭农场的农户和种粮大户的比例合计接近2%。家庭经营仍占主导地位并将长期存在的现实，决定了农村宅基地分布不应过于集中。同时，虽然承包地和宅基地的生活保障功能随着社会的发展在弱化，但目前全省城乡人均收入差距绝对值仍在拉大，农村居民养老医疗保障水平与城市职工的差距还很大。在城镇工作生活而使宅基地闲置者中有七成的人工作和收入还不稳定（见图9），有近一半的受访者表示不愿意退出宅基地住房，不愿意退出的原因各异（见图11）。在此情况下，宅基地制度改革要充分尊重山东农村实际和农民群众意愿，稳慎推进。

2. 开展农村集体产权制度改革

首先，要全面开展农村集体资产清产核资工作。重点清查核实资产之一是集体“四荒”地等资源性资产。例如，小型水利设施产权、海域滩涂使用权、淡水养殖水面等，加快集体资源性资产的确权颁证。重点清查核实资产之二是集体统一经营的经营性资产及现金、债权债务等。其次，要合理确认集体成员

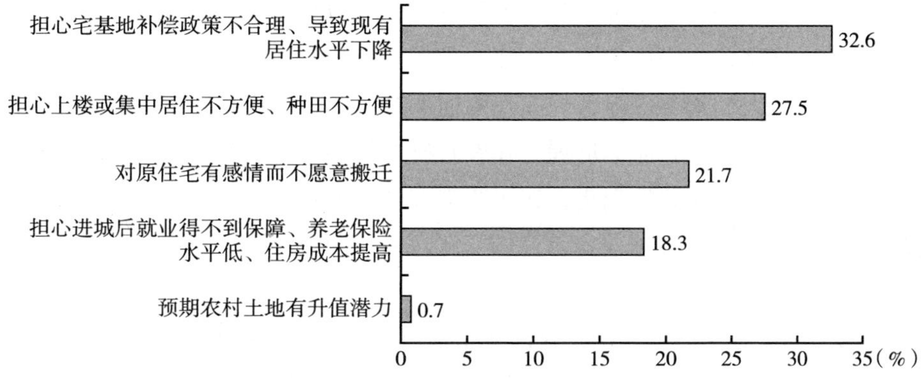

图 11　不愿意退出宅基地住房的原因

身份。成员身份确认要处理好一般与特殊的关系，以既保证公平公正又适度体现贡献差距为原则，统筹考虑户籍、土地承包、对集体积累的贡献等因素，以村庄群众民主讨论的方式，设置人口股、家庭股、土地股等多种股份。同时，要注意保护出嫁女、入赘婿等特定群体的合法权利，防止多数人侵犯少数人的权益。再次，推进农村集体经营性资产股份合作制改革。农村集体产权改革要体现成员集体所有和特有的社区性，农村集体经营性资产折股后，要以股份或者份额形式量化到本集体成员，并以此作为其参与集体收益分配的基本依据。对于不宜折股量化到户的非经营性资产，也要根据其不同的投资来源和规定统一运行管护。提倡对农村集体经营性资产股权实行静态管理，不随人口增减而调整。今后，农村集体经济组织成员家庭新增人口，可以通过分享家庭内拥有的集体资产权益，按章程获得成员身份和资产份额。最后，建立农村集体经济运行新机制。引导和支持改制后的新型集体经济组织健康发展，开展新型集体经济组织登记赋码，落实法人身份，规范其经营运行，提高集体资产经营效益，发挥好其开发集体资源、管理集体资产、壮大集体经济的作用。

（六）党建引领探索高质量的“三治”融合，激活乡村振兴内在动力

1. 党建引领，提升农村基层党组织的组织领导力和服务带动力

坚持和完善党对乡村治理的领导，强化党组织在“三治”融合中的领导和核心地位，充分发挥农村基层党组织的战斗堡垒作用和党员干部的先锋模范

作用，为乡村振兴提供坚强的政治保障和组织保障，是乡村治理的首要任务。选好政治立场坚定、为民担当、“能”“贤”兼备的带头人，是提升基层党组织的组织领导力的重要保障。为此，要加强对乡村党支部书记、村委会主任等乡村发展带头人综合素质的培训，开展农村党组织带头人队伍整体优化提升行动。针对农村人才短缺的现实，加快实施农村优秀人才引进计划，拓宽村党支部书记的来源渠道。要进一步完善村干部收入和晋升措施，让他们干事业有待遇、有奔头。

“领导就是服务。”服务群众，就是最好的领导。要强化村级组织的服务功能，将适合村级组织代办的项目等下派，以村党组织为主渠道进行承接。要为基层党组织和村干部减负松绑，解决形式主义突出问题，让他们真正回到“致富带头人”的位置上。要加强对“能人”型村干部的教育和监督，强化对基层小微权力的日常监督，使其能干事、干净干事，用制度手段管住村干部的权力。

2. 深化自治、强化法治、实化德治，探索高质量的“三治”融合

乡村振兴的主体是广大村民。乡村振兴必须充分发挥农民群众的自主性，提升基层民主自治的活力，培育村民法治意识，营造良好的公民文化氛围，充分发挥各类人才的积极性和创造性，激活乡村振兴内在动力。

（1）在深化自治上下功夫，夯实基层民主自治的基础

自治是乡村治理的核心，是激发农村基层和农民群众乡村振兴创造力的有效方式。只有民事民议、民事民办、民事民管，才能凝聚村民共识，为乡村治理增添活力。深化自治的重点有以下几点。一是要按照“权随责走、费随事转”的原则，全面制定和落实农村社区工作事项准入制度，积极推进农村群众组织职能归位。把应由村委会管理的事权还给村委会，以党建引领规范村民自治，充分发挥村民代表会议的作用，为村民代表会议行使决策权、监督权提供保障。同时，全面清理农村创建达标、检查评比项目，不能一味要求乡村自治组织签订工作目标责任书，随意“甩包”给村干部。二是要丰富村民自治的形式。全面推行乡村民情恳谈会、工作听证会、成效评议等制度，通过平台搭建，引导村民主动关心和支持乡村发展，有序参与到乡村建设中。三是要健全自治制度，不断完善以民主选举、民主决策、民主管理、民主监督、民主协商和党务公开、村务公开、财务公开为主要内容的“五民主三公开”制度建

设，保障村民的知情权、参与权、决策权和监督权。在农村集体产权制度改革中，要坚持对农村资产、资源、资金等涉及村民利益的重大事项进行公示，确保集体产权制度改革在阳光下运行。

（2）在强化法治上下功夫，为治理有效提供法治保障

法治所具有的公开、明确、平等、强制等特征，决定了它是乡村治理的制度保障。只有将法治内在地寓于自治之中，用法治合理规范各类群体和各类活动的界限，用规则刚性、程序透明、准则有效的法制来定分止争、惩恶扬善，才能提升乡村自治的品质。强化法治，首先要坚持以法治思维深化农村法治教育。通过持续的普法宣传、守法褒扬和违法警示等法治教育手段，加强对干部群众法治意识、法治理念和法治习惯的培养。其次要完善涉农法规。特别要围绕保障粮食安全与农产品质量安全、健全农业支持保护体系、完善农村村民自治和基本经营制度、培育新型经营主体、推进农业农村绿色发展，加快相关法律法规修订，为乡村治理提供及时的法律支撑。再次要全面加强涉农执法和司法。深化行政执法体制改革，深入推进农业综合执法。健全执法协作机制，依法严厉惩处涉农违法犯罪行为。全面落实司法责任制，让农民群众在每一起司法案件中真正感受到公平正义、服判息诉。最后要加快建设公共法律服务平台，鼓励律师、检察官、法官、民警进村，建立一村一律师制度，完善群众诉求表达机制和人民调解制度，让农民享受到便捷优质的法律服务。

（3）在实化德治上下功夫，提升礼俗德治力量

德治是乡村治理体系的价值支撑。用核心价值、公序良俗来弘扬正气、引领风尚，稳固乡村共同体纽带，可以起到有效凝聚乡村振兴力量的作用。实化德治，首先，从建构乡村行为规范入手，推动村规民约制定程序公开透明，将社会主义核心价值观和齐鲁优秀传统文化融入村规民约，发挥村规民约在乡村中的“小宪法”作用，促使道德规范外化为群众的行为自觉。规范行为、弘扬优秀传统，还要对婚丧陋习、天价彩礼、孝道式微、老无所养等不良行为进行治理，对道德模范人物和典型事例予以弘扬表彰。要高度重视和挖掘内置于乡村熟人社会中的道德力量和优秀传统文化因素，结合时代要求进行创新性开发。要注重建设乡村历史纪念场馆等德治文化载体，讲好乡村优秀传统故事，以润物无声的方式使广大群众明礼知耻、崇德向善，从而形成文明乡风、良好家风、淳朴民风。其次，将有益的传统资源引入乡村治理中。例如，以村民会

议为基点，提高乡村自治能力，促进乡村社区的孵化与成长；借鉴以往乡贤治理、精英治理传统，将乡贤精英有选择地吸纳为村干部，发挥其在道德建设、素养提升方面的标杆和表率作用。

（4）超越简单的“三治”组合，探索高质量的“三治”融合

自治、法治、德治都是乡村治理中不可或缺的关键路径，尽管三者的着力点和作用不同，也不是平行或自成体系的三种治理模式或手段，但需要在实践中紧密地结合，相辅相成，共同服务于乡村治理这个总目标。自治在乡村治理中具有基础性作用，以村民自治为主要内容的基层群众自治制度是写入我国宪法的基本政治制度，游离或弱化这一制度的功能，法治和德治就会失去现实制度的支撑。法治和德治都要融入自治这个根本制度中。法治是乡村自治秩序的底线和准则，在乡村自治的制度安排中，必须充分体现法治精神。德治为自治和法治制度提供价值支撑，在乡村治理中具有先导作用。乡村治理自治要做到既有序又有效，既需要发挥法治在维护秩序、惩处违法、约束失范、促进正义方面的规制作用，也需要发挥德治在弘扬正气、化解纠纷、和睦关系、促进向善方面的教化作用。只有将自治的“自由”功能、法治的“禁止”功能、德治的“教化”功能有机结合，使“可为”与“不可为”“应该为”融会贯通、互促共进，乡村治理才能产生倍增效应。

自治、法治、德治相结合的乡村治理创新的精髓在于“融合”。做好乡村治理“三治”深度融合的大文章，首先，可以围绕完善村民自治制度这一本体进行探索。建构既符合时代发展潮流，又切合乡村治理需要，能够使村民形成广泛认同感，调动村民自主性的乡村自治秩序。在完善乡村自治制度的实践中，要注重推动乡村自治制度的运行契合现代法治精神和德治精神，使乡村自治的实践成为农村居民法治意识和德治意识的培育过程。其次，探索健全乡村自治、法治、德治融合的新机制。可以从依法行政指数评估体系、普法守法、法律服务、道德评议、以文化人、文明公约等方面着手，探索乡村治理的机制创新，形成自治、法治、德治“你中有我、我中有你”的互动局面。在“三治”融合的治理实践中，要特别注意的是，不要做融合的表面文章。当前，在全省乡村治理中，党委政府的多个部门，例如政法委、民政、农办都在抓乡村治理，相关部门各行其是、自成体系，以致乡镇和村庄虽机构和牌子林立，但治理体系反而支离破碎。尽管各部门的管理推动形成了不同的模式，但各部

门在应对日益复杂的农村社会矛盾时仍然捉襟见肘。应通盘设计、统筹兼顾，将“三治”融合的管理体制机制建设列入党委政府基层社会治理工作中，从而形成乡村振兴的强大合力。从乡村治理的全视域视角来看，当前全省农村已涌现出不少自治、法治、德治的典型案例，积累了不少可借鉴学习的先进经验，但大多还是“三治”简单组合的1.0版本，仍需要在理论和实践上进行创新。可以通盘考量各种治理要素和治理工具，整合创新性成果，使乡村治理的点线式创新逐渐扩展形成一个总体性、集成式创新的乡村治理新格局。

（七）加快形成各类人才“到乡村去”的激励机制，尽快释放乡村人才振兴的政策红利

要做事，先有人。2019年，山东要在2018年已经出台的有关人才振兴的工作推进方案和20条措施的基础上，着重推进人才振兴各项措施的落实落地，尽快释放政策红利，使乡村人才振兴尽快取得实实在在的进展。需重点关注如下几个方面。

（1）吸引各类人才以多种形式进入农业农村领域

在农业从业人员年龄大、素质低，现有高素质乡村本土人才持续流出，依靠现有农村劳动者促进结构调整、产业升级十分艰难，基层农技推广进入田间地头成为难点的情况下，必须创造条件，有效吸引城市人才下乡，为乡村注入创新的动力和活力。为此，要善于汇聚外部力量，不断吸引城镇专业人才、高校毕业生、公职人员等进入农业、农村领域，解决“谁来引领、谁来做”的问题。可以利用更广泛的方式，更大范围地引导社会人才投身“上山下乡、支援农村”。比如，可以通过为每个农业镇招聘农业专家、首席艺术家、品牌代言人，举办农业品牌、形象设计、传统工艺培训与竞赛等多种形式，吸引各类人才到乡村奉献才智；还可以探索打破目前制度中存在的一些障碍，吸引城里人到农村养老，探索建立现代“告老还乡”制度。上述这些需要从体制机制上探索相应的配套政策，处理好养老、医疗、创业支持等现实问题，解决他们的后顾之忧。例如，对农户自愿退出的宅基地，允许村集体根据乡村建设统一规划，建设人才用房，优惠提供给返乡、下乡人才使用。加强农村的硬件建设，在乡镇驻地延伸城市基础设施和公共服务，大力整治农村人居环境，实施村庄基础设施建设工程，以高质量的生活吸引城市人前来投资创业和生活，为

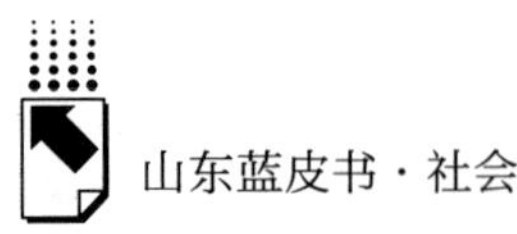

乡村振兴注入新动能。

（2）在乡村内部培育更多人才

要注重在乡村内部培育更多人才，完善职业农民技能提升、乡土人才培育示范、乡村人才定向培养制度。建议对完成义务教育的青年农民进行分业教育。对没能进入高一级学校读书的农村初、高中毕业生，以政府财政补助的免费方式，鼓励他们参加科学种植养殖、加工营销等职业技能的培训，从而成为新型职业农民。以此夯实现代农业发展的人才基础，解决“谁来种地”和“怎样种地”问题。这些掌握了先进农业生产、营销技能及现代化信息技术的新型职业农民将带动新产业的发展，而新产业必然带来新生活，新生活会影响原来的居民。为此，要精准识别农村群众的培训需求，构建科学培训体系，并根据培训对象和培训需求的不同对培训内容进行及时调整。2018 年山东经济社会综合调查显示，对于农村劳动力最想学的技术技能，选择最多的 2 项是农业种植管理技术和电子商务技术，分别占 16.8% 和 11.5%。从各年龄组来看，年龄越大，选择学习农业种植管理技术的人越多；电子商务技术对 45 岁以下的农村劳动力具有强大的吸引力，其中 30 岁及以下年龄组中有 48.5% 的人表示想学习该技术，31～45 岁年龄组占 23.5%。在“互联网＋”时代，培训应围绕着互联网与农业融合展开，其中智能农业、电子商务、乡村旅游管理、现代生态农业管理等应成为培训重点内容。

（3）为新职业农民优化创新创业环境搭建平台

一部分青年人愿意留在或返回农村创业，如何创造条件，配套产业资本，搭建创业平台，提供金融支持，为进入农业农村领域的青年人提供特别帮助，是亟待解决的问题。新型职业农民大多数资源有限，经验不足。他们所面临的最大困难是如何获取盈利所需的最低规模的土地、资本以及有效避免可能发生的各种自然灾害。因此，应从政策贷款、农业保险、土地流转、技能培训等多方面为他们提供优惠，并扶持他们尽快成长为现代农业发展、农村建设的主力军。

（4）加大人才政策措施的宣传力度

要综合运用政府网站、政务微博、微信等多种渠道，做好对乡村人才振兴政策的解读工作。针对不同类别的人才，系统梳理人才优惠政策，开展“人才政策进乡村”等形式活泼、注重实效的宣传活动，精准推介人才优惠政策，推动形成引才、聚才、留才、用才的良好氛围。第一，强化人才政策落实。开展“人才政策落实专项行动”，对政策落实情况展开督查，对政策落实不到位、不彻底的情况要找准症结，制定专门的跟踪督促方案，推动政策的落地生效。第二，开展政策评估。对 2018 年 8 月山东省人力资源和社会保障厅出台的《推进乡村人才振兴若干措施》落实情况要通过实地查看、走访、电话征询或委托第三方等方式进行综合评估，研究制定改进措施，使乡村人才振兴工作尽快取得实实在在的进展。

参考文献

山东省第三次农业普查领导小组办公室、山东省统计局：《山东省第三次农业普查主要数据公报》，http://www.stats-sd.gov.cn/art/2018/2/5/art_6293_810872.html。

山东社会科学院省情与社会发展研究院：《2017 年山东省经济社会综合调查数据分析》，2018 年 4 月。

山东社会科学院省情与社会发展研究院：《2018 年山东省经济社会综合调查数据分析》，2019 年 4 月。

王春光：《关于乡村振兴中农民主体性问题的思考》，《社会发展研究》2018 年第 1 期。

分 报 告

Topical Reports

B.2 2018~2019年山东省农村生产经营与新型职业农民状况

陈建伟*

摘 要： 本文从农村劳动力和农村生产经营活动两个方面，分析了当前山东省乡村产业振兴和人才振兴取得的成绩和存在的问题。从劳动力结构来看，当前农村劳动力“兼业化、老龄化、低文化”的现象普遍存在，劳动力素质不能适应实施乡村振兴战略的要求。山东省农业农村厅历年统计数据表明，山东省的新型职业农民培育工作取得了较为可喜的进展，但相比一些中长期目标值仍有不足，因此让农民成为有吸引力的职业，以解决“谁来种地”的问题变得愈加迫切。从农村生产经营情况来看，山东省的农业结构仍以粮食作物种植和经济作物种植为主，近几年在农业劳动生产率、农业机械化以及化肥

* 陈建伟，山东社会科学院省情与社会发展研究院助理研究员，主要研究方向为社会分层与流动、雇佣关系与工作质量。

农药减量化方面取得显著进展。农业产业化经营和农民专业合作社等新型经营主体得到较快发展，全省有超过2.2万个农业产业化组织，农民专业合作社数量超过16万个，职业农民参加合作社的比例明显高于非职业农民。农业“新六产”发展取得一定突破，打造农业产业化的升级版，实现农村一、二、三产业跨界融合未来可期。但是笔者看到，在山东省的农业发展中，土地、资金等生产要素以及经营风险等不可控因素是农业生产经营的主要制约因素。

关键词： 农村劳动力　新型职业农民　农业产业化　农民专业合作社　农业“新六产”

党的十九大报告提出实施乡村振兴战略，并将其作为全面建成小康社会决胜期实施的七大战略之一。2018年1月2日，中共中央国务院发布《关于实施乡村振兴战略的意见》；2018年9月26日，中共中央国务院正式印发《乡村振兴战略规划（2018～2022年）》，为乡村振兴战略的实施做好了顶层设计。习近平总书记在参加十三届全国人大一次会议山东代表团审议时，就实施乡村振兴战略，特别是推动产业振兴、人才振兴、文化振兴、生态振兴、组织振兴和乡村振兴健康有序进行做出重要指示，要求山东充分发挥农业大省优势，打造乡村振兴的“齐鲁样板”，为山东省做好乡村振兴工作指明了方向。人才振兴和产业振兴是实施乡村振兴战略的两个重要方面。本文从农村劳动力和农村生产经营活动两个方面，分析当前山东省农村地区的劳动力人口数量变化趋势和结构特点，新型职业农民培育情况，农村产业结构的调整和变化情况，以及新型农业经营主体和一、二、三产业融合发展的情况。

一　农村劳动力基本情况

根据统计部门近几年公布的数据，截至2017年，山东省户口在农村的人口约4984.0万人，乡村就业人员数为3329.2万人，全省从事农林牧渔业的人口约为1856.6万人。随着农村集体经济改革的深入推进和整体产业结构的变化发展，农村居民的职业分化越来越明显，兼业情况较为普遍，大量农村居民外出务工，农村居民的收入渠道不断拓宽，但与此同时，农村劳动力的老龄化也越来越严重，农村劳动力“兼业化、老龄化、低文化”的现象普遍存在，部分农村地区面临“产业空心化、农户空巢化、农民老龄化”的严重问题。

（一）职业分化和兼业情况

改革开放以来，人民公社迅速解体，农村逐渐从单一化的农业基地变为多样化的生产经营区域，农村劳动力也从单一的农民身份开始走向职业分化。根据2018年山东省经济社会综合调查数据分析结果，山东省农村居民以农业生产为主要职业（普通农民）的比例为74.3%，相较于根据2010年第六次人口普查长表数据计算的比例（77.0%）略有下降。除农业生产职业外，各职业的占比从高到低依次是企业雇主或个体工商户、商业服务业人员、专业技术人员、生产制造工人等。考虑到大量外出务工人员出于一些客观原因没有被统计进来，农村劳动力的职业分化程度必然要高于目前所展示的比例。比如，根据《山东统计年鉴2018》的相关数据，从事农林牧渔业的人口（实际上主要是农村劳动力）占乡村就业人员的比例为55.8%。这个比例应该是更加接近目前农村农业就业和非农就业人数实际状况的。另外值得注意的是，除了常规职业类别外，打零工者占农村劳动力的比例为11.6%，是占比第二高的一个类别，这说明零工经济是目前农村就业的一个重要组成部分。

由于职业的统计口径是农村居民从中取得收入最多的工作，加之很多农村居民即使不以农业生产经营为主要收入来源，也仍然将自己归入普通农民行列，因此对农村劳动力的职业分类掩盖了目前存在的大量兼业现象。事实上，农村居民中普遍存在利用农闲时间从事其他职业以赚取收入的现象。根据黄宗智的研究，农村劳动力一般每年平均只投入130天的全天劳动用于农业生产，并且这些劳动投入分散在全年的各个时间段内，也就是说，在农业生产中，劳动力普遍处在“半就业”状态①。农村劳动力的兼业情况可以用其收入来源

① 黄宗智：《中国的隐性农业革命》，法律出版社，2012。

加以佐证。根据2018年山东省经济社会综合调查数据，在收入来源结构方面，农村18.7%的家庭有1种或2种收入来源，24.8%的家庭有3种收入来源，56.5%的家庭有4种及以上收入来源。在全部样本中，以农业收入为主要收入来源渠道的家庭仅占23.10%，而以工资收入（包括打工收入和零工收入）为主要收入来源渠道的家庭占52.30%（见图1）。在各种收入项目中，均值最高的是工资收入（24454元），然后才是农业收入（8503元）。在各项收入占家庭总收入的比例方面，工资收入所占比例最高，为43%；其次是农业收入，占24%。这些结果都表明，工资收入（包括打工收入和零工收入）已经取代农业收入，成为目前农村家庭最主要的收入来源渠道。由此可以大概推断，山东省农村劳动力的非农就业或者兼业比例应该占农村地区就业的50%左右。

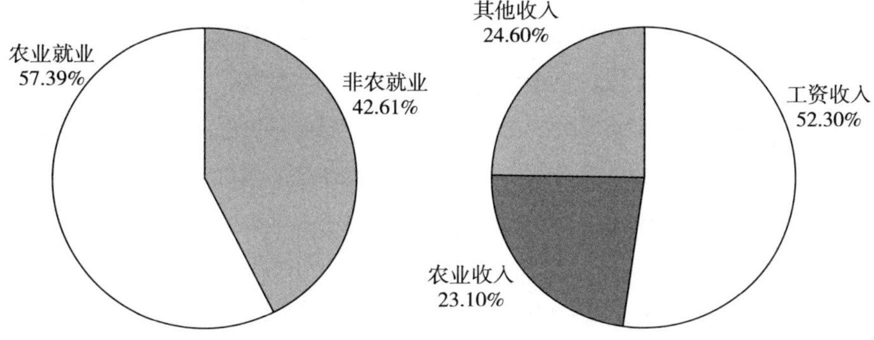

图1　山东省农村农业和非农就业比例以及农村居民主要收入渠道情况

（二）年龄、性别和知识结构

自20世纪90年代以来，山东省的农村人口整体呈下降趋势，而随着前述的职业分化和兼业现象的发展，从事农业的劳动力数量也在不断下降，从高峰时的2887.7万人下降到目前的1935.1万人，减少了900多万人。对于当今的农业发展而言，相比劳动力的绝对数量，劳动者的人力资本扮演着更加重要的角色。农村劳动力的人力资本状况可以从年龄结构、性别结构以及受教育程度等方面加以考察。

从农村劳动力的年龄结构来看，2018 年山东省经济社会综合调查数据显示，30 岁及以下者占 4.3%，31 岁到 45 岁者占 16.5%，46 岁到 60 岁者占 45.1%，61 岁及以上者占 34.2%。从历年人口普查数据来看，农村劳动力的年龄结构日益老化且呈加速趋势（见表 1、图 2）。数据分析还发现，大于 65 岁且仍在工作的人，占全部工作者的 21%，这意味着有相当多的农村老人无法像城市老人那样享受退休生活。此外，各职业类别之间呈现明显的年龄差异，如普通农民的平均年龄为 56.4 岁，而生产制造工人的平均年龄为 41.4 岁，两者相差 15 岁；总体来看，普通农民、单位或村庄管理人员、农场工人这三类职业的平均年龄均大于 50 岁，而其他职业的平均年龄均小于 50 岁，这意味着非农职业吸收了绝大多数的农村年轻劳动力。

从农村劳动力的性别结构来看，在目前有工作的人中，男性占 52.4%，女性占 47.6%，男性占比稍高于女性；但如果把职业限定为普通农民（主要依赖农业取得收入的人），则男性占 48%，女性占 52%，即女性占比高于男性。在有些地区，农业生产中的劳动力被称作“386199 部队”，主要由留守的妇女、儿童和老人构成。随着人口老龄化的不断加剧，让农民成为有吸引力的职业，以解决“谁来种地”的问题变得愈加迫切。

表 1　1990～2018 年农业劳动力年龄结构变化

单位：%

年龄组	1990 年	2000 年	2010 年	2018 年
16～24 岁	30.4	14.3	11.7	2.2
25～34 岁	25.6	27.6	15.9	10.0
35～44 岁	21.3	23.1	25.3	13.2
45 岁及以上	22.7	35.0	47.1	74.6
45～54 岁	12.6	20.1	22.6	36.8
55～64 岁	7.7	10.1	18.1	37.8
65 岁及以上	2.4	4.7	6.4	—

资料来源：1990～2010 年的比例参见刘妮娜、孙裴佩《我国农业劳动力老龄化现状、原因及地区差异研究》，《老龄科学研究》2015 年第 10 期。她们的结果是根据第四、第五和第六次人口普查数据计算得出的，反映的是全国农业劳动力年龄结构的平均情况。2018 年的比例来自山东社会科学院 2018 年山东省经济社会综合调查，反映的是山东省农村地区的相应情况。

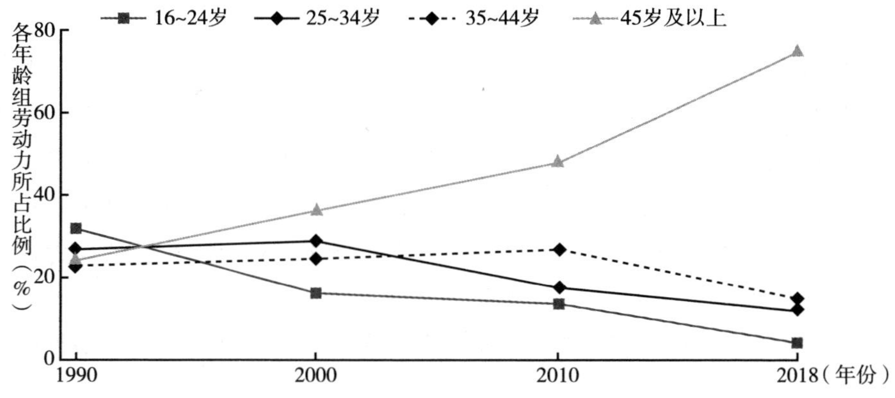

图 2　农业劳动力的年龄结构变化

从农村劳动力的受教育程度来看，没有上过学（不识字）的占 14.5%，小学的占 28.9%，初中的占 42.5%，高中的占 9.9%，技校、职高或中专的占 2.2%，大专或高职的占 1.3%（见图 3）。男性和女性在受教育程度上存在显著差异，女性的平均受教育程度低于男性。在 2018 年山东省经济社会综

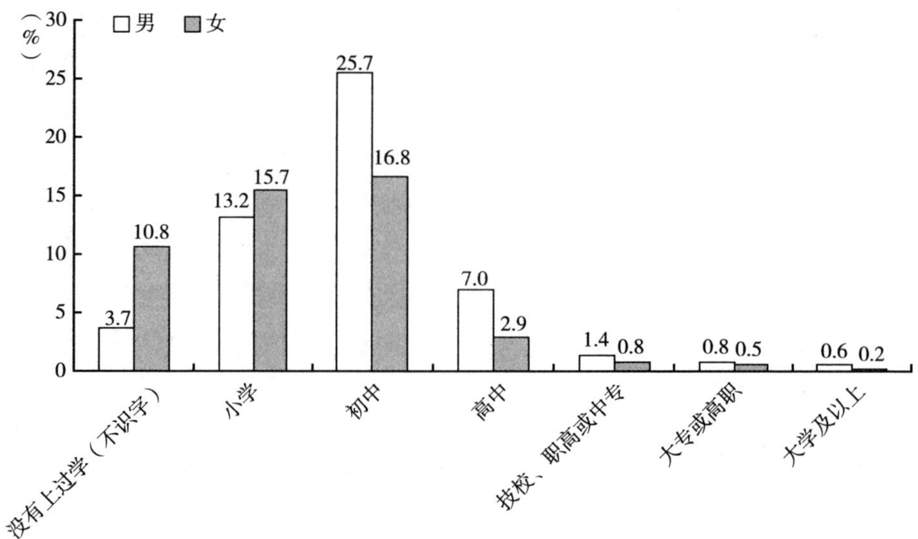

图 3　农村劳动力分性别的受教育程度差异

注：图 3 中的男女比例为该受教育程度的男女人数占总人数的比例。

合调查数据中，没有上过学的男性劳动力占全部样本的3.7%，对应的女性劳动力则占全部样本的10.8%；上过小学的男性劳动力占全部样本的13.2%，对应的女性劳动力占全部样本的15.7%；上过初中的男性劳动力占全部样本的25.7%，对应的女性劳动力占全部样本的16.8%；上过高中的男性劳动力占全部样本的7.0%，对应的女性劳动力占全部样本的2.9%；中专及以上教育程度的男性劳动力占全部样本的2.8%，对应的女性劳动力占全部样本的1.5%。在农村妇女承担农业劳动力的角色时，其整体的受教育水平还相当有限，这对于发展现代农业和高效农业来说，是一个显而易见的制约因素。

（三）外出务工和返乡创业情况

长期以来，农村劳动力的向外流动为城市提供了源源不断的劳动力，优化了生产要素配置效率，促进了经济社会的发展，也增加了农民的收入。根据2018年山东省经济社会综合调查数据，最近两年内有外出务工（跨乡镇流动半年以上）经历的劳动力占8.8%，没有外出务工经历的占91.2%。和前面所讨论的一样，由于无法调查不在本村居住的外出人员，此处的数据可能极大地低估了农村外出务工人员的实际占比。根据山东省近几年的农民工监测调查报告，山东省外出农民工大概占农村户籍人口的19%以上（如2015年山东省外出务工农民工1006万人①，占当年农村户籍人口的19.6%；2016年外出务工农民工987万人②，占当年农村户籍人口的19.5%）。青壮年劳动力的大量外流，是农村劳动力老化和农村发展活力不足的一个重要原因。不过随着农村劳动年龄人口的减少，年龄较大的农民工返乡意愿的增强，以及本地就业和就地市民化的推进，预计外出务工人员占农村劳动力的比例将逐渐缩减。实际上，近年来的一些调查已经发现，农民工的整体年龄结构也有老化的趋势，说明年轻农民工的数量是逐年减少的。例如，根据山东省农民工监测调查报告，40岁以上农民工所占比例由2011年的45.5%上升到2016年的55.5%，30岁及以下所占比例则由2011年的

① 《农民工本地就业增速超外出》，《大众日报》2016年3月25日，http：//paper.dzwww.com/dzrb/content/20160325/Articel02012MT.htm。

② 《山东农民工很恋家：人均月收入3675元　2420万人仅7%出省》，大众网，2017年9月1日，http：//sd.dzwww.com/sdnews/201709/t20170901_16369700.htm。

32.7%下降到2016年的22.8%。当然，年轻农民工的减少并不意味着留村青壮年劳动力的增加，而是农村生育率下降使新生劳动力数量大幅减少的结果。从这一点来看，未来的农村劳动力供给数量可能既无法满足城镇化发展对劳动力的需求，也无法满足农村自身再生产对劳动力的需求，或者无法同时满足这两种需求。

曾几何时，农民工被描述为“候鸟式”的务工群体。他们一般在第一年春节后外出务工，第二年春节前返回家乡；或者在农闲时外出务工，农忙时返乡耕种。但随着第二代农民工（又称“新生代农民工”）群体的逐渐壮大，农民工群体的返乡模式也发生了显著变化。我国的第一代农民工成长于1950～1960年，第二代农民工成长于1980～1990年，这两代农民工的价值观念和乡土观念存在较大的差异。第一代农民工曾长期在农村从事农业生产，一般仍以回归农村为最后的归宿；第二代农民工对农村的认同感较低，基本不会返回农村①。根据2018年山东省经济社会综合调查数据，在有外出务工经历的农村居民中，临时性返乡的比例为23.5%，长期性返乡的比例为28%，没有明确计划（随机应变）的比例为21.6%，日常通勤的比例为26.9%。从返乡类型和年龄之间的关联来看，年龄越大，选择长期性返乡的比例越高；年龄越小，选择临时性返乡的比例越高。例如，在30岁及以下年龄组中，临时性返乡占69.6%，长期性返乡占30.4%；在31～45岁年龄组中，临时性返乡占51.4%，长期性返乡占48.6%；在46～60岁年龄组中，临时性返乡的比例降到43.9%，长期性返乡的比例则增至56.1%（见图4）。新生代农民工返乡意愿相对较弱，进一步加剧了农村地区的劳动力短缺。Kruskal-Wallis非参数检验的结果表明，有外出务工经历的农民相比没有外出务工经历的农民，前者各项生产经营活动的年收入中位数更高，并且教育程度明显高于后者，年龄明显小于后者。这一结果意味着有外出务工经历的农民工在人力资本上要强于其他农民工，并且其外出经历在一定程度上增长了自身的见识，提高了生产经营能力。但对目前的长期性返乡者进行分析可以发现，40.5%的人是为了照顾家庭而返乡；27%的人是因为年纪太大，在外工作没人要；9.5%的人是因为家里劳动力不足，需要劳动力

① 中国发展研究基金会：《中国发展报告2011/12：人口形势的变化和人口政策的调整》，中国发展出版社，2012，第114～115页。

干活。此外的原因依次是文化、技能等自身能力低，出去难以找到好工作（占 8.1%）；回家乡创业（占 5.4%）；城市就业的收入不够高（占 1.4%）；等等。这表明外出务工人员的家庭牵绊和自身能力低等构成了影响劳动力转移和流动的主要阻碍因素，这也从侧面反映出目前已返乡的农民工在人力资本上不具有太多优势，也就是说，他们虽然返回了农村，但在很大程度上无法承担起发展现代农业的重任。鼓励农民就地创业、返乡创业，关键在于做好招才引智工作，撬动人力资源，充分发挥农民的人力资本优势和创业致富积极性。

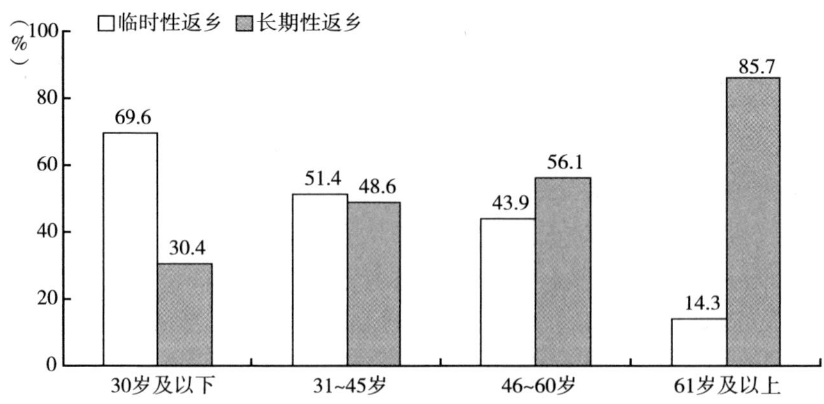

图 4　不同年龄组外出农民工的返乡类型对比

二　新型职业农民情况

从前面的分析可以看出，当前山东省农村地区劳动力无论是从数量上（主要是青壮年劳动力数量不足）还是从质量上来看，都还不能适应实施乡村振兴战略的要求，因此当务之急是优化农业从业者结构，改善农村人口结构。近年来，党和政府高度重视对新型职业农民的培育工作，努力造就高素质农业生产经营者队伍，强化人才对现代农业发展和乡村振兴战略实施的支撑作用。新型职业农民是以农业为职业、具有相应的专业技能、收入主要来自农业生产经营并达到相当水平的现代农业从业者，是新型农业经营体系的重要组成部分，是发展现代农业的主要力量。从相关数据和调查情况来看，山东省的新型职业农民培育工作取得较为可喜的进展，但相比一些中长期目标值仍有一定差距。

（一）新型职业农民培育

在新型职业农民培育工作开展之前，山东省针对农民的培训主要有“阳光工程”、农民科技培训和农民创业培训等三类，即“三大农民培训工程”。从2004年开始实施的“阳光工程”是针对农村转移劳动力开展的职业技能培训示范项目，主要在粮食主产区、劳动力主要输出地区、贫困地区和革命老区开展，旨在提高农村劳动力素质和就业技能，促使农村劳动力向非农产业和城镇转移。新型农民科技培训工程主要培训行业生产骨干和扶贫科技带头人，围绕十大产业振兴规划实施，在优势产业区域内择定若干个项目县，采取“基层农技员＋农民辅导员＋示范农户”的方式，建立梯次培训机制，促进农业科技知识进村入户。新型农民创业培训工程在初期主要培训农村初始创业者、农民专业合作社负责人和中小型农产品加工企业负责人，在后期则逐步纳入了农业龙头企业负责人、乡村之星、农村村“两委”成员、农村发展带头人、贫困村村民发展互助社经营管理人员、第一书记以及农村电商经营人员等。2012年，中央一号文件首次提出“大力培育新型职业农民”，农业部随即布置开展新型职业农民培育试点工作，山东省桓台县、招远市、郯城县被列为试点县。2013年，山东省又增加了济南长清区、济宁泗水县、德州齐河县作为省级试点县（市、区）。2014年，农业部、财政部启动实施新型职业农民培育工程，在全国范围培育新型职业农民，实现教育培训、认定管理和政策扶持“三位一体”的培育，强化生产经营型、专业技能型和社会服务型“三类协同”的培训，对符合条件者颁发新型职业农民证书，并配套创设相关政策予以扶持。从2014年开始，山东省实施新型职业农民培育工程，并对农民科技培训和农民创业培训进行调整。目前，新型农民科技培训主要培训行业生产骨干，新型农民创业培训主要培训农业创业人员和农村发展带头人，新型职业农民培训则主要培训新型经营主体带头人（生产经营型职业农民）、现代青年农场主以及农村实用人才带头人。按照山东省农业农村厅数据，从2012年到2018年，山东省累计培育新型职业农民14万人，认定4万人。2018年编制的

《山东省乡村振兴战略规划（2018－2022年）》中明确提出到2022年培育新型职业农民50万人①，这就要求在基期值基础上，年均增速达到37.97%。目前来看，距离这一目标完成还有不小的差距。山东省农民培训情况如表2所示。

表2　山东省农民培训情况

单位：万元，人

年份	科技培训		创业培训		新型职业农民培训	
	投入资金	人数	投入资金	人数	投入资金	人数
2010	1280	210000	2442	14800	—	—
2011	1500	200000	2300	13500	—	—
2012	1800	252000	3000	17100	—	—
2013	1750	231000	3380	18200	—	—
2014	2390	45000	3580	21100	5210	35970
2015	2421	45000	2659	16862	5510	35050
2016	—	40000	—	12260	13339	26500
2017	—	—	—	10160	—	22327
2018	—	—	—	9280	—	35513

资料来源：根据山东省农业农村厅网站公布的数据绘制而成。

根据2018年山东省经济社会综合调查数据，在全部受访者中，有7.3%的人认为自己是新型职业农民。在这些自我认定的新型职业农民中，有34.4%的人认为自己是生产经营型职业农民（如专业大户），有54.6%的人认为自己是专业技能型职业农民（如农业技术工人），有11.0%的人认为自己是专业服务型职业农民（如跨区作业农机手、农村经纪人等）。在个人特征上，新型职业农民比非新型职业农民更年轻（前者平均年龄为51岁，后者平均年龄为55岁），受教育程度更高（前者平均受教育程度为初中，后者平均受教育程度为小学或接近初中一年级）。对比新型职业农民和非新型职业农民之间的生产经营收入，可以发现，新型职业农民的收入普遍更高，但其内部的异质性也更大。比如新型职业农民各类生产经营活动的年总收入平均为32589元，而非新型职业农民各类生产经营活动的年总收入平均仅为15813元，后者比前

① 原山东省农业厅、财政厅制定的《山东省新型职业农民培育实施方案（2016～2020）》中提出到2020年培育新型职业农民50万人，《山东省乡村振兴战略规划（2018～2022年）》对这一预期目标值进行了修改。

者少一半多，Kruskal-Wallis 非参数检验结果表明两者之间的收入差异具有统计显著性。

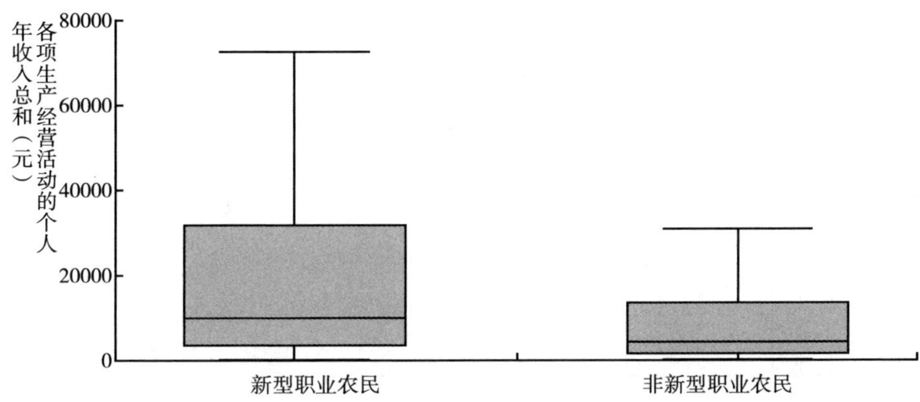

图 5　新型职业农民和非新兴职业农民的生产经营年收入对比

（二）农民科技和创业培训

农村劳动力素质的提高，特别是教育水平、生产技能和技术能力的提高，是实现农业现代化和乡村振兴的基本前提。对 2018 年山东省经济社会综合调查数据进行分析发现，有大约 1/3 的农村劳动力没有掌握任何技能，掌握一项技能的占 42.5%，掌握两项技能的占 17.2%，掌握三项技能的占 5.3%，掌握四项及以上技能的不足 1.4%。新型职业农民在技能上的表现要优于非新型职业农民，新型职业农民平均掌握 1.30 项技能，而非新型职业农民平均掌握 0.96 项技能。方差分析结果表明，两者之间的差异具有统计显著性。具体到技术技能的类型来看，掌握农林果木等种植管理技术的占 51.9%，掌握养殖畜牧技术的占 14.0%，掌握房屋建造技术的占 10.8%，掌握其他技术（如手工艺技术、农产品等加工技术、电子商务技术、生产性服务技能等）的占比则为 2%～7%。在学习技能的意愿方面，数据分析结果显示，农村劳动力选择最多的是种植管理技术和电子商务技术，分别有 16.8% 和 11.5% 的人表示想学习这两种技术。其余依次是养殖畜牧技术（9.1%）、手工艺技术（8.3%）、农产品等加工技术（7.6%）、生活性服务技能（5.7%）、生产性服务技能（3.8%）和房屋建造技术（2.4%），如图6所示。

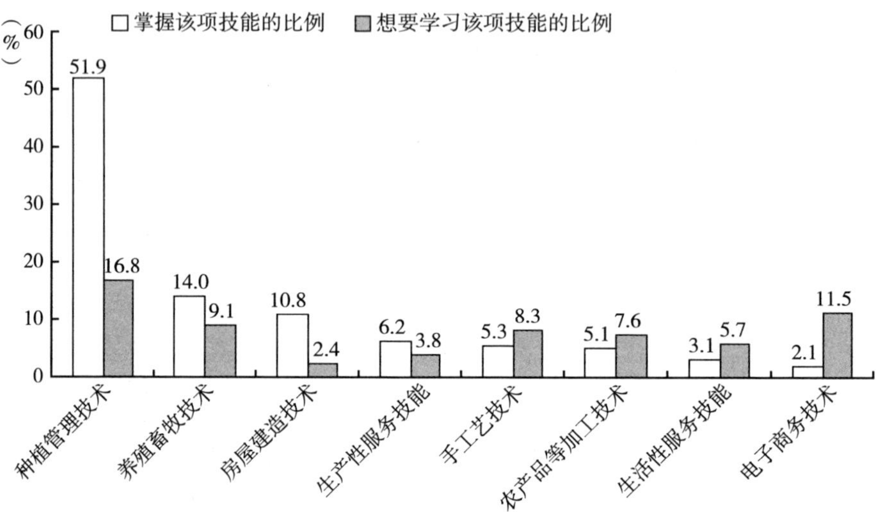

图6　农村居民生产服务技能掌握和学习意愿情况

2015年，中央一号文件指出要增加农民收入，“引导有技能、资金和管理经验的农民工返乡创业”①。农民创业有利于农村劳动力就近就地转移，激发农村经济社会发展活力。很多调查显示，尽管大部分农民有意愿、有能力、想创业，但缺乏初始创业资金、县域经济不发达、创新意识不足等因素的存在，极大地限制了农民创业②。根据2018年山东省经济社会综合调查数据，在家庭生产经营资金的主要来源方面，靠自筹资金的占96.3%，靠银行贷款的占2.1%，靠民间借贷的占1.5%，靠财政支农资金的占0.2%。可见，当前农村生产经营资金仍以自筹资金为主，从正规金融渠道获得的资金严重不足。在凭借所掌握的技能取得收入方面，掌握农林果木等种植管理技术者凭借此技术取得过收入的比例为83.3%，掌握其他技术者凭相应技术取得过收入的比例均不足7成，其中尤以掌握养殖畜牧技术（包括兽医技术）和纺织、刺绣等手

① 《中共中央、国务院关于加大改革创新力度加快农业现代化建设的若干意见》。

② 彭艳玲、孔荣：《中国农户创业选择：基于收入质量与信贷约束作用视角》，社会科学文献出版社，2017。

工艺技术者的比例为低。这在一定程度上说明，农村劳动力在技术技能利用率方面存在不足。

（三）现代青年农场主

中央农业广播电视学校于2018年10月发布的《2017年全国新型职业农民发展报告》中指出，在全国新型职业农民中，45岁及以下的新型职业农民占54.35%。青年人普遍受教育程度更高，思维超前、视野开阔，富有创新精神，有强烈的创造美好生活的愿望。一方面，青年人学习新知识、新技能的意愿更强。数据分析结果显示，在学习技能的意愿方面，有高达54.1%的人选择“什么都不想学”。但如果按被访者的年龄进行划分，就会发现这一结果主要与农村劳动力的年龄有关。在61岁及以上年龄组中，有74.1%的人表示什么技能都不想学；在46～60岁年龄组中，该比例达到50.9%；在31～45岁年龄组中，该比例下降到30.8%；而在30岁及以下年龄组中，仅有12.3%的人表示什么技能都不想学（见图7）。另一方面，青年人对新事物、新技术的接受度更强。在农业种植管理技术方面，年龄越大的人，选择学习该技术的比例越大，但各年龄组之间的差别并不大；而在电子商务技术方面，各年龄组之间的差别非常大。在61岁及以上年龄组中，想学习电子商务技术的比例仅为3.5%；在46～60岁年龄组中，该比例也只有9.2%；在31～45岁年龄组中，该比例上升到23.5%；而在30岁及以下年龄组中，想学习电子商务技术者的比例上升至48.5%，比61岁及以上年龄组高45个百分点。由此可见，电子商务技术作为“互联网+”时代的标志性技术和创新手段，对年轻农村劳动力具有非常大的吸引力，而青年人也更愿意学习这些新技术。乡村振兴要靠人才，在当前农村劳动力日益老龄化、妇幼化的严峻现实下，党委政府需要创造条件使一部分年轻人热爱农村农业，特别要注重培养青年新型职业农民，把培养青年农民纳入国家实用人才培养计划，确保农业后继有人。2015～2018年，山东省已培育青年农场主近5000人。按照相关规定，现代青年农场主需要在具有一定产业基础，有高中及以上学历（或与高中相当），年龄在18～45周岁的种养大户、家庭农场经营者、农民合作社骨干、返乡创业大学生、中高职毕业生、返乡农民工和退伍军人中遴选产生。现代青年农场主是新型职业农民的重要组成部分，组织实施“现代青年农场主计划”是拓宽新型职业农民培育渠道的重要举措，是激发农村青年创造创新活力、吸引农村青年在农村创业兴业的重要手段，将为现代农业发展提供强有力的人才支撑。图7为农村劳动力各年龄组学习技术的意愿情况。

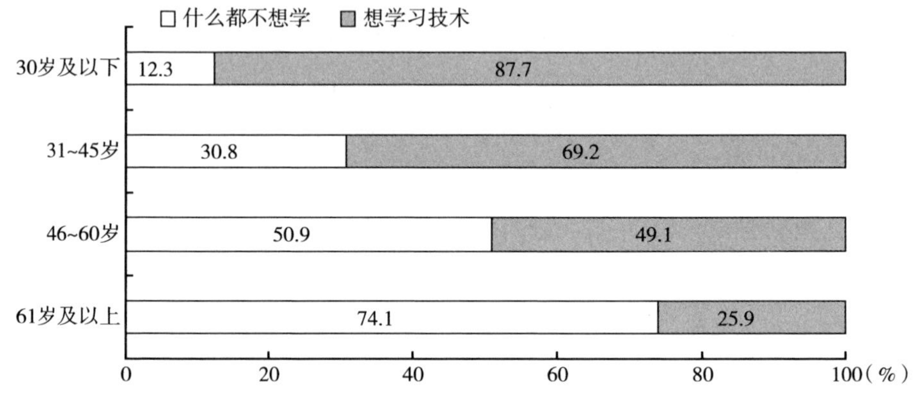

图7　农村劳动力各年龄组学习技术的意愿

三　农村产业结构变化

一般来说，农村产业结构包含三个层次。第一个层次是传统农业（种植业）结构，即粮食作物种植和经济作物种植各自所占比例；第二个层次是大农业结构，即种植业、林业、牧业、渔业各自所占比例；第三个层次是三次产业结构，即农业、工业、服务业各自所占比例。农村产业结构的变化可以从上述三个层次加以分析。

（一）农业结构及其变化

根据2018年山东省经济社会综合调查数据，山东省的农业结构仍以粮食作物种植和经济作物种植为主。具体来说，68.5%的人从事粮食作物种植，29.9%的人从事经济作物种植，0.2%的人从事渔业水产养殖，5.7%的人从事饲养业或畜牧业。农业结构的变化与农业劳动生产率、农产品的成本收益率等因素相关。农业劳动生产率的提高可以解放大量农业劳动力，近之可以使他们有更多时间从事传统粮食作物种植以外的经济作物种植或林业、牧业、渔业；

远之可以使他们流向其他生产部门，从而促进整个产业结构的优化升级。农产品成本收益率则更加直接地影响农民短期内从事何种生产经营活动，通过增加或减少种植面积，发展经济作物或非农产业，实现粮食种植结构及农业产业结构的调整。农业劳动生产率可以用劳均农林牧渔业增加值来测量（农林牧渔业增加值/第一产业就业人员数）。根据相关统计数据计算，2010 年至今，山东省的农业劳动生产率是逐年提高的，2017 年达到 2.7 万元/人。但值得注意的是，无论是从山东省还是全国来看，农业劳动生产率的增速都是逐年下降的，即从高峰期的年增长 15% 下降到目前的 3% 左右。另外，与同期的全国平均值（超过 3 万元/人）相比，山东省的农业劳动生产率稍低（见表 3）。《全国农业现代化规划（2016—2020 年）》提出，2020 年劳均农林牧渔业增加值超过 4.7 万元，山东省的农业劳动生产率与这一目标值还有不小的差距。

表 3　山东省和全国平均的农业劳动生产率（2010～2017 年）

年份	山东省			全国平均		
	农林牧渔业增加值（亿元）	第一产业就业人员数（万人）	农业劳动生产率（元/人）	农林牧渔业增加值（亿元）	第一产业就业人员数（万人）	农业劳动生产率（元/人）
2010	3588.3	2273.1	15785.93	40533.6	27931.0	14512.05
2011	3973.8	2211.6	17967.99	47486.1	26594.0	17855.95
2012	4281.7	2168.0	19749.54	52373.6	25773.0	20321.11
2013	4742.6	2086.0	22735.38	56966.0	24171.0	23567.91
2014	4992.9	2023.2	24678.23	60158.0	22790.0	26396.67
2015	5182.9	1963.2	26400.27	62904.1	21919.0	28698.44
2016	5171.1	1935.1	26722.65	65967.9	21496.0	30688.45
2017	5114.7	1856.6	27548.75	—	20944.0	—

资料来源：表 3 中山东省的农林牧渔业增加值数据来源于 2011～2018 年的《山东统计年鉴》，第一产业就业人员数来源于《山东统计年鉴 2018》；全国的农林牧渔业增加值来源于《中国农村统计年鉴 2017》，第一产业就业人员数来源于《中国统计年鉴 2018》。

注：表 3 中山东省和全国的农林牧渔业增加值均包括了农林牧渔服务业增加值，全国的农林牧渔业增加值根据新的《国民经济行业分类标准（2017 年修订）》对历史数据进行了更新。

在农产品成本收益率方面，根据山东省农业农村厅公布的生产成本收益与劳动生产率基点调查数据，2010～2016 年，除花生外，小麦、玉米、棉花和苹果的成本收益率整体来看是呈下降趋势的[①]。其中，苹果的成本收益率下降幅度是最大的，但从绝对值来看，苹果种植的成本收益率仍远高于小麦、玉米和棉花种植（见表4、图8）。相对于经济作物种植来说，粮食生产的效益较低，因此对农民的种粮积极性影响较大，这就导致一些农民减少粮食作物的种植面积，或者干脆放弃种植。

表4 几种主要农作物的成本收益率（2010～2016年）

单位：%

农作物 / 地区 / 年份	小麦		玉米		棉花		花生		苹果	
	山东	全国	山东	全国	山东	全国	山东	全国	山东	全国
2010	35.3	—	29.5	—	76.5	—	123.2	—	213.0	—
2011	25.4	16.6	5.3	34.4	15.7	12.8	108.4	75.4	175.0	110.9
2012	23.1	2.6	18.7	21.4	4.8	1.3	123.8	58.0	178.0	84.9
2013	19.2	-1.4	15.0	7.7	20.0	-9.9	60.8	9.5	121.3	66.3
2014	20.4	9.1	16.9	7.7	6.6	-30.1	66.7	10.7	136.5	64.1
2015	13.6	1.8	-9.8	-12.4	0.2	-40.3	91.3	6.9	71.6	39.7
2016	14.1	-8.1	-11.2	-28.1	5.4	-21.2	123.6	19.1	66.0	16.6

资料来源：山东省的数据来自山东省农业农村厅网站公布的“生产成本收益与劳动生产率基点调查数据”，全国的数据来自国家发展和改革委员会价格司编的《全国农产品成本收益资料汇编2017》。

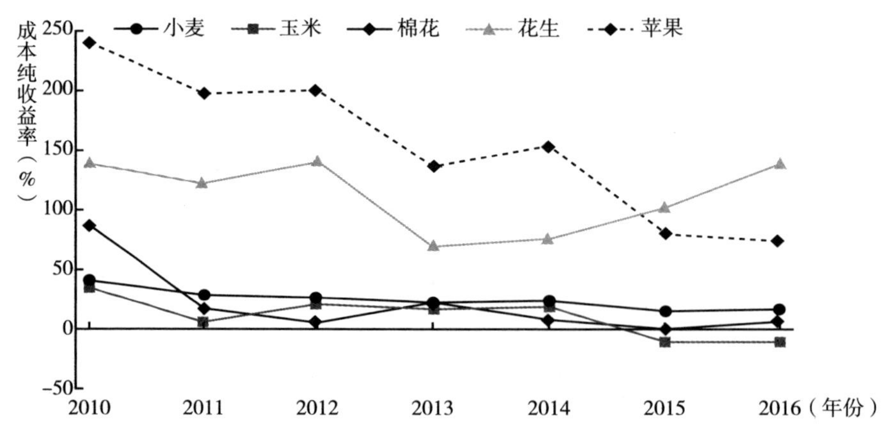

图8 小麦、玉米、棉花、花生和苹果的成本纯收益率（2010～2016年）

① 山东省农业农村厅网站，http：//www.sdny.gov.cn/zwgk/nytj/。

对粮食作物种植与其他种植、养殖经营进行比较，可以发现，林果作物种植、经济作物种植、特种养殖、普通养殖等生产活动的生产成本、产值和收益均高于粮食作物种植，但其收益与成本不成比例。具体来说，设定粮食作物种植的各项成本、总产值和纯收益为1。根据2018年山东省经济社会综合调查数据，林果作物种植的总成本是粮食作物种植的2倍，总产值是后者的1.7倍，纯收益是后者的1.5倍；经济作物种植的总成本是粮食作物种植的4.8倍，总产值是后者的4.3倍，纯收益是后者的3.8倍；特种养殖的总成本是粮食作物种植的17.9倍，总产值是后者的7.1倍，纯收益是后者的-3.2倍；普通养殖的总成本是粮食作物种植的25.9倍，总产值是后者的17.3倍，纯收益是后者的9.1倍（见图9）。需要指出的是，这里计算的各项差异是对每个家庭的各项数据进行平均所得，而不是以亩产为单位，即不能将其理解为亩均成本、亩均产值或者亩均纯收益。此外，主要从事种养结合、特种养殖和水产养殖等生产的家庭样本数较少，因此这里的结论只具有有限的参考意义。

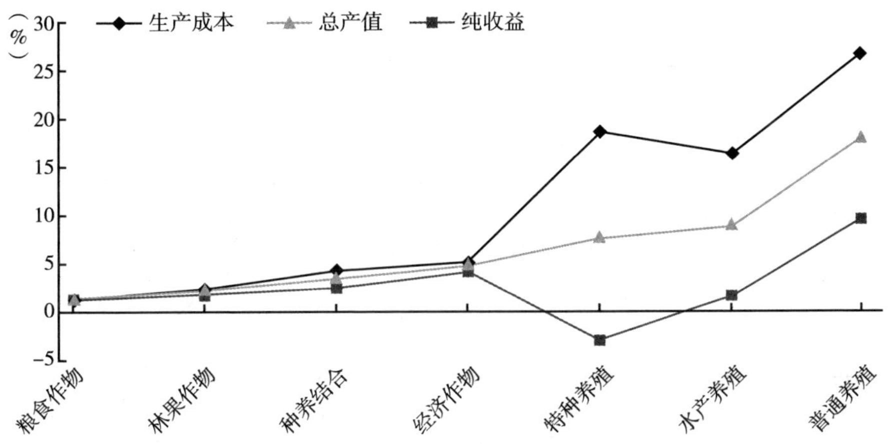

图9　各种生产经营活动的成本、产值和收益对比

（二）农业生产要素投入

自然资源（土地）、资本、劳动力和科学技术是基本的农业生产要素。其中，科学技术在促进传统农业向现代农业转型的过程中发挥了关键作用。

一些研究者认为，化肥投入的增加、科学选种和农业机械总动力投入的提高，是改革开放后我国粮食亩产量持续提高的基本原因①。化肥、农药和农膜的使用提高了粮食产量，但也造成了农业面源污染和农村环境问题。化肥和农药的减量施用是绿色农业发展的重要举措。化肥或农药的减量施用情况可以通过减量化率进行测量，减量化率的计算公式为：（本年度的施用量－上一年度的施用量）/上一年度的施用量×100%。从统计数据来看，山东省的农业化学减量化工作取得很大进展，2017 年农用化肥、农药和农用塑料薄膜用量的减量化率均比上年减少 2 个百分点以上，其中农药施用量的减量化率更是减少了 5.36 个百分点（见图 10）。在农业机械化方面，近年来，山东省的机耕面积、机播面积和机收面积均有不同程度的增长，使用机械化翻耕、播种和收割的农作物面积大概占当年全部农作物播种面积的 54% ~80%（见表 5）。据最新公布数据，2017 年底，山东省农作物耕种收综合机械化率在 83% 以上，比全国平均水平高出 17 个百分点②。在农业劳动力不断减少、化学农药减量施用不断推进的背景下，农业发展的根本出路在于科技进步，要通过推进现代种植业创新发展，促使农业机械化提档升级，真正把“藏粮于技”战略落到实处。

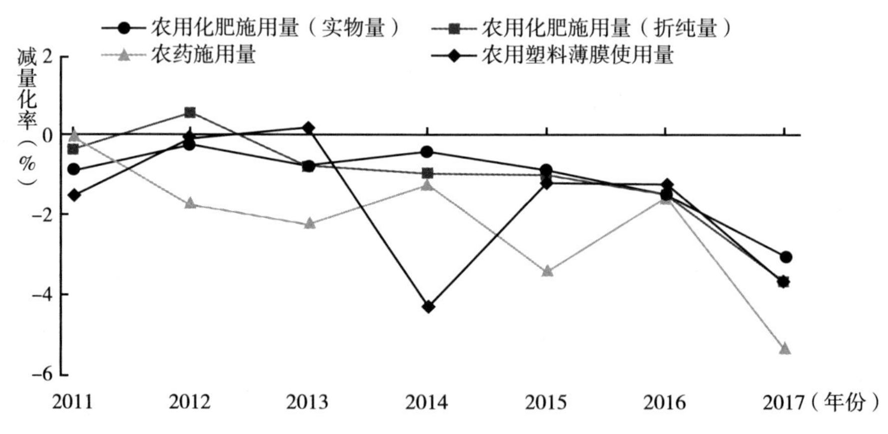

图 10　化肥、农药和农用塑料薄膜的减量化率（2011 ~2017 年）

① 黄宗智：《中国的隐性农业革命》，法律出版社，2012，第 92 页。

② 《山东：申请农机补贴资金不再受户口限制》，《大众日报》2018 年 4 月 1 日，https：//sd.dzwww.com/sdnews/201804/t20180401_ 17212857.htm。

表5 主要农业机械化作业情况

单位：千公顷，%

年份	机耕			机播			机收		
	面积	增长	占比	面积	增长	占比	面积	增长	占比
2013	6285	2.40	0.57	8698	4.30	0.79	7229	5.10	0.66
2014	6098	-2.98	0.55	8732	0.39	0.79	7256	0.37	0.66
2015	6050	-0.08	0.55	8792	0.69	0.80	7349	1.28	0.67
2016	6140	1.49	0.54	8312	-5.46	0.74	7807	6.23	0.69

注：（1）表中面积和增长数据来源于山东省农业农村厅网站公布的全省主要农业机械情况。（2）表中“增长”一栏指的是增长率。（3）表中“占比”一栏指的是机耕、机播、机收面积占当年农作物总播种面积的比例，农作物总播种面积资料来源于2014～2017年的《山东统计年鉴》。（4）机耕面积占比应计算机耕面积占各种农作物应耕作面积的比例，但统计年鉴中没有应耕作面积的准确数字，因此机耕面积的占比是低估的，机播、机收面积占比同理。

（三）农村三次产业结构及变化

根据2018年山东省经济社会综合调查数据，在山东省农村地区，从事二、三产业生产经营活动的劳动力占比均不超过6%，如从事农产品加工或销售的占1.4%，从事农村电子商务的占0.5%，从事农村休闲旅游的占0.1%，从事生产性服务业的占2.8%，从事生活性服务业的占2.1%。数据分析结果表明，农村劳动力生产经营的多样性不足。从事单一生产经营的占65.8%，从事两种生产经营的占29.9%，从事三种生产经营的占4.2%，从事四种生产经营的占0.1%。在从事单一生产经营的劳动力中，单纯从事粮食作物种植的占79.9%，单纯从事经济作物种植的占14.3%，单纯从事其他某种生产经营活动的占5.8%。总的来看，山东省农村劳动力的生产经营方式仍较为单一，且以粮食作物种植为主，第三产业的发展严重不足。

从个人生产经营活动的年收入来看，各项生产经营活动之间的差异极大，且内部异质性较高。各种生产经营活动的个人平均年收入从低到高可大体分为三个档次。第一个档次是传统的粮食作物种植和经济作物种植，第二个档次是渔业水产养殖、饲养或畜牧业以及生活性服务业，第三个档次是农产品加工销售、农村电子商务、农村休闲旅游和生产性服务业。农村电子商务、生产性服务业和渔业水产养殖是三种较新的经营业态，其个人年收入（无零收入）排名位于前三，分别为32746.15元、31660.39元和27666.67元（见表6、图11）。从事粮食作物种植的个人年收入为4535.16元，是所有生产经营活动中收入最低的，在排除零收入样本后，其与从事经济作物种植、饲养或畜牧业和农村电子商务的个人年收入分别相差1.6倍、4.8倍和5.9倍。渔业水产养殖、饲养或畜牧业的个人年收入低于第三档次的新经营业态，但在排除年收入为零的样本后，渔业水产养殖、饲养或畜牧业的个人年收入与这些新业态的收入之间的差距明显减小，如从事饲养或畜牧业的个人年收入为20663.06元，在排除年收入为零的样本后，个人年收入提高到27659.21元，其与从事农村电子商务的个人年收入之间的差距从9744.08元缩小到5086.94元。但是，数据分析又表明，除渔业水产养殖、农村休闲旅游和生活性服务业外，其他生产经营活动年收入的标准差全部大于其年收入，其中尤以从事饲养或畜牧业、生产性服务业、农产品加工销售、经济作物种植的标准差最大，说明这些生产经营活动的内部异质性很大，农户之间在经营规模、生产效率和盈利能力等方面均存在较大的差异。

表6 各种生产经营活动的比例和个人年收入

单位：%，元

生产经营活动	比例	个人年收入	个人年收入（无零收入）	年收入标准差
粮食作物种植	68.5	4535.16	4740.36	9113.96
经济作物种植	29.9	11246.19	12422.00	29763.53
渔业水产养殖	0.2	13833.33	27666.67	21264.21
饲养或畜牧业	5.7	20663.06	27659.21	87027.35
农产加工销售	1.4	24251.22	24857.50	29801.97
农村电子商务	0.5	30407.14	32746.15	56227.88
农村休闲旅游	0.1	26666.67	26666.67	5773.50
生产性服务业	2.8	29371.69	31660.39	36745.42
生活性服务业	2.1	17581.59	17865.16	16877.33

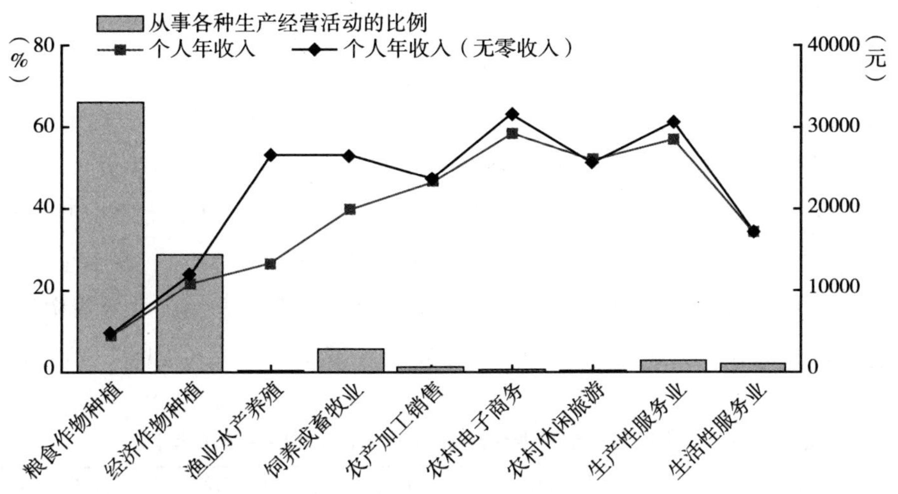

图 11　从事各种生产经营活动的比例与个人年收入

四　新型经营主体和业态

农业现代化需要现代化的新型农业经营主体和现代化的生产经营方式。新型农业经营主体主要包括农业龙头企业、家庭农场、农民合作社、新型职业农民以及农业社会化服务组织等。随着农业产业化经营的不断深化以及产业结构的转型升级，一些农村新产业、新业态得以发展，主要包括农村电子商务、休闲农业、乡村旅游、定制农业、体验农业、创意农业和光伏农业等。

（一）新型农业经营主体和规模经营

改革开放以来，山东省积累了不少农村改革发展经验，贸工农一体化、农业产业化经营就出自潍坊，形成了“潍坊模式”“诸城模式”“寿光模式”，为全国农业农村发展做出了突出贡献。目前，山东省有超过 2.2 万个农业产业化组织，其中国家重点农业产业化龙头企业 89 家，省级重点农业产业化龙头企业 684 家。2016 年，山东省的农业产业化组织固定资产总值超过 5000 亿元，年销售收入超过 1.6 万亿元，从业人数超过 230 万人，带动农户数超过 1900 万户（见表 7）。近年来，随着市场经济的发展和农村土地制度、农村集体产权制度改革的推进，山东省农村地区的各种农民专业合作社得到较快发展。根据山东省农业农村厅公布的统计数据，山东省的农民专业合作社数量已经从2010年的4.4万个增加到2016年的16.1万个①，农民专业合作社带动的成员农户数从257.3万户增加到654.8万户，农民专业合作社带动的非成员农户数从373.9万户增加到640.4万户（见表8）。从农民专业合作社的类型来看，山东省的农民专业合作社主要集中在种植业（占52.8%）、畜牧业（占15.5%）和蔬菜产业（占12.9%）上；在经营服务内容方面，主要集中在产加销一体化服务（占48.4%）和生产服务（占32.5%）上（见图12）。

表7 山东省农业产业化经营组织情况（2010～2016年）

年份	农业产业化组织总数(个)	固定资产总值(亿元)	年销售收入（亿元）	从业人数（万人）	带动农户数（万户）
2010	20748	3147	10880	253.0	1026
2011	21332	4366	12407	241.0	1807
2012	21904	4135	12955	269.5	1820
2013	21880	4473	14056	235.9	1810
2014	22345	4536	14974	231.7	1820
2015	22437	4939	15580	232.9	1820
2016	22506	5161	16214	235.1	1923

资料来源：山东省农业农村厅网站。

表8 山东省农民专业合作社情况（2010～2016年）

单位：个，万户

年份	农民专业合作社		农民专业合作社成员			农民专业合作社带动非成员农户
	数量	被农业主管部门认定为示范社	数量	普通农户数	专业大户及家庭农场成员数	数量
2010	44427	6988	257.3	244.4	0.97	373.9
2011	56278	7357	298.8	283.7	1.02	408.6
2012	69880	8760	345.9	326.5	1.28	454.4

① 相关统计数据均来自山东省农业农村厅网站。根据《山东省政府工作报告》可知，2018年山东省的农民专业合作社已达到20.3万家，但该数字未在山东省农业农村厅网站上公布。

续表

年份	农民专业合作社		农民专业合作社成员			农民专业合作社带动非成员农户
	数量	被农业主管部门认定为示范社	数量	普通农户数	专业大户及家庭农场成员数	数量
2013	93552	8526	394.8	329.2	5.58	480.1
2014	121326	10961	604.6	523.1	8.75	549.8
2015	138946	12926	626.6	546.0	11.02	594.2
2016	161001	14591	654.8	574.2	13.44	640.4

资料来源：山东省农业农村厅网站。

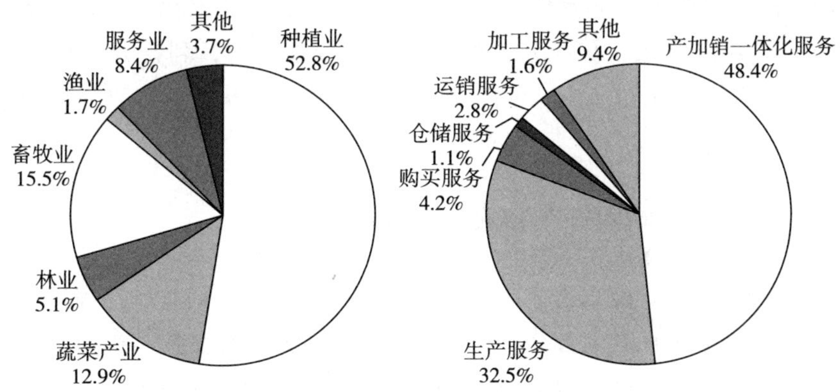

图12　农民专业合作社按从事行业（左）和经营服务内容（右）划分的情况

农业产业化经营和农民专业合作社是实现农业适度规模经营的两个重要载体，两者在发展过程中都面临如何促进小农户与现代农业发展有机衔接的问题。一些学者认为，从农民的角度来看，农民专业合作社要优于农业产业化龙头企业的组织形式，因为合作组织能够使农民获得来自加工和销售环节的一部分利润，而不会让这些利润完全流入龙头企业或中介商人之手①。目前来看，农业产业化经营组织，特别是龙头企业在规模、利润以及带动作用上均要强于

① 黄宗智：《中国的隐性农业革命》，法律出版社，2012，第157页。

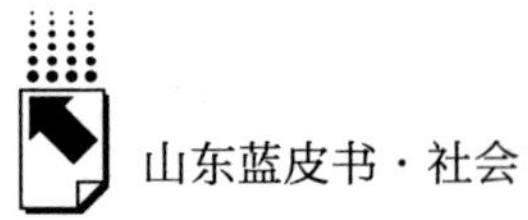

农民合作组织。但从近几年的发展趋势来看，农业产业化经营组织的从业人员数和带动农户数未有大的增长，其从业人员数较之前甚至有所下降；反观农民专业合作社的发展，其成员数和带动的非成员农户数均有较大幅度的增长。这在一定程度上说明了农民合作组织对农民的吸引力以及未来的发展潜力。根据2018年山东省经济社会综合调查数据，样本中14%的人参加了合作社，职业农民参加合作社的比例明显高于非职业农民（分别为19.4%和13.6%）。在有合作意愿的农户中，34.6%的人把有技术的人看作目前最需要的合作伙伴，其次需要的是有资金的人（19.0%），之后依次是有信息的人（6.9%）、有权力的人（3.9%）和有关系的人（3.6%）。在能够接受的合作方式上，47.5%的人选择“各方不论股份，权利一律平等”的合作方式，32.2%的人选择“出钱多的人占主导地位”的合作方式，20.3%的人选择“土地、资金、技术松散联盟”的合作方式。在与人合作时的最大顾虑方面，利益分配谈不拢占31.5%，互不信任占30.6%，合作后效益降低占30.3%，决策权分配问题占7.6%。

（二）农业“新六产”和农业新业态

自2017年以来，山东省委、省政府不断推动农业“新六产”发展。2017年12月，山东省人民政府办公厅印发了《关于加快发展农业“新六产”的意见》；2018年9月，山东省人民政府办公厅又正式印发了《山东省农业“新六产”发展规划》。发展农业“新六产”成为山东省激发农业发展新动能、实现从农业大省向农业强省转变的“先手棋”。所谓农业“新六产”，指的是一产的一份收入，经过二产加工增值为两份收入，再通过三产的营销服务形成三倍收益，综合起来获得六份收入，产生乘数效益。农业“新六产”是农业产业化的升级版，是农村一、二、三产业跨界融合的集中体现。加快发展“新六产”，可以推动产业链相加、价值链相乘、供应链相通，实现“三链重构”，构建起农业与二、三产业交叉融合的现代产业体系，实现农业发展的“接二连三”，全面提升农村产业发展的速度、质量、效益。山东省各地在推进农业“新六产”发展过程中积极探索，积累了许多成功经验，形成了农业内部融合模式、产业链延伸模式、功能拓展模式、新技术渗透模式、多业态复合模式、产城融合模式等多种各具特色的发展模式（见表9）。

表9　农业“新六产”的多种发展模式

模式	
农业内部融合模式	将种植业、养殖业以及农产品加工业的某些环节结合在一起，在农业各产业间建立上下游有机关联、“资源—产品—农业废弃物—再生资源”完整的农业生物产业链，构建种植、畜牧、林业、渔业以及农产品加工业之间的生态循环产业链条，打造循环型业态
产业链延伸模式	以农业为中心向前向后延伸，将育种、农药、肥料供应等与农业生产或农产品加工、销售与农产品生产紧密连接起来，在农产品产加销一体化的基础上，构建农产品从田头到餐桌、从初级产品到终端消费无缝对接的产业体系，打造终端型业态
功能拓展模式	促进农业生产与休闲观光、农耕体验、文化传承、健康养老、节庆采摘、科普教育深度融合，使农业由单一生产功能向生产、生活、生态多重功能延伸和拓展，培育休闲农业、旅游农业、创意农业，打造体验型业态
新技术渗透模式	广泛应用自动控制、移动互联、无线传感、物联网、云计算、大数据等新技术，促进信息化与农业融合，打破农业与二、三产业之间的边界和障碍，衍生带动涉农电子商务、农业互联网金融、智慧农业等新产业、新业态发展，打造智慧型业态
多业态复合模式	以产业园区和骨干龙头企业为依托，促进涉农企业集群发展，打造集生产加工、科技研发、物流储藏、商务会展、信息咨询、金融服务、生态旅游、养生休闲等终端型、体验型、智慧型业态于一体的复合型农业
产城融合模式	引导一、二、三产业向重点乡镇、产业园区等集中，扶持发展“一县一业”“一乡一品”“一村一特色”，着力打造一批现代农业示范区和农村产业融合发展示范园，培育一批特色小城镇，推动农业“新六产”与城镇融合发展

农业“新六产”的发展要求大力培育农村新产业、新业态。近年来，山东省的种植和养殖结合、产加销结合、农村电商、乡村旅游、循环农业、“互联网＋现代农业”等新型农业形态得到较快发展。农产品电子商务蓬勃发展，淘宝村、淘宝镇个数居全国前列，农产品网络零售额达到179.4亿元，培育了一批知名农产品电商平台。全域旅游发展势头良好，2017年实现乡村旅游消费2549亿元，占全省旅游总消费的27.7%①。根据相关部门公布的数据，截至2018年2月，在休闲农业和乡村旅游示范创建活动中，山东省共创建国家级休闲农业和乡村旅游示范县20个、示范点30个，休闲农业经营主体达1.2

① 山东省人民政府办公厅：《山东省人民政府办公厅关于印发山东省农业“新六产”发展规划和山东省农业“新六产”发展监测指标体系的通知》，http：//www.shandong.gov.cn/art/2018/10/11/art_2259_28684.html。

万个，从业人员80多万人，年接待游客超过1.5亿人次①。根据2018年山东省经济社会综合调查数据，在目前有工作的农村劳动力中，共有26.6%的人是自己家庭经营各种新型农业形态或者在经营新型农业形态的企业（组织）中工作。在这些新型农业形态中，占比最高的是种植和养殖结合，占51.8%；其次是种植、加工和销售结合，占27.8%；然后是循环农业，占13.5%；农业与观光旅游结合以及“互联网+现代农业”的占比则不足4%。由此可以看出，山东省的农业发展仍以农业内部融合为主，休闲农业、旅游农业等体验型、智慧型业态还处在比较初级的发展阶段。农业结构从单纯粮食生产向高产值经济作物、禽畜产品以及乡村休闲旅游等新型业态转型，在很大程度上得益于城市经济发展带来的居民收入增加，以及居民消费结构升级，特别是食品消费结构升级（主要表现为肉、蛋、奶等食物的需求增加）。农业生产结构朝着休闲农业、乡村旅游、“互联网+现代农业”等新形态的进一步发展，需要城市居民继续在需求侧提供动力。

（三）当前农村产业发展存在的问题

加快培育农业新型经营主体，大力发展农村新产业新业态，不断推动农村一、二、三产业融合发展，是解决“三农”问题、实现乡村产业振兴的基本途径。当前，山东省的农业发展仍然面临一些突出矛盾和问题。根据2018年山东省经济社会综合调查数据，在农村劳动力在当前生产经营活动中遇到的最主要困难方面，57.5%的人选择“劳动力、土地等成本过高，经营压力大”，35.1%的人选择“经营风险高、缺乏安全保障”，30.1%的人选择“融资难、发展资金紧缺”，24.0%的人选择“科技含量、管理水平和自身综合素质待提高”，17.1%的人选择“对发展家庭农场、农村三产融合发展等政策不了解”，8.2%的人选择“专业信息服务或产前、产后社会化服务水平不足”（见图13）。另外，具体到在发展产业时获得贷款的机会方面，34.6%的人认为机会一般，24.5%的人认为较难获得贷款，17.1%的人认为很难获得贷款，18.1%的人认为较容易获得贷款，5.8%的人认为很容易获得贷款。由此可见，土地、

① 李杨：《山东推进农业“新六产”发展　这三个市做典型发言》，齐鲁网，2018年2月28日，http://weifang.iqilu.com/wfyaowen/2018/0228/3847448.shtml。

资金等生产要素因素以及经营风险等不可控因素，仍然是农业生产经营的主要制约因素。

在产业振兴发展中亟待解决的问题方面，有68.5%的人认为粮食价格过低是最需解决的问题，有18.2%的人认为农副产品价格过低是最需要解决的问题，之后依次是青壮年劳动力不足（15.3%）、政府粮农补贴不公平（14.9%）、发展资金不足（11.3%）等问题。总的来看，山东省农村劳动力最关心的仍然是粮食和农副产品的价格问题，以及劳动力供给数量、粮农补贴等直接关系到粮食生产成本的问题。这一结果与当前生产经营中遇到的主要困难是相符的，即当前农民面临着“生产成本高，产品价格低，成本收益率下降”的问题。当然，这一现象与农村劳动力的个人素质和市场眼界有关。例如，数据分析表明，新型职业农民相对来说更加关注资金、市场和技术等中观或宏观问题。

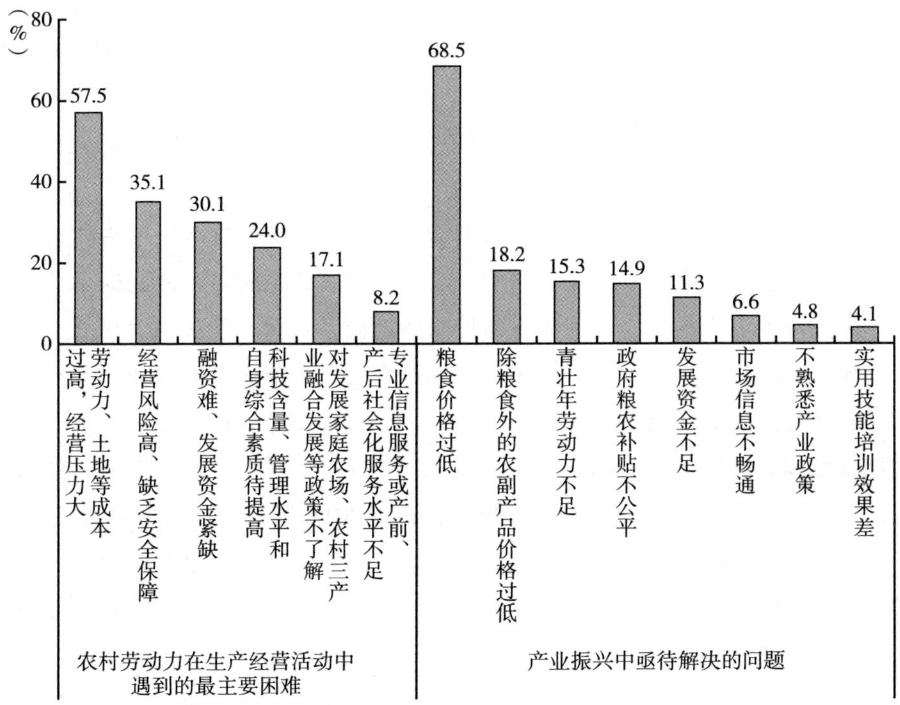

图13　农村劳动力在生产经营活动中遇到的最主要困难和产业振兴中亟待解决的问题

五　小结和政策建议

本文前面几节从农村劳动力和农村生产经营活动两个大的方面分析了当前山东省农村地区的产业发展情况，笔者对其进行了分析总结，具体如下。

第一，山东省农村居民从事农业职业的比例为74.3%，相较于2010年第六次人口普查时的比例（77.0%）略有下降。农村地区存在大量的兼业以及外出务工情况，从事农业职业者占乡村就业人员的比例为55.8%。除常规职业类别外，打零工者占农村劳动力的比例为11.6%，零工经济成为目前农村就业的一个重要组成部分。自20世纪90年代以来，山东省从事农业职业的劳动力数量不断下降，农村劳动力的年龄结构也日益老化且呈加速趋势。老龄化加速的原因包括：农村生育率下降导致的新生劳动力数量的大幅减少，非农职业吸收了绝大多数的农村年轻劳动力，以及青壮年劳动力的大量外流。目前，从事农业的劳动力的受教育水平相当有限，限制了现代农业和高效农业的发展。新生代农民工对农村的认同感较低，返乡意愿相对较弱，进一步加剧了农村地区的劳动力短缺问题。总的来看，当前农村劳动力日益老龄化、妇幼化，因此让农民成为有吸引力的职业，以解决“谁来种地”的问题变得愈加迫切。

第二，当前山东省农村地区劳动力的素质不能适应实施乡村振兴战略的要求，当务之急是优化农业从业者结构，改善农村人口结构。目前已返乡的农民工在人力资本上不具有太多优势，他们虽然返回了农村，但在很大程度上无法承担起发展现代农业的重任。培育新型职业农民是造就高素质农业生产经营者队伍、强化人才对现代农业发展和乡村振兴战略的支撑作用的重要途径。从相关数据和调查情况来看，山东省的新型职业农民培育工作取得较为可喜的进展，但与一些中长期目标值仍有差距。2012～2018年，山东省累计培育新型职业农民14万人，认定4万人。现代青年农场主是新型职业农民的重要组成部分；2015～2018年，山东省已培育青年农场主近5000人。青年人学习新知识、新技能的意愿更强，电子商务技术作为“互联网+”时代的标志性技术和创新手段，对农村年轻劳动力具有非常大的吸引力，而青年人也愿意学习这些新技术。

第三，山东省的农业结构仍以粮食作物种植和经济作物种植为主。68.5%

的人从事粮食作物种植，29.9%的人从事经济作物种植，从事二、三产业生产经营活动的劳动力占比均不超过6%。近年来，山东省的农业在农业劳动生产率、农业机械化以及化肥农药减量化方面取得显著进展。根据相关统计数据，2010年至今，山东省的农业劳动生产率是逐年提高的，并在2017年达到2.7万元/人。但农业劳动生产率的增速却逐年下降，从年增长15%下降到3%左右。在农产品成本收益率方面，2010~2016年，除花生外，小麦、玉米、棉花和苹果的成本收益率整体来看是呈下降趋势的。在农业要素投入方面，农业化学减量化工作取得很大进展，2017年农用化肥、农药和农用塑料薄膜的用量均比上年减少2%以上。在农业机械化方面，近几年的机耕面积、机播面积和机收面积均有不同程度的增长，截至2017年底，山东省农作物耕种收综合机械化率在83%以上，比全国平均水平高出17个百分点。

第四，近年来，山东省农业产业化经营和农民专业合作社得到较快发展。目前，山东省有超过2.2万个农业产业化组织，从业人数超过230万人，带动农户数超过1900万户。农民专业合作社数量超过16万个，合作社带动的成员农户数超过654万户，带动的非成员农户数超过640万户。农民合作组织对农民具有较大的吸引力，调查得知，14%的人参加了合作社，职业农民参加合作社的比例明显高于非职业农民。自2017年以来，山东省委、省政府不断推动农业“新六产”发展，努力打造农业产业化的升级版，实现农村一、二、三产业跨界融合。当前，山东省的农业发展仍然面临一些突出矛盾和问题。据调查，土地、资金等生产要素以及经营风险等不可控因素仍然是农业生产经营的主要制约因素。当前很多农民仍然面临粮食和农副产品的价格问题，以及劳动力供给数量、粮农补贴等直接关系到粮食生产成本的问题，进而引发“生产成本高，产品价格低，成本收益率下降”的问题。

总体来看，山东省的农业基础较为雄厚，农业产业化取得较大进展，但也存在农业劳动力资源短缺、农业比较效益下降、产业结构较为单一等问题。实施乡村振兴战略，打造乡村振兴的“齐鲁样板”，基础是做好人才振兴和产业振兴工作，建议从以下几个方面开展。

一是促进小农户与现代农业发展的有机衔接。在我国，小农户生产经营将长期存在。农业经济发展面临小农户经营和适度规模经营之间的权衡问题。一味地推崇大农场产业化经营，不符合农村发展的实际。做好小农户和现代农业发展相衔接的工作，要充分发挥农民专业合作社的作用，在农业生产资料的购买，农产品的销售、加工、运输、贮藏，以及与农业生产经营有关的技术、信息等服务方面，展开自愿合作，组织利益分配，提供风险保护。要通过提供社会化生产服务，将现代生产要素引入农业，鼓励各类组织大力开展农机作业、统防统治、集中育秧、生产托管、加工存储等工作，帮助小农户解决生产经营中的困难和问题。要统筹兼顾培育新型农业经营主体和扶持小农户，通过培养新型职业农民，让一批批高素质的农民不断成长为专业大户、家庭农场主、农民合作社领办人和农业企业骨干。特别要注重培养青年新型职业农民，把培养青年农民纳入国家实用人才培养计划，确保农业后继有人。

二是构建农村一、二、三产业融合发展体系。实现一、二、三产业融合发展，是现代农业发展的根本出路，也是保障农民持续增收的长效机制。现代化农业是生产、贮运、加工、营销各环节相互贯通的一体化产业。要重点抓好农产品加工转化和流通过程，实现农产品精深加工，完善农产品流通网络，拓展农民增收空间，实现产业链、供应链、价值链的“三链重构”。要通过加快发展现代高效绿色农业，推动农业与观光休闲旅游、文化体验、田园康养等第三产业深度融合，提高农业的生产效率，培育新的经济增长点。要积极利用互联网技术，深入推进“互联网＋现代农业”，提高农村电子商务发展水平，特别要加强农村电商培训，积极引导返乡大学毕业生、大学生村官、农村青年、退伍军人等参与农村电子商务，着力培养一批农村电子商务创业带头人。

三是加大对农村地区和农业发展的投入支持。坚持农业农村优先发展，需要把政府掌控的各种公共资源优先投向农业农村。要采取有效措施，加快形成财政优先保障、金融重点倾斜、社会积极参与的多元投入格局，弥补乡村振兴面临的巨大资金缺口。要进一步加大财政资金投入，并对现有财政资金进行整合，以提高财政资金的使用效率。要充分发挥金融的作用，大力发展普惠金融，完善农业信贷担保体系，为农业农村发展提供多层次、广覆盖、低成本、可持续的金融服务。要通过全面深化农村产权制度改革，打通资源变资本、资本变资金的渠道。要利用财政资金积极引导社会民间资本、工商资本下乡，参与乡村建设，促进乡村振兴。要优化环境、稳定政策预期，保护工商资本下乡的积极性，同时也要防止其侵害农村集体产权、侵犯农民利益。

参考文献

党国英：《乡村振兴战略的现实依据与实现路径》，《社会发展研究》2018 年第 1 期。

黄宗智：《中国的隐性农业革命》，法律出版社，2012。

刘妮娜、孙裴佩：《我国农业劳动力老龄化现状、原因及地区差异研究》，《老龄科学研究》2015 年第 10 期。

彭艳玲、孔荣：《中国农户创业选择：基于收入质量与信贷约束作用视角》，社会科学文献出版社，2017。

魏后凯：《实施乡村振兴战略的目标及难点》，《社会发展研究》2018 年第 1 期。

中国发展研究基金会：《中国发展报告 2011/12：人口形势的变化和人口政策的调整》，中国发展出版社，2012。

B.3
2018～2019年山东省农村养老问题与对策

李 爱*

摘 要： 实施乡村振兴战略对发展农村养老提出新方向和新要求，探索新时代农村养老事业发展路径具有重要的现实意义。本文在分析山东省农村人口老龄化特点的基础上，对农村养老模式的现状和困境进行了探讨，提出统筹城乡一体化发展，完善农村养老保障制度和社会救助体系，鼓励社会力量参与，弘扬尊老爱老传统美德等对策建议。

关键词： 农村养老 老龄化 养老模式 城乡一体化

党的十九大报告明确提出，中国特色社会主义进入了新时代，社会主要矛盾已经转化为人民日益增长的美好生活需要和不平衡不充分的发展之间的矛盾。城乡协调发展，居民老有所养，是美好生活的基础和重要组成部分。为实现这一美好生活愿景，党的十九大报告提出实施乡村振兴战略和精准扶贫的系列措施，以改善我国现代化进程中城乡发展不均衡的问题，同时也提出实施健康中国战略的要求，积极应对人口老龄化，推进医养结合，加快老年事业发展。山东省是我国老年人口大省，人口老龄化问题日益严峻。由于城乡养老资源不平衡，农村养老基础薄弱等，农村养老问题一直是城乡一体化发展的短板，正成为全面建成小康社会的障碍。因此，应关注解决农民养老问题的新路径，提出解决农村养老问题的对策建议，以期为政府后续解决这一问题提供有益参考。

* 李爱，山东社会科学院省情与社会发展研究院研究员。

一 实施乡村振兴战略和发展农村养老的重要意义

（一）发展农村养老是促进乡村振兴的必然要求

实施乡村振兴战略的目的是全面促进农村发展，为农民提供更好的物质基础和精神环境，同时也对发展农村养老提出新的方向和要求。一方面，解决农民养老问题是要更好地保障老年人的合法权益，提高农村老年人的保障水平和生活质量，使他们能够“老有所依”“老有所养”；在老年人物质水平不断提高的基础上，更加注重他们的精神文化生活，让他们能够切身感受到社会发展的文明成果。另一方面，发展农村养老是实施乡村振兴战略的重要节点，只有积极发展养老事业，充分保障老年人权益，从根本上解决“养老难”“看病贵”等问题，才能够促进乡村发展和振兴。因此，发展农村养老是促进乡村振兴的必然要求。

（二）发展农村养老是推进农村发展和乡村振兴的关键

农村养老事业的发展是乡村振兴的重要方面，不仅可以减轻农村青壮年劳动力的家庭负担，提高劳动生产率，还可以提高农村土地的利用率，改变农民对土地养老过度依赖的局面，促进农村经济的发展。同时，积极发展农村养老事业，能够有效解决农民后顾之忧，不断缩小城乡养老保障差距，加快和推动农村小康社会建设进程。

（三）实施乡村振兴战略为发展农村养老提供了动力

只有在实施乡村振兴战略的背景下，才能更好地解决农村养老问题，完善和发展农村养老保障制度。一方面，实施乡村振兴战略使农村经济得到全面发展，为农村养老提供了丰富的物质基础。另一方面，乡村经济的发展为农村社会养老营造了良好的生活环境和精神文化氛围。农村物质基础水平提高，农村精神文明水平随之提高，为农村发展和建设提供了精神支撑。同时，广大农民道德感的增强和文化素质的提升，也促进了人们对老年人的敬重和负责，这为农村养老打下了良好的社会基础。只有获得物质文明和精神文明的支持以及广泛的社会基础，才能最终解决农村养老问题。

总之，乡村振兴与农村养老是相辅相成的，它们之间相互协调、相互促进。乡村振兴是农村养老的物质基础、重要保障，农村养老事业的发展助力乡村振兴。因此，农村养老事业发展与乡村振兴战略实施紧密相关，关乎农村发展的进程，是全面建成小康社会的重要保证。

二　山东省农村人口老龄化的现状和养老困境

（一）山东农村人口老龄化现状

人口老龄化是指随着社会经济的发展，科学技术和医疗健康事业的进步，以及人口死亡率和生育率不断下降而生成的人口年龄结构自然变动的趋势，即老年人口占总人口的比例不断上升的一个过程。按照联合国规定的标准，人口进入老龄化社会的标志是在这个国家或地区，60 岁及以上人口占总人口的比例达到 10% 或 65 岁及以上老年人口占总人口的比例达到 7%。1994 年，山东比全国提前六年跨入老龄化社会。2016 年，山东 60 岁及以上人口达到 2057 万人，占总人口的比例为 20.68%，标志着山东已经步入中度老龄化社会。

山东省委、省政府历来重视养老事业的发展，相继出台多项政策支持与保护老年群体的合法权益。特别是最近几年，省委、省政府紧密团结在以习近平同志为核心的党中央周围，全省上下积极主动、大胆创新，在养老、医疗等社会事业建设方面取得显著成就。随着经济的发展和人民生活水平的提高，社会保障体系建设和医疗卫生水平不断提高，人口死亡率逐渐降低，平均寿命也逐渐延长，老年人口增长速度明显加快。1981 年开始实施计划生育政策，全省生育率持续降低，也推动了老年队伍的不断壮大。

1. 老年人口总量大，占比高

截至 2017 年底，全省 60 岁及以上老年人口 2137.3 万人，占总人口的比例为 21.4%，同比增加 0.6%，高出全国平均水平 4.0 个百分点；65 岁及以上老年人口达 1399.8 万人，占总人口的比例为 14.0%，同比增加 0.8%，高出全国平均水平2.6个百分点①（见图1）。截至2017年，山东老年人口数量居全国第一，比第二名江苏多381万人。

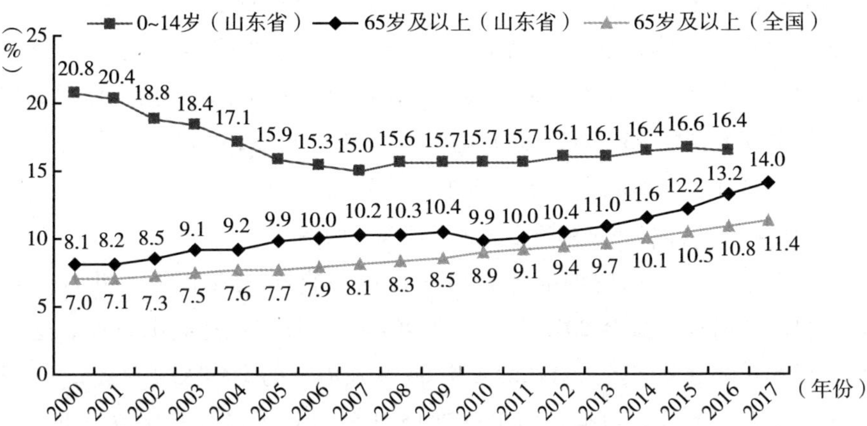

图1　2000～2016年山东省0～14岁青少年人口所占比例、2000～2017年山东省和全国65岁及以上老年人口所占比例

资料来源：《山东统计年鉴2017》《中国统计年鉴2017》。

同时，图1还显示，在山东省人口年龄结构中，虽然最近几年青少年所占的比例有所上升，但总体来看，下降趋势较明显，而且老年人口的比例不断上升，说明了山东省人口老龄化形势的严峻性。

2. 高龄、失能特征明显

山东省第六次人口普查数据显示，2010年，山东省80岁及以上高龄老人182.16万人，占老年人口的比例达到12.89%，比第五次人口普查上升了2.69个百分点。山东省80岁及以上高龄老年人口占全省总人口的比例为1.95%，在全国排名第六，比全国平均水平高出0.34个百分点②。2015年，全省“空巢”老年人（纯老年家庭人口数）723.6万人，占老年人口的比例为38.3%；全省失能、半失能老年人口为128.4万人，占老年人口的比例为6.8%。2016年，山东

① 山东省政府新闻办公室：《2017年山东省60岁及以上老年人口2137.3万　老龄化率21.4%》，2018年5月24日。

② 高利平：《山东省人口老龄化和社区养老服务的现状与对策》，载《山东社会蓝皮书2013年：社区建设与基层治理》，山东人民出版社，2013，第249～250、252页。

60 岁及以上老年人口突破 2000 万人，80 岁及以上高龄老人的占比同步增加，总数达到 239.24 万人，占老年人口的比例为 11.61%，占总人口的比例为 2.4%①。

随着生活质量和水平的提高，老年人平均预期寿命也随之延长。第三次、第四次、第五次、第六次人口普查数据显示，山东省平均预期寿命分别为 69.2、70.6、73.9、76.5 岁，第六次人口普查的山东省平均预期寿命明显高于全国平均预期寿命的 75.8 岁。高龄老年人口数量剧增，失能、空巢老年人也随之增多，给社会保障和养老事业带来沉重的压力。

3. 山东老年人口抚养比高于全国，农村高于城镇

2000 年至今，山东省的老年人口抚养比一直在 11% 以上，并且以年均 1.35% 的速度增长。截至 2013 年，全省老年人口抚养比达到 15.0%，这意味着平均每 6.6 个劳动年龄人口供养 1 个 65 岁及以上的老年人（见图 2）。根据国家统计局发布的统计数据，山东省 2015 年的老年人口抚养比位于重庆、四川、江苏、辽宁和上海之后，在全国排名第六。2017 年，山东省老年人口抚养比已经达到 19.3%，平均每 5.1 个劳动年龄人口供养 1 个 65 岁及以上的老年人。其中，农村老年人口抚养比为 22.24%，高于城镇 5.84 个百分点。老年人口抚养比的上升，加重了社会抚养的负担。

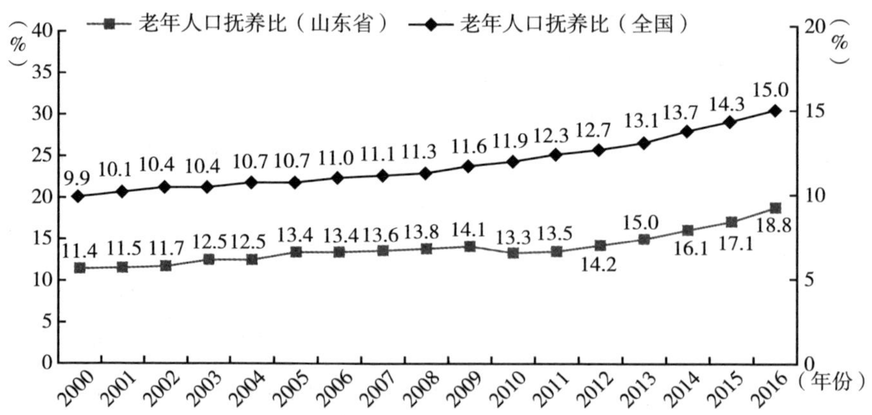

图 2　2000～2016 年山东省和全国老年人口抚养比

资料来源：《山东统计年鉴 2017》《中国统计年鉴 2017》。

① 根据山东省老龄工作委员会提供的资料和公开数据整理得到。

4. 农村老龄化程度高于城镇

西方发达国家人口老龄化进程表明，农村地区的老龄化水平一般低于城市，而我国的情况正好相反。早在2000年，我国农村人口的老龄化水平就超过了城镇，农村为7.35%，城镇为6.30%①。随着工业化水平的提高和城市化进程的加快，许多农村青壮年转移到城市工作和生活，享受城市先进的教育、文明和福利，加快了城市劳动力比例的提升，使得农村空巢老人、留守老年人的比例也急剧上升，其结果是农村人口老龄化在进度和速度方面都远远超过城市。相关数据显示，山东农村人口老龄化水平比城镇高3个百分点，预计到2020年，山东农村人口老龄化水平将比城镇高6个百分点②，农村老龄化的形势严峻。

5. 农村人口老龄化区域差异明显

在人口普遍老龄化的背景下，农村各地区老龄化程度具有差异性。由于东中西部的地域特征、思想观念、经济发展水平等不同，各农村地区的人口发展也大不相同，人口老龄化的发展程度也不尽相同。山东农村人口老龄化主要分布在东部沿海和中部地区，经济发达地区的老龄化速度快于经济欠发达地区。山东农村人口老龄化程度最高的当属威海市，老年人口占比26.39%；之后依次是烟台、淄博、青岛、滨州、日照、东营、济南等，这些地区的老年人口占比均超过20%。

（二）山东省农村养老现状

1. 收入低、保障差

农村老年人大多从事农业生产，由于历史原因，他们没有参加养老保险，也没有参与养老保险的意识，随着年龄的增长和身体机能的下降，劳动能力也随之降低。农村老年人的晚年生活来源主要依赖于子女接济、土地作物收入和国家补贴，他们的保障与城镇职工的保障差距很大，城镇职工退休后可以领取养老金来负担生活费用，而广大农民年老体衰时收入少且极不稳定。相关数据显示，山东老年人口收入低于全省平均水平。2014年，全省人均可支配收入

① 张翠云：《人口老龄化背景下农村养老问题研究》，硕士学位论文，上海工程技术大学，2010。

② 《山东人口老龄化空巢老人比例高，威海老龄化程度最高》，《齐鲁晚报·齐鲁壹点》2017年4月6日，http://sd.chinaso.com/tt/detail/20170406/1000200032983981491483536399114599_1.html。

20864元，老年人收入低于全省平均水平，为15217元。其中，约有46.50%的农村老年人仍从事农林牧渔业等经济活动，2014年平均纯收入仅为4768.44元，有酬劳动收入比例明显偏低。这些60岁以上的农村老年人，特别是男性老年人，仍是家庭的主要劳动力。2014年，全省仅有12.8%的老年人参与了非农产业活动，农村老年人劳动参与率大于镇区、城区，但农村老年人参与非农产业活动的平均收入远低于镇区，更低于城区。老年人在投资理财方面的参与率较低，仅为1.21%。农村老年人对投资理财活动的参与率更低，为0.12%，明显低于城区老年人的4.45%、镇区老年人的0.29%。

在养老服务设施方面，城乡差异较大。农村图书馆、健身室等文化、健身活动场所和基础设施的数量、规模等比城市差很多，特别是在书店、博物馆、社区健康活动中心等方面，城乡差距更大。农村社会福利院、养老院等养老机构设施和水平也无法与城市相比。这些都是影响农村老年人生活质量和健康的不利因素。

2. 养老观念保守

发展和完善农村养老事业是积极应对农村老龄化的主要手段。虽然最近几年农村幸福院、乡镇敬老院、日间照料中心、社会福利中心等养老服务设施数量有了很大增长，养老床位和护理床位数也有了明显增加，但因养老服务设施功能不全、服务内容单一及养老观念保守等，绝大多数农村老年人不愿意入住养老服务机构。受传统“养儿防老”思想观念的影响，许多老年人希望与子女生活在一起，过儿孙绕膝的晚年生活。但由于城镇化进程的加快，许多年轻人远离家乡去城市打工，不能与老年人生活在一起；或者由于年轻人和老年人在生活观念、生活方式上存在差异，以及家庭的小型化，年轻人不愿意与老年人生活在一起。而老年人在自己熟悉的地方生活了一辈子，面对城市或养老机构的陌生环境，难免会缺乏安全感。

3. 医疗卫生水平低

第一，近几年，山东农村医疗卫生服务设施和水平有了显著提高，但与城市相比，在医疗资源、卫生队伍建设等方面仍存在较大差距，农村医疗卫生整体处于较低水平。第二，新型农村合作医疗制度虽然已实现全覆盖，但仍有部分老年人由于经济或其他原因没有参加医疗保险，即使参加了也因为保障层次较低，患大病后难以承担较为高昂的医疗费用，进而导致贫困。据山东省扶贫办提供的资料，在贫困户中，因病、因残致贫的贫困户占贫困户总数的比例为

67.6%。第三，农村老年人医疗常识缺乏，自我保健意识差，甚至部分老人存在严重的迷信思想，不利于其接受健康的生活方式。调研发现，许多老年人健康意识薄弱。当前村级卫生中心大多为老年人提供了建立电子病历和每年免费体检的服务，但有些老年人参与的积极性并不高。有的老年人甚至已经查出患高血压、糖尿病等慢性病却因舍不得花钱而不积极治疗，最终延误治疗并引起其他相关病症，造成患者病痛增加和相关治疗费用提高。

4. “医养结合”养老模式发展艰难

当前，山东正在创建医养结合模式示范省，济南、青岛、烟台、潍坊、济宁、威海6市80个县已施行医养结合试点，青岛“医中有养，养中有医，医养结合，养医签约，两院一体，居家巡诊”6种医养结合模式已成全国范本。到2018年底，山东已覆盖70%以上的常住老年人，使其能够享受到家庭医生签约服务；90%以上的医疗机构建成老年人就医绿色通道，方便老年人就医；80%以上的养老机构提供医疗护理服务。这种将基本医疗和养老模式有机整合的新型养老模式为老年人提供了老年照护服务，得到了城市居民的广泛认可。这种模式对于养老医疗专业人才的基本素质和能力要求较高。对于农村社区，养老医务人才严重缺乏，医养结合嵌入难度较大，而且农村目前在政策及实施上正处于试点阶段，广泛实施还面临许多难题。

5. 生活单调、精神空虚

当前，农村公共文化服务体系建设已经取得显著成就，政策规章、公共文化设施及人才文化队伍建设有了很大进步，但仍面临公共文化活动匮乏、文化设施薄弱、文化人才缺乏的问题，许多老年人多数通过看电视、聊天等方式消磨时间，精神文化生活单调。特别是农村留守空巢老人，精神生活更加空虚。调研显示，在子女外出打工期间，经常会有孤独感的留守空巢老人约占40.7%，而非留守空巢老人的这一比例相对较低，为32.0%。

三　农村养老模式及面临的问题

（一）家庭养老负担重

家庭养老是以家庭为单位，由家庭中的年轻成员在物质生活以及精神生活

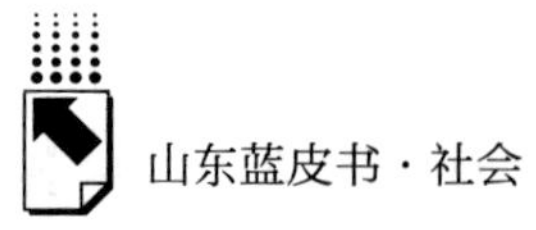

上给予老年成员赡养和照料服务。这是我国传统的养老方式，也是当前农村最普遍的养老方式。

家庭养老在广大农村有深厚的社会、经济和文化基础。首先，过去的家庭类型多属于大家庭结构，即父母和多对已婚子女组成联合家庭，家庭人口多，农村老年人的经济生活主要依靠子女供养，家庭养老发挥了重要作用。其次，农村经济发展水平低下，长期占主导地位的自给自足的小农经济将农民一生束缚于土地上，农村老年人只能选择家庭养老。尽管现在的家庭结构、农业经济与以前相比有了很大的变化，但由于城乡养老保障制度的差异、农村养老保障体系的不健全、农村医疗水平低等，家庭养老在农村养老方式中的地位是其他养老方式无法替代的，特别是在提供日常照料和精神慰藉等服务方面，仍起着重要作用。最后，孝文化在家庭养老中的发扬光大及家庭养老方式被国际社会所认可，为家庭养老方式的弘扬提供了深厚的文化基础。山东省是儒家文化的发祥地，而孝是儒家文化与乡村振兴的结合点。自古以来，山东省就有尊老养老、崇尚孝道的优良传统。长期以来，广大农民习惯于家庭养老，家庭养老也深受农村老年人喜爱。

然而，由于人口老龄化进程的加快、市场经济的发展，单纯依靠家庭养老已不能满足社会发展和老年人的需求。一是家庭人口的减少，意味着老年人在家庭成员中的比例上升，子女赡养老人的负担加重，家庭养老功能弱化。二是子女身处就业竞争日趋激烈的职业环境中，为获得更好的发展目标和机会，他们在工作、学习、教育子女等方面都要付出更多的精力和财力。由于子女无暇顾及，尊老养老可能成为一句空话，家庭养老也就失去了原有的意义。老年人缺少了必要的关心和照护，失去了生活经济来源，在社会化养老服务尚不发达的情况下，生活质量难以保障。三是随着城镇化的发展，多数青壮年离开农村，前往城市，农村留守空巢老人日益成为社会关注的对象。

根据“六普”的全国平均数据可以发现，山东省 65 岁及以上老年人口对家庭其他成员供养的依赖度仍然较大（53.8%），远高于全国平均水平（40.7%）。从各省比较的情况来看，山东省老年人口对家庭供养的依赖度排在全国第 11 位，而且在山东省老年人口主要生活来源方面，城乡差距非常明显。城市老年人中仅有 6.2% 的人以劳动收入为主要生活来源，而在农村老年人中，这一比例则高达 32.6%；城市老年人中有一半多的人以离退休金或养老金为主要生活来源，而在农村则只有3.6%；城市老年人中有38.6%的人以依赖家庭其他成员供养为主要生活来源，农村老年人中则有高达58.6%的人需要依赖家庭其他成员的供养（见表1）。

表1　山东65岁及以上城乡老年人口按主要生活来源划分各自所占的比例

单位：%

	依赖家庭其他成员供养	离退休金或养老金	劳动收入
城市	38.6	50.4	6.2
农村	58.6	3.6	32.6

（二）集体养老发挥的作用有限

集体养老是指对无依无靠、年老多病的老年人进行赡养。费用主要由集体经济组织负担。五保供养和养老院制度属于集体养老的形式。农村集体经济组织物质的丰富和组织管理的完善是集体养老存在的物质基础，老年人广泛的人脉和良好的交际能力及子女对养老的多元化认识是集体养老存在的心理基础。由于经济发展的不丰裕，农民保守养老意识直接影响了集体养老的规模和程度。集体经济不发达，难以支持养老机构的设施维护和养老护理人员费用，老年人对机构养老的偏见和不信任都对养老机构规模和质量的发展产生了不利的影响。集体养老模式是计划经济时期的产物，随着我国经济制度的改革和土地制度的变革，集体养老模式日益走向衰弱。目前仍然存在的五保供养、敬老院、养老院等养老机构是在原有集体养老的基础上发展起来的，并被赋予了新的内涵。在集体经济条件好的地方，集体养老发展得也较好，如临沂市罗庄区林村社区。该村约有2160人，60岁以上老人约380人。60岁以上老年人除了享有国家养老补贴，同全村居民一样每人每3个月免费领取50斤面、20斤大米、8斤油等物品外，还可以领取每月400元的补助，以及每月10斤鸡蛋、10斤小米、2斤肉的物品补助。像这样经济条件好的村并不多，大多数农村居民仍依靠自助养老或机构养老。机构养老最近几年虽有较大发展，但仍有部分养老机构存在硬件设施缺失、功能不全且服务质量差、养老护理服务水平低等问题，集体养老难以发挥作用。

集体养老模式主要分为集中供养和分散供养两种方式。集中供养方式是指为居住在敬老院、养老院等五保供养服务机构的老年人提供集中供养服务。分散供养主要是指老年人居住在家中，集体供养机构负责为老年人提供生活必需品和医疗救助等。老年人突发疾病是不可预见的，农村地域广阔，分散供养会导致老年人在突发疾病时无法得到及时救治。而且，由于集体经济基础薄弱，农村医务室、文化娱乐设施相对缺乏，分散供养的老年人日常生活单调乏味、生活无望、孤独感强。但如果集中供养，老年人居住的养老机构基础设施差、床位不足、功能缺失，无法满足老年人的基本需求。老年人不仅不适应，还面临养老成本高、专业人才缺乏等问题。但无论怎样，集体养老仍然是农村养老的重要补充，不可或缺。

（三）养老保险水平低

随着农村老年人口的迅猛增长和家庭养老功能的弱化，我国需加快建立农村养老保险制度。1991 年民政部开始农村社会化养老保险改革试点，1998 年全国开展农村养老保险改革试点，2009 年 9 月国务院发布《关于开展新型农村社会养老保险试点的指导意见》。至此，我国农村养老保险从无到有并初具规模，取得很大成绩。山东省从 2009 年开始实施新型农村社会养老保险制度，2011 年建立城镇居民养老保险制度，2013 年整合新型农村养老保险制度和城镇居民养老保险制度，在全国率先建立居民养老保险制度体系。截至 2017 年底，山东全省城乡居民参加养老保险 4530.6 万人①，比 2016 年山东城乡居民参加基本养老保险的 4538.6 万人②略少。农村社会养老保险的发展在一定程度减轻了农村地区的养老负担，但效果并不十分明显。主要有以下原因。

一是立法层次低。目前国家尚未出台农村社会养老保险具体的法律法规，主要是地方性政府法规和规章，缺乏开展养老保险工作的法律保障和指导，难以真正实现对政府和农村居民的权利和义务的约束。

二是农村养老保险基金筹措难度大。目前养老保险基金的筹集主要由个人缴费、集体补助、政府补贴构成。由于农民收入情况不稳定，经济相对欠发达地区的农村落实集体经济补助有困难，以及政府补贴随着农村参加养老保险人

① 资料由山东省人力资源和社会保障厅提供。

② 资料来源于《中国统计年鉴 2017》。

数的增加，财政负担加重等，农村养老保险基金真正落实起来困难重重。

三是覆盖面窄，保障水平低。农村养老保险的养老金待遇水平较低一直是社会关注的热点。《关于开展新型农村社会养老保险试点的指导意见》规定，农民养老金待遇由基础养老金和个人账户养老金组成。最初的基础养老金为60周岁及以上的老人每人每月可领取55元，随着农村养老保障体系的完善，农村基础养老金普遍上调。2018年，山东省城乡居民基本养老保险基础养老金由每人每月100元提高到118元。尽管如此，仍难以满足普通居民的正常生活需求。当前，山东省根据国家对居民参保缴费档次的设计，将缴费标准从100～1200元设置了12个档次，实行上限封顶。除重度残疾人等缴费困难群体按100元缴费外，参保人自己主选择缴费档次，按年缴费，多缴多得。但由于农民收入较低，大多数农村居民选择300元最低档次投保。按此计算，缴费满15年后，即使不考虑通货膨胀等因素，农村老年人所能领取的养老金数额也很少，根本无法与城镇职工养老金待遇相比。这也是农民对现行养老保险缺乏信心的重要原因，他们宁愿选择储蓄养老或养儿防老。

（四）储蓄养老不足

随着市场经济的发展和传统道德信仰的滑坡，许多农民对养儿防老也失去信心。他们平时尽可能地省吃俭用，积攒财富以备不时之需。但当面临昂贵的医疗费用和较高的通货膨胀率时，储蓄养老已失去其基本价值。另外，相当一部分老年人受传统习惯的影响，喜欢将自己积累的财富用在子女身上，一旦其进入老年期，年老体弱，便无法实现自我养老。

（五）农村其他养老方式

随着城市化进程的加快，广大农村地区根据中央和省级相关文件精神及当地社会经济发展水平积极出台政策措施推动养老事业发展。许多地方做出了有益探索，并取得了成功经验，老年人的合法权益得到了保障。在家庭养老、集体养老等基础上发展起来的养老方式已经被赋予了新的内容，焕发出新的活力和生机，广大农村居民受益颇丰。主要有居家养老（针对困难老人实施的政府出资购买的居家养老服务）、农村社区养老（农村社区日间照料中心）、土地换保障、商业保险等，这些养老方式推动了农村养老事业的发展。

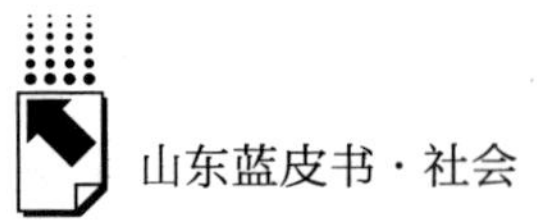

四 相关建议

农村地区“养老难”问题一直是党中央密切关注的重大民生问题。山东省委、省政府根据《关于进一步加快发展养老服务业的意见》要求，按照“政府引领、社会主办、市场运作，完善政策体系”的总体思路，通过加大政府公共财政投入和鼓励社会力量参与，不断完善监督管理机制，改善养老服务环境，使养老事业得到很大发展，初步形成了“居家养老为基础、社区养老为依托、机构养老为支撑”的养老服务体系。但是，笔者还看到了在发展中存在的问题和困难。山东是农业大省，农村人口占比高，老龄化问题严峻。要从根本上解决农村养老问题，必须大力发展农村经济，统筹城乡一体化发展；完善养老保障制度，建立健全社会保障体系；完善社会救助体系；鼓励社会力量参与，丰富养老模式；弘扬尊老爱老传统美德，形成良好的道德风尚，从根本上保障农民利益。

（一）发展农村经济，统筹城乡一体化发展

1. 大力发展农村经济，为城乡社会保障一体化提供保障

乡村振兴就是要提高农村生产力水平，提高农民收入。经济发展是根本之策，是解决一切问题的关键，是统筹城乡一体化发展的保障。虽然农村经济发生了翻天覆地的变化，但总体来说，与城市相比差距仍然很大，要实现城乡居民共同富裕还需要一段时间。可以说，经济发展的不均衡是城乡二元结构产生的主要原因，农村经济不发达，社会文化生活等与城镇相比就有差距。消除经济上的差距，必须进行产业结构调整，依据地方产业特点和优势，发展集约化、规模化农业，发展优质高效农业，不断提高农民收入，只有这样才能从根本上缩小城乡差距。

2. 提高农民养老金待遇水平，统筹城乡养老保障制度

近几年，各级政府部门出台多项措施统筹城乡社会保障制度发展，农村社会保障制度特别是农村养老保障制度的建设和完善取得很大成就，但与城镇相比仍有很大差距。城镇居民退休后可以享受到社保部门提供的养老金，从而保障自身基本生活，但大多数农民领取的基础养老金较少，在丧失劳动能力后，

不足以保障自身基本生活。因此，应实施向农村倾斜的养老保障政策，提高农村居民基础养老金水平，让农民享受和城镇居民同等的待遇，解决农民的养老和看病难题。

3. 统筹城乡养老保障制度，真正保障社会公平、公正

一个国家或地区只有社会保障事业公平公正，才能促进社会发展。因此，应当强化各级政府相关部门的职责，建立透明的体制机制，不断完善农村养老保障制度，缩小社会成员之间的差距，促进社会保障的公平公正发展。

（二）完善养老保障制度，建立健全社会保障体系

1. 进一步完善农村社会养老保险制度

一是加强政府在农村养老保障体系中的责任意识。过去，政府注重城市的发展，经济、养老等资源明显偏向城市，有的地方甚至牺牲农村利益以保障城市福利的增长，城乡差距进一步拉大。政府作为社会管理者，有责任解决社会养老保险和社会保险之间的矛盾，缩小农村养老保险制度与城镇职工关系保险制度之间的差距；应加大对农村养老保障的财政投入比例，提高农民的养老保障待遇水平；农村社会养老保险应当由法律进行强制性保障，只有尽快制定农村社会保障的立法体系，健全相关法律法规，才能使“新农保”更具有社会公信力，才能充分保障农民利益。二是加大对农村养老保障体系的宣传力度。当前，家庭养老模式在农村养老模式中仍占较大比例，这与社会宣传和舆论导向是分不开的。随着社会进步和经济发展，要让农村居民确切了解我国的养老保障政策体系，使他们能够感受到国家和社会对农村养老的帮扶与关爱。不仅仅是家庭养老，还应加强对依靠子女赡养、依靠储备养老金自我养老等养老模式的宣传，全方位保障老年人生活。三是建立多层次的养老保障体系。现阶段，单一的养老模式难以适应农村居民的养老需求，各地应根据经济发展状况积极探索和构建符合本地区特点的养老保障体系，实现城乡居民均老有所养。应在包括个人储蓄、子女赡养、土地服务在内的居民自我保障的基础上，尽快完善农村基本养老保险和养老贫困救济制度。同时，应积极发挥包括商业养老保险和其他养老服务在内的社会保障的补充作用，构建农村养老保障体系。中央应充分完善城乡居民基本养老保险制度，确定城乡居民基本养老保险待遇水平和基础养老金标准调整机制，建立普遍性、低水平的养老保障制度。在经济

较发达的东部地区，可以考虑农村集体出资建立如农民养老年金计划等补充养老保险。同时，应当在继续发挥土地保障和家庭保障作用的同时，鼓励农民参加商业养老保险和储蓄性养老保险。

2. 提高新型农村合作医疗保障水平

一是强化政府责任，提高保障水平。应加大政府资源投入，扩大新型农村合作医疗补偿范围，提高报销比例。当前农村中农民的农业生产剩余很少，政府应承担起供给公共卫生所需产品的责任。加强基金管理，完善新农合医疗服务网络。应建立严格的新农合基金管理制度和监督体制，保障新农合基金的科学使用，做到专款专用、透明管理，保护广大农民群众的利益。二是建立新型农村合作医疗资金筹措长效机制，提高网络化管理水平。应使新型农村合作医疗基金实现筹资、管理、使用三者的有效分离与监督，规范农村医疗审计制度，加强对基金运行状况的监督。实行新农合医疗的网络化和信息化管理，提高管理效率。三是加强农村社区医疗卫生基础设施建设，改善农村居民就医环境。实行基本药物制度改革，提高卫生服务质量和水平；加强基层医务技术人才培训，提高他们的待遇水平；积极开展农村预防保健和基本医疗卫生服务，增强农民的看病保健意识。

3. 创新农村医养结合新模式

加大宣传力度，改变农村对传统养老方式的看法，根据当地经济发展状况和社会资源条件，对国家医养结合政策进行细化和补充，确保农村医养结合项目的落实。加大财政投入力度，提升农村医疗卫生机构的设施服务能力。借鉴青岛医养结合模式，推动全省老年人长期护理险的发展，同时应加强对老人的老年疾病预防和心理疏导工作。加强对农村地区医养人才的培养，在对现有技术医务人员进行培训的基础上，广招医疗、护理方面的专业人才以反哺农村，并给予其相应的补助或福利。可借鉴美国 CCRC① 模式，利用农村社区公共资源，建立试点老年社区。在使老年人得到就地照护的同时，还可以吸引年轻人回乡创业。

---

① CCRC（Continuing Care Retirement Community）即提供持续照料服务的退休老人社区，本质是将居家养老、社区活动、机构服务三者有机整合。

（三）完善农村社会救助体系

对于特殊困难家庭，政府应给予最低生活保障。应将困难老年人、病人、残疾人纳入救助范围，同时禁止不符合要求的家庭享受救助补助。对于有劳动能力的家庭，政府应鼓励他们再就业，根据其困难状况和个体能力给予合适的岗位帮助，以增加他们的收入。由于目前的社会救助政策分散在民政、卫健委、扶贫办等多个部门中，因此应整合社会资源，减少资源的重复使用，避免重复享受救助补助或需要帮助却得不到救助的现象。

（四）鼓励社会力量参与，拓宽养老模式

农村养老保障体系的建设和完善，离不开多方社会力量的参与。首先，拓宽农村社会保障基金的筹资渠道。随着农村养老保险、新型合作医疗保险制度的完善，各级政府的财政负担加重。应当建立相对有保障的筹资机制。通过购买债券或由地方财政担保，向短期内可以获得收益的经济项目放贷等形式拓宽资金投资渠道；或社保基金投入国家集资且长期稳定的工程项目等保障资金的保值增值①。其次，积极发动有能力的企业、社会团体、爱心人士等进行捐助，保障社会资金运作规范流畅。最后，大力宣传，利用名人效应，引导社会力量广泛参与。出台优惠政策，倡导和鼓励社会力量献爱心。除物品、基金捐赠外，还可以通过劳动、志愿服务等形式，带动其他人员或团体献爱心；通过计算机网络、手机微信等手段等大力宣传知名企业家、爱心人士的助老行为，扩大其尊老爱老的影响力，全方位发展农村养老事业。

（五）弘扬尊老爱老传统美德，形成良好社会风气

首先，弘扬中华民族尊老爱老传统美德和孝道文化，在全社会形成良好道德风尚，是保障农村养老事业健康发展的文化根基。应在全社会树立以孝为先的养老思想。通过广播电视的大力宣传，让人们意识到善待和孝敬老人的重要性；通过言传身教，把尊老爱老的思想意识传送给下一代；开展丰富的文化活

---

① 李秋婷：《社会主义新农村建设视域下的农民养老保障问题研究》，硕士学位论文，东北师范大学，2017。

动，传播孝道文化，形成良好的农村尊老爱老的文化氛围。其次，广泛宣传，做好尊老爱老等基础性工作。通过建立老人和老人之间、老人家属之间的微信群，推送尊老爱老故事，普及疾病预防、养生保健知识，分享生活趣事，充实农村老年人精神世界；定期开展宣传教育，通过文艺演出、画板报等形式，排解留守老年人的孤独感；党员干部要以身作则，对老年人开展定期检查，特别是对困难和留守老年人，要给予生活和精神上的帮助和支持，从而产生“多米诺骨牌效应”，在全社会形成尊老爱老的良好社会氛围。最后，团结友爱，形成和睦的邻里关系。留守老人在面对突发事件时，易出现人员的伤亡和财产的损失。因此，应当鼓励亲朋好友、邻里街坊主动关照周围那些生活困难和子女不在身边的患病老人和高龄老人，可采取政府购买服务或奖励以及自愿的形式，号召更多的人为老年人提供帮助。

参考文献

王萍、李树茁：《农村家庭养老的变迁和老年人的健康》，社会科学文献出版社，2011。

王德文、谢良地：《社区老年人口养老照护现状与发展对策》，厦门大学出版社，2013。

陈静：《新型城镇化背景下农村养老服务供给模式研究》，《农村经济》2016 年第 6 期。

丁志宏、王莉莉：《我国社区居家养老服务均等化研究》，《人口学刊》2011 年第 5 期。

李兆友、郑吉友：《我国农村社区居家养老服务协同供给探析》，《东北大学学报》2016 年第 6 期。

B.4
2018～2019年山东省农村医疗保障现状与政策建议

纪亚楠*

摘　要： 本文以山东省农村医疗保障事业发展为主题，分析了2018年山东省农村地区的居民健康状况、医疗服务供需状况、医疗保障体系发展水平等，概述了当前山东省农村地区医疗保障事业发展存在的一些突出问题，如城乡医疗资源分配不均衡、居民疾病负担过重、养老服务供给不足、因病致贫矛盾突出等，并为实施乡村振兴战略、加快推进健康村镇建设提出了推进卫生服务体系建设、发展多层次医疗保障体系、加强农村医疗卫生人才队伍建设、健全健康产业支撑体系的对策建议。

关键词： 乡村振兴　健康村镇　健康扶贫

习近平总书记在全国卫生与健康大会上提出"以基层为重点"的38字新时期卫生健康方针，基层医疗卫生事业的发展关乎广大农村居民的切身健康需求，是推进健康中国建设的重要基石。2018年，山东省认真贯彻落实党中央、国务院关于保障和改善民生工作的要求，全面落实全国卫生与健康大会精神，加速构筑大健康格局，推进健康村镇建设。农村的医疗保障工作坚持以提升基层医疗服务能力为中心，落实乡村振兴战略部署要求，关注、回应民生"痛

* 纪亚楠，山东社会科学院省情与社会发展研究院助理研究员，主要研究方向为医学社会学、网络社会学。

点”，持续完善大病医保制度，切实减轻群众的医疗负担，提升基层居民的看病就诊体验，实施精准农村健康扶贫工程，提高贫困人口的医疗保障水平，在更高的水平上不断发展适应农村的多层次医疗保障体系。本文以2018年山东社会科学院山东省经济社会综合调查数据为基础，辅以山东省卫生健康委员会公布的最新数据资料，以基层医疗保障体系建设为视角，深入了解山东省农村地区居民的医疗服务供给、医疗负担和保险保障状况，从中把握山东省农村医疗保障工作的进展与成效，分析当前农村医疗服务供给遇到的现实困境和群众最迫切的健康需求，并对促进健康扶贫和健康村镇建设提出相应的政策建议。

一　山东省农村医疗保障政策及法规建设状况

2018年2月，山东省委、省政府为贯彻落实健康中国建设战略部署，制定印发了《“健康山东2030”规划纲要》（以下简称“健康纲要”）。健康纲要是有效推进健康山东建设的整体框架，贴合当前社会公众对健康的认知转向和对健康服务的迫切需求，关注山东省老龄化日趋严峻、慢性病增长趋势明显等现实问题，倡导以大健康理念统筹区域内医疗健康事业，从思想转变、服务质量和服务模式等方面探索全方位、多层次的工作推进机制。健康纲要首次提出把“健康村镇”建设提升到和“健康城市”建设同等的地位，并将其作为“健康山东”建设的重要抓手，坚持城乡一体化均衡发展，以基层为重点，优化农村公共卫生服务资源配置，整合基本医疗保险、大病保险、医疗救助等资源，进一步提高农村地区人口，尤其是贫困人口的综合医疗保障水平，完善城乡医疗卫生人才对口支援和双向交流机制，优化卫生人才队伍结构，加强农村卫生人才队伍建设。

山东省在2018年继续健全大病医疗保险体系，完善重大疾病救助保障机制，进一步减轻群众的重疾医疗负担。大多数贫困人口是因病致贫，尤其是因大病致贫。山东省及时回应群众对“救命药”买不起、买不到、无法报销的诉求，早在2016年就将17种抗癌药纳入大病医保。2018年全国实施抗癌药等药品“零关税”后，山东省再次将11种抗癌药纳入大病医保，为进一步减轻个人重大疾病的医疗费用负担，又将14种群众呼声强烈的大病治疗必需药品纳入大病医疗保险支付范围。2018 年 8 月，山东省在全国率先印发了《山东省抗癌药专项集中采购实施方案》，山东省医疗保障局会同山东省卫生健康委员会等多部门，以成立联合工作组的方式推进抗癌药专项集中采购，采购范围不仅涵盖 103 种基础国家降税抗癌药，而且新增 25 种其他抗癌药，总目录基本覆盖了癌症临床治疗所需要的主要抗癌药物。在 2008 年 11 月的集中采购中，药品价格降幅明显，较原采购价平均降幅达 17.4%，最大降幅达 82.6%，仅此一项变动预计每年能为患者节省 5.8 亿元，实现了“救命药”的降价和保供，使患病群体切实享受到药品降价实惠。

现代健康理念指导下的多层次医疗保障体系也在加速完善中，山东省在 2017 年印发了《山东省健康心理行动实施方案（2017～2020 年）》。2019 年 3 月，《山东省精神卫生条例》（以下简称“精神卫生条例”）审议通过并将自 2019 年 6 月 1 日起施行。精神疾病因其症状特殊、病期长，治疗和康复都给家庭带来沉重的经济压力，尤其是农村地区广泛存在对精神疾病的偏见和歧视，居民对精神疾病的认知率低，科学就诊不受重视等问题，这些均为社会安全埋下了隐患。精神卫生条例的出台充分考虑了山东省现有的精神卫生服务能力和广大群众的精神健康服务需求，将对严重精神障碍患者逐步实现免费救治。精神卫生条例从服务水平、社区康复与看护体系、社会心理服务等方面为精神卫生工作提供有力的制度保障，有力地促进了山东省精神卫生事业的持续健康发展。

乡村医生队伍长驻基层，直接服务农村居民，他们的职业水平对于保障农村居民生命健康至关重要。2018 年，山东省加速落实乡村振兴战略部署要求，不断强化基层医疗卫生人才队伍建设。山东省在 2018 年先后印发了《关于进一步深化医药卫生体制改革的意见》（以下简称“意见”）、《山东省加强基层卫生人才队伍建设的若干措施》和《山东省人民政府办公厅关于改革完善全科医生培养与使用激励机制的通知》。意见要求把人民健康放在优先发展的战略地位上，坚持保基本、强基层、建机制，强化乡村医生队伍建设，重点提高乡村医生的待遇水平并统筹解决乡村医生的保障与养老问题。意见要求各级政府对基层医疗机构的经费给予有力保障，并“允许基层医疗卫生机构在核定的收支结余中提取一定比例用于人员激励，提取的激励资金不作为绩效工资调控基数”，还突破了以往基层人员岗位设置的一些藩篱，扩大公费培养乡村医生的规模，设置定向岗位，对引进的“急需紧缺和高层次人才特设岗位，不受岗位总量和最高等级的比例限制”，同时探索建立基层首席公共卫生医师制度，建立动态的公共卫生机构岗位结构调整机制。此外，通过加大对口帮扶力度、组建巡回医疗队、选举乡镇卫生院业务院长、选派城市医生定期到农村开展服务等措施，不断提高基层卫生人员业务水平，配套实施专业技术人才知识更新工程，强化基层人才岗位培训，打通基层医疗卫生人才职业发展的“天花板”，实现以人才素质提升带动基层医疗卫生服务能力提升。

二　山东省农村医疗保障事业整体发展现状

（一）农村居民的自评健康状况良好，保健意识持续增强

2018 年山东社会科学院山东省经济社会综合调查数据表明，农村居民的健康状况整体良好，57.0%的受访者健康自我评价为“健康”或“很健康”，另有 17.4%的受访者表示虽然日常生活中会出现一些健康问题，但仍能自理，只有 1.5%的受访者表示健康问题已经影响到日常生活，需要人照料。总体来看，男性群体的健康状况好于女性群体，女性选择“健康问题已经影响到日常生活”的人数是男性的 2 倍。在地区分布上，健康状况整体呈现自西向东越来越好的趋势，东部和中部地区农村居民的健康状况略好于西部。

在健康保健方面，受访者平均体检时间为 1.3 年，三年内进行过体检的比例高达 89.8%，一年内进行过体检的比例达到 57.1%。在地区分布上，东部和中部居民的平均体检时间均为 1 年，低于西部的 1.7 年。

居民抑郁情绪测量数据显示，受访者中表示最近情绪良好的占 62.7%，偶尔情绪低落的占 23.8%，两者合计占比达 86.5%。只有 2.4%的受访者表示存在超过两周的阶段性抑郁情绪。心理健康情况呈现明显的性别和地区差异，有阶段性抑郁情绪的女性占 3.1%，远高于男性的 1.7%；从地区来看，西部地区居民有阶段性抑郁情绪的占比为 3.2%，高于东部的 2.0%和中部的 1.8%。

（二）农村医疗服务需求多样化发展，分级诊疗初见成效

医疗服务体系是健康保障系统的基础，实现城乡基本医疗服务均等化需继续提升基层医疗卫生服务能力，完善机构服务链，实现从“病有所医”到“病有良医”的服务质量升级。此外，要充分满足农村居民多样化和便捷化的医疗服务需求，在农村居民“家门口”提供一站式的健康服务，提升农村居民就医体验。

2018 年山东社会科学院山东省经济社会综合调查数据表明，在遇到身体不舒服但不需要急诊时，农村居民选择医疗机构更注重其位置的便捷性。在排名前五位的选择中，“村卫生室”占比最高，达到 58.6%，其余依次为“乡镇卫生院”（18.9%）、“个体诊所”（12.0%）、“县级公立综合医院”（8.8%）和“地市级公立综合医院”（1.2%），选择其他医疗机构的占 0.5%（见图 1）。

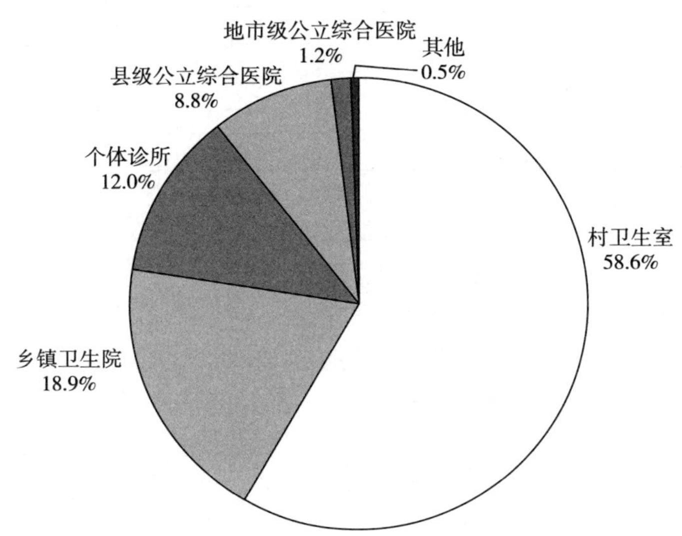

图 1　农村居民非急症时选择医疗机构的情况

在对乡镇层次的医疗服务需求的多重响应分析中，有 63.0% 的受访者认为健康查体是最需要提供的服务，响应百分比为 29.8%；有 34.3% 的人认为

慢性病防治是最需要提供的服务，响应百分比为16.3%；之后依次为基本药物销售和常见病诊疗（29.2%）、居家养老服务（健康监测、生活照料、紧急救援等）（27.4%），疑难杂症诊疗和转诊指导服务（15.1%）等（见表1、图2）。各年龄组对健康查体均较为关注，除此之外，30岁及以下群体更关注基本药物销售和常见病诊疗以及居家养老服务（健康监测、生活照料、紧急救援等）；31～59岁群体更关注慢性病防治；60岁及以上群体也更关注慢性病防治

表1 基层医疗服务项目需求

单位：%

	频次	响应百分比	个案百分比
健康查体	1889	29.8	63.0
慢性病防治	1029	16.3	34.3
基本药物销售和常见病诊疗	876	13.8	29.2
居家养老服务(健康监测、生活照料、紧急救援等)	822	13.0	27.4
疑难杂症诊疗和转诊指导服务	454	7.2	15.1
健康保健(推拿、针灸理疗等)	449	7.1	15.0
健康知识宣传	410	6.5	13.7
儿童及孕产妇健康管理	228	3.6	7.6
精神疏导和心理咨询服务	172	2.7	5.7
合计	6329	100	211

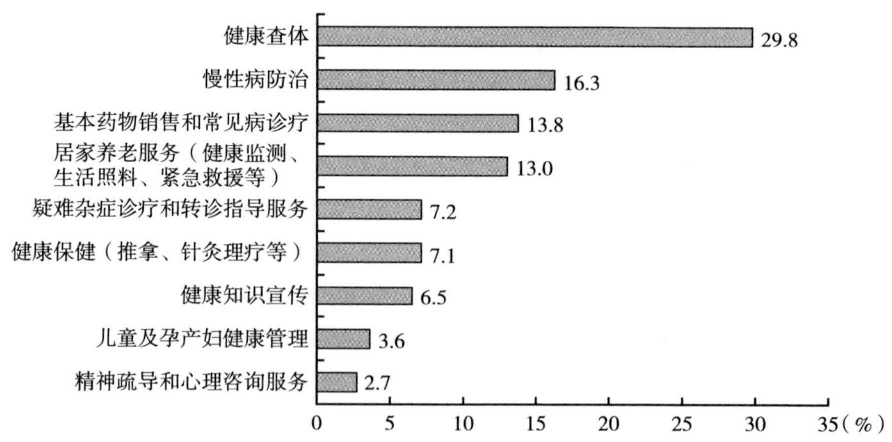

图2 基层医疗服务项目需求（响应百分比）

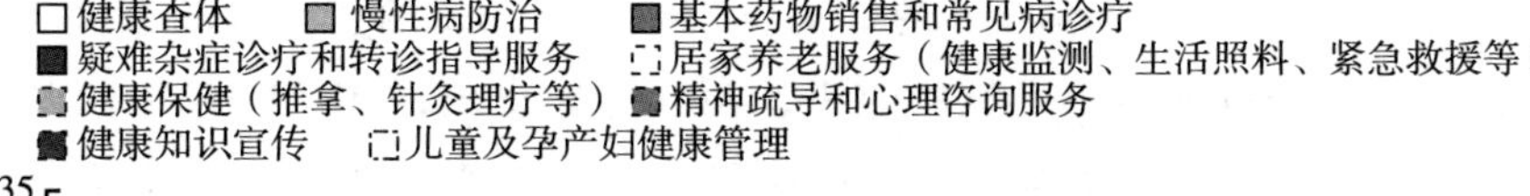

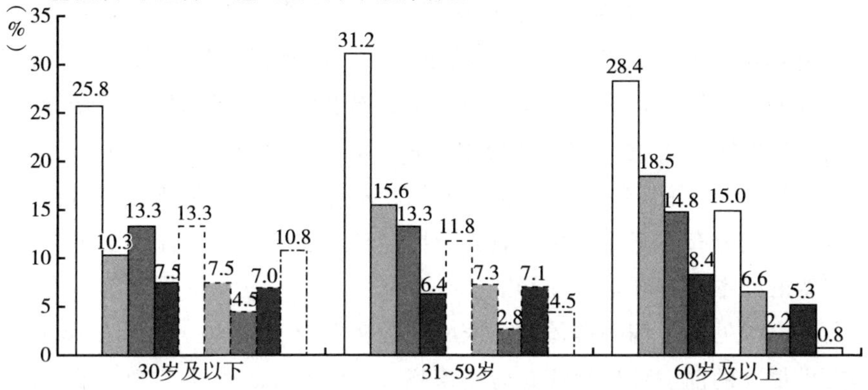

图3　各年龄组群体对基层服务需求的比例

（见图3）。在居家养老服务（健康监测、生活照料、紧急救援等）的需求中，东部地区对其需求最大，占全部选项的14.9%，其余依次为中部的12.9%，西部的11.6%，均低于整体的13%。

（三）高血压或冠心病是农村地区最常见的慢性病，家庭疾病负担差异显著

当前的健康风险模式已由过去的以“传染性疾病”为主转变为以“慢性非传染性疾病－亚健康”为主。2018年，山东省作为国家健康医疗大数据中心建设试点省，首次开展了基于大数据的针对全省全人群全生命周期的健康状况研究，最终形成全生命历程信息的人数达到1400万人。此次完成的健康医疗数据显示，山东省的全民健康情况具有鲜明的地区性、群体性差异，死亡率最高的是循环系统疾病（心脑血管疾病），疾病负担较重的前三种疾病是呼吸系统疾病、消化系统疾病和循环系统疾病（心脑血管疾病），慢性病“井喷”也成为山东省农村地区突出的社会医疗问题。

2018年山东社会科学院山东省经济社会综合调查数据表明，2017年山东省农村家庭医疗保健支出的中位数为1350元，均值为6000.9元，84.4%的

受访者的家庭年医疗保健支出在1万元以下，73.6%的受访者的家庭年医疗保健支出在5000元以下。家庭年平均医疗保健支出占年平均总支出的比例为16.9%，健康支出成为农村居民除了日常生活必需支出外，支出最多的一项。Kruskal-Wallis非参数检验的结果表明，年龄段、地区分布、工作类型、收入分层、健康状况、医疗保险类型、养老保险类型这7个自变量对应的渐进显著性（P值）分别为0.000、0.000、0.006、0.000、0.000、0.008和0.021，均小于0.05。这一结果意味着家庭医疗保健总支出在不同年龄段、地区分布、工作类型、收入分层、健康状况、医疗保险类型、养老保险类型的样本间存在显著差异。

在患有常见慢性病的群体中，家庭慢性病医疗支出的中位数为2610元，平均支出最高的前三种慢性病是骨科疾病、腿脚不便，肝炎，糖尿病，患病率分别为23.2%、0.7%和8.4%。从患病率来看，“高血压或冠心病”是农村居民中发病率最高、最常见的慢性病，患病率达38.5%①，医疗支出中位数为1200元（见表2、图4）。总的来看，医疗支出中位数在2000元及以上的不到四成，只有37.6%。调查还发现，患有“眼科疾病、耳聋”的群体治疗积极性较低，超过半数的患者选择不就诊。

表2　常见慢性病医疗支出与患病率

单位：元，%

	频数	支出中位数	支出平均值	慢性病患病率
高血压或冠心病	1154	1200	4128.7	38.5
糖尿病	253	2000	5123.4	8.4
哮喘或长期咳嗽	158	2000	4846.2	5.3
骨科疾病、腿脚不便	697	2000	5520.8	23.2
眼科疾病、耳聋	276	1000	3333.8	9.2
肝炎	21	3000	5474.3	0.7

① 本次调查主要测量农村地区居民的“家庭”健康负担状况而非“个人”，统计时需计入受访者及其家人的身体状况，自报患者数偏高，可能导致患病率的测算值高于医学统计值，因此此数值仅供参考。

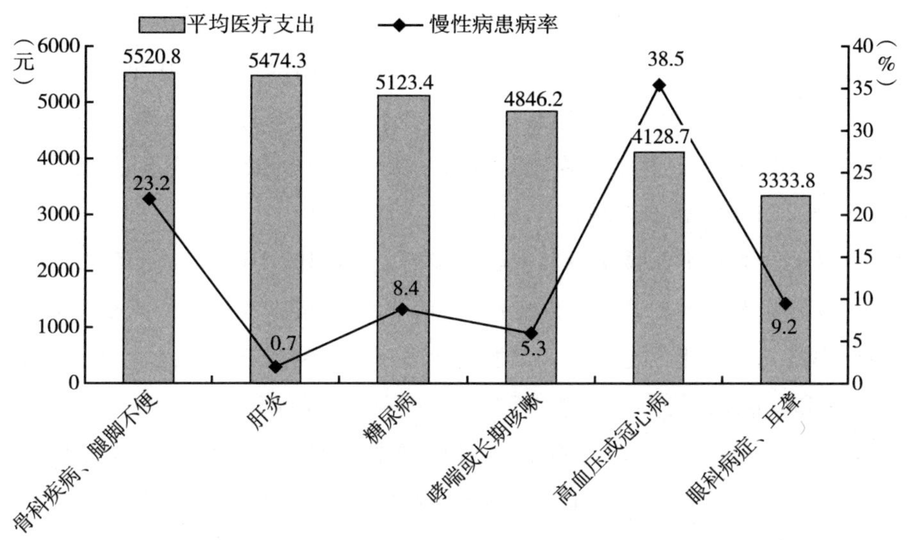

图4　常见慢性病医疗支出与患病率

（四）农村基本医疗保障整体框架已形成，基本养老保险低缴费率、高覆盖率的特点突出

对于患病人群来说，完备的医疗保障体系能够帮助他们降低自付费用，避免因病致贫；对于健康人群来说，医保体系能够帮助他们减少疾病风险带来的收入不确定性，减轻家庭经济负担。2018 年山东社会科学院山东省经济社会综合调查数据显示，农村地区全民参保登记工作基本完成，基本保险覆盖率高，基本医疗保障架构已初步形成。同时，山东省农村地区基本养老保险低缴费率、高覆盖率的特点突出。在保险及保障方面，农村地区基本医疗保险的参保状况较好，有 91. 2% 的人参加了城乡居民基本医疗保险，除去参加机关事业单位医疗保险（0. 5%）和城镇职工基本医疗保险（3. 0%）的人，只有 5. 3% 的人未参加基本医疗保险，整体医保参保率达到 94. 7%（见表 3、图 5）。从基本医疗保险参保状况和年龄的关联度来看，年龄越小，参保的积极性越低，在 30 岁及以下群体中，未参加基本医疗保险的比例达到 12. 3%，远高于整体的 5. 3%。从基本医疗保险参保状况和地区的关联度来看，西部地区的参保意愿低于中部和东部，未参加基本医疗保险的比例达 7. 1%。

此外，在基本养老保险参保方面，有74.8%的人参加了城乡居民养老保险，参加机关事业单位养老保险和城镇职工养老保险的比例为0.6%和6.4%，除去7.0%因超龄不再缴纳养老保险的人，仍有11.2%的适龄人群未参加基本养老保险（见表3）。其中，临沂和聊城未参保的比例最高，分别占该地区被调查人群的21.6%和18.7%。

农村地区的基本保险保障架构虽初步形成，但作为补充的商业型社会保障体系却发展缓慢。数据分析结果显示，商业保险的推广度较低，商业医疗保险的参保率略高于商业养老保险。参加商业医疗保险和商业养老保险的比例分别为8.2%和5.0%，均小于10%，同时参加商业医疗保险和商业养老保险的只有2.0%。年轻人对商业保险的认可度较高，在30岁及以下群体中，有14.1%的人参加了商业医疗保险；在60岁及以上群体中，参加商业医疗保险和商业养老保险的比例分别只有2.6%和2.4%。

表3　农村地区居民保险及保障参保情况

单位：%

		频数	百分比
基本医疗保险参保类型	机关事业单位医疗保险	14	0.5
	城镇职工基本医疗保险	90	3.0
	城乡居民基本医疗保险	2737	91.2
	均未参加	159	5.3
商业医疗保险	没有	2754	91.8
	有	246	8.2
基本养老保险参保类型	机关事业单位养老保险	18	0.6
	城镇职工养老保险	192	6.4
	城乡居民养老保险	2244	74.8
	均未参加	337	11.2
	超龄人群(60岁及以上人群)	209	7.0
商业养老保险	没有	2849	95.0
	有	151	5.0

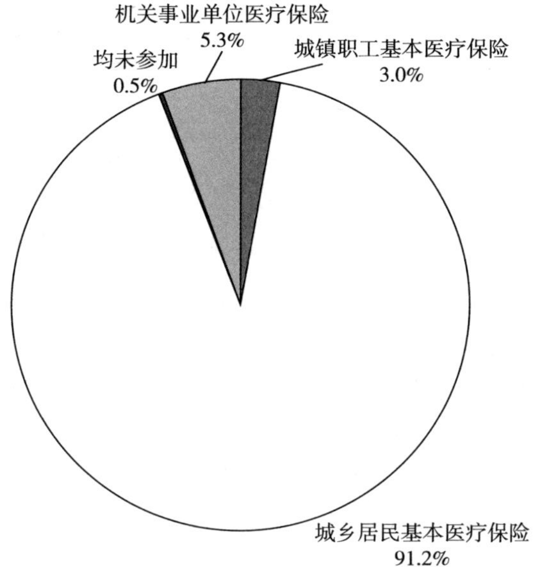

图5　农村地区居民基本医疗保险参保情况

除去超龄和参加其他类型养老保险的群体，在城乡居民养老保险缴费档次方面，受访者缴纳保费的档次主要以低档为主，有78.2%的参保者选择300元档次，其余依次为500元（9.2%）和100元（5.8%），而选择1000元及以上缴费档次的参保人员只有5.6%（见图6）。此外，有6.9%的人表示村集体组织对自己缴纳的养老保险进行过补助，补助的平均数额为343.1元，中位数为100元。

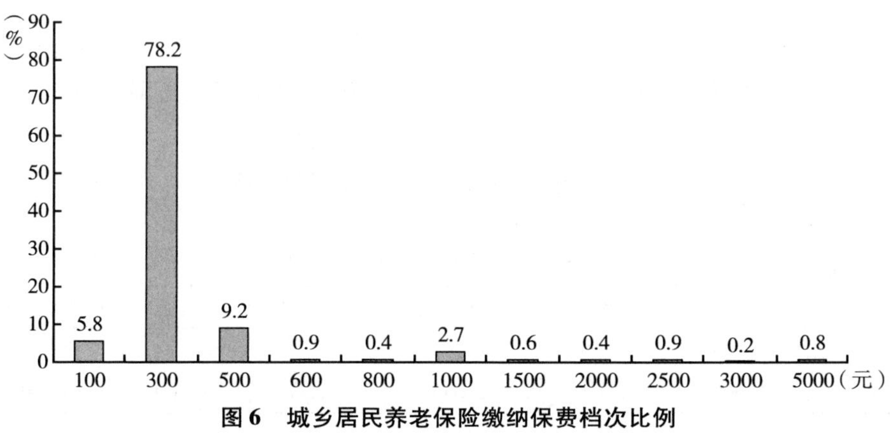

图6　城乡居民养老保险缴纳保费档次比例

（五）农村居民养老意愿支出每月超千元，经济状况和身体状况制约养老花费

在每月的养老花费方面，2018 年山东社会科学院山东省经济社会综合调查数据表明，农村居民能接受的每月养老最大花费的均值为 1022.7 元，中位数为 1000 元（见图 7）。Kruskal-Wallis 非参数检验结果表明，性别、婚姻状况、教育状况、工作类型、健康状况、医疗保险类型、养老保险类型、商业医疗保险、商业养老保险、年龄段、地区分布、收入分层这 12 个自变量对应的渐进显著性（P 值）均为 0.000（见表 4）。这一结果意味着每月养老最大支出在不同性别、婚姻状况、教育状况、工作类型、健康状况、医疗保险类型、养老保险类型、商业医疗保险、商业养老保险、年龄段、地区分布、收入分层等样本间存在显著差异性。普遍来看，家庭经济状况和家庭成员身体状况是影响养老支出的重要因素，经济条件的改善、完备的社会保障和对健康状况的积极预期都会提高每月实际的养老支出金额。

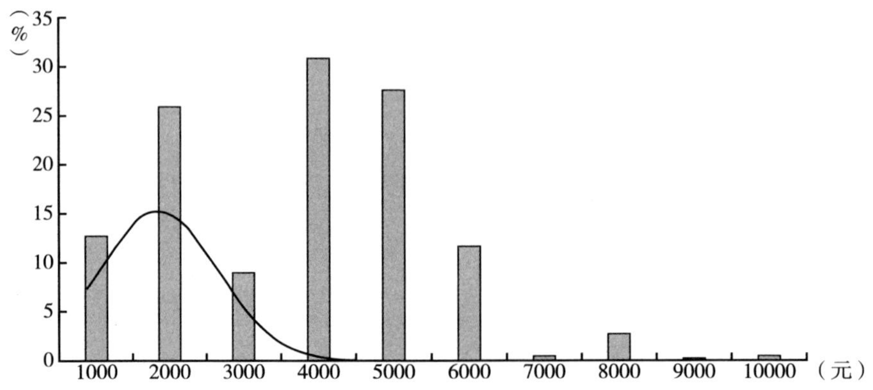

图 7　农村养老能接受的月最大花费数额

表 4　Kruskal-Wallis 非参数检验结果

	性别	婚姻状况	教育状况	工作类型	健康状况	医疗保险类型
df	1	4	6	9	4	3
sig.	0.000	0.000	0.000	0.000	0.000	0.000

续表

	养老保险类型	商业医疗保险	商业养老保险	年龄段	地区分布	收入分层
df	3	1	1	2	2	6
sig.	0.000	0.000	0.000	0.000	0.000	0.000

三 山东省农村医疗保障事业存在的问题和面临的挑战

（一）农村居民呼吁医疗“减负”，城乡医疗卫生资源分配不均衡的矛盾依然突出

2018 年山东社会科学院山东省经济社会综合调查数据显示，看病负担在家庭经济负担中占比最大，城乡医疗卫生资源分配不均衡的问题依旧存在，农村居民仍认为好医院和好医生都在城里。在基层医疗卫生领域需优先解决的问题中，47.4% 的人认为是看病自付费用太高，占全部选项的 21.6%；45.4% 的人认为是城乡医疗资源分配不均衡，好医院和好医生都在城里，占全部选项的 20.7%；另有 35.6% 的人认为是基层医护人员医疗水平有限，占全部选项的 16.2%；重大疾病的家庭负担过重及医保用药范围太窄也受到较多关注，占比分别为 21.7% 和 20.1%（见表 5、图 8）。对 30 岁及以下年龄段的年轻人来说，城乡资源分配不均衡、好医院和好医生都在城里，看病自付费用太高和重大疾病的家庭负担过重的问题较严重；对 60 岁及以上的老年人来说，看病自付费用太高的问题最严重，其余依次为城乡资源分配不均衡、好医院和好医生都在城里，以及基层医护人员医疗水平有限。

表 5　基层医疗卫生领域需优先解决的问题

单位：%

	频次	响应百分比	个案百分比
城乡医疗资源分配不均衡，好医院和好医生都在城里	1363	20.7	45.4
基层医护人员医疗水平有限	1067	16.2	35.6
看病自付费用太高	1422	21.6	47.4
重大疾病的家庭负担过重	652	9.9	21.7

续表

	频次	响应百分比	个案百分比
医保用药范围太窄	603	9.2	20.1
常用药价格虚高	551	8.4	18.4
抗癌药等重大疾病药品供应不足，价格过高	93	1.4	3.1
医院检查项目多且费用高	506	7.7	16.9
就诊流程复杂，挂号难，排队久	246	3.7	8.2
医护人员服务态度差	77	1.2	2.6
合计	6580	100	219.4

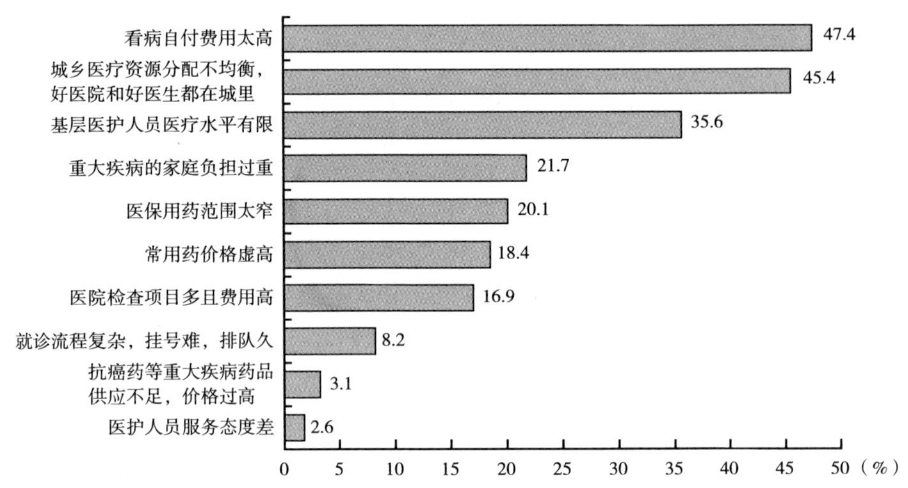

图8　基层医疗卫生领域需优先解决的问题

2018 年山东社会科学院山东省经济社会综合调查数据显示，在不同医疗机构医保报销比例满意度方面，除村卫生室这一选项外，认为乡镇卫生院、县级公立综合医院和地市级及以上级别的医疗机构医保报销比例合适的人都超过50%，认为村卫生室报销比例太低的达到 29.2%，远超过其他级别医疗机构选择“太低”的比例，认为村卫生室报销比例太低和比较低的合计超过 50%（见图 9）。总体来看，受访者普遍表示，作为家门口的就诊机构，村卫生室应提高报销比例，方便农村居民就近就医。

另有 129 位受访者表示曾经受到过社会救济或补助（包括现金或以实物形

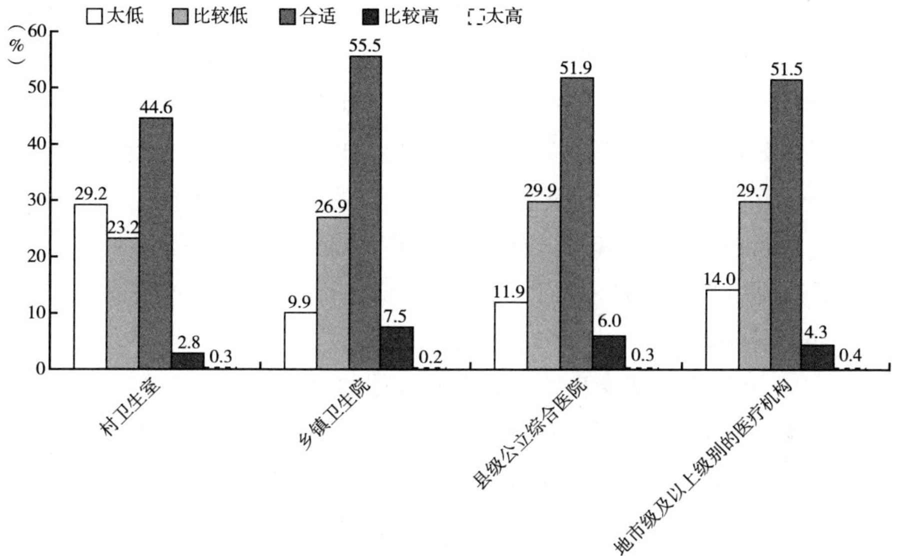

图9　不同医疗机构医保报销比例满意度

式提供的低保金、抚恤金、救灾款等），这部分群体占总调查人数的4.3%，他们获得的社会救济或补助收入的平均数额为2124.6元，中位数为1500元。

总体来看，现有的以基本医疗保险、大病保险、医疗救助为主的多重医疗保障体系对减轻居民家庭医疗负担起到一定作用，农村居民“看不起病”的状况有所缓解，但医疗保障体系的“兜底”功能未完全发挥出来，居民的医疗负担仍较重。

（二）农村居民大病医疗负担较重，重大疾病的救助保障机制仍需完善

2018年山东社会科学院山东省经济社会综合调查数据表明，农村居民的大病健康负担较重，大病报销比例需继续提升。从家庭大病医疗负担的角度来看，家庭的年医疗保健支出范围从0元到34万元不等，其中1万元以下占整体的比例为84.4%。对1万元及以上的家庭年医疗保健支出群体分析发现，“1万元及以上、3万元以下”、“3万元及以上、5万元以下”和“5万元及以上”支出的群体分别占15.6%、4.8%和2.4%。随着花费金额的提高，医疗费用报销比例的提升幅度有限，“5万元及以上”范围内的家庭年平均医疗保健报销比例甚至

略有下降。与之相对，这三个群体的家庭年平均医疗保健支出占家庭总支出的比例为47.1%、65.9%和75.0%。由此可见，对于农村地区的高医疗负担家庭而言，医疗保健支出是他们家庭的主要经济支出，但家庭的收入增长缓慢，未能与高额的医疗支出相匹配，且医疗报销比例也处在低位，通过医疗报销减少家庭医疗支出的作用有限，家庭医疗负担随着花费金额的增加而愈加沉重。

从重大疾病患病率来看，患病率最高的前两种疾病是脑中风后遗症（2.6%）和恶性肿瘤（含未做手术的白血病）（2.1%），另外需要做心脏搭桥术的疾病患病率较高，为1.2%，其余常见重大疾病的患病率均不超过1%（见表6）①。在重大疾病支出方面，患病群体的医疗支出中位数为22000元，平均医疗支出为46480.1元，花费在5万元以上的占29%。平均医疗支出最高的前三位是需要做重大器官移植或造血干细胞移植的疾病（含已做手术的白血病）、恶性肿瘤（含未做手术的白血病）和需要做心脏搭桥术的疾病。从报销比例来看，平均报销比例最高的是尿毒症，比较高的有急性心肌梗死、需要做心脏搭桥术的疾病、需要做重大器官移植或造血干细胞移植的疾病（含已做手术的白血病）、脑中风后遗症，恶性肿瘤（含未做手术的白血病）的报销比例略低。

另外值得注意的是，在本次调查的受访者中，罕见病（如血友病、白化病）的报销比例远低于其他病种（见图10），农村罕见病患病群体的看病负担较重。

表6　常见重大疾病医疗支出与患病率

单位：%，元

	频数	患病率	支出中位数	平均总支出
脑中风后遗症	78	2.6	10550.0	17566.4
恶性肿瘤（含未做手术的白血病）	63	2.1	45000.0	65412.4
需要做心脏搭桥术的疾病	36	1.2	40000.0	61895.6
急性心肌梗死	26	0.9	12900.0	26020.0
尿毒症	8	0.3	27777.0	38681.8
需要做重大器官移植或造血干细胞移植的疾病（含已做手术的白血病）	8	0.3	92500.0	114500.0

① 本次调查主要测量农村地区居民的“家庭”健康负担状况而非“个人”，统计时需计入受访者及其家人的身体状况，自报患者数偏高，可能导致患病率的测算值高于医学统计值，因此此数值仅供参考。

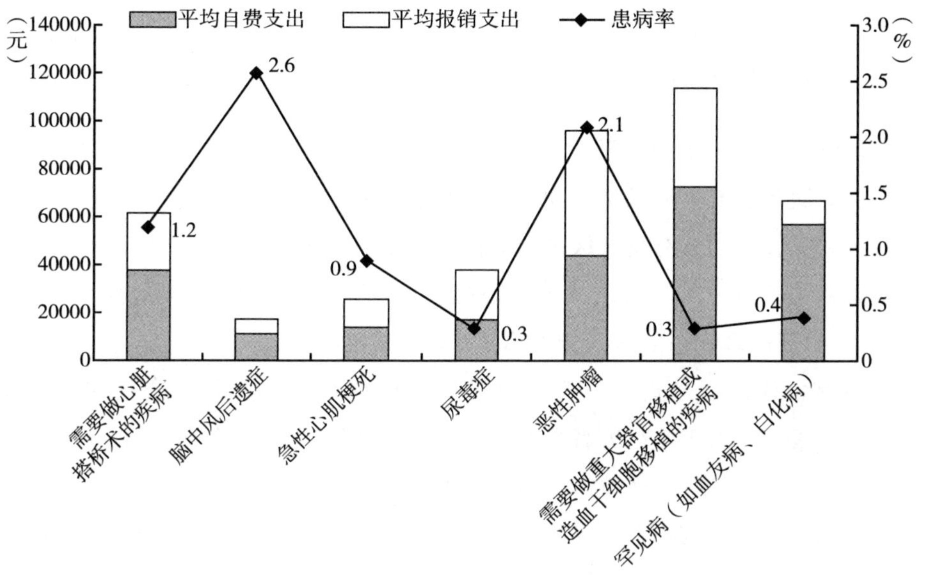

图10　常见重大疾病医疗支出与患病率

从大病报销比例满意度来看，有41.1%的受访者表示不太清楚比例，认为比较合适的占28.0%，认为比较低但可以接受的占17.2%，认为太低了、没有实际意义的占9.5%，认为很合适、公正合理的只占4.2%（见图11）。总体而言，受访者对大病就诊报销等政策的认知度不高，仍要进一步提高政策的知晓率。此外，有12.3%的受访者表示目前因为医疗保健开销过大而借债，借债的平均数额为21919.7元，中位数为10000元。

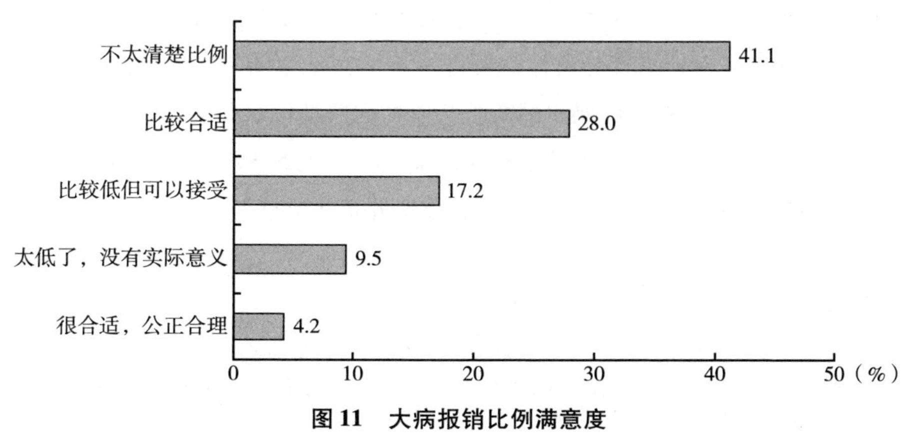

图11　大病报销比例满意度

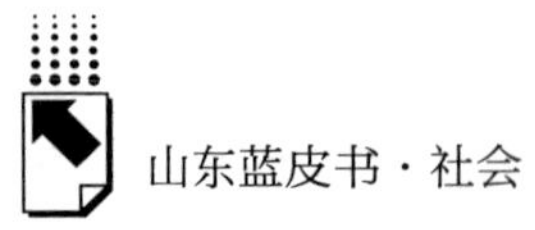

（三）农村低保户成员的身体与心理健康状况都较差，因病尤其因大病致贫的问题严重

2018 年山东社会科学院山东省经济社会综合调查数据显示，共有 94 位调查者拥有城乡最低生活保障（低保），占总调查群体的 3.1%，因病致贫、因残致贫和失去劳动能力是低保户申请保障的主要原因，且低保户比例与地区经济发展相关，呈现自西向东减少的态势，西部地区低保户数量最多，比例为 4.8%，中部地区和东部地区分别为 2.8% 和 2.0%。

对该群体进行分析后发现，农村低保户的健康状况差于农村居民的整体状况，只有 37.2% 受访者的健康自我评价为“健康”或“很健康”①，低于农村居民整体的 57.0%。表示健康状况“一般”、“不好，但能自理”和“不好、需要人照顾”的超过一半，达到 62.8%。其中，有 9.6% 的受访者表示健康问题已经严重影响到日常生活，需要人照料，高于农村居民整体的 1.5%。在健康保健方面，受访的城乡最低生活保障群体的平均体检时间为 1.8 年，高于农民整体的平均体检时间 1.3 年，低保户群体的健康生活和自我保健意识不足，较弱的健康保健基础也成为贫困人口容易落下大病病根的原因之一。

居民抑郁情绪测量数据显示，低保占户群体的心理健康状况较差。在受访者中，表示最近情绪良好的人只占 43.6%，低于农村居民整体的 62.7%；存在“情绪低落、思维迟缓，对本来热衷的活动也没有兴趣的”的低保户占 56.4%；有 9.6% 的受访者表示存在超过两周的阶段性抑郁情绪，高于农村居民 2.4% 的整体比例，这部分群体需要进一步的医学诊断。此外，在乡镇层次的医疗服务需求中，农村低保户的需求与农村居民整体状况接近，但唯有对精神疏导和心理咨询服务的需求约是整体的 2 倍，达到 5.3%（农村居民整体为 2.7%）（见表 1 和表 7），低保户群体的心理健康状况急需帮扶。

---

① 2018 年山东社会科学院山东省经济社会综合调查是在抽取的低保户中进行 kish 表随机抽样，受访者为个人，而低保户认证是以户为标准，这可能导致受访者本人的一些问题并非家庭贫困的主要原因。

表7　基层医疗服务项目需求（城乡最低生活保障群体）

单位：%

	频次	响应百分比	个案百分比
健康查体	58	28.2	61.7
慢性病防治	36	17.5	38.3
基本药物销售和常见病诊疗	34	16.5	36.2
居家养老服务（健康监测、生活照料、紧急救援等）	22	10.7	23.4
健康知识宣传	16	7.8	17.0
健康保健（推拿、针灸理疗等）	15	7.3	16.0
疑难杂症诊疗和转诊指导服务	13	6.3	13.8
精神疏导和心理咨询服务	11	5.3	11.7
儿童及孕产妇健康管理	1	0.5	1.1
合计	206	100	219.2

2018年山东社会科学院山东省经济社会综合调查数据显示，有56.4%和38.3%的低保户认为，看病自付费用太高和城乡医疗卫生资源分配不均衡、好医院和好医生都在城里是基层医疗卫生领域需优先解决的问题中的前两位，占总选项的25.5%和17.1%。受访者认为，看病负担是家庭经济负担中最重要的一环，城乡医疗卫生资源分配不均衡的问题依旧存在，这一状况与农村居民整体认知一致。但排名第三位的不是基层医护人员医疗水平有限，而是重大疾病的家庭负担过重，有36.2%的受访者选择这一问题，占全部选项的16.2%（见表8），超过农村居民整体的21.7%。此外，有31.9%的低保户表示目前因为医疗保健开销过大而借债，高于农村居民整体的12.3%；借债的平均数额为23555.9元，高于农村居民整体的21919.7元。

表8　基层医疗卫生领域优先解决问题（城乡最低生活保障群体）

单位：%

	频次	响应百分比	个案百分比
看病自付费用太高	53	25.2	56.4
城乡医疗资源分配不均衡，好医院和好医生都在城里	36	17.1	38.3
重大疾病的家庭负担过重	34	16.2	36.2
基层医护人员医疗水平有限	29	13.8	30.9

续表

	频次	响应百分比	个案百分比
医保用药范围太窄	18	8.6	19.1
常用药价格虚高	18	8.6	19.1
医院检查项目多且费用高	11	5.2	11.7
就诊流程复杂,挂号难,排队久	5	2.4	5.3
抗癌药等重大疾病药品供应不足,价格过高	3	1.4	3.2
医护人员服务态度差	3	1.4	3.2
合计	210	100	223.4

通过统计和分析农村城乡最低生活保障群体的慢性病及重大疾病的患病状况,并与农村居民的平均患病率进行比较,可以发现,无论是慢性病还是重大疾病,低保户患病率都高于农村居民整体状况(见表9)。其中,慢性病中最常见的高血压或冠心病的患病率高达48.9%,远高于农村居民整体的38.5%;眼科疾病、耳聋的患病率为24.5%,也远高于农村居民整体的9.2%;其他慢性病,如糖尿病,哮喘或长期咳嗽,骨科疾病、腿脚不便等占比均高于农村居民整体状况。在重大疾病患病率方面,脑中风后遗症的患病率为7.4%,远高于农村居民整体的2.6%(因统计的城乡最低生活保障群体数量有限,该数值仅供参考)。

总体而言,农村城乡最低生活保障群体的健康自评状况差,健康保障基础弱,健康需求集中化,慢性病及重大疾病患病率高,医疗保健开销大,这些综合反映出低保户的身心健康状况较差,家庭的医疗健康负担较重,因病尤其是因大病致贫的问题突出。

表9 城乡最低生活保障群体疾病状况统计

单位:%

		频数	低保户患病率	农村居民患病率
慢性病情况	高血压或冠心病	46	48.9	38.5
	糖尿病	12	12.8	8.4
	哮喘或长期咳嗽	6	6.4	5.3
	骨科疾病、腿脚不便	33	35.1	23.2
	眼科疾病、耳聋	23	24.5	9.2
	肝炎	1	1.1	0.7

续表

		频数	低保户患病率	农村居民患病率
重大疾病情况	需要做心脏搭桥术的疾病	1	1.1	1.2
	脑中风后遗症	7	7.4	2.6
	急性心肌梗死	1	1.1	0.9
	尿毒症	1	1.1	0.3
	恶性肿瘤(含未做手术的白血病)	3	3.2	2.1
	需要做重大器官移植或造血干细胞移植的疾病(含已做手术的白血病)	—	—	0.3
	罕见病(如血友病、白化病)	—	—	0.4

（四）农村老龄化和老年人失能化的问题加剧，养老需求趋向多样化，新型养老服务模式受到欢迎

2018 年山东社会科学院山东省经济社会综合调查数据显示，60 岁以上老年人群体的占比为36.4%。对老年人群体的健康状况进行分析后发现，在60岁及以下年龄段群体中，87.6%的受访者表示健康状况良好，目前的健康状态不影响日常生活。然而，60 岁以上年龄段群体的健康状况需要重视，其健康问题已经影响到日常生活的比例（2.8%）远高于60 岁及以下年龄段群体（0.8%），只有39.8%的老年人群体的健康自我评价为“健康”或“很健康”，远低于农村居民整体的57.0%。在健康保健方面，老年人的健康保健意识要强于整体，随着年龄的增加，老年人身体机能下降，对疾病的抵抗力也在衰退，这一特殊的生理属性也要求老年人要比年轻群体更注重对身体的保养。数据显示，在乡镇层次的医疗服务需求中，农村居民整体选择比例较高的前几项是健康查体（63%）、慢性病防治（34.3%）、基本药物销售和常见病诊疗（29.2%）及居家养老服务（健康监测、生活照料、紧急救援等）（27.4%），但在60 岁以上老年人群体中，选择比例较高的前几项变成了健康查体（58.3%）、慢性病防治（37.9%）、居家养老服务（健康监测、生活照料、紧急救援等）（30.7%）和基本药物销售和常见病诊疗（30.4%）（见表10）。可以看出，60 岁以上的老年人群体更加关注慢性病防治和居家养老服务（健

康监测、生活照料、紧急救援等）。有 37.9% 的受访老人选择慢性病防治服务，略高于农村居民整体的比例；有 30.7% 的受访老人选择居家养老服务（健康监测、生活照料、紧急救援等），高于农村居民整体的 27.4%。此外，居民的健康保健意识随年龄增加而增强，60 岁及以下居民的平均体检时间为 1.7 年，60 岁以上居民的平均体检时间缩短至 0.7 年。

表 10　基层医疗服务项目需求的多重响应分析（60 岁以上群体）

单位：%

	频次	响应百分比	个案百分比
健康查体	636	28.4	58.3
慢性病防治	414	18.5	37.9
居家养老服务（健康监测、生活照料、紧急救援等）	335	14.8	30.7
基本药物销售和常见病诊疗	332	8.4	30.4
疑难杂症诊疗和转诊指导服务	188	15.0	17.2
健康保健（推拿、针灸理疗等）	148	6.6	13.6
健康知识宣传	119	2.2	10.9
精神疏导和心理咨询服务	49	5.3	4.5
儿童及孕产妇健康管理	19	0.8	1.7
合计	2240	100	205.2

2018 年山东社会科学院山东省经济社会综合调查数据显示，有 47.7% 的老年人群体认为看病自付费用太高，占总选项的 22.1%；另有 47.1% 的老年人群体认为城乡医疗卫生资源分配不均衡、好医院和好医生都在城里的问题依然存在，占总选项的 21.9%。在对医疗卫生领域需优先解决的问题的认知上，老年人群体与农村居民整体认知一致。在疾病负担方面，有 14.1% 的受访者表示，目前因为医疗保健开销过大而借债，高于农村居民整体的 12.3%。60 岁以上年龄段群体的借债平均数额为 17800.0 元，低于农村居民整体的 21919.7 元，也低于 60 及以下年龄段群体的 24857.0 元。在农村地区，无论是从法律角度还是从传统的赡养观念出发，由子女为年老的父母承担一部分甚至全部医疗支出仍然是目前通行的做法，因此老年人群体的医疗债务减少可能与债务向家庭成员转移有关。

从收入和支出的角度来看，60 岁以上年龄段群体的家庭年平均总收入为 42698.5 元，中位数为 23655.0 元；家庭年平均总支出为 28487.4 元，中位数为18500.0元。拥有社会救济或补助（包括现金或以实物形式提供的低保金、抚恤金、救灾款等）的老年人占所有拥有社会救济或补助人数的比例超过一半，达到53.4%，老年人群体是社会救济或补助的主要发放对象，这部分老年群体获得的救济或补助的年平均数额为2224.9元，中位数为1920.0元，老年人群体对社会救济或补助的依赖性更强，更需要政策上的关注和倾斜。

2018年山东社会科学院山东省经济社会综合调查数据显示，家庭养老模式所占比例有所下降，新型养老模式开始受到欢迎。在养老意愿方面，农村65岁及以上受访者群体仍以传统的家庭养老作为目前主要的养老模式，占比达到91.7%，只有3.0%的人选择机构养老，还有1.8%的人选择居家养老。在65岁以下群体中，选择机构养老的比例大幅上升，达到11.7%，相应地，选择家庭养老模式的比例降至79.2%，还有7.5%和1.5%的人选择新型的居家养老和日托或日间照料所（见表11、图12）。从养老方式和年龄的关联来看，年龄越小，越倾向于选择非传统的养老方式。在30岁及以下群体中，选择家庭养老的比例只有67.9%，而选择机构养老和居家养老的比例升至13.0%和14.2%，均高于整体的比例。按地区来看，东部地区选择家庭养老的比例为69.9%，低于西部的83.5%和中部的83.2%；而对机构养老模式的选择呈现东高中低的特征，东部比例为19.9%，远高于西部的9.7%和中部的6.0%；在居家养老模式的选择上，东部和中部的比例接近，分别为8.5%和8.9%，均高于西部的5.7%；选择日托或日间照料所的比例都比较低，东部和中部略高于西部，但都不超过2%。可以预见，机构养老和居家养老在未来会与传统的家庭养老一样，成为农村几类主要的养老方式之一，但相应的服务能力和机构建设目前还跟不上农村居民养老的旺盛需求。

表11　各年龄段人群的养老意愿

单位：%

	65岁以下	65岁及以上
家庭养老（居住在家里，由子女或其他家庭成员提供照料）	79.2	91.7
机构养老（居住在养老院、老年公寓里）	11.7	3.0
居家养老（居住在家里，由社区提供照料、家政、康复和精神慰藉等服务）	7.5	1.8

续表

	65 岁以下	65 岁及以上
日托或日间照料所(白天提供各种娱乐和医疗服务,晚上不提供住所)	1.5	0.4
无依无靠,无儿无女	—	0.8
无依无靠,子女不供养		2.3

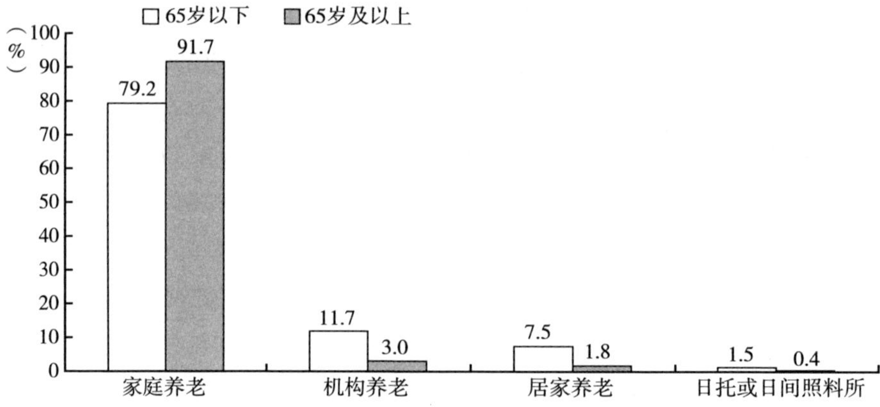

图 12　不同年龄段群体的养老意愿

四　山东省农村医疗保障事业的发展建议与趋势预测

实施乡村振兴战略是新时代做好“三农”工作的总抓手，在乡村振兴背景下，山东省农村医疗保障事业发展面临多重挑战。精准扶贫是乡村振兴的重要构成部分，全面脱贫是全面建成小康社会的前提条件，推进乡村振兴战略目标的实现，首先需要打好脱贫攻坚战。健康权关乎群众切身利益，也事关脱贫攻坚大局。长期以来，健康权的不公平在农村地区表现得尤其明显，在面对健康风险时，农村居民的健康能力、经济水平和社会资本拥有天然的脆弱性。首先，城乡医疗卫生资源分配不均衡，环境健康风险高，农村居民健康理念落后，这些都导致农村地区小病拖成大病、重病贻误治疗的情况频发；其次，在经济方面，相比城市居民的收入条件，农村居民在面对疾病时的经济承受能力弱，重大疾病容易导致农村家庭陷入灾难性支出困境，因病致贫、因病返贫的问题突出；最后，在社会资本上，现行的健康保障政策叠加效果有限，健康保障政策分散，保障资格申请和保障报销流程不够简捷有效，超出一般农村居民的接受能力范围，这也导致农村居民在获取健康保障资源时容易陷入健康保障的“信息鸿沟”，健康资源的获得更加困难。

简而言之，从致贫机制来看，农村居民健康能力低下、经济水平不足、社会资本匮乏，在受到健康风险冲击时更容易陷入贫困，进而导致健康能力的持续下降，即陷入“健康能力下降—社会资本不足—经济脆弱性—陷入贫困—健康能力持续下降”这一恶性循环中。因此，关注农村居民健康权的不平等工作应围绕改善健康、经济和社会资本三者的脆弱性展开，着力防止农村居民陷入贫困的循环圈中，从根本上解决因病致贫、因病返贫问题。

（一）推进农村卫生服务体系建设，强化农村公共卫生服务保障，让农村居民“方便看病”

健康扶贫中的“扶”与“贫”在本质上指的是健康服务能力的“供给”和居民健康服务的“需求”。从供求关系来看，农村地区存在居民不断提升的多样化健康服务需求与当前医疗卫生资源配置不均衡之间的矛盾。基于医疗服务供给侧结构性改革的视角，应聚焦于提升基层医疗卫生服务能力，强化农村公共卫生服务保障和搭建精细化、精准化的医疗资源配置体系。通过医疗资源的均衡配置，提升基层地区的医疗服务水平，进而提升农村居民健康水平，达到降低农村居民健康脆弱性的目的。因此，应继续推动城乡医疗卫生服务均等化建设。农村地区优质医疗资源的匮乏导致农村居民异地就诊率的提高，大医院人满为患，乡镇医院和村卫生室的人寥寥无几，就医人群异地集中化不仅会大幅加重农村居民的家庭医疗经济负担，也会带来交通和生活方面的额外支出，还会给参与照料的家庭成员造成职业发展的障碍，影响病患家庭的经济恢复能力，进而加剧家庭的经济脆弱性。改善经济脆弱性，应继续实施县级、乡镇卫生院和村卫生室的标准化建设，完善以县医院为龙头、乡镇卫生院为骨干、村卫生室为基础的分工明确、布局合理的公共卫生服务网络，并根据服务半径适时调整医疗资源配置，以类型化的卫生服务规划完善服务网络。一是对于人口集中的大型村镇，在强化标准化建设的基础上，提高对基本医疗、地区疾控、妇幼保健及在上级卫生主管部门指导下开展的其他服务项目的承担能力；二是对人口相对萎缩、地处偏远、老龄化、空心化的村庄，在优势地理区位或人口集中区位设立中心卫生室，强化机构的巡诊能力和流动体检能力，开展健康生活指导、慢性病预防及养老等服务项目，同时依托“互联网＋医疗”和“大数据＋医疗”，加强偏远农村地区的远程医疗能力建设，建立农村医疗信息的共享和反馈机制，实现县域内的基层医疗卫生服务机构互联互通，减少居民寻医就诊的间接费用；三是对接近县城和乡镇、交通较为便利的村庄，适当缩减村卫生室的配置数量和规模，强化机构的公共卫生服务知识传播和健康信息服务能力，指导居民科学用药、健康生活，提高居民的健康素养。该类型的医疗机构对于其服务辐射范围内的农村居民而言，缺乏大型医疗机构拥有的服务能力优势和地理区位优势，容易出现医疗服务特色优势不明显、机构吸引力相对较弱、医疗资源闲置浪费等问题。因此，应着力提升机构的中医药服务水平，发展中医医疗和预防保健等特色项目或突出孕婴保健、康复医疗等特色优势，满足农村居民多样化、多元化的医疗服务需求，实现机构的可持续发展。

（二）创新政策组合，构建多层次医疗保障体系，让农村居民“看得起病”

健康扶贫是精准扶贫的重要组成部分，要提高健康扶贫的精准性和效益性，应着力优化健康扶贫路径，引入参与式扶贫理念，强化顶层设计以及与其他各分层的政策衔接，形成对农村居民健康的全周期“接力”保障机制。

首先，应更新扶贫理念。健康规划，理念先行。理念是行动的先导，过去的政策着重对农村居民进行医疗经济支出的短期事后补偿，在消除居民生活中的健康风险、恢复家庭经济能力方面的效果不够持久，应对健康扶贫理念进行优化，关注扶贫群体的多元健康需求和特点，在扶贫项目的设计、执行和评估等方面赋予扶贫对象参与权、知情权和监督权等，接纳扶贫对象和项目施行地区基层政府的参与性意见，提高政策设计的灵活性。建立健康扶贫的信息收集和联络平台，强化政府扶贫部门与扶贫主体间的互动。农村地区的贫困群众在过去的救济式扶贫下容易形成等、靠、要思想，加之其往往患有重大疾病或慢性病，因此缺乏参与扶贫项目设计和监督扶贫政策实施的能力，更缺乏将自身需求真正表达出来的平台。搭建联络平台可以借助现有的农村地区基层干部，发挥乡村签约家庭医生的联络作用，广泛收集贫困群体的政策建议，并在此过程中进一步加强家庭医生和签约对象间的联系，更精准地收集贫困群体的健康信息，建立健康档案。在扶贫政策普及宣传方面，应开展针对贫困群体的专业培训，从思想上提高扶贫对象的参与意识和脱贫意识，同时充分考虑到农村贫困群体，尤其是老年人的整体文化水平，避免繁杂的政策宣传单或宣传手册，让扶贫对象真正了解和熟悉自己应享受的权益。

其次，应明晰各部门权责，协调部门间的利益冲突，推动部门间的协同合作。一是要发挥各级党委的领导核心作用，强化党委在公共卫生和基本医疗卫生供给服务方面的主导能力，发挥协调作用，以机构改革为契机，以山东省卫生健康委员会为牵头组织，协调人社、民政等部门及商业保险公司和其他相关社会组织，消除部门和机构权责不明的弊端，切实做好提标、兜底、衔接和控费四方面的工作，形成多层次的健康治理和扶贫工作体系。在政策评估方面，应探索引入第三方评估机制，以测量扶贫对象的政策满意度为基准，采用自下而上的评估方式，与高等院校、专业研究院开展项目合作，提高政策评估的专业性和客观性。

再次，应强化政策衔接和政策保障，注重政策从设计到执行的整体性和协同性。在居民健康保障水平方面，应推动基本医疗、大病保险、医疗救助、临时救济、商业医疗保险、社会慈善救助的无缝对接、协同互补，最大限度地发挥保障政策的叠加作用，形成保障合力，减少农村居民的健康支出。加强基本医疗保险与养老保险、长期护理保险等专项类别的保险的有效衔接，在起付线、报销比例、封顶线等方面实行政策倾斜，进一步提高农村地区贫困人群及失能老人、残疾人等特殊群体的健康保障水平，增强他们对重大疾病的预防能力。此外，也要关注贫困群体脱贫后的平稳过渡，避免贫困线附近的群体健康保障水平差异过大、健康不平等问题反而加剧等现象出现。在优化健康保障流程方面，探索更为便捷和有针对性的就诊流程，提高保障对象的健康服务可及性，推行和优化专门的一站式综合服务窗口，提供基本医疗保险、大病保险、医疗救助等即时结算和信息交换服务。同时，推动地区政府购买和鼓励个人购买商业健康保险及多种形式的补充保险，考察医保余额购买商业健康保险政策的可行性和可持续性，加大商业健康保险对扶贫工作的支持力度，积极吸引和

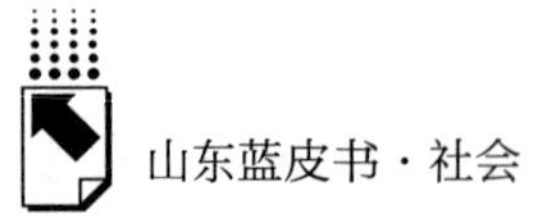

动员社会公益团体、慈善组织参与健康扶贫，转单向的政府扶贫“输血”为社会多方参与“造血”。

最后，继续优化健康扶贫的医疗保障信息管理机制，对贫困群体实施“靶向治疗”。一是要更新贫困群体的识别标准，改变经济指标的唯一性，提倡多维视角，从经济和健康等维度进一步细分保障对象，建立更加全面、精准、科学的识别标准。二是建立动态的贫困群体精准识别机制，做到应保尽保和服务对象的精准分类。运用信息技术和医疗大数据库，核准档案底数，掌握贫困群体健康、经济的变动状况和救助进展情况，了解医疗健康负担的类型和支出金额，开发电子档案系统和健康扶贫的准入退出系统，及时除去已脱贫或不符合条件的群体，及时纳入陷入灾难性支出困境的贫困群体，实现有进有出、定期更新的动态管理，增强扶贫工作的精准性和实效性。三是打破信息壁垒，加强贫困地区的信息技术建设。强化数据的定量分析功能，了解本地区因病致贫和因病返贫的疾病谱，聚焦最紧要病患，做到“有的放矢”，提高医疗资源的投入效率和疾病预防精准度。此外，要运用互联网平台提高健康扶贫参与对象的主体互动性，确保保障对象全程参与扶贫流程，行使参与权和监督权，强化扶贫政策的公正性和公平性。

（三）加强农村医疗卫生人才队伍建设，完善基层卫生人才激励机制，让农村居民“看得好病”

优质医疗资源实现下沉和回流，是解决农村居民“看病难”问题的最根本途径，而优质医疗资源的根本在于优质医疗人才资源，健康扶贫工作的推进最终也要依靠基层医务人员，医疗卫生专业人才的数量和质量直接关乎健康扶贫工作的进展速度和力度。现阶段山东省的基层医疗卫生队伍依然面临着招人难、留人难、成才难的多重问题。因此，应重视基层医疗工作人员的职业成长环境和职业晋升路径。其一，应重视村镇和乡村级别的基层医疗人才培养，通过订单式的定向培养项目为基层医疗队伍补充新鲜血液，并在职称晋升、工资待遇和养老待遇方面予以政策倾斜，吸引优秀人才赴基层工作或促进本地医疗人才回流，让基层真正留得住医疗卫生人才，让医疗卫生人才真正安得下心工作。其二，应全面推广发展全科医生，做实、做细家庭医生签约服务和后续服务。首先，推广家庭医生的基础和前提是家庭医生理念的增强和政策的宣传，明确家庭医生为服务对象提供全过程、连续性基本医疗卫生服务的学科内涵。其次，在推进农村居民自愿签订家庭医生服务协议的基础上，明确服务内容，界定双方责权，优先关注农村地区的老年人、孕产妇、儿童、残疾人等重点人群和高血压、糖尿病等慢性病、严重精神障碍患者。在规范服务标准的基础上，探索差异化的服务模式，提供健康信息咨询、健康状况评估、用药指导等个性化服务，满足农村居民多元化的服务需求。再次，将家庭医生签约服务与基本药物制度、分级诊疗制度、慢性病健康管理等有机结合起来，在保证药物效果的基础上优先使用基本药物，最大限度地减少农村居民的医疗支出，减轻经济负担。最后，应重视对家庭医生服务的评估工作，细化考核标准，避免重数量、轻质量和签而不约的现象，不断提升签约对象的服务体验，实现农村居民对家庭医生制度的普遍认可。按照山东省卫生健康委员会的统计，截至2018年底，山东省已为167.6万名贫困人口提供了家庭医生签约服务，目前也已大力施行选派“业务院长”、实施齐鲁基层名医工程、城乡流动医疗队、多点执业、基层医生的公费订单等方面强化基层医疗卫生人才队伍建设的政策，未来应着力提高政策的利用率，进一步做实、做细家庭医生签约服务，促进优质医疗卫生人才资源的下沉，让基层医疗卫生人才真正融入基层医疗卫生队伍，发挥他们的医疗服务能力。

（四）培育健康理念，健全健康产业支撑体系，让农村居民“尽量少生病”

健康问题伴随人的生命全过程，目前的疾病发生规律已由传染性疾病转为癌症、高血压、心脏病、糖尿病等慢性病和退化性疾病。在山东省农村地区，大量健康风险依然难以规避，农药、化肥、饲料、激素等被用于种植业和养殖业，加之农村地区休闲娱乐方式单一和环境污染、食品不安全、老龄化、不良生活方式等的影响，农村居民的健康暴露在较高风险下。培育健康理念，强化健康管理，不仅能提高居民的健康水平，满足农村居民的切实需求，也是从根本上预防“因病致病、因病返贫”的重要途径。首先，培养农村居民健康的生活方式，应改进健康教育，强化个人的健康责任。行为和生活方式对健康有重要的导向作用，低教育程度和低收入个体陷入健康风险的可能性更大，这种影响对于贫困人群而言尤为明显。因此，应强化科学用药教育和科学药物销售

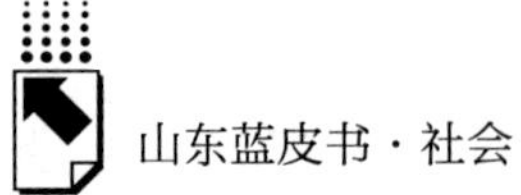

教育，避免药物滥用和过度医疗的现象，在农村地区的中小学中开展健康教育，并针对成人开办健康教育讲座、借助多媒体宣传等，以他们喜闻乐见的形式和易于理解的语言传播健康教育知识，以慢性病的预防保健为重点，兼顾培养良好的卫生习惯和健康的生活方式，倡导个人负起健康责任，提高个体主动维护健康的积极性。重点关注农村贫困户、老年人等特殊群体，逐步从疾病管理模式转向健康管理模式，探索移动医疗和可穿戴健康管理设备等技术，提高健康管理智能化水平，在家庭医生签约服务的基础之上，整合远程医疗、巡回医疗队等流动医疗资源，从根本上预防“因病致病、因病返贫”。其次，应推进城乡环境协同治理，建设健康村镇，继续推进农村厕所改造和垃圾分类处理，将改善村容村貌、提升人居环境治理水平和健康脱贫结合起来，解决影响健康的环境污染和食品不安全等问题，让农村居民尽量“少生病”，让贫困群体的疾病能被“早发现、早诊断和早治疗”，从源头上为他们除去“病根”。最后，应加大对健康产业的培育力度，健康山东、产业先行，没有产业支撑的脱贫犹如无根之木，贫困群体的经济脆弱性问题不解决，“贫困—不卫生、不健康生活方式—疾病—贫困”的循环就难以真正切断。山东省拥有发展健康产业、培育健康动能的地利和扎实的产业基础，在2018年获批国家健康医疗大数据中心建设试点省并高标准制定《医养健康产业专项规划》，目前健康产业已由规划阶段转入实施阶段。在未来，应继续重视医疗服务、健康教育与管理、健康养老、生物医药、医疗器械与装备、中医中药、体育健身、健康旅游、健康食品和健康大数据等医养健康产业十大重点领域，推动健康产业的规模发展。同时，因地制宜地培育乡村旅游、中草药种植和农产品深加工等地区健康产业，发展电商扶贫生态链，以健康产业带动健康脱贫，做到产业发展和民生保障的统筹推进、协同发展。

参考文献

陈成文：《从“因病滞贫”看农村医疗保障制度改革》，《探索》2017年第2期。

戈艳霞、李强：《疾病照料负担对困难家庭劳动力就业的影响》，《人口与经济》2018年第1期。

李凤兰、李飞：《促进农村居民心理健康与实现精准扶贫》，《江西社会科学》2018年第8期。

陆益龙：《乡村振兴中精准扶贫的长效机制》，《甘肃社会科学》2018年第4期。

翟绍果、严锦航：《健康扶贫的治理逻辑、现实挑战与路径优化》，《西北大学学报》（哲学社会科学版）2018年第3期。

B.5
2018~2019年山东省乡村文化振兴现状、问题与对策

祝晓书*

摘　要： 党的十九大以来，山东省委、省政府以加强农村精神文明建设、推动实现农村文化繁荣为工作目标，围绕公共文化设施建设、公共文化服务供给、优秀传统文化保护等领域，深入实施乡村文化振兴战略，积极推动农村居民进行文化参与及文化消费，并取得不小的成绩。但是在实际工作中，还存在农村公共文化供需脱节、农村居民文化活动参与率低、各种不文明现象不同程度存在、农村文化人才短缺、农村文化难以实现产业化发展等现实问题。基于此，本文利用2018年山东社会科学院山东省经济社会综合调查数据和山东省文化和旅游厅公布的数据，分析当前山东乡村文化振兴的现状、问题和成因，并提出加强农村思想道德建设、加强公共文化服务建设、传承农耕文化、培育乡土文化人才、发展农村文化产业等加快推进乡村文化振兴的对策建议。

关键词： 文化振兴　乡村振兴　公共服务供给　农村精神文明建设

2018年伊始，中央发布了《中共中央国务院关于实施乡村振兴战略的

* 祝晓书，社会学博士，山东社会科学院省情与社会发展研究院助理研究员，主要研究方向为社会治理。

意见》，提出“繁荣兴盛农村文化，焕发乡风文明新气象”的乡村文化振兴目标和要求。把乡村振兴写进党的行动纲领，体现了党和国家对农村发展的重视程度；而繁荣农村文化，培育良好的乡村精神风貌，满足农民对物质和精神双重美好生活的强烈需求，实现城乡间经济文化的共同、平衡发展，实现乡村文化振兴，则是我党为应对社会主要矛盾变化而做出的重大战略决策，也是实现乡村振兴的重要抓手和保障。为实现乡村文化振兴的目标，山东省于2018年制定专项方案，大力推进农村文化建设，并取得一定成绩。但是，如何合理配置、高效利用公共文化资源，解决好公共文化产品和服务供给中的供需关系，是当前和今后一段时间农村文化振兴工作需要关注的重点问题。本文结合2018年山东省经济社会综合调查数据及山东省文化和旅游厅公布的数据，分析农村公共文化设施的建设状况、农村居民的文化参与情况、优秀农村传统文化的传承保护情况等，并据此对进一步加强山东农村文化建设提出意见和建议。

一　山东农村文化建设工作现状

（一）农村文化建设投入持续加大，公共文化服务进一步加强

2018年5月，山东省根据《山东省乡村振兴战略规划（2018～2022年）》，结合工作实际，制定了《山东省推动乡村文化振兴工作方案》（以下简称《方案》），就如何推进乡村文化振兴做出具体工作部署。《方案》提出，到2020年，山东省乡村文化振兴将取得重要进展，具体而言是通过建设5项文化惠民工程，实施4项优秀传统文化传承发展工程、5项新时代文明传习工程、3项乡村网络文化建设工程和3项乡村文化人才培育工程，为农村群众提供喜闻乐见的文化产品和文化服务，提升乡村文明水平，促进良好社会风尚的进一步形成[①]。

截至2017年底，山东省着力加强基层综合性公共文化服务的均等化、标

① 山东省发展和改革委员会：《山东省推动乡村文化振兴工作方案》，2018年5月14日，http：//www.sdwht.gov.cn/html/2018/szf_ 0514/47523.html。

准化建设，扩大了文化建设的范围。山东省将工作重点放在基层综合性文化服务中心建设上，经过努力，当前村级综合性文化服务中心的覆盖率超过了80%，其中省定贫困村覆盖率达到89.94%①。在文化建设方面，山东省在增加资金投入的同时加大了考核力度。2018年，山东对全省7005个省扶贫重点村的综合性文化活动室进行考核，其中有6600个通过考评，达标率为94.22%②。2017年，全省投入1.32亿元资金用于支持艺术创作，共创作大型剧目50余部，小型作品109部，在文化建设方面取得丰富的成果，达到了百花齐放的良好效果。2017年，山东省积极举办了冬春文化惠民季活动，出动演职人员高达57万人次，受到广大农村干部群众的热烈欢迎。

（二）农村公共文化设施覆盖面广，书院讲堂传递儒学薪火

当前，山东省农村大都建设配备了公共文化设施，用于服务农村居民，满足其公共文化需求。2018年3月，山东省文化厅提出：到2020年，要实现全省所有行政村都建有符合标准的综合性文化服务中心（文化活动室）的目标。截至2018年底，山东省有105个县（市、区）、807个乡（镇）、12808个乡村建成了历史文化展示所，全省基层综合性文化服务中心已基本实现全覆盖，达标率在95%以上。

这些历史文化展示所为乡村群众了解本土文化、实现山东本土文化传承提供了良好的载体。为了丰富农村居民文化生活，让群众接受、认可和传承农村文化，山东省还进一步健全了“图书馆+书院”的模式，加快了城乡儒学讲堂的建设，让古老的文化传习方式在当代焕发新的生机，发挥积极作用。截至2018年1月，全省已经建立“图书馆+书院”模式的尼山书院150个，乡村（社区）儒学讲堂20100个，基本完成“村村有讲堂”的目标。2016年全年，山东省市县两级投入文化扶持资金5.73亿元，这笔资金有力地保障了贫困村文化设施建设、运转以及基本文化服务提供。

---

① 山东省文化厅：《山东省文化厅2017年度“十三五”规划实施情况》，2017年12月8日，http://www.sdwht.gov.cn/html/2017/jhzj_1208/45841.html。

② 山东省文化厅：《2018年全省文化工作会议：文化不再只是“锦上添花”，更要“雪中送炭”》，2018年1月15日，http://www.sdwht.gov.cn/html/2018/gzdt_0115/45875.html。

（三）农村文化传承保护情况较好，多措并举帮助传统工艺焕发新生

乡村文化振兴不仅要促进农耕文明与现代文明的结合，推动当代农村文化的繁荣，更要传承与弘扬优秀的传统文化。自古以来，山东就拥有丰富的文化资源。2018年山东省经济社会综合调查数据显示，老宅院、古寺庙教堂、古树木、文化遗迹和独特手工艺、民间文学美术音乐、民间表演艺术等物质和非物质文化遗产在山东省农村都有一定保有量，农村社区的传统文化保护意识也普遍较强，整体保护形势较为良好。

农村文化传承的目的是让我们的下一代能够了解农村文化，传承农村文化。为了实现这一目标，更好地传承农村文化，山东省深入县市区开展传统文化展示工程。如规划建设曲阜等优秀传统文化继承发展示范区，密集扎实推进诸如尼山圣境、孔子学院总部体验基地、孔子博物馆等一大批重点工程的建设；开展中华优秀传统文化故事会征集评选活动，出版《中华优秀传统文化故事会故事集》光盘和系列丛书；在中小学建成“蓓蕾艺术工作站”1600余所，在农村中小学校园开展故事会进校园活动15000余场。此外，山东省文化厅还开展了多样化的文化传承活动，如评选认定了37个省级非遗生产性保护示范基地，开展泥面塑、剪纸技艺、陶瓷烧制等传统工艺类传承人员培训15期，培训人员有650余人次。开展2017年“非物质文化遗产月”，并在全省举办了各类非遗活动830多场，观看群众有1760多万人次。在传承农村文化上，山东省还积极建立各级示范基地，如国家级潍水文化生态保护实验区顺利通过督导评估，发挥了积极的传承作用。为了扩大文化传承范围，政府与各类企事业单位通力合作，如在山东淄博泰山瓷业有限公司等企业设立传统工艺工作站的同时，还在山东工艺美术学院、山东艺术学院等高校建立传统工艺重点实验室。农村文化传承离不开农村文化的带头人，为此山东省也积极加强基层文化人才队伍建设，对烟台、青岛等600多所文化站的站长进行业务轮训，提高农村文化传承的可能性。

（四）农村文化消费还需转型升级，文化惠民消费季成为工作亮点

文化产业转型升级是山东省文化建设的核心目标，通过产业转型升级，可以引导扩大群众文化消费，进而推动实现新旧动能转换。通过山东省文化部门

的研究和谋划，山东当前已经完成了覆盖城乡的文化消费工作推进机制。2017年，山东省文化厅密集开展了1000多项、将近5万场次的文化惠民消费活动，探索形成了“一券、三平台”的促进机制，最终实现了省市两级财政投入文化消费引导资金1亿元，吸引了1.33亿名群众参与，直接拉动经济文化消费4.2亿元，实现了消费总额206.7亿元，用较小的投资实现了巨大的消费额度。2018年7~10月，山东在此前一年的良好基础上成功举办了第二届山东文化惠民消费季活动，与第一届相比，第二届的山东文化惠民消费季活动办出了新水平、创出了新成效，着力打造了“五个一、多方融合”的新模式，将文化消费分为艺术精品欣赏、新兴时尚采撷、文化旅游览胜、传统工艺体验、数字文化畅享、人文素养提升等六大板块，为推动山东省转方式、调结构，实现文化消费升级提供了契机。第二届山东文化惠民消费季活动的参与人数达1.1亿人次，省市县三级发放消费券达9259.34万元，产生消费笔数达192.7万笔，直接拉动经济消费3.7亿元，消费平台浏览使用9216万次，间接拉动消费81.8亿元①。文化惠民消费季活动为今后省内举办此类活动积累了经验，成为全国开展范围最大、消费者分布最广、企业参与数最多、平台模式新颖独特的文化消费活动，促进了山东省经济的发展，也受到了文化部的高度评价。文化部认为，山东省的惠民文化消费季活动在促进山东农村文化消费方面取得了较为明显的成效，也为其他省市开展文化消费活动提供了新模式，积累了新经验。

二 农村居民文化参与情况

（一）公共文化设施较为普及，居民文化程度决定使用频率

根据2018年山东省经济社会综合调查数据，农村居民所在村庄拥有各类公共文化设施的比例为64.1%，尚未实现公共文化设施的完全覆盖。具体考察农村几类常见公共文化设施的建设情况发现，健身场地是农村最为常见的公共文化设施，在调查村庄中的普及率高达91.4%；其次是阅报栏、文化墙，普及率为

① 《第二届山东文化惠民消费季暨山东省第十一届文化艺术节落幕》，中国新闻网，2018年11月9日，http：//news. sina. com. cn/o/2018－11－09/doc－ihnstwwp8508080. shtml。

73.9%；再次是文化服务中心、文化大院，普及率为68.5%；最后是乡村书屋、图书室和电影院、剧院、戏院，在村庄的普及率分别为54.7%和31.8%。从实际使用率来看，在排除受访者所在村庄所不具备的公共文化设施后，最受农村居民青睐的公共文化设施仍是相对较为常见的健身场地，约76%的受访者会或多或少地使用。其中，电影院、剧院、戏院在农村的普及率最低，却最受农村居民的欢迎，而乡村书屋和图书室在普及率偏低的同时实际使用率也是最低（见表1）。

表1　不同种类公共文化设施的使用频率

单位：%

	从不	偶尔	一般	经常	无该设施	总计
乡村书屋、图书室	29.3	13.3	4.7	7.5	45.3	100
文化服务中心、文化大院	27.1	17.4	7.7	16.3	31.5	100
阅报栏、文化墙	27.7	20.5	9.4	16.3	26.1	100
电影院、剧院、戏院	11.8	8.3	4.0	7.8	68.2	100
健身场地	22.0	24.2	11.9	33.4	8.6	100

山东省农村呈现居民文化程度越高，使用公共文化设施越频繁的整体趋势。在排除农村居民所在村庄无公共文化设施的情况后，将不同文化程度的受访者以偶尔以上频率使用公共文化设施的比例从高到低排序分别为：大专或高职76.6%，高中69.9%，初中67.2%，大学66.7%，技校、职高或中专64.7%，小学61.8%，没有上过学或不识字46.7%（见图1）。表2为不同文化程度农村居民使用公共文化设施的频率情况。

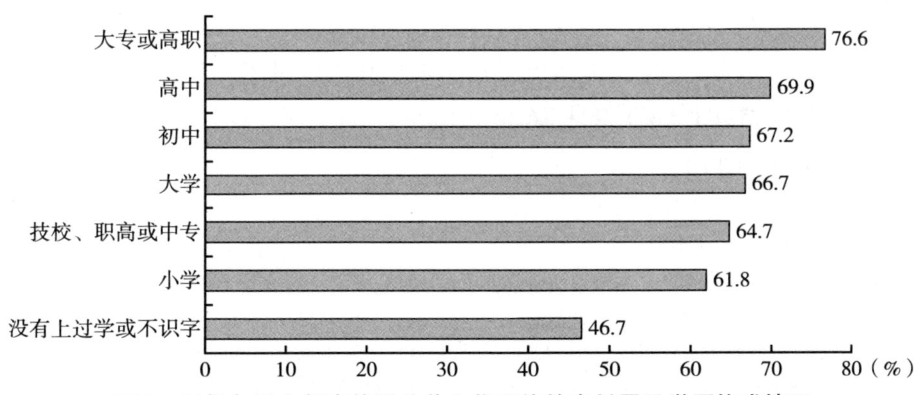

图1　以偶尔以上频率使用公共文化设施的农村居民学历构成情况

表 2　不同文化程度农村居民使用公共文化设施的频率

单位：%，人

	从不	偶尔	一般	经常	无该设施	总计
没有上过学或不识字	20.0	10.8	8.5	10.4	18.9	469
小学	29.1	29.0	27.8	25.6	31.4	877
初中	38.1	44.4	45.1	46.7	37.0	1220
高中	8.7	10.6	12.8	12.3	8.3	293
技校、职高或中专	2.0	1.9	1.6	2.5	2.0	61
大专或高职	0.9	1.8	2.1	1.6	1.2	41
大学及以上	1.2	1.5	2.1	0.9	1.3	39
合计	100	100	100	100	100	3000

此外，本次调查受访者的文化程度构成情况为：初中 40.7%，小学 29.2%，没有上过学或不识字 15.6%，高中 9.8%，技校、职高或中专 2.0%，大专或高职 1.4%，大学及以上 1.3%。由此可知，文化程度为初中及以下的农村居民占人口总数的 85.5%，而具有大专及以上学历的仅占 2.7%，上述数据充分反映了山东省农村人才外流严重、文化建设主体空心化的现状，也凸显了文化振兴、人才振兴在乡村振兴中的重要作用。

（二）日常文化活动较为单一，看电视、听广播仍占娱乐主流

2018 年山东省经济社会综合调查数据显示，农村居民的日常文化活动较为单一且以娱乐为主。日常参与最多的文化活动是看电视、听广播（90.3%）①，其次是上网（25.1%），之后分别为棋牌、麻将（13.6%），阅读图书报刊（11.4%），看电影演出（10.8%）和唱歌跳舞（10.6%），参观本地公共文化场馆（3.3%）和打游戏（2.1%）的受众较少，在农村的普及度不高（见表 3、图 2）。

① 对于多重响应集数据，通常会同时报告个案百分比和响应百分比。其中，个案百分比是选择某一选项的人数占调查总人数的比例，响应百分比是选择某一选项的人数占总响应数的比例。此处的 90.3% 即个案百分比，表 3 中的 54.0% 等数值为响应百分比。为节省篇幅，下文中凡涉及多重响应集的分析，一般在正文中报告个案百分比，在对应的表格中同时报告个案百分比和响应百分比，并根据响应百分比绘制柱状图。

表3　日常参与文化活动情况

单位：%

	频数	响应百分比	个案百分比
看电视、听广播	2708	54.0	90.3
上网	752	15.0	25.1
棋牌、麻将	409	8.2	13.6
阅读图书报刊	341	6.8	11.4
看电影演出	323	6.4	10.8
唱歌跳舞	319	6.4	10.6
参观本地公共文化场馆	100	2.0	3.3
打游戏	63	1.3	2.1
合计	5015	100.0	167.2

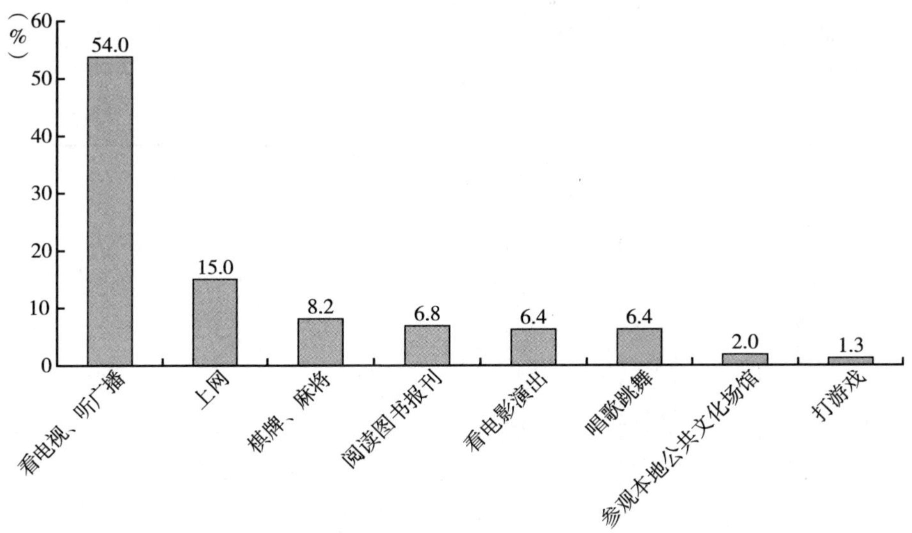

图2　日常参与文化活动情况

（三）群众性公共文化活动丰富多样，深受居民青睐

2017年7月到2018年7月，山东省农村开展了丰富多彩的群众性公共文化活动，96.8%的村庄举办过灯会，92.2%的村庄举办过地方特色民俗活动，85.4%的村庄举办过庙会，45.9%的村庄举办过大戏、戏曲下乡，25.6%的村庄举办过广场舞、秧歌，电影下乡则较为罕见，仅占9.6%（表4、图3）。值得一提的是，自2014年起，山东在农村实施“一村一年一场戏”免费送戏工程，采用政府补贴、

市场运作的方式实现文化惠农。相关公开数据显示，在 17 个市中，已有枣庄、东营、泰安和莱芜 4 个市率先实现行政村 100% 覆盖，而本次调研中的村庄举办过大戏、戏曲下乡的比例不足半数，说明未来在送戏下乡的实际工作开展中，要在不断增加农村公共文化资源供给总量的同时，注重不同地市间的平衡，并且将“送戏下乡”与“种戏在乡”相结合，让更多基层群众感受到戏曲艺术的魅力。

表 4　2017 年 7 月到 2018 年 7 月农村居民所在村庄举办公共文化活动情况

单位：%

	频数	响应百分比	个案百分比
灯会	2875	27.2	96.8
地方特色民俗活动	2739	25.9	92.2
庙会	2536	24.0	85.4
大戏、戏曲下乡	1365	12.9	45.9
广场舞、秧歌	762	7.2	25.6
电影下乡	285	2.7	9.6
合计	10562	100.0	355.5

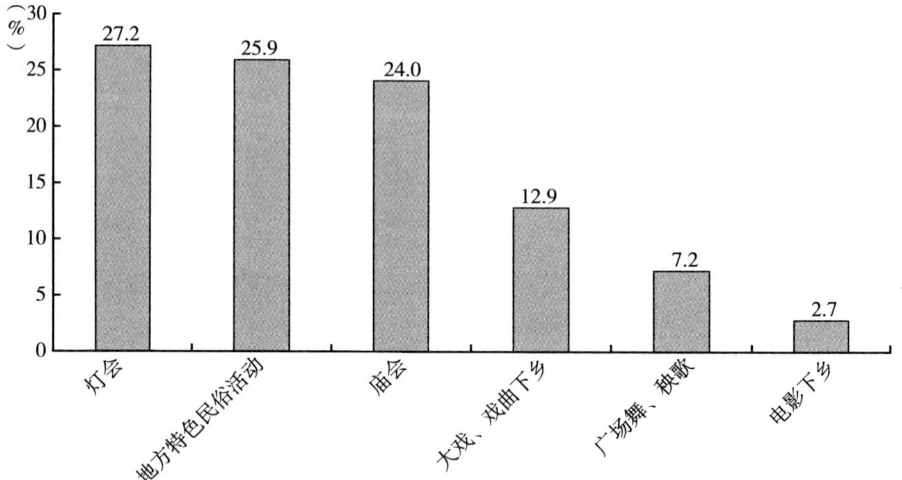

图 3　2017 年 7 月到 2018 年 7 月农村居民所在村庄举办公共文化活动情况

从居民参与情况来看，广场舞、秧歌以 80.1% 的参与率遥遥领先，成为 2017 年 7 月到 2018 年 7 月最受农村居民欢迎的村庄所举办的公共文化活动；虽然举办电影下乡活动的村庄较少，但群众参与热情却很高涨，在 2018 年举办过该活动的村庄中，居民参与率达 37.1%；大戏、戏曲下乡的参与率为 27.9%；

而更为传统且举办较多的庙会、地方特色民俗活动和灯会的实际参与率却明显偏低，分别为5.9%、3.0%和2.0%（见表5、图4）。上述数据说明，未来应进一步实施文化惠民工程，加大电影下乡等工作的开展力度，做好对农村的文化输送工作，为农村居民持续稳定地提供高质量的公共文化产品与服务。

表5　2017年7月到2018年7月农村居民参与所在村庄的公共文化活动情况

单位：%

	频数	响应百分比	个案百分比
广场舞、秧歌	1487	51.3	80.1
电影下乡	689	23.8	37.1
大戏、戏曲下乡	518	17.9	27.9
庙会	110	3.8	5.9
地方特色民俗活动	56	1.9	3.0
灯会	37	1.3	2.0
合计	2897	100.0	156.0

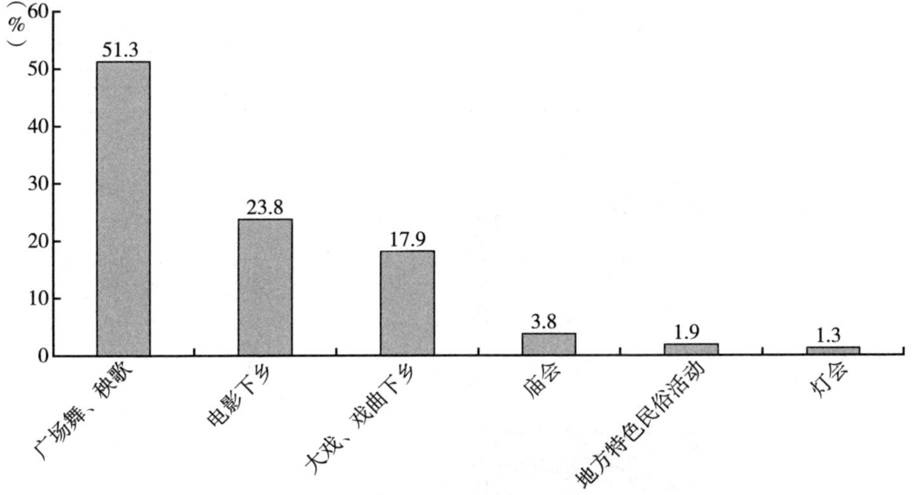

图4　2017年7月到2018年7月农村居民参与所在村庄的公共文化活动情况

（四）农村居民有参与公共文化活动的意愿与需求，需加大公共文化活动供给力度

农村居民最希望所在村庄今后开展的公共文化活动依次是广场舞、合唱、

村级体育赛事等群众性文化活动（63.7%）；建设农村文化场馆（书屋、文化活动中心等）（41.0%）；开展文化讲座、文艺演出、家风评议等活动（37.1%）；组建业余文艺队伍，培养当地文化人才（25.9%）；弘扬当地特色文化，打造一村一品或民俗文化旅游（16.8%），以及其他（4.5%）（见表6、图5）。

表6　农村居民最希望所在村庄开展的公共文化活动

单位：%

	频数	响应百分比	个案百分比
开展广场舞、合唱、村级体育赛事等群众性文化活动	1912	33.7	63.7
建设农村文化场馆（书屋、文化活动中心等）	1229	21.7	41.0
开展文化讲座、文艺演出、家风评议等活动	1113	19.6	37.1
组建业余文艺队伍，培养当地文化人才	777	13.7	25.9
弘扬当地特色文化，打造一村一品或民俗文化旅游	505	8.9	16.8
其他	134	2.4	4.5
合计	5670	100.0	189.0

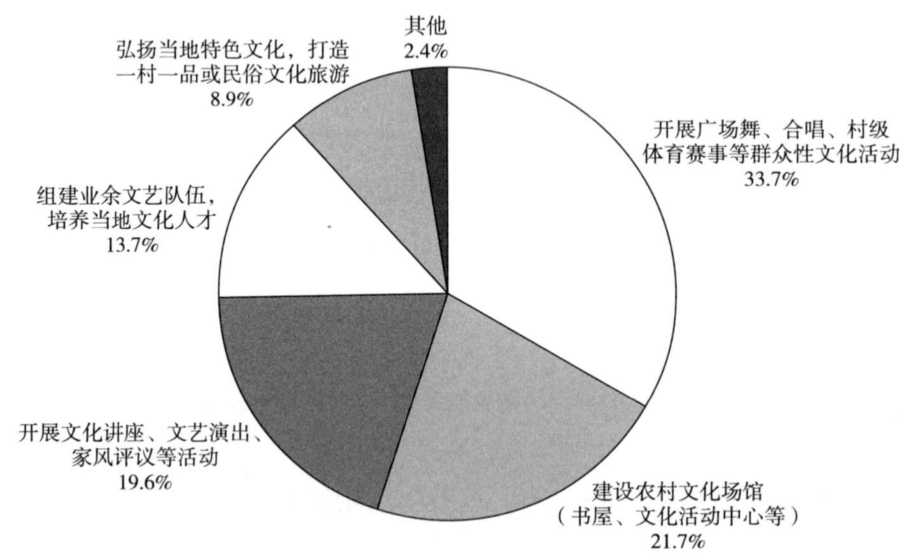

图5　农村居民最希望所在村庄开展的公共文化活动

分析2018年山东省经济社会综合调查数据可知，尽管当前农村居民对公共文化活动的参与度还有待提升，但广大农村居民表现出今后参与公共文化活动的意愿和需求。因此，政府和社会在提供农村公共文化产品和服务供给时应因势利导、与时俱进，在加强专业化与市场化运作的同时畅通沟通渠道，做好宣传工作，并赋予群众一定参与权与选择权，以调动农村居民的参与热情，使自上而下的文化输送与居民的实际文化生活有效衔接。

三　山东乡村文化振兴面临的突出问题

（一）供需存在脱节，农村公共文化供给难以满足居民实际需求

当前农村公共文化建设中最为突出的问题是农村公共文化供给难以满足农村居民日益增长的精神文化需求。51.0%的农村居民认为当前乡村文化存在的主要问题是公共文化设施和文化活动太少，24.7%的人认为是当地文化活动没有意思，21.0%的人认为是不知如何使用公共文化设施和参与文化活动，还有11.0%和10.6%的人认为是青少年沉迷网络游戏和传统文化后继无人。棋牌赌博泛滥（2.4%），低俗娱乐普遍（1.6%），迷信、邪教流行（1.2%）和其他问题（2.4%）相对次要，另有26.7%的受访者认为当前乡村文化没有问题（见表7、图6）。上述数据反映出随着物质文明的发展进步，农村居民的精神文化需求也在发生转变，农村居民迫切需要高水平、高质量、普惠性的公共文化供给，以丰富文化生活，共享社会发展成果。今后政府有关部门应在做好精神文明引导工作的同时，精准对接农村居民文化需求，采取灵活化、多元化的管理方式，及时调整文化资源配置，切实提升公共文化供给的实际效能。

表7　当前乡村文化存在的主要问题

单位：%

	频数	响应百分比	个案百分比
公共文化设施和文化活动太少	1529	33.4	51.0
没有问题	800	17.5	26.7
当地文化活动没有意思	740	16.2	24.7
不知如何使用公共文化设施和参与文化活动	631	13.8	21.0

续表

	频数	响应百分比	个案百分比
青少年沉迷网络游戏	331	7.2	11.0
传统文化后继无人	317	6.9	10.6
棋牌赌博泛滥	73	1.6	2.4
低俗娱乐普遍	48	1.0	1.6
迷信、邪教流行	35	0.8	1.2
其他	72	1.6	2.4
合计	4576	100.0	152.6

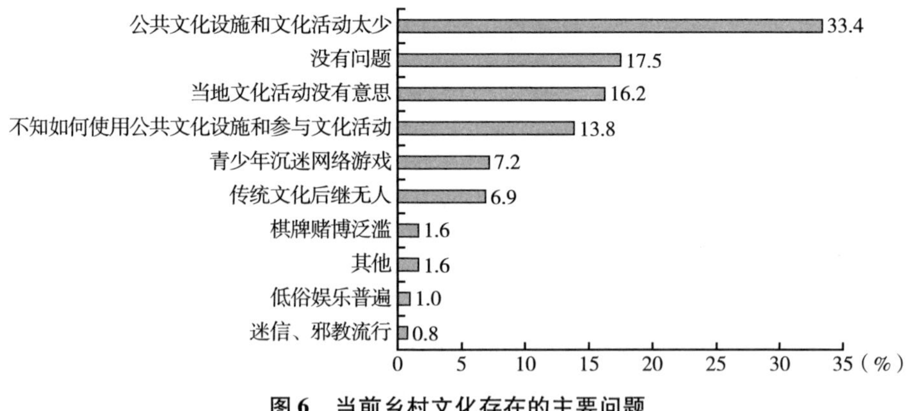

图6　当前乡村文化存在的主要问题

（二）实际参与率低，大量公共文化设施闲置浪费

2018年山东省经济社会综合调查数据显示，农村居民使用所在村庄各类公共文化设施的频率偏低，23.6%的人从不使用任何公共文化设施，16.7%的人偶尔使用，16.3%的人经常使用，基层公共文化资源配置和利用程度都有待提升（见图7）。

公共文化设施建设中的重复投入和闲置浪费现象也大量存在。2016年颁布的《山东省人民政府办公厅关于贯彻国办发〔2015〕74号文件推进基层综合性文化服务中心建设的实施意见》中明确规定了基层综合性文化服务中心的建设标准和建设任务，指出："村（社区）综合性文化服务中心主要采取盘活存量、调整置换、集中利用等方式进行，不搞大拆大建。"然而，在实际操作中，各地执行情况不一，一些地区新建了文化礼堂等硬件方面投入较多的文化场馆，

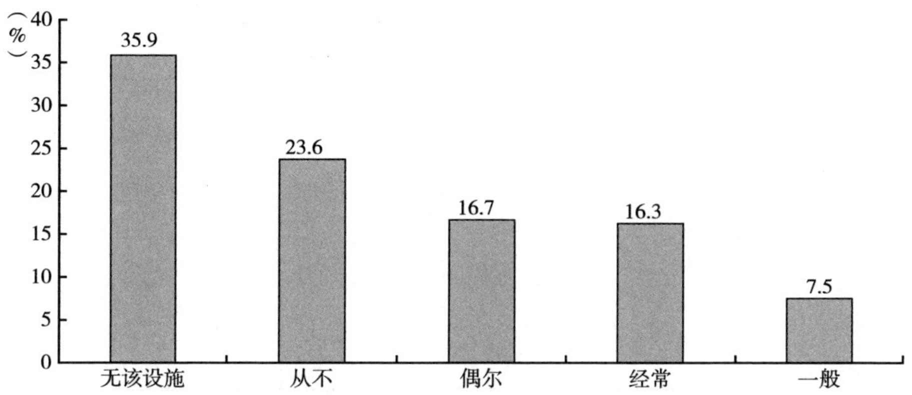

图7 使用所在村庄各类公共文化设施的频率

使用大量财政资金，但建设中却缺乏周密的规划设计。有的地区没有把当地独特文化特征嵌入公共设施建设中，导致千村一面，缺乏特点；有的则未将新建文化场馆纳入当地总体规划设计中，新建建筑风格突兀，不能与村庄的整体环境相匹配。此外，由于缺乏市场化的经营运作理念，各地存在重复建设、各自为政的情况，缺乏对周边公共文化资源的统一调度和有效整合，如一些相邻村庄建设同类公共文化设施，投入叠加，但产出有限，每一个村庄都资源不多、质量不高、使用率低，不如运用共建理念整合打造一个资源更为充足、设备更为齐全、服务更为规范的大中型公共文化设施，或者各村庄联动实现资源的共享。公共文化设施的有效使用体现的是基层政府对公共资源的管理水平。如何合理使用财政资金，提供群众满意且愿意参与的公共服务，既将文明与欢乐传播到农村，又避免公共文化资源的闲置浪费，是摆在地方政府面前的一道新题。

（三）各类不文明现象仍较常见，居民对此普遍不满

当前农村各类不文明现象仍较常见，当问及居民对不文明现象的观点和看法时，90.5%的农村居民对黄赌毒表示反感，77.1%的人对封建迷信表达不满，反感丧事大操大办、婚礼铺张浪费、高额彩礼和墓地散乱、缺少公墓的比例分别为74.0%、71.0%、70.8%和62.7%（见表8、图8）。农村不文明现象与农村居民对不文明现象的态度存在巨大反差，农村移风易俗的政策执行力还需进一步加强。

表 8　农村居民对各类不文明现象的态度

单位：%

	反感	无所谓	接受
黄赌毒	90.5	7.8	1.7
封建迷信	77.1	18.7	4.2
丧事大操大办	74.0	19.1	6.9
婚礼铺张浪费	71.0	20.8	8.2
高额彩礼	70.8	21.2	8.0
墓地散乱、缺少公墓	62.7	24.1	13.2

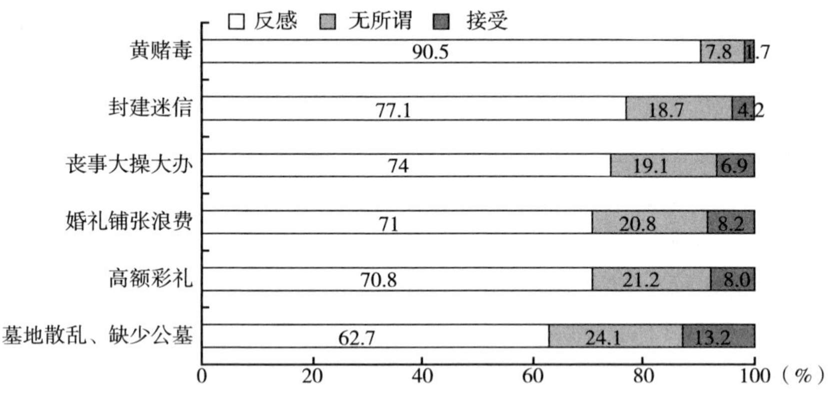

图 8　农村居民对各类不文明现象的态度

（四）人才流失严重，农村传统文化后继无人

实现文化振兴的关键在人，然而，城乡二元结构的差距造成的长期人口外流，使得目前山东省农村常住人口以中老年人、妇女和儿童为主，这样的人口结构导致农村文化人才总量不足、年龄偏大、文化素质偏低。此外，由于工作机制和用人制度不健全、工作较为辛苦、物质保障不足、缺乏激励机制等，加之年轻人的生活方式和思想观念发生转变，吸引政治素质好、文化水平高的年轻人员参与农村文化建设变得越来越难，许多农村的基层文化队伍建设有心无力，文化活动人才和人气双缺失。一些宝贵的非遗项目也因传承人年事已高、经济效益不佳、年轻人不愿意去学等而面临后继无人、濒临消失的发展困境。

（五）存在多重阻碍，制约农村文化产业化发展

文化保护并不意味着一定要进行文化产业化，但是从长远来看，推进部分具备相应条件的农村传统文化产业化发展有利于对其保护和传承，使其能够自己“造血”，长期繁荣。但是目前来看，山东农村文化产业化发展仍面临一些障碍。一是缺乏产业规划和明确定位。要发展文化产业，就要正视其产业性质，用经济眼光加以看待。而农村文化产品大多具有产量小、技术含量低、缺乏内生动力、创新性不足且易被仿制的特点，如果不对产业发展路径进行科学、合理的规划，盈利模式和发展方式就难以与现代化的产业生产相接轨。二是政策上的引导和扶持不足。尽管从国家到地方，各级政府都支持和鼓励发展农村文化产业。但在具体的政策配套方面，相关文件往往缺乏实际操作性，没有配套经费，也缺乏相应的保障机制，使一些好的项目或者创意难以实现产业化发展。三是农村居民“等靠要”思想较为严重，缺乏发展文化产业的自觉主动性。2018 年山东省经济社会综合调查数据显示，目前农村居民在文化产业发展最优路径的选择上较为被动，当被问及最有助于传承本地风俗文化的举措时，56.7% 的人选择加大政府政策扶持力度与资金投入，26.8% 的人选择发挥带头人作用，23.8% 的人选择培养青年文化传承人。此外，选择开发文化旅游项目、吸引外来投资、与一村一品建设结合的人数占比分别为 19.6%、16.0% 和 12.4%（见表 9、图 9）。诚然，政府主导或能人带动对于基于文化传承保护的产业发展至关重要，但农村文化产业化发展的路径不只一条，引入资金、依靠

表 9　最有助于传承本地风俗文化的举措

单位：%

	频数	响应百分比	个案百分比
加大政府政策扶持力度与资金投入	1701	36.5	56.7
发挥带头人作用	803	17.2	26.8
培养青年文化传承人	713	15.3	23.8
开发文化旅游项目	587	12.6	19.6
吸引外来投资	481	10.3	16.0
与一村一品建设结合	372	8.0	12.4
合计	4657	100.0	155.3

市场手段对农村文化资源进行整合转化等也是帮助传统文化焕发新生的可行之路。只有解放思想、积极探索、不断尝试，方可寻得文化与经济的协同发展之道，才能从文化传承走向文化振兴，发现解决农业、农村、农民问题的新途径。

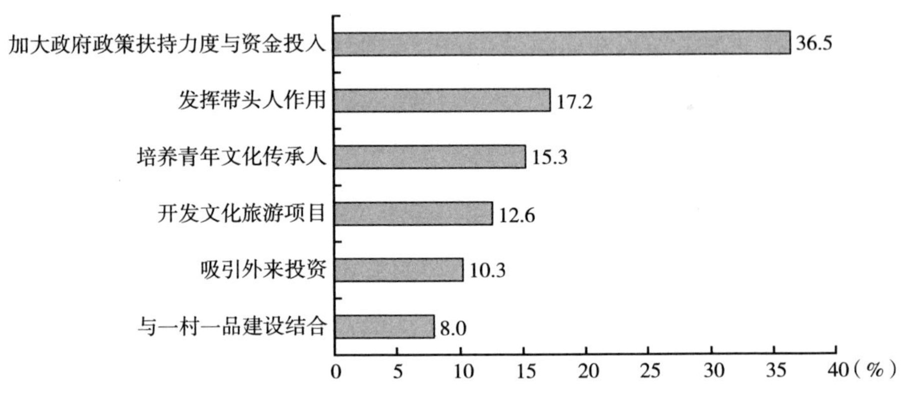

图9　最有助于传承本地风俗文化的举措

四　加快推进山东省乡村文化振兴的对策建议

（一）加强农村思想道德建设，树立文明新风

乡村文化振兴的核心是加强农村社会主义思想道德建设，树立社会主义核心价值观，倡导乡村文明新风。一是要靠文明教育引导，培育文明风气，改善农民精神风貌。要在党的领导下开展公民道德建设，从社会公德、职业道德、家庭美德、个人品德等多方面对农村居民进行社会主义思想道德教育，增强农村居民的社会责任感、荣誉感和使命感。二是要挖掘传统乡风、民约文化中的内生动力，并将其与当代价值观相融合，发挥叠加功效。乡风是维系中华民族文化基因的重要纽带；民约则在我国源远流长，是村民自发形成的社会理念，体现了“德业相劝，过失相规，礼俗相交，患难相恤”的传统文化精髓，是一种潜移默化的内生性社会规范。通过文化路径改造建立社会主义特色的新乡风、民约，既可发扬光大传统文化中的传统美德，又能树立社会

主义道德新风尚，加快实现乡村文化振兴。具体而言，可以适当把文化传承和移风易俗的主要内容编成朗朗上口的顺口溜，写进乡规民约，以尽可能广泛的形式传播给当地居民，构建精神层面的乡村命运共同体。三是要重视发挥精神楷模的带动作用，深入实施“孝诚爱仁”四德工程。通过在乡镇或村庄设立奖项，评比道德模范、文明家庭；开展“传家训、立家规、扬家风”等主题的文化活动；由村集体出资，为村中老人举办集体寿星宴等方法，传播向上向善的正能量，弘扬美德，传承孝道，打造农民“身有所栖，心有所寄”的精神家园。四是要积极培育新乡贤文化。按照《山东省推动乡村文化振兴工作方案》和《关于培育和弘扬新乡贤文化的工作方案》等文件的工作思路，推动新乡贤文化的建设。评选一批为人正直、德高望重，积极投身于公益和地方事务管理，心系百姓、努力推动家乡发展的杰出人士，为群众树立看得见、摸得着、学得到的身边榜样。通过吸收乡贤参与基层社会矛盾化解等方式，将其纳入基层社会治理的体系之中；通过创作相关文艺作品，宣传乡贤事迹，请其进学校、社区、讲堂宣讲等，把乡贤文化与乡风建设、青少年思想道德培育等工作结合起来，以润物细无声的方式弘扬社会正气，促进乡村经济文化发展与社会和谐稳定。五是要发展基层文化自治，即培育植根于基层农村的新型文化群体和组织，满足居民文化需求。乡村文化组织的出现是一种自下而上的文化创新，村民在组织中可以较好地发挥自身的主体性和主观能动性作用，如广场舞群体就是一个初见雏形的以妇女为主体的文化组织，可以在丰富基层群众业余生活的同时增加邻里沟通，促进和谐乡村建设。

（二）加强公共文化服务建设，提升服务水平

各级政府文化主管部门应当践行以人为本的服务理念，进一步加强机制体制建设，全面完善农村公共文化服务体系，保障农村居民的文化生活权利，缩小公共文化服务的城乡差距，提供各类资源与政策支持，提升公共文化产品供给质量和管理水平，以切实解决农村当前存在的公共文化产品与服务供给不能满足农村居民公共文化需求的现实问题。农村公共文化建设是一项系统工程，需要兼顾不同层次的需求。在物质层面上，要推进农村文化供给侧结构性改革，加大文化扶贫力度，继续实施文化惠民工程，做好对农村的文化输送工作，为农村居民持续稳定地提供高质量的公共文化产品与服务。不仅要继续加

强对乡村图书室、文化服务中心、影剧院、健身场地等公共文化服务基础设施的建设，更要综合利用现有的平台，整合文化资源，针对农村居民实际需求提供优质文化产品和文化服务。如更多地开展基层全民健身运动会、广场舞大赛、优秀国产新片下乡、免费送戏工程等群众喜闻乐见的文化活动，将好的文化艺术成果分享给农村居民，丰富他们的文化生活。在制度层面上，要通过建立健全制度搭建服务平台，构建完善的公共文化供给体系，保障服务体系的稳定有序运行。在政策创新和资金投入上，要加大扶持力度，推动文化资源向基层农村倾斜；在服务供给上，要引入竞争机制，激发各类文化主体进行文化创作的积极性，以提高文化产品供给质量，满足农民群众日益增长的精神文化需求；在日常管理上，要做到规范运作，因地制宜，规划先行。要在城乡一体、区域协调统筹发展的宏观视野下开展农村文化建设，综合考虑村庄历史、现状和未来的发展趋势，按照“实际、实用、适度”的原则进行硬件基础设施的建设，避免重复浪费。同时，规范各类公共文化设施的管理制度，提高使用效率，使之能更好地为民所用。在精神层面上，则要把握好公共文化服务的内容，普及社会主义精神文明、传统文化及科学知识。尤其要重视农村校园文化建设，把握好义务教育阶段这一世界观、人生观、价值观形成的关键时期，为农村青少年提供好的文化资源，传播先进的文化和道德理念，帮助其树立正确的价值观念，培养良好的文化品位。通过加大对农村学校人力和物力的投入、加强对学校配套设施的建设、提高教师队伍的素质和水平等方式，实现农村教育质量的提升，培育出有理想、有抱负、有文化、有道德、有信念的农村新人。

（三）挖掘传承农耕文化精髓，保护文化遗产

党的十八大提出，要“建设优秀传统文化传承体系，弘扬中华优秀传统文化”。对于作为人口大省和农业大省的山东而言，复兴优良乡村文化传统首先应将农耕文化精髓发扬光大。农耕文化集合了农业生产、儒家文化及各类乡土文化，以“天人合一”——应时、取宜、守则、和谐为内涵，强调协调发展、趋时避害、因地制宜、种养互宜、循环利用和崇尚节俭，是人类从纯粹依赖自然走向文明发展的桥梁，也是源远流长的中华民族文化的重要组成部分。山东历来重视农耕文化，2018 年全国两会期间，习近平总书记在参加山东代

表团的讨论时更是进一步指出："农耕文化、农耕文明是中华民族对人类文明的重要贡献，是乡风文明的根和魂。"因此，在农村文化建设工作中，各级党委政府、社会组织、村集体都应发掘和传承农耕文化精髓，尊重经济规律与生态规律，在农业生产实践中实现人与自然的协调发展。挖掘传承农耕文化，首先要对资源进行普查登记，做好文化资源的整理归档和价值评估工作，并据此制定保护、继承和发展的规划；其次要对农耕文化资源进行开发延伸，如将农耕文化、村居文明与社会主义新农村建设、农业现代化等相结合，打造新型农业生态系统，发展特色生态农业和旅游业，实现文化的动态可持续发展；最后要结合文化进乡村等工作，以农村群众理解、接受和喜爱的形式，将文化宣传推进至基层农村社区。

弘扬优良乡村文化传统的另一个重要渠道是积极保护文化遗产。各级政府有关部门要做好以下工作。一是要加强对历史文化名镇、名村、名人故居或墓地、寺庙教堂、传统民居、古树名木等文化遗迹的保护，做好维护和修复工作。二是要传承、保护好传统美术、戏曲、舞蹈、杂技、民间传说、谚语、习俗等非物质文化遗产。通过搭建传播平台、给予非物质文化传承人资金补贴、做好相关文化展示工作、予以创新奖励等方式，鼓励开展对非物质文化遗产的传承和再生产工作。三是要积极推进"乡村记忆"工程的实施，挖掘并保护当地的特色生产生活民俗。一方面，在实施旧村改造等新农村现代化建设时，将传承和保护当地文化纳入建设方案的规划设计之中；另一方面，通过推出农村特色民俗节庆项目、兴建数字影像馆和乡村文化展示馆、评选特色村落和民居等多种形式的活动，保护和传承优秀农村文化。

（四）加强农村文化队伍建设，培育乡土人才

人才是乡村文化振兴的首要资源，但目前山东农村普遍面临文化人才短缺的困境。一方面是既有人才流失，另一方面是新生力量的培养存在缺乏规范性和系统性、与当地经济文化发展不一致等问题。因此，政府首先应当更新人才观念，建立多层次的人才培养和选拔路径，通过苗子开发和吸引人才返流等方法，发掘和吸纳非物质文化传承人、技艺超群的工匠、戏曲杂剧演员、回乡创业的大中专学生等出生、成长或居住于农村的文化精英投入山东农村文化建设之中。其次应加大资源整合与政策支持力度，利用培训帮带、

搭建平台、引领带动等政策手段，示范、带动和培育更多农民并使其成长为复合性的乡土文化人才。通过聘任专职文化宣传人员、举办文艺培训、鼓励文艺生产、开展文化志愿活动等多种方式，加强村级宣传文化员、业余文艺人才、文化志愿者等农村文化人才队伍的建设，提高本地文化人才的业务素质，优化农村文化环境。再次应营造人才氛围，发挥人才作用，繁荣农村文艺创作。一方面，做好自上而下的政策引导和资金扶持工作，通过组织动员专业人才到基层挂职锻炼或采访采风，促进农村题材文艺作品的生产创作；另一方面，打通自下而上的选拔通道，设立专门奖项，对群众性的农村文艺作品进行评优，对其中的优秀作品予以优先刊发、播出、推介或举办汇报演出奖励，提高艺术工作者和广大农村居民的文化参与热情。最后将文化队伍建设和党建活动相结合，鼓励支持农村党员干部和文化人才带领群众传承红色基因，共同培育新时代的物质与精神文明。

（五）繁荣发展乡村文化产业，做强文化经济

虽然当前山东省农村文化产业发展的整体势头良好，文化旅游、一村一品项目精彩纷呈，但仍然面临融资规模小、融资范围窄、文化产业与当地经济发展不匹配等问题。因此，开展农村文化产业和社会资本的深度合作，形成政府引导、协会牵线、企业唱戏的制度合力，促进共同发展，是实现农村文化产业化创新发展的战略需要，也是实现乡村文化振兴更高目标和更深层次的新要求和新举措。要繁荣农村文化产业，做大做强乡村文化经济。第一，应由政府建立多元化、市场化的文化产业投资融资机制，建立公平竞争的市场秩序，并设置一定门槛，引导优质社会资本有序进入农村文化产业。第二，做大做强具有山东特色的乡村文化品牌，做好对非遗产品的生产开发工作，培育休闲农业和农村旅游行业的特色精品，开发独具新意的文创产品。通过提供差异化的产品和服务，提升用户体验，满足客户需求。第三，拓宽文化产业创新路径，如有效利用电商渠道，增加农村文化产品的在线贸易量，打造更多文化淘宝村镇，实现农村文化产业的多样化发展，或通过“互联网+金融”与乡村文化相结合的方式，吸引更多投资，促进农村文化经济增长。第四，可由政府设立专项基金，通过市场化的运作，发挥财政资金和国有资本的引导性作用，带动社会资本支援乡村文化产业化建设。

参考文献

韩鹏云：《乡村公共文化的实践逻辑及其治理》，《中国特色社会主义研究》2018 年第 3 期。

胡恒钊：《新时代我国农村公共文化服务体系建设的路径选择》，《理论导刊》2018 年第 6 期。

李少惠、王苗：《农村公共文化服务供给社会化的模式构建》，《国家行政学院学报》2010 年第 2 期。

欧阳雪梅：《振兴乡村文化面临的挑战及实践路径》，《毛泽东邓小平理论研究》2018 年第 5 期。

疏仁华：《论农村公共文化供给的缺失与对策》，《中国行政管理》2017 年第 1 期。

徐勇：《乡村文化振兴与文化供给侧改革》，《东南学术》2018 年第 5 期。

B.6
2018～2019年山东省农村生态文明建设现状、问题与对策

祝晓书*

摘　要： 本文以2018年山东省经济社会综合调查数据为基础，结合相关年份的统计年鉴及相关部门公布的最新数据资料，分析发现，2018年山东省将生态文明建设与乡村振兴紧密结合，努力推进农村生态文明建设，并取得一定成效，但是在生态人居环境建设、农业污染综合防治、居民环保意识提升、生态环保社会风险防范等方面还存在一些问题。本文从生态文明、生产方式、生活方式、制度机制建设等方面提出相应政策建议。

关键词： 环保　生态文明　乡村振兴　农业污染

"生态兴，则文明兴；生态衰，则文明衰。"党的十八大以来，生态文明建设被提升到前所未有的国家战略高度，其重要性不言自明。生态振兴也是党的十九大提出的乡村振兴战略的重要组成部分。2018年，山东省农村生态文明建设工作围绕全面深入贯彻党的十九大和十九届二中、三中全会精神，改善农村人居环境，推进农业绿色发展，建设美丽宜居乡村，推动实现乡村振兴，并将坚持生态优先、绿色发展作为当前和今后一段时期内的工作重点。为了解农村生态振兴与宜居乡村建设的现状与问题，山东社会科学院组织开展了2018年山东省经济社会综合调查，聚焦农村改厕、垃圾污水治理、农药化肥

---

* 祝晓书，社会学博士，山东社会科学院省情与社会发展研究院助理研究员，主要研究方向为社会治理。

施用等农村生产和生活中的具体问题，深入挖掘分析当前农村生态文明建设中的经验做法和存在的问题。

一　山东省农村生态文明建设现状与工作进展

（一）山东省农村生态文明建设工作情况

2018年5月18日至19日，中央召开了全国生态环境保护大会，就生态文明建设的意义、现状、存在的问题等做了总结，并对未来发展提出了目标要求。在此次会议上，习近平总书记指出："生态环境是关系党的使命宗旨的重大政治问题，也是关系民生的重大社会问题"，应当"大力推进生态文明建设，提供更多优质生态产品，不断满足人民群众日益增长的优美生态环境需要"。此次大会过后不久，山东也召开了高规格的全省生态环境保护大会暨"四减四增"三年行动动员大会。在会议上，山东省以习近平生态文明思想为指导，提出多项工作的具体要求，明确了建设生态山东、美丽山东的时间表和路线图。此后，山东省又陆续出台了"1＋1＋8"规划方案，以确保各项生态治理、保护和修复工作有序开展，加快推进生态文明体制改革，实现全省的生态转型、绿色跨越。2018年，山东省继续牢固树立和践行"绿水青山就是金山银山"的理念，出台了一系列强有力的举措，把推动形成绿色发展和生活方式摆在工作的突出位置，在生态环保、农业绿色生产、人居环境改善等方面取得了较为显著的成效。同时，山东省拿出壮士断腕的决心，以前所未见的力度治理污染、保护环境。整体来看，当前山东省农村环境保护和生态振兴状况良好，环境质量稳中向好、持续好转，大气、水、土壤、固废和危废污染治理及生态保护与修复工作都有序推进。

1. 土壤污染防治及水土保护

党的十八大以来，预防治理土壤污染，逐步改善土壤质量，走绿色协调可持续的农业发展之路，保障农产品质量和农村人居环境安全，已成为新的发展共识。2017年伊始，山东省政府出台了《山东省土壤污染防治工作方案》，立足省情，提出通过调研掌握土地污染真实情况、对农用土地进行分类管理、严控新增土壤污染、加强对污染物的源头管控、修复已污染土壤、对农村建设用地严格准入、科学推动环保产业发展等具体工作方式和手段，促进土壤资源的永续利用，实现山东省生态系统的良性循环。

在水土保持方面，山东省于2014年5月颁布了《山东省水土保持条例》，之后又于2016年出台了《山东省水土保持规划（2016～2030年）》，这些法规政策与《中华人民共和国水土保持法》《中华人民共和国环境影响评价法》等法律相衔接，对水土保持规划、流失治理和预防、监测监督、法律责任等各方面做出细致规定。2017年，山东省投入16237.8万元用于建设水土保持重点工程，这些资金被用于治理水土流失，合理保护和利用水土资源。

2. 农村生态环境修复

山东十分重视对农村生态环境的保护与修复，近年来推出许多具体举措。在防止农业产业生产污染及城市工业污染向农村转移方面，通过划定并坚守生态保护红线，建立准入负面清单，减少城镇化和工业化对农村生态环境造成的不良影响。在农村生活垃圾处理方面，通过建立政府、企业、村庄、村民多位一体的沟通协商机制和保洁机制，推动农村生活垃圾的分类收集、循环利用、无害化处理。

强化对废旧灯管、电池、温度计等含重金属或有毒有害物质的垃圾的安全处置，鼓励对建筑垃圾等废料的资源化回收利用，并对垃圾处理场所进行分类评估、整治和创新试点，防止堆放处理垃圾对生态环境造成二次破坏。在农村水体治理方面，实施农村河塘等小流域生态清洁工程，对受污染水体进行保护修复；同时，大力推动污水治理水平提升，依照国家《农村人居环境整治三年行动方案》提出的“梯次推进农村生活污水治理”要求，山东省生态环境厅组织编制了《农村生活污水处理设施水污染物排放标准》，并于2019年1月在全省范围内征求意见，现正等待批准颁布。此外，深入实施“以奖促治”政策，继续大力推进农村环境连片整治，统筹城乡环境保护发展，促进生态环保的新农村建设。

3. 农业水资源保护与利用

山东省的淡水资源仅占全国的1.09%，却要灌溉占全国耕地总面积5.6%的约1.14亿亩耕地，农业用水占全省用水总量的60%以上。因此，加强对水资源的保护和有效利用十分必要。2018年，山东省积极落实《水污染防治法》《水污染防治行动计划》等法律法规和政策文件的要求，出台《山东省打好黑臭水体治理攻坚战作战方案（2018～2020年）》等文件。山东省实现连续16年改善水环境质量，在地表水、饮用水和近岸海域的水质提升方面都取得了进步，黑臭水体治理也取得了不小成绩，各类污水处理利用率达到60%，全省废水排放量由2015年的55万吨降至2017年的49.9万吨。其中，在地表水方面，83个国控地表水断面的水质优良（Ⅰ～Ⅲ类）率为62.7%，劣Ⅴ类水比例则控制在1.2%，改善效果明显。在饮用水方面，针对饮用水水源地环境问题，通过开展集中式保护专项行动进行排查、清理和整治。2018年，完成对地级及以上地表水型饮用水水源地保护区内全部问题的整治，全省52个地级及以上城市集中式饮用水水源地的水质达标率高达98.1%；截至2019年1月，已完成本年度县级饮用水水源地问题整治清单上71.9%的任务，部分地市整治完成率100%。在海域环境治理方面，84.2%的近岸海域水质优良，海域环境质量领先其他省份。

4. 空气治理

近年来，山东通过积极开展“蓝天保卫战”活动、强化重点领域排放综合整治、加大排污监管惩处力度、禁止焚烧秸秆、淘汰落后产能、推广使用清洁燃料等方式进行空气治理，并取得一定成绩。截至2018年，全省环境空气质量近五年持续改善。2017年，全省空气中的细颗粒物（PM2.5）、可吸入颗粒物（PM10）、二氧化硫和二氧化氮的平均浓度分别比2016年下降了13.6%、11.7%、31.4%和2.6%；2018年，这四项数值又在2017年的基础上分别下降了14.0%、8.5%、33.3%和2.7%，全年重污染平均天数同比下降至9.9天。山东积极建立推行生态补偿制度，贯彻落实《山东省环境空气质量生态补偿暂行办法》，通过奖惩结合的做法，调动地方保护空气质量的积极性。在对钢铁、建材、火电等空气污染物排放重点行业进行集中整治的同时，建立动态监管机制。截至2018年底，完成了对省内相关行业85951家“散乱污”企业的综合整治，41051台燃煤小锅炉被全部淘汰。

5. 宜居乡村建设

2018年3月8日，习近平在参加十三届全国人大一次会议山东代表团的审议时指出：“要推动乡村生态振兴，坚持绿色发展，加强农村突出环境问题综合治理，扎实实施农村人居环境整治三年行动计划，推进农村‘厕所革命’，完善农村生活设施，打造农民安居乐业的美丽家园，让良好生态成为乡村振兴支撑点。”这也正是山东长期以来践行的理念。自2011年以来，山东省住房和城乡建设厅五次组织专家评选山东省“美丽宜居小镇”和“美丽宜居村庄”，至今共计136个小镇、354个村庄获此荣誉。此外，自2013年起，山东多地摘得国家住房和城乡建设部提出的国家级“美丽宜居小镇”和“美丽宜居村庄”称号，在2017年的第四批评选中，山东共有3个镇和19个村入选。成功获评的小镇和村庄都将获得专项建设资金和人才技术等方面的政策支持，用以改善当地环境，进一步提升村镇的宜居水平。2018年，山东又出台了《山东省人民政府办公厅关于印发山东省美丽村居建设“四一三”行动推进方案的通知》（鲁政办字〔2018〕114号），依据其中要求，山东组织评选了首届美丽村居建设省级试点村庄，首批共确定了56个村庄作为未来山东省美丽村居建设的推广典型、乡村振兴的齐鲁样板。

（二）山东省农村居民对于生态文明建设情况的评价

1. 半数农村居民认可生态环境现状，水污染问题最受关注

2018年山东省经济社会综合调查数据显示，当前山东省农村的生态环境状况整体良好，但水污染、耕地质量退化和空气污染情况较为严峻，分别有23.4%、20.7%和18.6%的农村居民认为其所在村庄存在该类生态环境问题（见图1）。

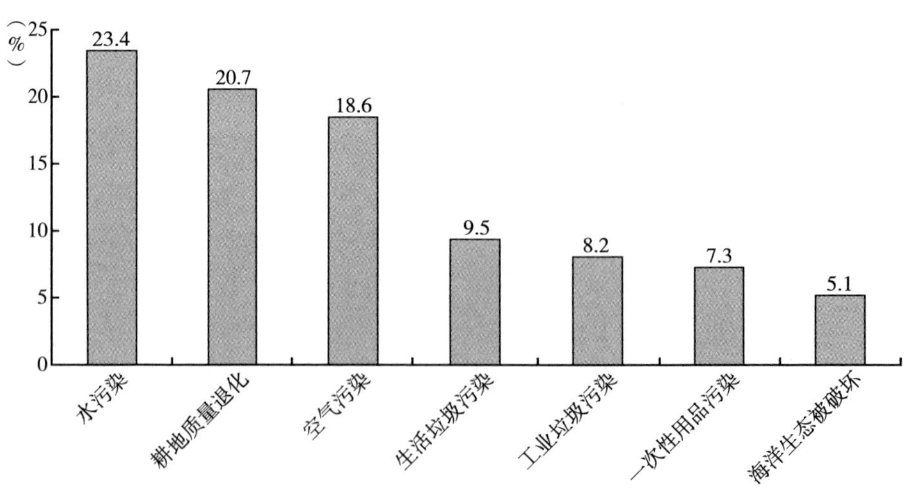

图1　农村生态环境问题分布情况

当被问及在生态环境方面最不满意的地方、亟待解决的问题时，54.8%的农村居民认为没有问题，该回答占全部选项的47.2%①；22.2%的人对饮用水水质最不满意；河湖塘等水污染治理（13.2%）、空气质量（11.8%）、人禽粪便处理（8.8%）依次位列其后；工业污染治理位居最后，仅占5.4%，但这可能是因为农村工业项目较少（见表1、图2）。结合图1与图2可发现，水污染是当前山东省农村居民最为关心的环境问题，安全饮水和污水治理都是群众的迫切需求。

表1　对农村生态环境问题的评价排序

单位：%

	频数	响应百分比	个案百分比
空气质量	353	10.1	11.8
饮用水水质	665	19.1	22.2
河湖塘等水污染治理	396	11.4	13.2
人禽粪便处理	263	7.6	8.8
工业污染治理	163	4.7	5.4
没有问题	1643	47.2	54.8
合计	3483	100.0	116.2

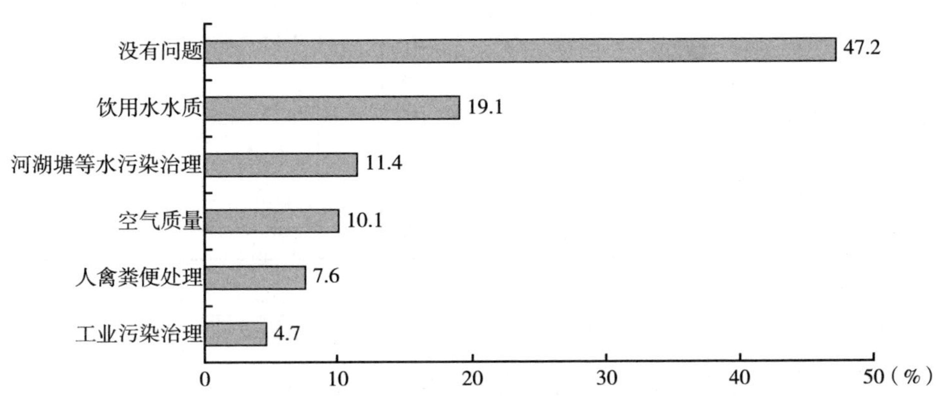

图2　对农村生态环境问题的评价排序

① 对于多重响应集数据，通常会同时报告个案百分比和响应百分比。其中，个案百分比是选择某一选项的人数占调查总人数的比例，响应百分比是选择某一选项的人数占总响应数的比例。此处的54.8%为个案百分比，47.2%为响应百分比。为节省篇幅，下文中凡涉及多重响应集的分析，一般在正文中报告个案百分比，在对应的表格中同时报告个案百分比和响应百分比，并根据响应百分比绘制柱状图。

结合本次调查和山东省政府有关部门公布的数据可知，当前山东的农村生态环保工作呈稳中向好的良好趋势。但是，当前山东省正处于全面建成小康社会的关键时期，也是各项改革的攻坚阶段，如何在稳固生态文明建设既有成果的同时攻坚克难、取得突破，尽快、尽好地满足广大农村居民对生态乡村、美丽家园的美好憧憬和热切期盼，维持农村生态文明建设工作的昂扬发展势头，是摆在全省各级政府面前的一大挑战。

2. 不同人群评价差异较大，村居环境基础设施建设有待提升

2018 年山东省经济社会综合调查数据显示，在村庄的生态宜居基础设施建设方面，46.3% 的农村居民认为没有问题，该回答占全部选项的 39.0%；19.0% 的人对乡村道路最不满意；18.5% 和 17.4% 的受访者对公厕数量与质量及排水管网设施表示不满；相对较少的人认为自来水设施（11.1%）和垃圾收集设施（6.3%）方面存在亟待解决的问题（见表 2、图 3）。

表 2　对农村基础设施建设问题的评价排序

单位：%

	频数	响应百分比	个案百分比
乡村道路	570	16.0	19.0
自来水设施	334	9.4	11.1
排水管网设施	522	14.7	17.4
垃圾收集设施	189	5.3	6.3
公厕数量与质量	555	15.6	18.5
没有问题	1388	39.0	46.3
合计	3558	100.0	118.6

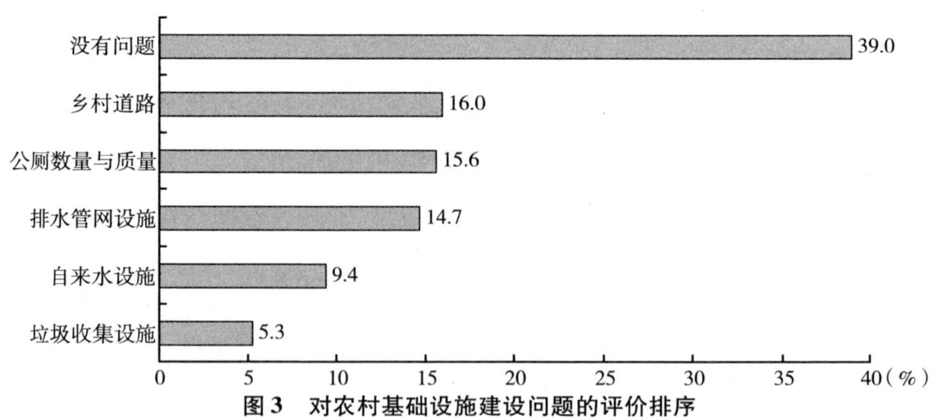

图 3　对农村基础设施建设问题的评价排序

对受访者分类分析发现，受访者的政治面貌、年龄、学历和政治参与情况均对其对当地基础设施建设情况的不满程度有所影响。就政治面貌而言，党员和群众认为当地基础设施建设没有问题的比例较高，分别为49.8%和46.2%；共青团员和民主党派成员选择该选项的比例则分别为34.2%和33.3%。按年龄分组可知，30岁及以下农村居民认为当地没有基础设施建设问题的比例为33.1%，31~45岁为43.4%，46~60岁为46.5%，61岁及以上49.2%，呈现受访者年龄越大、评价越佳的趋势。按学历分组可知，随着文化程度的提升，农村居民对当地基础设施建设的好评递减。具体而言，没有上过学（不识字）的农村居民认为当地基础设施建设没有问题的比例为51.8%，小学为48.9%，初中为44.8%，高中为43.0%，技校、职高或中专为34.4%，大专或高职为34.1%，大学及以上为23.1%。按政治参与情况分组，在认为当地基础设施建设没有问题的人群中，志愿团体等民间社会组织成员占比最高（63.9%），其余依次为人大代表（57.5%），村“两委”（党支部、村委会）成员（50.2%），普通群众（45.3%），整体趋势为政治和社会参与越积极的群体，环保态度越佳。

二 突出问题和挑战

（一）生态人居环境还需加快治理改善

近年来，由于城乡统筹一体化发展、新型城镇化和社会主义新农村建设的共同推动，山东农村建设取得长足的进步，一大批村庄摘掉了贫困落后的帽子，更多村子向着美丽、富饶、和谐的现代化新型农村转变。建设发展新型农村，不仅要靠国家投入建设的硬件设施，更要靠当地农民参与的软件提升。农村生态文明建设中的“软件提升”就是指解决农村普遍存在的生态环境脏乱差的问题，创造美丽宜人的居住生活环境。然而，2018年山东省经济社会综合调查发现，当前山东农村在生态人居环境方面还普遍存在一些问题。

1. 生活污水排放随意，缺乏集中处理规划

生活污水中含有大量微生物、病原体、易腐烂的有机物和清洁洗涤剂等化学物质，容易滋生细菌，散发恶臭，如不经消毒处理就排放、灌溉，还可能会

污染土壤、地下水、河流、空气，进而影响周边动、植物生长和人体健康，严重影响水体周围居民的生活质量。2018 年山东省经济社会综合调查数据显示，生活垃圾污水的处理率低，40.7% 的农村家庭将生活污水通过排水沟排到屋外，35.5% 排入下水道或自家污水下渗池，15.0% 泼到院子里或浇到地里，仅 8.8% 经下水道收集后统一净化（见图 4），这距离《山东省农村人居环境整治三年行动实施方案》中提出的“到 2020 年，50% 以上的村庄对生活污水进行处理”的工作目标尚有一定距离，下一步应当加快城镇周边村庄的污水管网延伸建设，并加强对经济高效污水处理技术的推广应用。

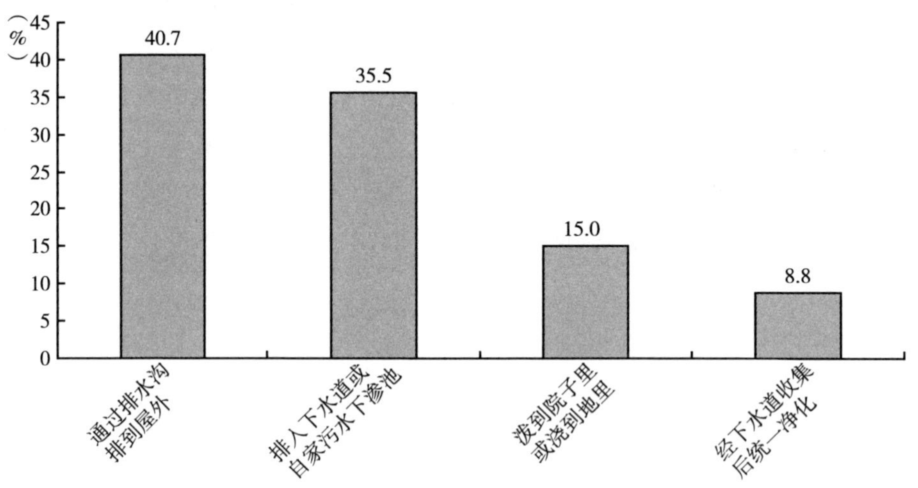

图 4　农村家庭生活污水处理情况

2. “厕所革命”初具成效，旱厕仍占四成比例

推进农村“厕所革命”对改善农村环境、保障居民健康具有重要意义。2015 年，山东省印发了《山东省委办公厅、省政府办公厅关于深入推进农村改厕工作的实施意见》，计划于“2016 ~ 2018 年，每年改造 200 万户，到 2018 年底，完成约 647.3 万农户的无害化卫生厕所改造任务，基本实现全省农村无害化卫生厕所全覆盖”。之后发布的《山东省乡村振兴战略规划（2018 ~ 2022 年）》也指出，“2018 年，全部乡镇基本完成农村无害化卫生厕所改造，2019 年，全部涉农街道办事处基本完成农村无害化卫生厕所改造，2020 年，全部乡镇（涉农街办）内 300 户以上自然村基本完成农村公共厕所无害化建设改

造”。《山东统计年鉴2018》数据显示：截至2017年底，山东省农村居民住宅内厕所中普通旱厕比例为57.4%，水冲式卫生厕所20.5%，卫生旱厕19.8%，水冲式非卫生厕所2.2%，无厕所0.1%。近年来，山东省农村改厕数量快速增长，2018年山东省经济社会综合调查数据显示：38.8%的农村家庭仍在使用旱厕；37.6%的农村家庭使用集中处理的抽水马桶；20.9%的农村家庭使用抽水马桶，但无集中处理；0.7%的农村家庭无专用厕所；另有2.0%是其他情况（见图5）。山东省农村目前的改厕进度与“基本实现全省农村无害化卫生厕所全覆盖”的目标还有一定距离。本次调查的数据情况要优于山东省第三次农业普查和《山东统计年鉴2018》中相应的数据，两次调查的数据差异可能是调查对象和统计口径不同造成的，但这也从侧面反映出山东省的旱改厕工作在不断推进，每年都取得不小进展。

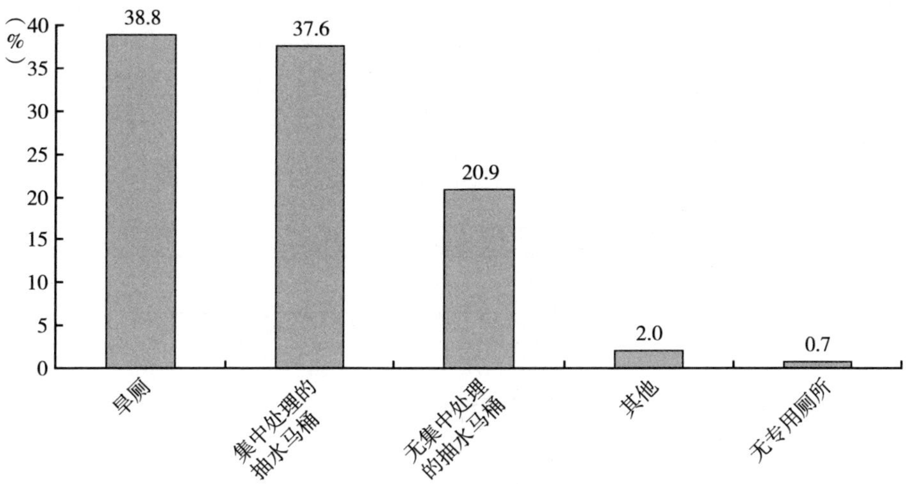

图5　农村居民住宅内厕所情况

分析省内10个地市的农村改厕数据可知，济南和泰安的集中处理的抽水马桶普及率高，集中处理比例较高，改造情况良好；滨州、威海和青岛的旱厕较少，但无集中处理的抽水马桶较为普遍；聊城、临沂的旱厕和集中处理的抽水马桶占比趋近，说明两地的改厕工作正在有序开展；菏泽、枣庄和潍坊等地市的厕所改造工作进度则相对滞后，旱厕比例相对较高（见图6）。

进一步询问未对厕所粪便、污水进行集中处理的家庭后发现，山东省农村

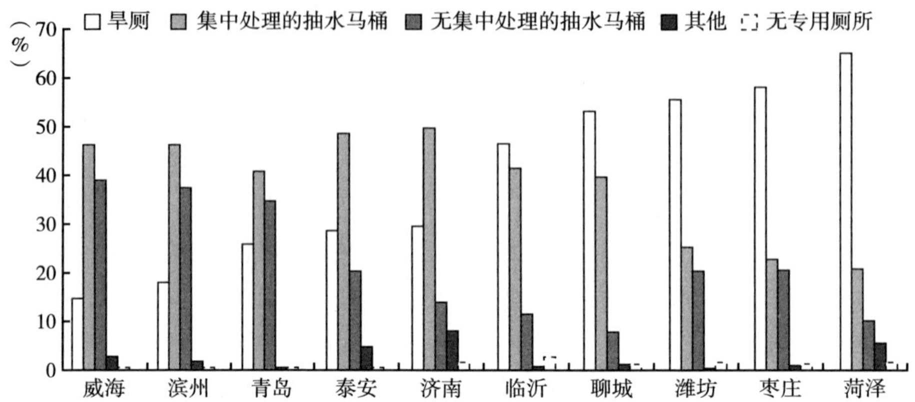

图 6　不同地市农村家庭的厕所类型对比

居民在此方面的环境保护与资源利用意识较强，45.0% 的受访者家庭自行回收到化粪池或沼气池做肥料或燃料，41.2% 的受访者家庭自费请人清理并进行无害化处理，9.6% 的家庭由村庄统一进行无害化处理，只有 4.2% 的受访者表示会随意倾倒（见图 7）。

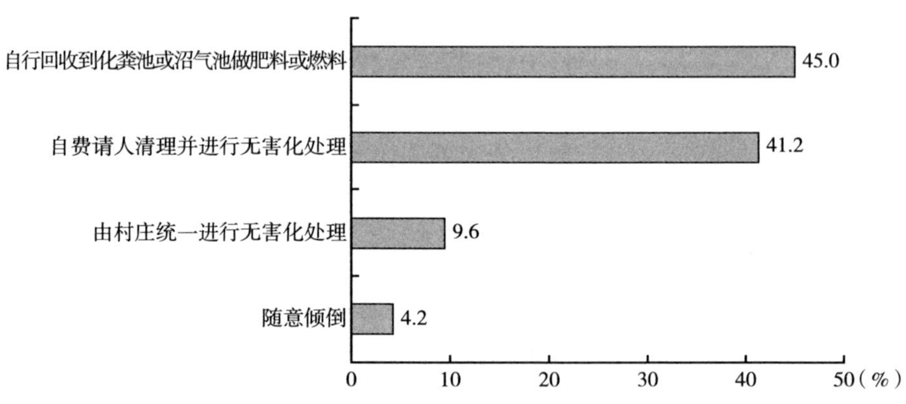

图 7　未经集中处理的家庭厕所清理情况

3. 冬季取暖仍靠烧煤，清洁供暖工作任重道远

冬季取暖对于北方农村而言尤为重要，稳妥推进农村地区清洁供暖工作是山东省各级政府有关部门现在和未来一段时间内的工作方向。2016 年 11 月印发的《山东省人民政府办公厅关于推进农村地区供暖工作的实施意见》中提

出，到2020年底，全省70%以上的村庄要实现冬季清洁供暖，同时要推广使用绿色清洁能源，鼓励使用清洁燃煤替代普通燃煤、煤改电、煤改气。2018年山东省经济社会综合调查数据显示，目前烧煤仍是山东省农村居民最主要的取暖方式，占受访者总数的75.8%；部分受访者用电（15.1%）、自家秸秆草木（5.6%）和家用燃气（2.6%）等能源取暖；只有0.9%的农村居民享受市政（村庄）统一供暖，使用清洁能源供暖的农村家庭不足两成（见图8）。

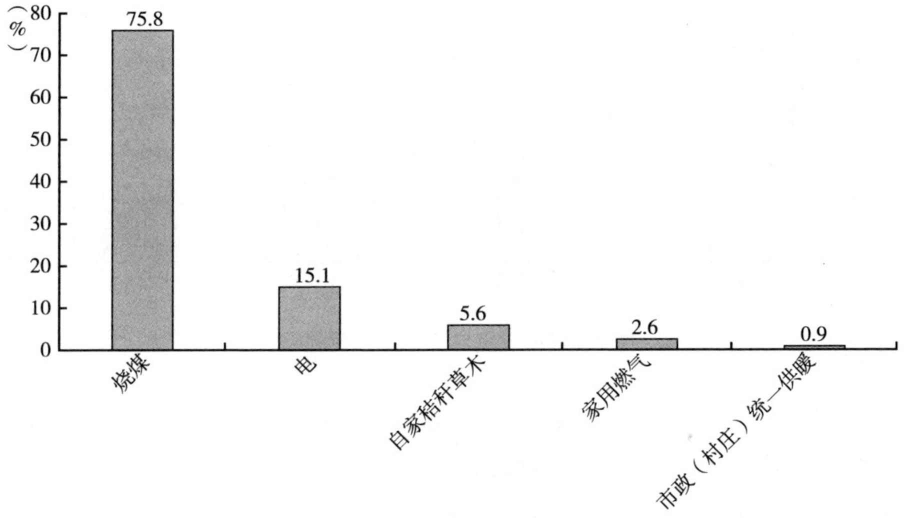

图8　农村居民取暖方式

（二）农业废弃物资源化利用亟须加强

当前山东农村面临的最大生态环保问题是农业生产过程中产生的且未经合理处置的垃圾废料对农村土壤、空气、水体和农产品等造成的污染较为严重。近年来，政府努力发展生态循环绿色农业，不断推动清洁生产、化肥农药减量增效、农业废弃物资源回收利用等具体工作的落实，以减少农业污染，助力实现农村生态振兴，但效果不明显。

1. 化肥农药施用量大，农业结构需要调整

山东省农药和化肥的使用数量分别位居全国第一和第二。《山东统计年鉴2018》数据显示，2017年山东省农村共使用农药14万吨；施用农用化肥实物

量133.2万吨，折纯量439.9万吨，其中用得最多的是复合肥，而后为氮肥、磷肥和钾肥。2018年山东省经济社会综合调查数据显示，54.3%的农村家庭一直使用农药化肥，18.8%较常使用，9.5%较少使用，17.4%不使用（见图9）。整体来看，全省农药化肥的施用量依然较大。

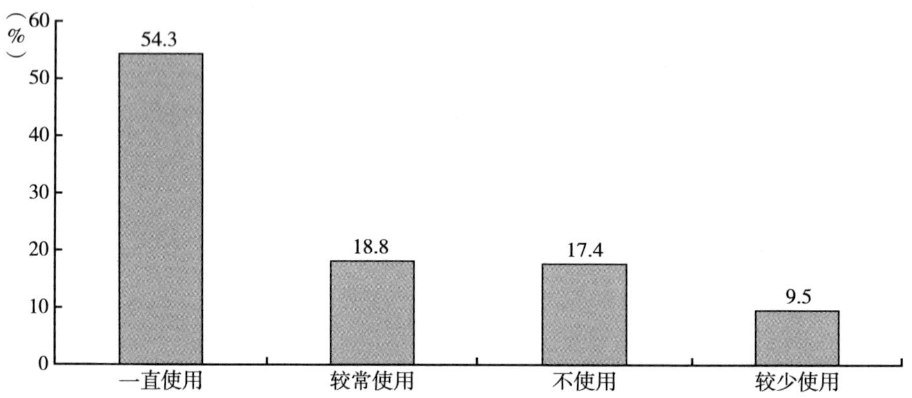

图9　农村家庭农药化肥使用情况

在回答选择农药化肥的最主要标准时，72.9%的人首先看重效果好，13.0%的人看重对人畜无害，价格便宜（5.8%）、不污染环境（4.7%）和怎样都可以（3.7%）的选择人数相对较少，减量提效工作任重道远（见图10）。

2. 八成秸秆还田成肥，应加强综合利用

露天焚烧秸秆对空气有较大影响，山东省公布的测算数据显示，农作物秸秆的年产生总量约为8500万吨①，若不对秸秆的处理手段加以限制，就会对空气质量造成较大损害。近年来，山东省加大了对该类行为的查处力度，并通过组织评选省级农作物秸秆综合利用试点项目、出台《山东省秸秆人造板产业发展三年行动方案（2019～2021年）》等政策文件的方式促进农村对秸秆的回收利用。2018年山东省经济社会综合调查发现，73.8%的家庭会产生秸秆（见图11）。在产生秸秆的家庭中，79.8%将秸秆用作自家肥料，10.4%用于

① 山东省人民政府办公厅：《山东省人民政府办公厅关于印发山东省畜禽养殖粪污处理利用实施方案的通知》（鲁政办字〔2016〕32号），2016年3月16日，http://www.shandong.gov.cn/art/2016/4/22/art_2522_8488.html。

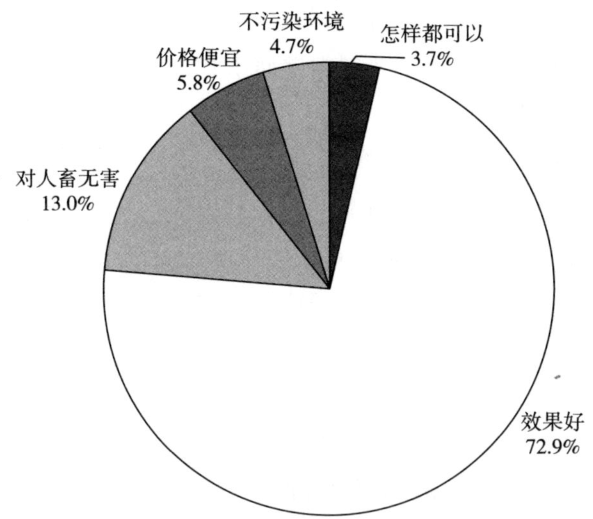

图 10　选择农药化肥的最主要标准

自家生火做饭，7.6% 将其回收作为能源原料，就地焚烧的比例只有 2.2%。整体来看，秸秆还田情况良好，但未来仍需进一步加强秸秆的饲料化、基料化、原料化综合高效利用。

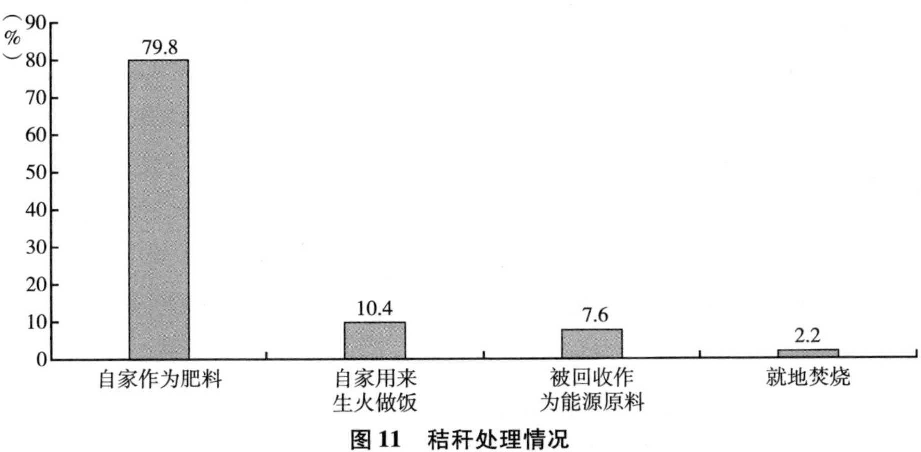

图 11　秸秆处理情况

3. 废弃农膜处置无序，亟须强化回收处理

农用薄膜的大量使用和残留不仅会污染环境，还会对土壤、农作物、牲畜等造成不同程度的损害，因此地膜污染防治也被列为山东省乡村生态振兴项目

之一。《山东统计年鉴2018》数据显示，2017年山东省农村共使用农用塑料薄膜28.7万吨、地膜11.4万吨，地膜覆盖面积198.9万公顷。根据2018年山东省经济社会综合调查数据测算，有34.4%的农村居民使用农用薄膜（见图12）。其中，34.0%的人将废弃农膜直接丢在田里，31.1%卖给收废品的，26.2%从田里取出后随意丢弃，生产厂家、村里或政府统一回收处理的比例仅为8.7%。随意丢弃的比例超过六成，距农业农村部于2018年6月提出的“2020年我国当季地膜回收处理利用率达80%以上”的目标尚有不小距离。

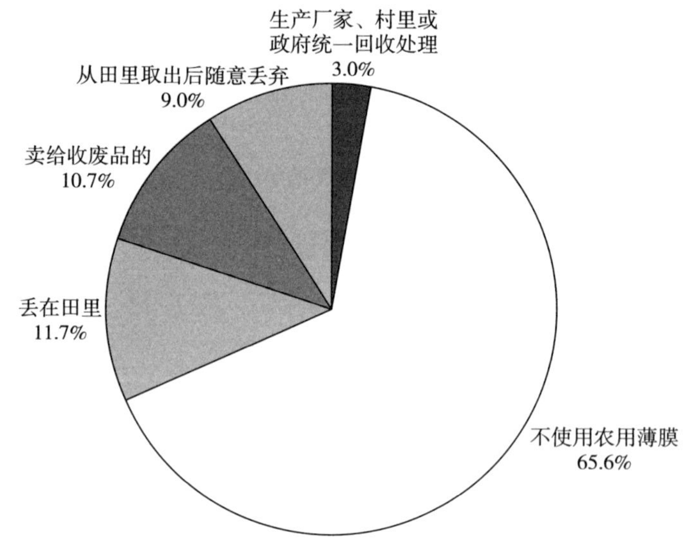

图12　废弃农用薄膜处理情况

4. 畜禽粪便分散处理，可集中进行资源化开发

山东是畜禽养殖大省，畜牧产业规模曾连续多年位居全国第一。2016年，全省畜牧生产总值2541亿元，畜牧业一、二、三产业总产值超过7500亿元。2017年，山东虽被河南超越，位居第二，但全省畜牧生产总值仍高达2501.37亿元①。据统计，当前山东省每年因畜禽养殖而产生的粪尿约2.7亿吨，其中粪1.8亿

① 王春令：《山东畜牧业总产值超过7500亿　产业规模稳居全国第一》，齐鲁网，2017年11月10日，http：//news. iqilu. com/shandong/yaowen/2017/1110/3741181. shtml。

吨、尿0.9亿吨①。在2018年山东省经济社会综合调查数据中，养殖畜禽的受访者占比为24.5%（见图13）。在养殖畜禽的受访者中，79.6%的人会自己回收畜禽养殖产生的粪污到沼气池等设施中作为肥料或燃料，9.8%随意倾倒弃置，7.3%自费请人清理，2.9%由村里统一组织清理。畜禽粪污处理利用率为90.2%，基本完成《山东省打好农业农村污染治理攻坚战作战方案（2018～2020年）》中规定的“到2020年，全省畜禽粪便处理利用率达到90%以上，污水处理利用率达到63%以上，粪污综合利用率达到81%”的目标任务。由此可见，目前山东省农村畜禽粪污处理利用的整体情况较好，未来应向专业化集中处理和资源化利用方向发展。

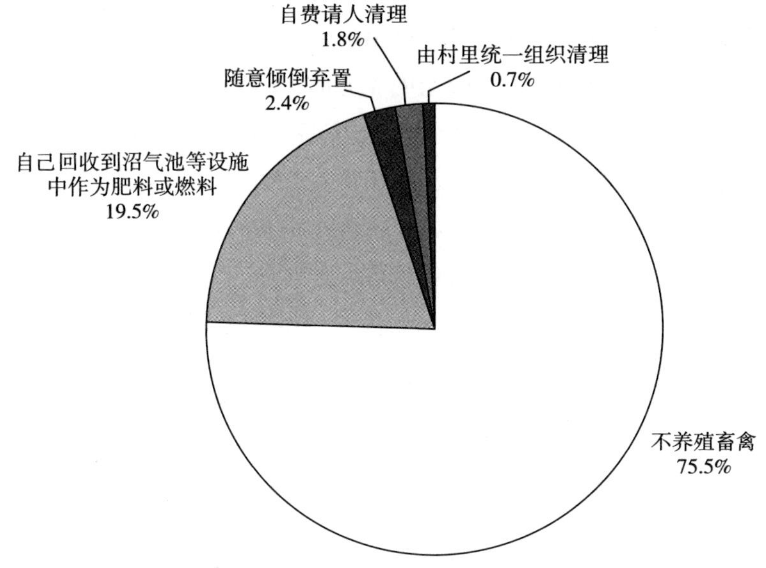

图13　畜禽养殖产生的粪污处理情况

（三）居民环保意识和行为都有待进一步提升

2018年山东省经济社会综合调查居民问卷中有三个题目反映了农村居民的环保态度，具体包括：①周围人都不注意环境保护，我也没有必要环保；②保护环境是政府的事情，个人是无能为力的；③对我国来说，发展经济比保

① 山东省人民政府办公厅：《山东省人民政府办公厅关于印发山东省畜禽养殖粪污处理利用实施方案的通知》（鲁政办字〔2016〕32号），2016年3月16日。

护环境更重要。对相关变量进行合并检验后得到的 Cronbach'sα 系数为 0.693，而基于标准化项的 Cronbach'sα 系数为 0.705，超过常用的高信度标准 0.7，故本文将上述变量进行取值加总，并将合并构建后的新变量定义为环保态度。此三个题目的评分被设置为从 5 分到 1 分同意程度递减，故得分越高代表受访者环保态度越强，反之则表明受访者环保态度欠佳。方差分析（ANOVA）结果显示：不同的性别和婚姻状况对环保态度的影响差异并不显著（$p > 0.05$），而不同年龄、地市、文化程度、政治面貌和家庭年收入的受访者在环保态度方面的得分差异有统计意义（$p < 0.05$）（见表 3）。

具体而言，不同群体的环保意识差异较大。随着受访者年龄增加，得分降低，说明年龄越大，环保态度越差。受访者文化程度越高，得分越高，说明学历水平越高，环保态度越好。在政治面貌方面，中共党员和共青团员的环保态度得分高于民主党派和群众，表明党员和团员的环保意识相对更强。受访者的家庭年收入越高，环保态度越好。对比不同地市发现，省会济南市得分最高，枣庄市、聊城市的得分较低，说明城市发展水平对当地农村居民的环保态度也有一定影响，发达地区有相对更好的整体环保态度。

表 3　不同变量对农村居民环保态度影响的方差分析（ANOVA）

项目		样本量	平均数	标准差	统计量	P 值
年龄	小于 45 岁	583	4.3779	0.71390	16.203	0
	45～59 岁	1243	4.1521	0.83900		
	60～74 岁	1080	4.0889	0.92178		
	75 岁及以上	95	4.0105	0.91022		
文化程度	文盲	469	3.9041	0.99335	15.546	0
	小学	877	4.0931	0.86746		
	初中	1220	4.2678	0.78035		
	高中	294	4.2585	0.81724		
	职高或中专	61	4.3825	0.80929		
	大专或高职	41	4.6016	0.69610		
	大学及以上	39	4.4872	0.65715		
政治面貌	中共党员	331	4.3494	0.77443	7.515	0
	共青团员	79	4.3755	0.73838		
	民主党派	3	4.1111	1.53960		
	群众	2588	4.1394	0.86576		

续表

项目		样本量	平均数	标准差	统计量	P 值
家庭年收入	低于 10000 元	380	4.0053	0.91981	4.864	0
	10000～19999 元	446	4.1054	0.92549		
	20000～49999 元	1030	4.2084	0.82225		
	50000～99999 元	826	4.1868	0.85858		
	100000～200000 元	267	4.2672	0.74493		
	高于 200000 元	52	4.3269	0.76266		
地市	滨州	300	4.0578	0.78989	9.367	0
	菏泽	297	4.1975	0.81643		
	济南	302	4.3565	0.76407		
	聊城	294	3.9444	0.92552		
	临沂	301	4.2813	0.75759		
	青岛	299	4.1126	0.88506		
	泰安	301	4.2148	0.86087		
	潍坊	300	4.2767	0.77068		
	威海	295	4.3062	0.88620		
	枣庄	288	3.9294	0.98185		

2018 年山东省经济社会综合调查还对最近一年农村居民的环保行为进行了考察，数据结果显示，86.7% 的受访者经常和偶尔为了环保，减少烟花爆竹燃放；84.1% 的人会为了环保，节约用水或对水进行再利用；56.7% 的人为了环保，采购日常用品时会自己携带购物袋或购物篮；但同时也有 52.8% 的受访者发现破坏环境的行为和事件不会立即举报或采取行动；56.6% 的人从未为了环保，对生活垃圾进行分类；57.3% 的人从不为了环保，尽量少开车（见图 14）。除第一项和最后一项分别可能受到受访者所在地禁止燃放烟花爆竹及受访者并不拥有汽车或驾照的影响外，其余各项数据基本反映了当前山东农村居民的环保行为情况。

（四）需防范生态问题引发的社会风险

生态环境问题的成因复杂，如工农业生产、自然资源开发、城乡居民的日常生活、城乡交通运输以及不同国家和地区间的碳排放交易等，涉及的主体包括但不限于各级政府、企业、社会组织、居民等，因此生态环境问题不仅表现

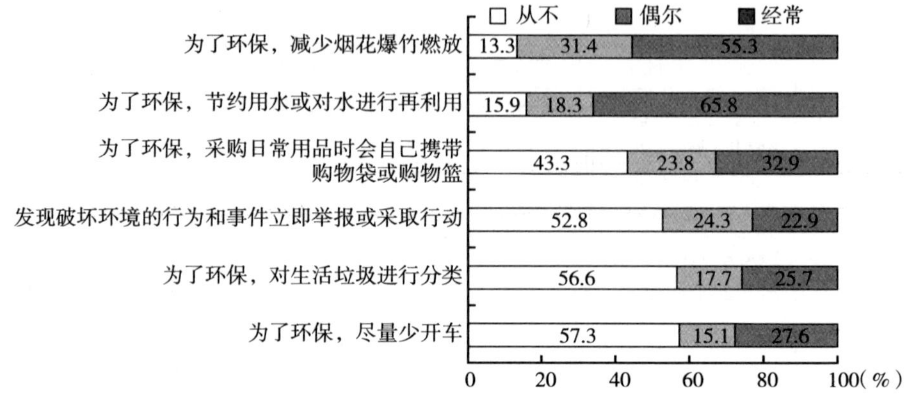

图 14　2017 年 7 月到 2018 年 7 月农村居民进行不同环保行为的情况对比

形式复杂多样，对问题的解决处理更是困难重重。然而，在过去较长一段时间内，经济发展是地方政府最为关注的中心任务，生态环境的污染破坏被视为发展的必要代价和阶段性产物。直至今日，农村还大量存在资源掠夺式开采、环境污染式生产和生态破坏式开发现象，许多农村居民没有意识到自己日常生产生活中的不良行为对环境造成的影响。长期如此，不仅会严重损坏本就脆弱不堪的生态环境系统，也会影响居民的身心健康和社会稳定。近年来，随着生态环境污染破坏的累积，各类问题和风险不断积累进而集中暴露。由于公民环保意识、法制意识和政治参与意识日益提升，环保信访和环境诉讼量都连年增长。对于一些区域性、结构性以及与居民权益密切相关的生态环保问题，政府如不能加以重视、合理引导、及时妥善解决，就会逐步演化为网络谣言、舆论热点甚至群体性事件，最终导致生态风险向社会风险、政治风险领域扩散。

三　对策建议

（一）坚守生态红线，防治环境污染

建设美好环境是生态文明的基础，历史告诫我们，先污染再治理的老路已走到尽头，只有坚守生态红线，保障环境资源安全，才能从源头上防治环境污染。

今后山东应落实“1+1+8”方案要求，建立生态环境监管、生态保护补偿、执法监督和责任追究等制度，积极开展对全省农村环境的综合整治、绿色创建工作，推动对农村空气、水、土污染的治理保护。首先通过行政体制内横向和纵向两条路线加强对生态环境问题的监管，紧扣重点领域、关键环节和主要矛盾，做好监督预防工作，打好农村污染防治攻坚战。其次加强对生态环境污染事故的处置力度，发现一起就严肃查处一起。最后探索建立市场化、多元化的农村生态保护补偿和绿色利益分享机制，通过产权交易、生态产品价值实现、“生态+”的融合发展模式等，发挥市场在生态文明建设领域中的配置作用。

在水环境治理和水资源保护方面，一是将农村水资源纳入河长制、湖长制管理体系中一并管理；二是加强对饮用水源的检测工作，严格按照评价指标对城乡水源实施监测，及时检测出劣Ⅴ类水源并发出预警，避免发生饮用水水源安全事故；三是严格落实《水污染防治行动计划》和《农村生活污水处理设施水污染物排放标准》等文件的任务要求，做好农村污水集中处理工作，推动污水处理设施和服务由城市向农村延伸，将非规模化的畜禽养殖污染作为水污染防治的工作重点，力争实现“到2020年，全省村庄污水处理率达到35%”的目标；四是加强对沿海农村近海区域整体水质的保护，避免近海无毒赤潮等海域污染的出现，对非沿海农村则应加强对河道坑塘的污染整治。

在大气污染防治方面，应认真落实《山东省打赢蓝天保卫战作战方案暨2013～2020年大气污染防治规划三期行动计划（2018～2020年）》要求，优化结构布局，淘汰落后和过剩产能，壮大绿色环保产业，鼓励使用清洁能源；通过全面推行排污许可制度、分类防控工业和农业污染源排放、提高对移动污染源的治理水平，做好对空气污染的综合防治工作；加大执法力度，加强网格化、精细化的空气污染监管体系建设。

（二）调整生产方式，推动绿色发展

实现山东乡村生态振兴的关键在于减少农村面源污染，实现农业生产的绿色可持续发展。因此，调整生产方式方法，改变过去粗放式、环境漠视型的农业生产思想势在必行。而农业清洁生产、回收利用农业废弃物资源、对化肥农药进行减量增效、开展生态循环等举措有助于转结构、调方式，实现绿色发

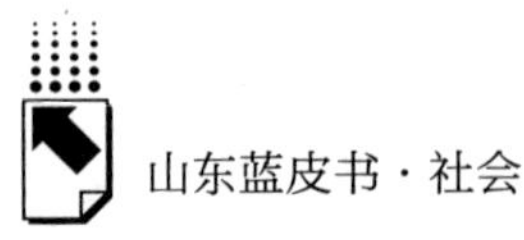

展。具体可从以下几个方面着手推进。

1. 转变农业发展方式，优化产业结构

大力发展绿色、生态、可循环的现代化农业，认识到生态循环不仅发生在农业种植过程中，还源自农工业的有机结合，打造多元农村生态产业，由创新驱动引领，促进农业发展方式转变，实现农业投入品减量化、生产清洁化、废弃物资源化、产业模式生态化。例如，多方面拓宽渠道，积极推动实现秸秆的肥料化、饲料化、能源化、基料化、原料化综合利用；加大政策支持力度，促进农膜减量覆盖及回收加工利用、生物可降解地膜研制等技术创新，实现对农膜等农业废料的综合利用。

2. 控制农药化肥施用数量，提高利用效率

在提高认识层面，各级政府应大力宣传农药化肥过度使用的危害，引导农民在生产过程中自觉主动地科学减量施用农药化肥，减少过度使用化肥农药对农村生态环境造成的影响。

在强化推动层面，一是做好制度建设，山东省将花费三年时间控制省内对高毒、高风险农药的使用，对已被污染的农田进行生态保护和生态修复。二是直抓源头，联合高校、科研机构和企业，进一步深化测土配方施肥技术在农药化肥生产环节中的推广应用。根据不同地区的土地和农产品情况，调整农药化肥中具体化学元素的调配比例，有针对性地提供施用效率较高、对环境危害较小的产品，提升配方施肥的有效性。三是通过强化监测预警，减少农民的盲目用药，提升绿色防控水平，控制使用数量。

在示范带动层面，可通过推广缓控释等一次性深施等技术，提升施肥的实际效率；增加高效植保机械，提高化肥农药利用率；推广科学施药技术，实现对农药的精准使用；扩大专业化统防统治，减少药剂使用超量的情况。在条件适宜地区推广机械收获留高茬免耕技术和种植绿肥还田技术，逐步修复培肥土壤，降低施用人工肥料的必要性，真正实现“源头减量、过程控制和末端治理”。

3. 提高畜禽粪污处理水平，促进有机循环

山东省拟在2020年实现对全省90%以上畜禽粪便的处理利用，以减少此类污染物对农村生态环境的污染。因此，应当重视养殖业与农业之间的关联性和协同性，将这两个行业有机结合，通过利用技术处理后的粪污渣液生产复合

肥等方法，推动实现畜禽粪污的集中处理、有机循环和废物利用，切实提高畜禽粪便污染物的无害化处理水平，达成经济发展、环境保护与生态文明建设的高度统一。

（三）倡导低碳生活，改善人居环境

1. 积极推广绿色低碳生活方式

政府应当在农村大力宣传节能减排，践行绿色低碳生活方式。低碳生活方式与大部分农村居民勤俭节约的生活习惯相契合，也体现了现代先进的生态智慧和理念，有助于改善乡村人居环境，促进美丽宜居乡村建设，加快实现生态文明。政府有关部门和村集体可以组织专项宣传教育活动，如发起节能低碳倡议、拍摄推送公益视频、选出低碳生活楷模家庭等，向广大农村居民普及绿色环保文明的知识和理念。

更加重要的是，各级政府都应认真思考如何在农村营造绿色生活、绿色消费的良好氛围，并努力实践。如打造方便快捷、绿色共享的公共交通体系，就可增加农村居民绿色出行的概率；积极搭建平台，提供资金资源和政策支持，就可加强对绿色空间、场所、设施的建设，助推新型环保方法技术的产生；做好信息服务和科学引导，则有助于绿色理念的传播，培养新的消费习惯，拒绝过度包装和浪费，减少对人工物品的购买和使用，进而减少工业生活带来的不能降解的废弃物对乡村绿色环境的污染。

2. 加强美丽村居建设

加强人力、财力、物力保障，进一步推进美丽村居建设工作。一是加大对人居环境整治、生态基础设施建设、公共服务供给等的投入，推进改房、改路、改水、改厕等“农村六改”，开展“千村示范、万村整治”行动，集中治理农村大量存在的脏乱差现象；全面推进村边、路边、水边、屋边绿化，打造绿色文明家园。二是提高农村生活垃圾和生活污水的无害化处理率，推进农村生活垃圾收集转运站建设工作，从源头上减少废弃物、污染物对乡村宜居生活环境的破坏，力争到2020年底实现农村垃圾处理体系全覆盖、全运行，还给农村居民一个绿色洁净的生活环境。三是统筹推进省级美丽村居试点村的建设工作。依据试点村庄中出现的问题，及时调整反馈，并在试点后以优秀试点村为依托，向周围村居推广，最终实现连片建设，扩大生态文明建设的范围，以点带线、连线成片，打造靓丽的美丽村居风景带。

3. 借助移风易俗，加强农村生态文明建设

建设美丽乡村，不仅要建设生态文明的美丽村居，更要加强对农村群众精神文明的建设。政府应当将生态文明与乡村文化建设结合起来，在遵循传统乡村生态文化体系变迁规律的基础上，将现代化的生态环保思想同挖掘优秀家风家训、弘扬优秀传统文化、促进乡风文明建设和现代化民主法治建设等工作结合在一起，实现人与自然的和谐共处。借助移风易俗，塑造和谐美好的新时代乡村文明风尚，打造乡村生态和文化振兴的齐鲁样板，在物质和精神两方面助推乡村振兴。

（四）健全制度机制，保障生态文明

维护乡村生态文明，离不开健全的制度保障。未来山东省应当坚持综合施策。一是发挥好行政法治的约束作用，全面强化监管执法，明确执法重点，加大执法力度，用"雷霆手段"、高压态势消除生态环境违法行为，消除生态环境领域存在的突出问题。二是加强对生态环境信访案件的督办，积极推动建立完善生态环境公益诉讼的审判程序和配套机制，为农村居民拿起法律武器维护自身合法权利提供制度保障。三是发挥好经济、市场和技术的支撑保障作用，构建生态环境保护和补偿的长效工作机制，通过制度构建实现从"不敢污"到"不能污""不想污"的转变。四是鼓励群众监督，实行有奖举报，动员引导全社会各方参与到对生态环保问题的动态监管中。五是做好信息公开工作，防止数字造假，坚决杜绝"数字环保"、"口号环保"和"形象环保"，夯实基础、挤干水分，切实推动山东省生态环境质量的改善。总之，既要做好宏观顶层设计，又要抓牢微观、推动落实，通过从政策制度制定到执行监督、考核问责的全流程覆盖，确保各项生态环保政策的落地见效。

参考文献

顾仲阳：《习近平在全国生态环境保护大会上强调坚决打好污染防治攻坚战推动生态文明建设迈上新台阶》，《人民日报》2018 年 5 月 20 日。

李干杰：《坚决打好污染防治攻坚战》，《学习时报》2018 年 5 月 16 日。
万俊人、潘家华、吕忠梅、王晓毅、邹逸麟：《生态文明与“美丽中国”笔谈》，《中国社会科学》2013 年第 5 期。
张盾：《马克思与生态文明的政治哲学基础》，《中国社会科学》2018 年第 12 期，
朱启臻：《乡村振兴中的生态文明智慧》，《光明日报》2018 年 2 月 24 日。

B.7

2018 ~2019年山东省村庄发展现状、问题与建议

——基于百个村庄的问卷调查分析

陶金钰*

摘　要： 村庄发展是乡村振兴的基础，乡村振兴战略的实施需要落实到村庄层面。通过对全省100个村庄的抽样调查发现，示范引领型和特色发展型两类村庄占被调查村庄的一半，二者比搬迁撤并型村庄具有更明显的区位优势。高效农业、招商引资、电子商务、休闲农业和乡村旅游是新一轮村级发展规划的主要产业选择。三成以上村民的收入来自二、三产业，九成以上村庄的人居环境得到改善。缺少经济项目、缺少资金技术、精英劳动力流失、人均耕地少、交通不便和环境污染是制约村庄发展的主要因素。本文在分析山东省乡村发展现状的基础上，从创新村庄发展理念、大力发展村级经济、重视村庄文化传承、有序推进村庄治理等方面提出了推进村庄发展的对策建议。

关键词： 乡村振兴　村庄发展　村庄治理

村庄是我国社会的基本单元。我国是人类历史上典型的以农立国的国家，农业发展有着悠久的历史，形成了一种独特的经济和社会现象，人们聚集在村

---

* 陶金钰，山东社会科学院省情与社会发展研究院助理研究员，主要研究方向为农村社会学、发展社会学。

庄中居住，几十户、几百户规模不等的村民集中居住在一起，守望相助，形成了丰富多彩、形态各异的村庄群体和文化。根据德国社会学家斐迪南·滕尼斯（Ferdinand Tönnies，1855～1936年）的《共同体与社会》，村庄作为初级社会群体，不但有经济功能，还具有社会、政治、文化、生态等其他多重功能。改革开放以来，我国传统村庄正经历工业化、城镇化和现代化带来的巨大冲击，根据民政部的统计数字，2002年至2012年，我国自然村由360万个锐减至270万个，10年间减少了90万个，其中包含大量传统村落①。“三农”问题是关系到改革开放和经济社会发展全局的重大战略问题。在新一轮国家发展战略中，作为农村居民生活和生产的聚集点，村庄的发展是乡村振兴的基础，是乡村振兴需要重点关注和提升的要素和平台。在乡村振兴战略的背景下，如何把握好村庄发展的规律和方向，建设和保护好村庄，是山东省需要思考和予以应对的课题。

为贯彻落实习近平总书记对山东省乡村振兴战略的指示精神，全面了解山东省在村庄层次上统筹的生产、生态、生活一体化布局，实现生产美产业强、生态美环境优、生活美家园好的融合发展，了解打造乡村振兴齐鲁样板的进展情况，山东社会科学院2018年山东经济社会综合调查课题组围绕乡村振兴取得的进展、制度框架和政策体系等，对全省100个村庄进行了问卷调查，获得了大量第一手数据。在分析山东省乡村发展趋势的基础上，结合村庄发展存在的问题，提出推进村庄经济社会发展的对策建议。

一　调查村庄的基本情况和受访者特征

（一）调查的村庄发展类型

坚持因地制宜、先点后面、示范引领，从不同区域的实际出发，明确不同村庄、不同阶段乡村振兴的发展要求和具体目标，分梯次、有重点、多样化推动乡村振兴，是《山东省乡村振兴战略规划（2018～2022年）》（以下简称《规划》）的基本思路。《规划》将村庄划分为示范引领型、特色发展型、改造

① 陈杰：《中国传统村落“正在拨打120”》，《人民日报》2013年6月5日，第12版。

提升型和搬迁撤并型等四种类型，针对不同类型的村庄，分别提出相应的发展规划（见表1）。四种类型的发展目标、发展定位和具体要求各有不同，示范引领型村庄坚持高点定位，按照高标准打造示范样板，要求在基础设施配置、公共服务功能、村容村貌建设、房屋建筑形态、农村环境、乡风文明、社会治理、特色产业发展等方面走在全省前列，突出强调“带头引领、均衡发展”；特色发展型村庄利用特色优势，按照村庄独特的产业和文化优势，打造经济强村，突出强调“因地制宜、特色发展”；改造提升型村庄要求在原有的规模基础上有序推进改造提升，以农村人居环境整治为重点，激活产业、优化环境、提振人气、增添活力，配套完善村庄基础设施和公共环境，突出强调“改造提升、宜居宜业”；搬迁撤并型村庄需要通过合村并点、生态搬迁等方式推进村庄整治，与新型城镇化相结合，依托小城镇、产业园区等，吸纳农村剩余劳动力，促进农民就地城镇化，突出强调“空间整治、转移发展”。

表1 山东省乡村振兴类型划分及建设要求

类型	示范引领型	特色发展型	改造提升型	搬迁撤并型
占比	约占全省总数的20%	约占全省总数的20%	约占全省总数的40%	约占全省总数的20%
目标任务	2022年，全部村庄在全省率先基本实现农业农村现代化	2022年，30%的村庄基本实现农业农村现代化；2030年，全部村庄基本实现农业农村现代化	2022年，10%的村庄基本实现农业农村现代化；2030年，50%的村庄基本实现农业农村现代化；2035年，全部村庄基本实现农业农村现代化	2018年，完成易地扶贫搬迁任务；2020年，完成黄河滩区迁建规划任务。合村并点村庄按规划建设农村新型社区
标准要求	产业发展优势明显，三产融合发展程度高，村集体经济收入超过50万元；基础设施配套齐全，环境优美宜居；乡风文明、乡村治理全面加强	产业特色彰显，特色资源保护与村庄发展两性互促，村集体经济实力强；基础设施和公共环境明显改善；乡风文明、乡村治理全面加强	产业发展基础增强，村集体经济发展壮大；生产生活条件明显改善，宜居宜业水平大幅提升；乡风文明、乡村治理全面加强	保障正常生产生活条件；合村并点、生态搬迁稳步有序，迁建与发展同步推进；农民就近安居和就业工作取得显著进展

资料来源：笔者根据《山东省乡村振兴战略规划（2018～2022年）》整理。

本次问卷调查覆盖了四种不同类型的村庄。调查发现，19%的村庄属于资源禀赋丰裕、生态环境友好、产业支撑较强、地理位置优越、集体经济实力雄厚的示范引领型村庄；31%的村庄属于具备特色资源、产业基础较好，而且具有深厚文化底蕴、悠久历史、独特风貌的特色发展型村庄；4%的村庄属于不具有保留价值的“空心村”，是被列入城中村改造或农村新型社区建设计划，以及山区、库（湖）区、盐碱涝洼区、黄河滩区、采煤塌陷区等特殊区域的搬迁撤并型村庄；还有46%的村庄不在这三种类型之中，基本属于村庄产业基础薄弱、生产生活条件亟须改善、“空心化”比较严重的改造提升型村庄（见图1）。

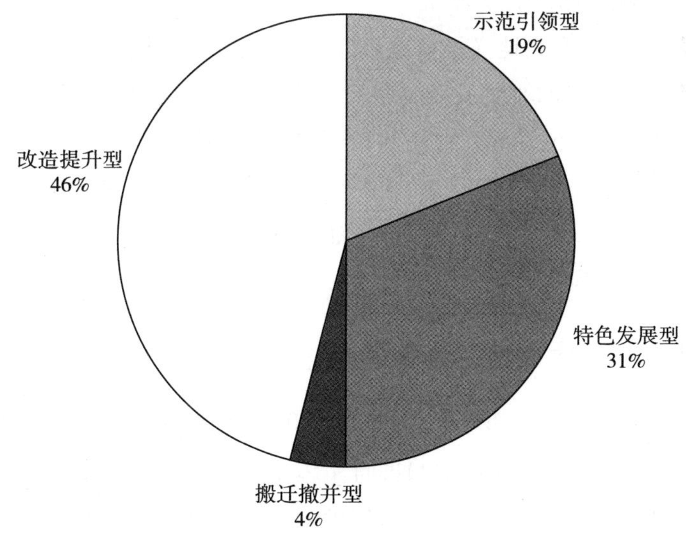

图1　村庄基本类型

从不同类型村庄的地理位置和空间分布来看，示范引领型、特色发展型、搬迁撤并型村庄距离最近乡镇的平均距离分别是4、3.7、4.4公里，距离最近县城的平均距离分别是3.2、13.9和17.3公里，距离最近的交通站（公交站或汽车站）的平均距离分别是0.7、2.3、5.4公里。调查发现，示范引领型村庄和特色发展型村庄比搬迁撤并型村庄具有更明显的区位优势。

（二）调查村庄的经济社会特征

1. 村庄人口状况

调查发现，每个村庄的平均户数是321户，平均人口1263人，其中男性

632 人，女性 631 人，平均男女性别比值为 100.2（以女性为 100 人计算得到）。每村平均户籍人口 1232 人，平均外来流入人口 19 人。常住 60 岁及以上人口 284 人，占村庄总人口的平均比例为 23.4%。

2. 村庄人口流动状况

调查发现，示范引领型村庄、特色发展型村庄和搬迁撤并型村庄的外来流入人口占村庄总人口的比例分别为 1.5%、0.8% 和 3.0%，搬迁撤并型村庄的外来流入人口比例高于其他两种类型的村庄，搬迁撤并型村庄对外来人口具有一定的吸纳能力。

3. 村庄土地征用和劳动力状况

20.0% 的村庄存在失地（被征地）人口，平均失地（被征地）人口 51 人，每村失地人口占总人口的平均比例为 4.2%。从失地（被征地）人口占比来看，示范引领型村庄、特色发展型村庄和搬迁撤并型村庄的失地（被征地）人口占村庄总人口的平均比例分别是 13.4%、2.8% 和 0.2%。在被调查的村庄中，12.0% 的村庄人口以农业为生；以非农工作为主要生活来源的人数为 357 人，占村庄人口的比例为 28.3%。

（三）受访村干部的基本情况

在我国现阶段，村干部是贯彻执行党和政府针对农业、农村颁布的方针政策，带领农民建设社会主义新农村的骨干力量。他们在村级党组织、村民委员会和其他组织中担任一定的职务、行使公共权力、管理村庄事务、为村民提供各种公共服务，并享受一定的政治待遇和经济待遇。其中，村党组织书记和村委主任是主要村干部，是国家政策最基层的实施者，他们的能力和水平直接影响着村庄的经济社会发展。

1. 受访村干部的年龄和文化程度

受访者的平均年龄为 53 岁，年龄最小的为 33 岁，年龄最大的为 71 岁。40 岁及以下村干部占 8%，41～50 岁的村干部占 28%，51～60 岁的村干部占 44%，61 岁及以上村干部占 20%，本次调查的村干部的年龄集中在 50 岁至 60 岁之间。从文化程度来看，1% 的受访者没有受过任何教育，4% 的受访者接受过小学教育，28% 的受访者接受过初中教育，46% 的受访者接受过普通高中教育，10% 的受访者接受过职业高中、中专或技校教育，另有 11% 的受访者接受过大学专科及以上学历教育。

从不同年龄段村干部的受教育程度来看，在40岁及以下村干部中，大学专科及以上学历人数最多，占37.5%，初中、普通高中和职业高中、中专或技校的比例分别是25.0%、12.5%和25.0%；在41~50岁的村干部中，拥有普通高中学历的人数最多，占42.9%，初中和职业高中、中专或技校以及大学专科及以上学历的比例分别是32.1%、10.7%、14.3%；在51~60岁的村干部中，拥有普通高中学历的人数最多，占47.7%，小学、初中和职业高中、中专或技校以及大学专科及以上学历的比例分别是9.1%、25.0%、9.1%、9.1%；在61岁及以上的村干部中，拥有普通高中学历的人数最多，占46%，没有受过任何教育的占5%，小学、初中和职业高中、中专或技校以及大学专科及以上学历的比例分别是0、30.0%、5.0%和0。可以看出，40岁及以下村干部中大学专科及以上学历的占比高于40岁以上各年龄段的村干部（见图2）。年龄老化、受教育程度低是被调查村干部的基本特征。

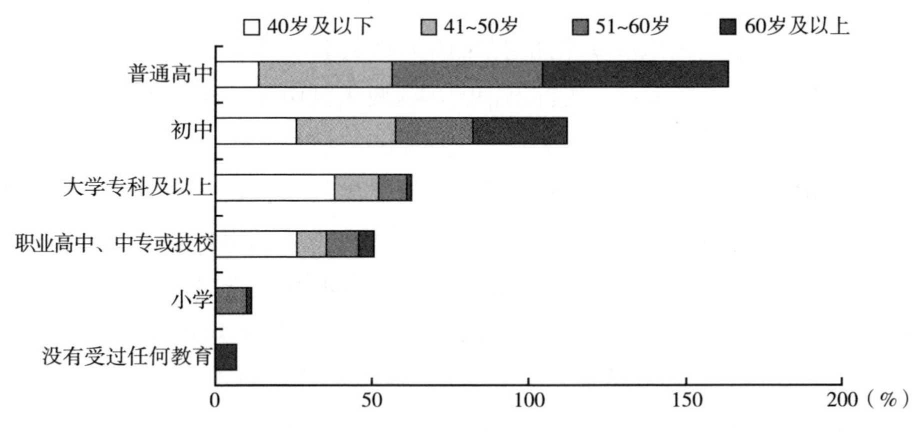

图2　各年龄段村干部的受教育程度

2. 受访村干部的政治面貌和任职情况

从政治面貌来看，86%的受访者是中共党员，14%的受访者是非党员。从任职情况来看，35%的受访者在村庄中担任党支部书记，11%的受访者担任村委会主任，39%的受访者担任村会计，还有15%的受访者担任其他职务。

不同年龄段的受访者担任的职务情况具体如下。在40岁及以下村干部中，25.0%担任党支部书记，12.5%担任村委会主任，50.0%担任村会计，12.5%

担任其他职务；在41～50岁的村干部中，担任村会计的人数最多，占39.3%，担任党支部书记、村委会主任和其他职务的分别占32.1%、14.3%、14.3%；在51～60岁的村干部中，担任党支部书记的人数最多，占43.2%，担任村委会主任、村会计和其他职务的分别占13.6%、27.3%和15.9%；在61岁及以上的村干部中，担任村会计的人数最多，占60%，担任党支部书记、村委会主任和其他职务的分别占25.0%、0和15.0%。

另外，30.0%的村干部有企业管理的经验。在这部分村干部中，53.3%担任党支部书记，10.0%担任村委会主任，26.7%担任村会计，还有10.0%担任其他职务。

3. 受访村干部的收入情况

受访村干部的年均收入为15176.5元，其中党支部书记、村委会主任、村会计的年均收入分别是19714.2元、8108.7元、14133.9元。从区域差异来看，东、中、西部地区村干部的年均收入分别是22062.2元、11038.4元、13188.6元，东部地区村干部的年均收入约是中部地区的2倍，是西部地区的1.7倍。东、中、西部地区党支部书记的年均收入分别是28452.0元、12923.1元、21128.3元，东部地区党支部书记的年均收入是中部地区的2.2倍，是西部地区的1.3倍。

需要指出的是，被调查村干部对村庄居民年均收入的估计值为10682.2元，据此计算，党支部书记的年均收入是村民年均收入的1.8倍，村委会主任的年均收入占党支部书记年均收入的41.1%。山东省相关文件要求，党支部书记的报酬不低于其所在县（市、区）上年度农村居民人均可支配收入两倍的标准，村委会主任的基本报酬一般不低于党支部书记基本报酬的70%。参考这个标准，被调查村庄的党支部书记和村委会主任的收入有待提高。

二　山东省村庄发展规划状况

村庄规划是实施乡村振兴战略的抓手。新中国成立后，山东省的村庄和村级经济社会发展历经多次规划，发生了巨大变化，但在新的历史条件下，仍然存在一、二、三产业融合发展深度不够，农业新经济发展不充分，村庄集体经济薄弱，环境和生态问题突出，基础设施和公共服务能力差，城乡之间要素合理流动机制不健全，农村人口老龄化、村庄“空心化”严重，乡村治理能力和体系亟待强化等问题，导致村庄普遍缺少人气、缺少活力、缺少生机。山东省新一轮乡村振兴战略规划提出建设“乡村振兴齐鲁样板指标体系”，包含产业兴旺“六化发展”、生态宜居“五有建设”、乡风文明“四率提升”、治理有效“三项工程”、生活富裕“三个维度”五大类别，以实现繁荣的乡村经济、便捷的生活设施、良好的生态环境、特色鲜明的乡土文化、高效的乡村治理。山东省政府将村庄规划编制纳入指标评价体系中，要求规划先行、有序推进、精准施策、注重特色、分类推进，到2020年实现村庄规划编制率达到100%的目标。

笔者对100个村庄进行调查发现，有74%的村庄按照先规划后建设、因地制宜、循序渐进、统筹兼顾、协调发展的原则，通盘考虑土地利用、产业发展、居民点建设、人居环境整治、生态保护和历史文化传承，注重保持乡土风貌，编制了依靠政府政策或者资金支持乡村振兴、乡村经济发展等多规合一的实用性村庄规划。其中，19%的示范引领型村庄、31%的特色发展型村庄和4%的搬迁撤并型村庄实行了该规划。村庄规划编制的制定意味着我国最基层的村庄社区今后也要按照规划执行工作，“拍脑门”做决策的时代将成为过去。靠政府政策或资金支持发展高效农业、招商引资、发展电子商务、建设农村新型社区和发展乡村旅游是新一轮村级发展规划的主要产业选择（见图3）。

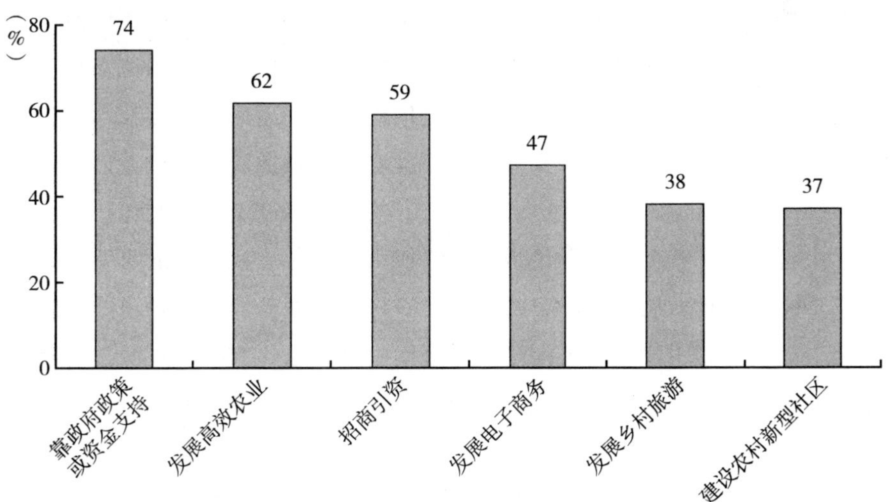

图3　新一轮村级发展规划的主要产业选择

（一）经济发展规划

村庄经济是农村经济的重要组成部分，是村级党组织正常运行的物质保障，是农村各项事业发展的基础。本次调查的村庄都把经济发展规划作为编制新一轮村庄规划的重点。

调查发现，有发展高效农业规划的村庄占所有村庄的62%，是单项产业发展规划中占比最高的，这与山东省农村所处的发展阶段有关。发展现代高效农业是山东省加快实现农业强、农村美、农民富战略目标的重要抓手，也是实现农业高质量发展、加快推动农业新旧动能转换的重要手段。发展现代高效农业的实质是发展区别于传统产业的，以提高农业发展质量、效益和竞争力为主攻方向的现代农业。2017 年 3 月 20 日，山东省人民政府印发《山东省农业现代化规划（2016～2020 年）》①；2018 年 7 月 20 日，山东省人民政府印发《山东省新旧动能转换现代高效农业专项规划（2018～2022 年）》②。这两个文件针对如何发展现代高效农业进行了详细规划。两个文件都强调，加快农业现代化进程必须推进农业供给侧结构性改革，提高农业综合效益和竞争力，重点抓好现代农业产业体系、生产体系和经营体系建设，通过新技术、新产业、新业态、新模式，推进产业智慧化、智慧产业化、跨界融合化和品牌高端化，实现传统产业提质效、新兴产业提规模、跨界融合提潜能、品牌高端提价值，实现农业的高质量发展。从本次调查来看，不同类型的村庄特别是示范引领型和特色发展型村庄发展高效农业的思路主要是依靠先进和适用的农业技术、集约化的生产经营方式、现代农业科技人才和职业农民，延伸农业的产业链条，提升产品的层次和质量，提高农业经济的效益，使农业生产走上区域化、专业化的道路，由自然经济转变为市场经济，最终成为商品化、社会化的农业。

47%的村庄有发展电子商务的规划。农村电子商务作为一种新的业态，以数字化、信息化的手段，通过网络平台链接各种服务于农村的资源，构筑紧凑有序的商业联合体，培育现代服务业新增长点，使农民成为农村电子商务平台

---

① 山东省人民政府：《山东省农业现代化规划（2016～2020 年）》（鲁政字〔2017〕8 号）。

② 山东省人民政府：《山东省新旧动能转换现代高效农业专项规划（2018～2022 年）》（鲁政字〔2018〕150 号）。

的最大获利者。在农村发展电子商务有利于扩大农产品销售网络，促进农产品高效流通。《山东省乡村振兴战略规划（2018～2022年）》指出，要培育一批区域性、垂直性电商平台，加快省级品牌农产品电商综合服务平台建设，建成国内最具影响力的农产品营销平台。各地探索创新基于互联网平台的现代农业新产品、新模式和新业态，重点培育一批网络化、智能化、精细化的现代“种养加”生态农业新模式，发展多样化农业互联网管理服务模式。2017年，全省农村共实现网络零售额541.9亿元，同比增长43.39%，高出全省网络零售额增速3.96个百分点。农村网络零售额在全省占比达到12.92%，提高了0.36个百分点①。

发展高效农业和农村电子商务，需要资金和项目做支撑。调查发现，74%的村庄有靠政府政策或资金支持发展乡村经济的规划，59%的村庄有招商引资的发展规划。靠政府政策或资金支持成为乡村振兴的首要规划。2019年1月3日，《中共中央　国务院关于坚持农业农村优先发展做好“三农”工作的若干意见》② 提出，优先保障“三农”资金投入，坚持把农业农村作为财政优先保障领域和金融优先服务领域，公共财政更大力度地向“三农”倾斜。山东省各级财政按照“强科技保发展、强生产保供给、强民生保稳定”的总体要求，持续增加用于“三农”的支出，发挥政府在农业科技投入上的主导作用。2018年，山东省完善财政支农方式和投入机制，将农业作为财政支出和固定资产投资的重点保障领域。山东省政府出台《关于加快推进省级涉农资金统筹整合的实施意见》，要求改变以职能部门为主体的涉农资金管理体制，加快涉农资金整合，统筹整合各类建设性质相同、内容相近、投向相似的投入资金，把分散在31个省直部门的涉农资金下放到县，实现目标、任务、资金、权责“四到县”，把乡村振兴与脱贫攻坚、美丽乡村建设融合起来，统筹安排小城镇、集镇化、空心村改造，实施一批乡村振兴的重大工程。加大财政投入力度，政策资金项目优先向农村特别是贫困村倾斜，补齐短板和弱项。2019年，山东省财政筹集1000亿元资金用于支持乡村振兴工作，发挥财政资金的

① 山东省商务厅：《2017年山东电子商务发展综述》。

② 《中共中央　国务院关于坚持农业农村优先发展做好“三农”工作的若干意见》，http://www.gov.cn/zhengce/2019-02/19/content_5366917.htm。

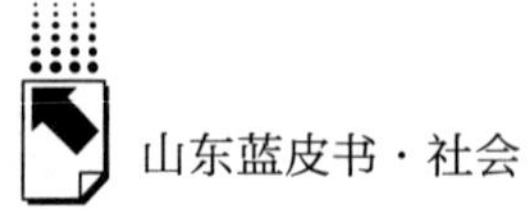

引导和杠杆作用，引导鼓励城市金融和各种社会资本投向农村，鼓励采取先建后补、以奖代补等方式实施建设项目，探索建立以绿色生态为导向的农业补贴制度。上述政策的出台，为村庄规划实施提供了必要的政策和资金支持。

（二）休闲农业和乡村旅游规划

休闲农业和乡村旅游是乡村产业的重要组成部分，是农业“新六产”、培育跨界融合新动能的新兴业态，对加快农业发展的新旧动能转换具有重要意义。自2015年以来，连续3个中央一号文件都提出要加快发展休闲农业和乡村旅游，并使之成为农业的新兴支柱产业。本次调查发现，38%的村庄在乡村振兴战略中拓展了农业的多种功能，依托农村的绿水青山、田园风光和乡土文化等乡土资源，推动科技、人文等元素融入农业，实现了生态休闲农业和乡村旅游的发展。山东农村人居环境整治三年行动计划的实施，为发展休闲农业和乡村旅游创造了良好的环境。

“十三五”以来，各级政府采取补助、贴息、鼓励社会资本投入等方式，支持休闲农业和乡村旅游重点村庄发展。近年来，山东省各级政府加强对重要农业文化遗产的发掘、保护、传承和利用，强化对历史文化名村（镇）、传统村落整体格局和历史风貌的保护，促进乡村物质和非物质文化遗产的保护和有效开发，传承乡土文化，推进农业与旅游、文化等产业的深度融合。休闲农业和乡村旅游示范县、休闲农业和乡村旅游示范点、美丽休闲乡村、齐鲁美丽田园、休闲农业精品园区（农庄）是山东省重点创建的五种休闲农业和乡村旅游类型。2017年，山东省乡村旅游接待游客4.45亿人次，乡村旅游消费2549亿元，比上年分别增长为12.1%、15.9%①。2018年，山东省乡村旅游接待游客5.03亿人次，实现乡村旅游消费2955亿元②，同比增长15.9%。

调查发现，有企业管理经验的村干部对村庄发展的规划与没有类似经验的村干部不同，经过卡方检验，有企业管理经验与规划发展乡村旅游有较强的正相关。56.7%有企业管理经验的受访者所在村庄有发展乡村旅游的规划，

---

① 《2017年山东省旅游业统计公报》。

② 《山东探索文化旅游融合发展　共促齐鲁乡村脱贫振兴》，中国新闻网，http://www.sd.chinanews.com/2/2019/0124/63605.html。

43.3%的受访者所在村庄没有该规划；30.0%没有企业管理经验的受访者有发展乡村旅游的规划，70.0%没有企业管理经验的受访者所在村庄没有该规划。

（三）农村新型社区规划

本次调查发现，37%的村庄有建设农村新型社区的规划。农村新型社区是推进就地就近城镇化的重要载体。推进农村新型社区建设，有利于进一步集中节约利用农村土地，促进农业生产规模化和机械化，提高农业现代化水平。合村并居是在城镇化背景下集约土地发展经济，将邻近的几个村庄合并起来建立农村社区的改革。山东省通过旧村改造和合村并居等形式，建立农村新型社区，推进社会主义新农村建设。

山东省的“合村并居”一直走在全国前列，加快农村新型社区建设有利于促进农民就地就近转移，解决“空心村”难题。本次调查显示，13%的村庄完成了合村并居，完成的最早年份是2001年，最晚年份是2018年。全省各地建设了一批布局合理、功能完善、设施配套、环境优美的农村新型社区，显著改善了农村居民的生产和生活条件，提升了农民的文明素质。

山东省人口基数大，人口总量多，县域城镇化特征十分明显，因此就地就近城镇化成为提高山东省城镇化率的重点。2015年，山东省常住人口城镇化率达到57.01%，比2014年提高了2.0个百分点；2016年，城镇化率达到59.02%；2017年，山东省常住人口突破1亿人，城镇化率达到60.58%；2018年，城镇化率提高到61.18%。2014年至今，山东省连续五年城镇化率的提高与建设农村新型社区的规划密不可分。《山东省乡村振兴战略规划（2018～2022年）》预测，到2030年，全省小城镇人口为1680万人，增加383万人，为城镇化进程贡献4个百分点。届时，小城镇聚合型社区将达到2100个，村庄聚集型社区4000个，中心村5000个，规划末期全省形成7000个左右农村新型社区和30000个左右新农村社区①。从密度分布上看，济南、枣庄、泰安、威海、德州等市较高，青岛、东营较低。本次调查的村庄中有建设农村新型社区规划的总数为37个，占总体的比例为37%，在各地市占总规划数的比例中，威海、临沂、济南、枣庄、潍坊、菏泽占比较高，分别占

① 山东省统计局：《2015年山东省国民经济和社会发展统计公报》。

16.2%、16.2%、13.5%、13.5%、10.8%、10.8%。

另外，62%的村庄有土地租赁的发展规划。笔者检验了土地租赁的发展规划与村庄存在问题的相关性，发现村庄缺少资金技术、人均耕地少的问题与土地租赁的发展规划存在较强的正相关。村庄存在宅基地紧缺、缺少资金技术、缺少经济项目的问题，与鼓励村民外出务工的发展规划存在较强的正相关。村民平均收入对村庄鼓励村民外出务工的发展规划有显著影响，村民平均收入越高，村庄越不会鼓励村民外出务工。

三　山东省村庄发展的新进展

（一）生产发展

"产业兴旺"是乡村振兴的重点，做大做强现代农业是村庄发展的首要选择。在城乡融合发展的背景下，单纯就农业抓农业并不能实现农村产业的整体效益。应更加注重现代农业与二、三产业的深度融合，促使小规模分散经营的传统模式向规模化、集约化的现代农业发展模式转变，带动发展农业新业态，助推农业供给侧结构性改革，体现农业的整合化、多样化、可持续性，并突出地域特色。笔者发现，在被调查的100个村庄中，以农业为主要收入来源的占68%，以工业为主要收入来源的占20%，以服务业为主要收入来源的占12%，有三成以上的村民收入来源于二、三产业（见图4）。被调查的100个村庄的居民年均收入为10682.2元，年均收入低于3000元的村庄占8%，3000～4999元的村庄占11%，5000～10000元的村庄占32%，10000元以上的村庄占49%。其中，以农业为主要收入来源的村庄居民年均收入为10026.8元，低于总体平均值；以工业和服务业为主要收入来源的村庄居民年均收入分别为12475元、11408.3元。

选择和发展特色产业是提升农业现代化水平、推进乡村产业振兴的重要手段和途径。近年来，山东省各级政府支持农业特色优势产业发展初见成效。被调查的村庄中有52%的村庄拥有特色产业，主要集中在生姜、大葱、萝卜、草莓等特色农产品的种植和开发上。示范引领型村庄、特色发展型村庄和搬迁撤并型村庄的特色产业占总体特色产业的比例分别为21.2%、44.2%、

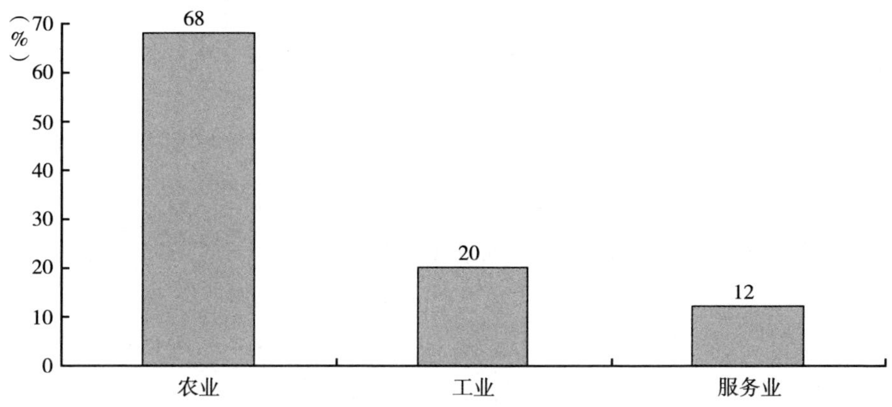

图4　村民收入主要来源

3.9%。特色发展型村庄的特色产业占比最高，主要包括中药材加工、参虾养殖、蔬菜瓜果种植、花卉苗木、食品加工、马铃薯产业、畜牧养殖等。

山东是农业大省，有各具特色的农产品。2018年8月，山东省发展和改革委员会会同省农业农村厅、省海洋与渔业厅、省林业厅和省畜牧兽医局联合编制《山东省特色农产品优势区建设规划（2018～2022年）》①，其中提到山东有品种多样的特色粮经作物、特色园艺产品、特色畜产品、特色水产品和林特产品，规模种植的道地中药材有70余种，蔬菜有10几大类约150多个品种，水果有以烟台苹果、莱阳梨等为代表的60余种。《山东省推进乡村产业振兴工作方案》提出开展农产品加工提升行动，支持发展农产品、林产品、水产品深加工和农村特色加工业，创建一批农产品精深加工示范基地。从调查的村庄来看，蔬菜类、林果类、畜牧类、粮油类特色农产品具有广阔的发展空间。

土地流转是发展农业适度规模经营、提高农村发展活力的必由之路。土地是农村最大的资源，要实现土地资源效用最大化，前提是产权清晰。截至2015年底，山东在全国率先基本完成土地确权登记颁证工作，为土地流转创造了条件。调查发现，村庄参与土地流转的户数达到总户数的28.8%，农村发展活力不断增强；81%的村庄推行了土地流转，村庄土地流转面积平均为424亩。根据

① 山东省发展和改革委网站，http://www.sdfgw.gov.cn/art/2018/12/29/art_5255_4396986.html。

山东省农业农村厅的数据，截至2018年9月，山东省土地流转面积已经达到3266万亩，土地经营规模化率在40%以上，规模效应逐渐显现①。笔者的调查数据与省农业农村厅发布的数据基本一致。2015年，山东省发布的《关于引导农村土地经营权有序流转发展农业适度规模经营的实施意见》提出，到2020年，山东省承包土地经营规模化率要在50%以上。值得关注的是，调查发现，41%的村庄存在土地被征用现象，村庄平均被征地面积118.9亩，村庄被征地面积占本村土地面积的比例为6.3%，失地农民的基本民生和可持续发展问题需要统筹解决。

村级集体经济发展状况是本次调查的一个关键。在乡村振兴战略背景下，村级集体经济对村庄发展极为重要，其发展水平的高低直接关系到农业产业化发展好坏，关系到农民收入高低和共同致富能否实现。调查发现，25%的村庄拥有集体经济项目，涵盖光伏发电、农机产销、采石业、养殖、种植、农业合作社、扶贫车间等。在有集体经济项目的村庄中，示范引领型村庄占28%，特色发展型村庄占36%，搬迁撤并型村庄占4%。示范引领型村庄的集体经济项目包括汽车配件生产、石材加工等工业和种植、养殖等农业项目；特色发展型村庄的集体经济项目包括光伏发电等新能源产业项目、果业水产等农产品加工业和提供冷库服务、开展乡村旅游等服务业项目；搬迁撤并型村庄的集体经济项目种类比较单一，主要是大棚等农业项目。2016年，山东省被纳为中央扶持村级集体经济发展试点省份之一。根据财政部要求，山东省先后出台了《关于做好扶持村集体经济发展试点工作的通知》《山东省扶持村级集体经济发展试点资金管理办法》，省财政下发1.5亿元用于扶持148个村开展集体经济发展试点工作，要求试点村通过资源有效利用、提供服务、物业管理、混合经营等形式，积极探索多元化的村级集体经济经营形式，实现村级集体资产保值增效，增强村集体经济发展的可持续性。

（二）资源保护

关于乡村振兴，资源保护和生态宜居是关键。优化土地利用格局，加强土地生态修复和建设，通过土地整治、植被恢复、河湖水系连接等手段完善生态功能，是美丽村居建设的重要工程和举措。2018年1月23日，《中共山东省

---

① 王川：《土地“转”起来，规模效应惠农民》，《大众日报》2018年9月19日。

委山东省人民政府关于加强耕地保护和改进占补平衡的实施意见》提出，加强对耕地数量、质量、生态“三位一体”的保护，扎实推进高标准农田建设，严格永久基本农田划定和保护，粮食生产功能区和重要农产品生产保护区范围内的耕地、城镇周边和交通沿线的优质耕地、已建成的高标准农田要优先划入永久基本农田，实行重点保护。到 2020 年，全省耕地保有量不少于 11288 万亩，永久基本农田保护面积不少于 9584 万亩，确保建成 5982 万亩高标准农田。

本次调查发现，100 个村庄辖区的平均行政面积（包括宅基地和土地面积）为 2713.7 亩，平均耕地面积、林地面积、草地面积、荒地面积和滩涂面积分别为 1674.6、135.3、0.91、9.9 和 70.6 亩。其中，村庄耕地面积占土地面积（耕地、林地、草地、荒地和滩涂面积的总和）的平均比例为 89.60%，林地面积占土地面积的平均比例为 8.00%，草地面积占土地面积的平均比例为 0.04%，荒地面积占土地面积的平均比例为 0.60%，滩涂面积占土地面积的平均比例为 1.90%。总体来看，被调查村庄的荒地和草地面积所占比例较低，资源挖掘潜力有限。

从不同类型的村庄来看，示范引领型村庄、特色发展型村庄和搬迁撤并型村庄的耕地面积占土地面积的平均比例分别为 86.2%、87.1% 和 98.6%，林地面积占土地面积的平均比例分别为 9.5%、10.2% 和 1.4%，荒地面积占土地面积的平均比例分别为 1.0%、1.1% 和 0。搬迁撤并型村庄拥有比较多的耕地，其次是特色发展型村庄和示范引领型村庄。三种类型村庄的荒地面积都比较少。

（三）城乡融合

纵观世界现代化的发展历程，各国在推进城市化的过程中，普遍遇到乡村衰退问题，我国也不能避免。当前我国最大的问题是城乡发展不平衡。在人口加速向城镇聚集的大趋势下，在工业化、城镇化深入推进的同时，为了避免出现乡村衰退问题，采取措施推进城乡融合发展，破解城乡二元经济社会结构，是乡村振兴的战略措施。在本次调查中，笔者通过交通基础设施建设考察村庄与外界的联系和一体化发展情况。山东省在全国率先开展城乡交通运输一体化建设工程，发布《关于稳步推进城乡交通运输一体化提升公共服务水平的实施意见》，提出加强城乡交通基础路网建设，建设外通内联的城乡交通骨干通道，加强城市道路、干线公路和农村道路的衔接，推进“四好农村路建设”，到2020年实现城乡交通运输一体化格局基本形成的目标。

乡村公路是乡村振兴的基础之一。调查发现，100个村庄所在地距离最近的乡镇的平均距离为4公里，最大距离为24公里，最小距离为0.5公里。距离最近的县城的平均距离为15.9公里，最大距离为60公里，最小距离为1公里。距离最近的交通站（公交站或汽车站）的平均距离为3.3公里，村庄与交通站的距离反映了农村居民进城的方便程度和城乡交通连接的一体化程度。另据统计资料，截至2018年11月，全省有77971个建制村，通客车的有76812个，通客车率达到98.5%。其中，8335个省定贫困村中通客车的有8303个，通客车率达到99.6%①。山东省政府要求，全省到2020年要基本完成道路硬化任务，实现由“村村通”向“户户通”延伸，这说明山东省城乡融合发展的步伐在加快。

（四）文化振兴

习近平总书记在党的十九大报告中指出，要推动中华优秀传统文化创造性转化、创新性发展。以传统村庄为典型代表的中华优秀传统文化是中华民族共同的精神家园，是中华民族的根和魂。充分利用优秀文化资源，发挥“文化+生态”的文化优势，是乡村发展的要求。独特手工艺和老宅院是本次调查发现的覆盖率最高的文化遗产。14%的村庄保留了独特手工艺，通过生产具有地域特色和品牌价值的传统工艺产品，有利于推动齐鲁民俗文化产业发展。14%的村庄保留了老宅院，5%的村庄拥有文化遗迹，10%的村庄保留了古寺、古庙、古教堂，8%的村庄拥有古树名木，这些是保留“乡村记忆”、留住乡愁的主要载体。另外，有民间文学美术音乐的村庄占被调查村庄的7%，有戏曲杂技等表演艺术的村庄占13%，村庄依托这些“非遗”文化，可以发展特色的文化产业（见图5）。

本次调查采用三分制对各类文化遗产的保护程度进行评估，结果显示，对

① 邵鲁文：《山东贫困村客运站点建成率达99.3%》，新华网，2018年12月24日，http://www.xinhuanet.com/。

文化遗迹的保护程度最高，达到2.8分，之后为对古树名木和民间文学美术音乐的保护程度，均达到2.7分，对戏曲杂技等表演艺术的保护程度为2.5分，对老宅院、独特手工艺和古寺、古庙、古教堂的保护程度也分别达到2.3、2.2和2.2分（见图6）。

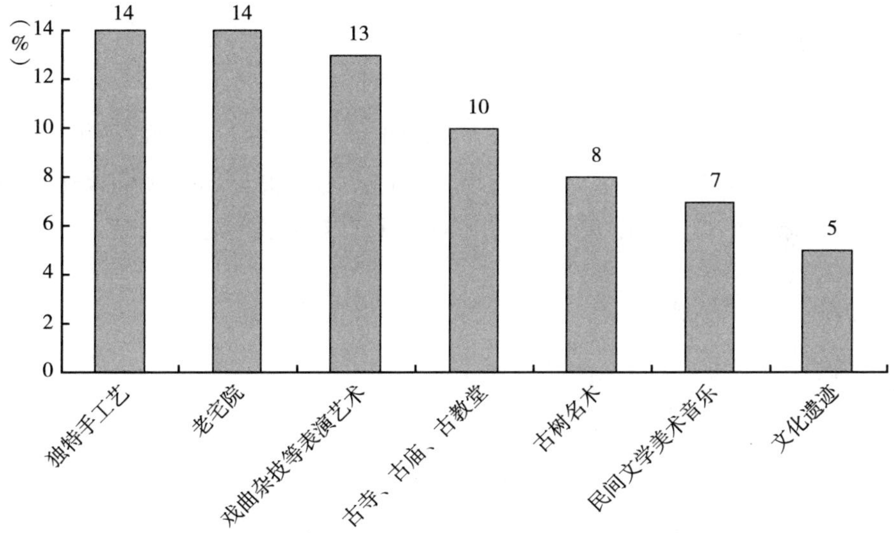

图5　村庄拥有传统文化遗产的比例

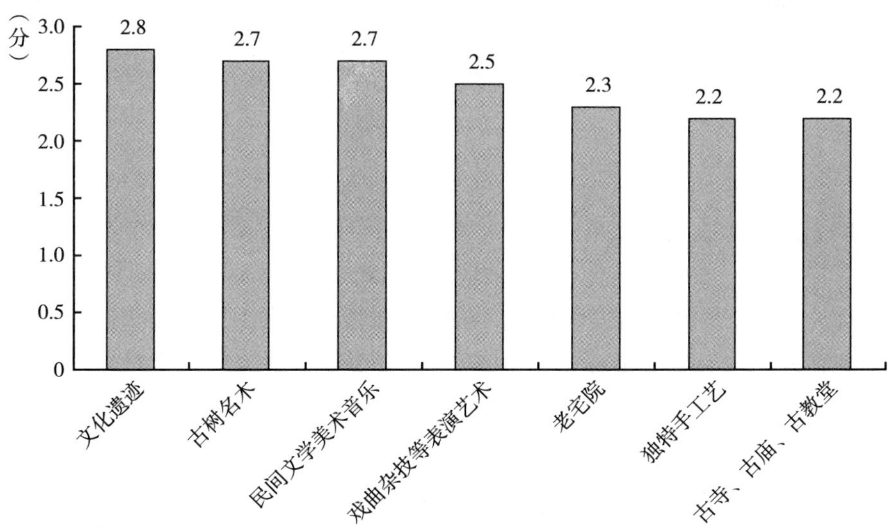

图6　村庄对传统文化遗产的保护程度

（五）人居环境

良好的人居环境是广大农民的殷切期盼，基础设施建设是乡村振兴的强力支撑。近几年来，山东省不断加强农村基础设施建设，农村道路、厕所、供暖、供电、学校、住房、供水“七改”工程全面提速，人居环境整治工作加快推进。调查发现，山东省水冲式卫生厕所覆盖率达到66%，自来水普及率达到99%，健身广场覆盖率达到97%，卫生室或医院覆盖率达到85%，电商配送站点覆盖率达到43%，幼儿园覆盖率达到36%，小学覆盖率达到24%（见图7）。在农村推广使用水冲式卫生厕所是开展“厕所革命”的一项重要任务。饮水安全工程是最直接改善群众生活条件和健康状况的民心工程，目前山东省农村自来水普及率提升到95.5%。

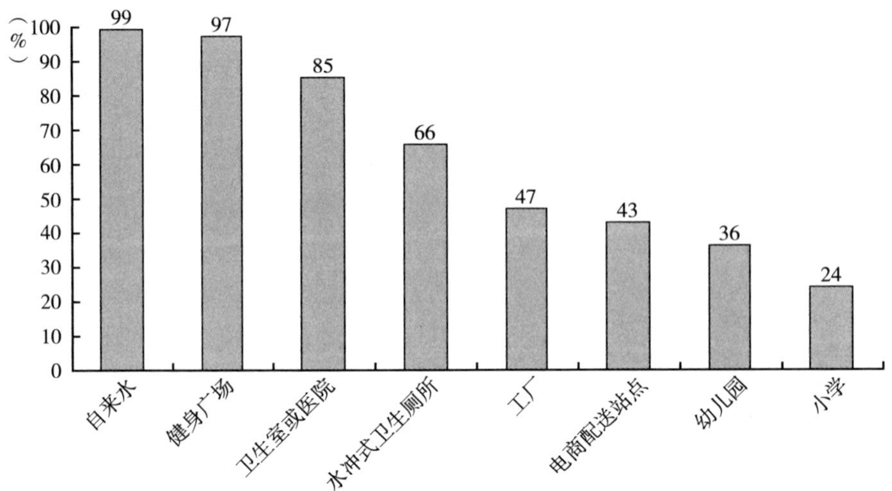

图7　山东省基础设施覆盖率

2018年3月1日，新的《山东省全民健身条例》（以下简称《条例》）正式实施，《条例》明确提出在村庄、社区实施体育建设工程，行政村健身广场覆盖率被列为政府考核指标，到2020年要实现农村健身广场全覆盖。配套建设幼儿园、小学等教育设施和卫生室等卫生设施是新农村配套设施标准化建设的重要指标，《山东省农村新型社区和新农村发展规划（2014～2030）》（以下简称《规划》）要求满足办学规模的农村新型社区和中心村可配置规范化小学，优先建设规范化幼儿园，并配置面积不少于80平方米的标准化卫生室，实现诊疗室、治疗室、观察室和药房四室分离。截至2017年6月，山东93%的村卫生室实现房屋设施、设备、人才、服务、管理的"五个标准化"①。发展农村电子商务需要配备电商配送站点，《规划》要求，到2020年，建制村直接通邮比例要达到100%，具备条件的乡镇快递服务网点覆盖率要达到100%，具备条件的建制村通快递比例要达到100%。

本次调查显示，九成以上村庄的人居环境得到改善，其中居民生活水平得到改善的村庄占93%，村容村貌、基础设施得到改善的村庄分别占95%、90%；九成以上村庄治理水平得到提升，乡村风气、村务公开和村委选举公开公正得到改善的村庄分别占99%、94%和93%（见图8）。可以说，山东省在实现生态宜居、乡风文明、治理有效方面取得实质性的进展。

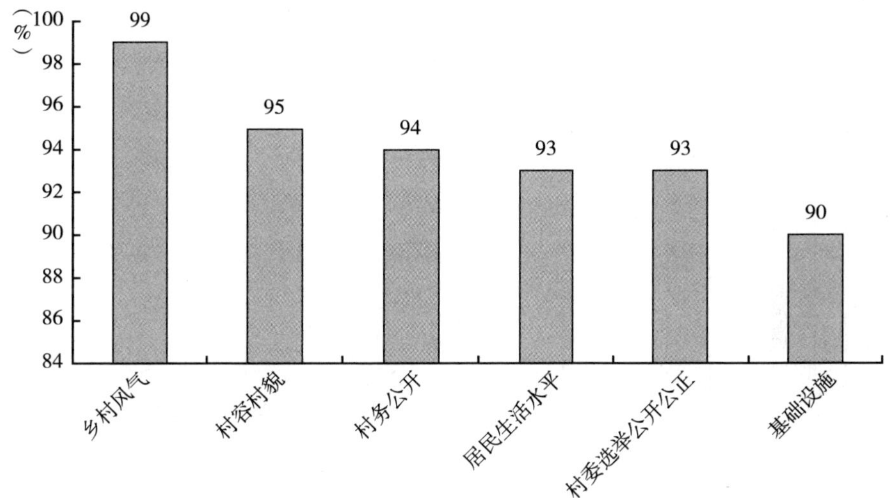

图8　人居环境得到改善的各方面所占的比例

四　山东省村庄发展存在的问题

实施乡村振兴战略的历史任务在我国"三农"发展进程中具有划时代的

① 刘冰冰、王玉栋：《山东9成村卫生室达到"五个标准化"要求》，齐鲁网，2017年6月8日，http：//www. iqilu. com/。

里程碑意义。在新的形势下实施乡村振兴战略，还存在一系列深层次的矛盾和问题。本次问卷调查发现，问题最多的是村级集体经济发展，其中严重缺乏经济项目和严重缺乏资金技术的村庄分别占75%和71%，反映出山东省乡村发展对资本和技术的迫切需求和进一步加快城市资本、技术下乡的必要性。之后是村庄“空心化”，30%的村庄的精英劳动力严重流失，源于乡村发展缺乏留住人和吸引人返乡的机制。村庄的“空心化”还会造成大量宅基地闲置，23%的村庄存在宅基地紧缺问题，随着返乡建房人数增多，农村宅基地紧缺问题还可能进一步加剧，进而出现宅基地闲置和紧缺并存的居民。在被调查的村庄中，26%的村庄存在严重的人均耕地少问题，12%的村庄存在严重的交通不便问题，6%的村庄出现严重的劳动力剩余问题，6%的村庄存在严重的环境污染问题（见图9）。

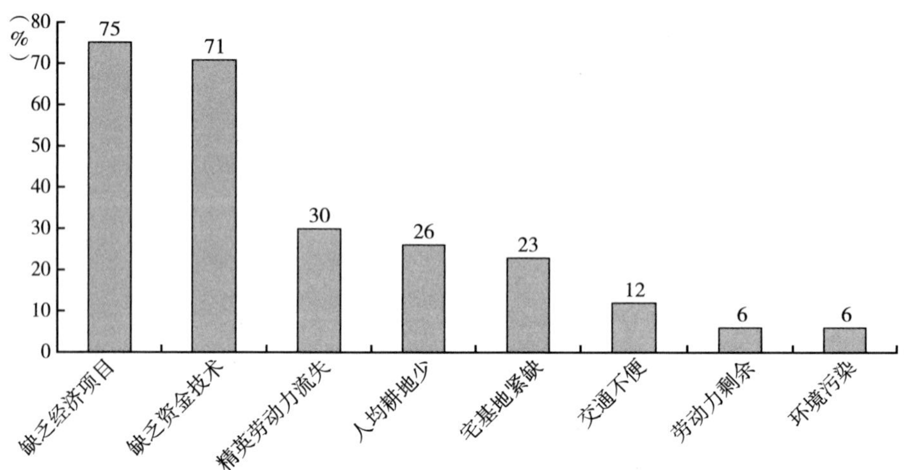

图9　村庄发展面临的严重问题

（一）不同类型村庄面临的困难

从三种类型村庄面临的严重问题来看，示范引领型、特色发展型和搬迁撤并型村庄面临的最严重问题都是缺乏经济项目和资金技术。另外，特色发展型村庄面临严重的宅基地紧缺和交通不便问题，示范引领型村庄面临严重的劳动力剩余和环境污染问题，搬迁撤并型村庄面临精英劳动力流失问题（见图10）。

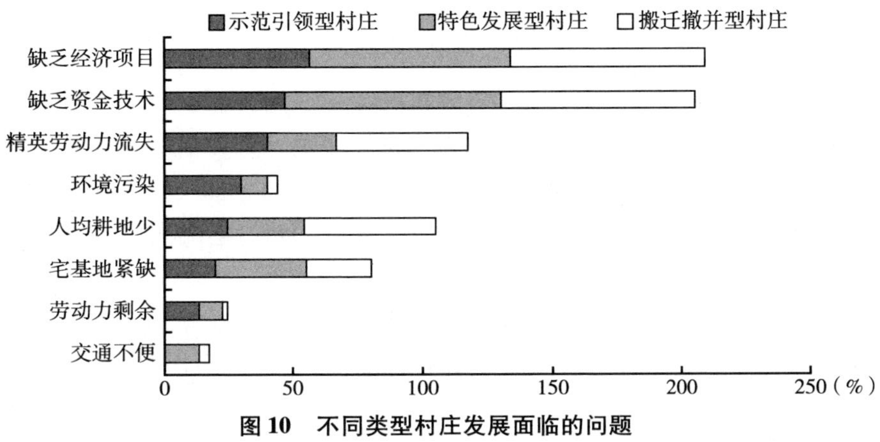

图10　不同类型村庄发展面临的问题

（二）城市资本进入村庄的渠道不畅

乡村振兴战略在理论上需要改变城市偏向的发展思维，坚持农业农村优先发展，实现城乡融合发展。在这一过程中，必须立足农村对接城市。调查发现，这一过程不容乐观。目前有七成村庄严重缺乏经济项目和资金技术，反映了城乡发展和经济项目、资金技术的供需不平衡。与传统农业生产对资金和经济项目的需求不同，土地规模化经营、特色产业培育等现代农业发展及农副产品加工、乡村旅游等非农产业发展既需要流动资金投入又需要固定资产投资，资金需求量不断增加，尽管省级财政对现代农业发展的资金支持力度有增无减，但仅依靠财政支持仍难以满足农业发展基本需求。农村道路交通、医疗卫生、休闲娱乐等公共基础设施建设和管理维护严重落后于城市地区，需要公共财政对公共基础设施建设的投资和支持，但是有些地区县乡财政吃紧，使得公共基础设施建设面临资金缺口。而传统金融机构贷款门槛高、周期长、手续复杂等问题限制了农民获取资金的渠道，山东近几年不断推动各地市培育农村合作金融、资金互助组织，在一定程度上拓宽了农民融资渠道，但这类组织发展仍面临风险较高、监管不足等问题。因此，还需要政府持续加大对农村建设的资金支持力度，尤其加大专项资金扶持力度，同时对农村合作金融、资金互助组织发展给予政策支持和监管，防范和化解农村金融发展风险，弥补农村发展的资金缺口。

（三）人多地少是村庄发展的主要矛盾

山东是人口大省，山东省人均耕地面积为 1.21 亩，低于 1.38 亩的全国平均水平。被调查的 100 个村庄的平均人均耕地面积为 1.49 亩，略高于全国平均水平。本次调查发现，耕地面积占土地面积的比例为 89.6%，有 26% 的村庄存在严重的人均耕地短缺问题。在农业方面，长期以来，人们习惯于将现代农业和资本进入农业的规模经营看作是农业发展的唯一途径①。其实，在人多地少的国情下，小农生产在很大程度上仍然是农业生产的主要方式，而且为农民家庭生活提供了相对稳定的生存保障。在这种背景下，切不可通过行政手段加速小农生产的消亡。

（四）村庄精英劳动力流失严重

调查显示，农村老年人口占村庄总人口的平均比例是 23.4%，劳动力老龄化水平较高。城乡收入差距使得大量农村劳动力转移到小城镇或城市就业，大量农村劳动力不再从事农业生产，只有老人、妇女和儿童留守在家，造成了农村“空心化”问题。土地流转政策的实施促使农业人口转移到工业和服务业，减少了农村务农人口数量，而乡村振兴背景下培育新型职业农民和农业经营主体需要大量的精英劳动力，农村基础设施建设薄弱、社会保障体系的不完善，既留不住农村的年轻人，也降低了外出务工人口返乡的意愿。调查显示，返乡的外出务工人口仅占村庄总人口的 1%。2018 年，山东出台《推进乡村人才振兴若干措施》，探索实施职业农民职称制度，开展乡土人才培育工程，旨在通过一系列激励政策，鼓励各类人才到农村工作，破解当前农村人才短缺的问题。

五　2019年山东省村庄经济社会发展趋势与对策建议

（一）山东省村庄经济社会发展的趋势

1. 生产与生态将融合发展

（1）构建数量、质量、生态“三位一体”的耕地保护体系。《中共山东省

---

① 叶敬忠：《乡村产业振兴不是乡村过度产业化》，《北京日报》2018 年 7 月 16 日。

委 山东省人民政府关于加强耕地保护和改进占补平衡的实施意见》（以下简称《意见》）提出，推进耕地质量提升和保护，扎实推进高标准农田建设，到2020年实现全省耕地保有量不少于11288万亩，永久基本农田保护面积不少于9584万亩的目标，确保建成5982万亩高标准农田。《意见》提出，要严格永久基本农田划定和保护，粮食生产功能区和重要农产品生产保护区范围内的耕地、城镇周边和交通沿线的优质耕地、已建成的高标准农田要优先划入永久基本农田，实行重点保护。这一政策将在村庄层面得到严格执行。

（2）构建粮草兼顾、农牧结合、生态循环的新型种养模式。要加强畜禽养殖污染防治，打造畜禽养殖标准化示范场，提升畜牧业的可持续发展能力。《山东省乡村振兴战略规划（2018～2022年）》提出，到2022年，山东畜禽规模化养殖比例要在80%以上。2018年，山东省公布了2017年畜禽养殖标准化国家级示范场名单，这些示范场具有“互联网＋农业”“生态农业”的特点，反映了畜禽养殖标准化的发展方向。

（3）农业“新六产”将成为引领村庄发展的主导产业。2018年，山东省委、省政府印发《山东省加强污染源头防治推进“四减四增”三年行动方案（2018～2020年）》（以下简称《方案》），提出在规划期全省将建设农业“新六产”示范县50个，农业“新六产”示范主体600家，塑造终端型、体验型、循环型、智慧型新产业新业态，农业“新六产”将成为引领村庄发展的主导产业。《方案》要求，到2020年，全省畜禽粪便处理利用率要在90%以上，粪污综合利用率要达到81%，秸秆综合利用率要达到92%，清洁能源和清洁生产将成为农村发展的新趋势。

2. 生产与生活将融合发展

（1）民俗文化产业将加速发展。传统村庄的文化价值、艺术价值、社会价值和科学价值将逐渐得到社会各界的重视，民间对村庄文化的传承样式、种类遗存和生活环境将更为珍惜，自我保护意识将不断增强。村庄优秀传统蕴含的思想观念、人文精神和道德规范将在保护传承的基础上被不断赋予新的时代内涵。推进实施乡村记忆工程，挖掘乡村特色文化符号，因地制宜建设一批民俗生态博物馆、乡村博物馆、历史文化展室、民俗旅游特色村，使乡村成为有历史记忆、地域特色的文化之乡、精神家园。

（2）乡村文化旅游将快速推开。现代旅游业的发展趋势是向多样化方向发展，旅游越来越成为一种大众性消费，并出现在城乡居民日常生活中。乡村文化旅游所蕴含的村庄文化是乡村旅游规划开发的基础和灵魂。以村庄文化为切入点，构建集乡村旅游主题、乡村旅游产品和乡村意象于一体的乡村旅游规划模式，将成为我国旅游业一个新的增长点。2018 年 5 月，山东省旅游发展委员会印发《山东省红色文化旅游实施方案》，旨在加快山东红色旅游发展，传承红色文化基因，创新山东省红色研学旅游。红色旅游将与民俗旅游、生态旅游、研学旅游等相互促进、共同发展。

3. 生态与生活将融合发展

（1）打造山东特色的乡村风貌。建设立足于乡土社会、富有地域特色、承载田园乡愁、体现现代文明的美丽村居，打造各具特色的现代版“富春山居图”。2018 年 10 月，山东省住建厅等五部门联合下发《关于公布山东省第五批传统村落的通知》，公布了第五批入选的 100 个省级传统村落名单。2018 年 7 月，山东省人民政府办公厅印发《山东省美丽村居建设“四一三”行动推进方案》，提出培育地域文化鲜明、建筑风格多样、田园风光优美的美丽村居建设省级试点，着力彰显“鲁派民居”新范式，统筹推进“三生三美”融合发展。

（2）村庄基础设施建设将进一步完善。在实现乡村振兴的过程中，必须以完善基础设施为重点工作，加快补齐水、气污染处理设施等突出短板，不断增强农村居民的获得感、幸福感、安全感。山东省将不断加强村级基础设施建设，通过改道路、改水系、改厕所、污水处理、垃圾处理和村庄绿化等一系列工程，逐步扩大建设面，构建优美的人居环境。

（3）田园生态系统建设将迈上新台阶。今后一个时期内，山东省将以乡村生态环境持续改善为核心，围绕流域治污体系、生态保障等建设重点，打破治山、治水、护田各自为战的工作格局，努力构建乡村生态系统修复、保护和管理的新机制。坚持宜农则农、宜渔则渔，打造种养结合、生态循环、环境优美的田园生态系统。

（二）推进山东省村庄发展的对策建议

1. 创新村庄发展理念

发展起步于理念的改变。乡村发展是一项复杂的系统工程，需要各级政府增强科学决策能力，切实提高乡村振兴战略决策的科学性、全局性、战略性和前瞻性。其中的关键是坚持新发展理念。一是激发主体的发展欲望，凝聚村庄发展的内生动力；二是树立“创新、协调、绿色、开放、共享”的发展理念，把坚持农民主体地位、增进农民福祉作为乡村工作的出发点和落脚点，用发展新理念破解村庄发展难题，加快转变农业发展方式，保持农业稳定发展和农民持续增收，走产出高效、产品安全、资源节约、环境友好的村庄发展道路。村庄发展规划要采取自下而上、上下结合的参与式方法，由农民、村干部、项目人员和外部专家共同参与讨论并提出村庄发展项目。以懂农业、爱农村、爱农民为导向，建设村干部和新兴力量相结合的村庄工作队伍，提高村级干部带民致富、依法办事、科技示范、服务群众的能力。

2. 大力发展村级经济

产业兴旺是发展农村生产力的根本要求，是促进农民增收的关键所在，是实现农民富裕、生态优美、社会和谐的可靠保证。调查发现，尽管近年来发展村级集体经济的宣传力度不断加大，但是仍存在部分村“两委”干部、村民对村级集体经济的发展没有足够重视、对其发展的重要意义未能充分认识到、发展理念缺乏等问题。在具体发展过程中，这部分人不愿意了解政府政策和国家经济形势，“等靠要”依赖思想严重，对发展村级经济有为难情绪。因此，要在提高干事认识和创业能力的基础上，通过编制村庄产业发展规划，推进农村产业集聚升级，发展乡村生态农业、乡村生态旅游业、乡村低耗低排放工业等新兴产业，鼓励村民自主创业。要尽快建构科学的、具有可操作性的村级集体经济激励机制，明确村级干部的工作目标、跟踪管理、责任追究和工作绩效考核，激发村干部发展村级集体经济的积极性。

3. 重视村庄文化传承

文化振兴是实现乡村产业发展、村美民富的重要动力。村庄文化是承载物质文化、非物质文化的源头活水，要传承和弘扬吃苦耐劳、勤俭朴实、邻里守望、诚信重礼、父慈子孝、耕读传家、守土敬业的传统美德，形成乡风文明、家风良好、民风淳朴的社会氛围。恢复并弘扬传统乡土文化，组织农民参与形式多样的公共文化活动，挖掘具有鲜明特色和优势的传统文化，利用村庄传承的自强基因，让传统文化、主流文化在乡村振兴中占领农村文化阵地，消除小农、封建残余和旧风陋俗等思想的影响，打造文化亮点，塑造本土特色的文化品牌，将村庄传统文化融入乡村生产生活，讲好村庄故事，传播好农耕文化，形成良性乡村文化生态。培养传统村庄文化的传承者，保障他们的经济待遇，提高他们的社会待遇，确保传统村庄文化的有序传承。注重家庭建设、家教传承、家风培育，推进移风易俗，开展“五好文明家庭”“星级文明户”“文明诚信户”等活动，引导村民成为知荣辱、晓品质的现代社会成员，使农村有一个良好的发展环境。增加乡村图书室、室内外活动场所、娱乐健身器械等公共文化设施，为村民提供学习、娱乐和健身的场所，推动乡村文化与城市文化协同发展。

4. 有序推进村庄治理

在乡村振兴战略背景下，从乡村社会所处发展阶段的实际出发，遵循乡村社会发展的规律，构建以党的基层组织为核心，以村民自治组织为主体，以乡村法治为准绳，以德治为基础的乡村治理体系。整合乡村治理资源，搭建参与平台，强化村民自治管理体系建设，提升农民群众自我管理、自我服务的水平。在乡村治理实践中，将农民群众的主体性权利置于乡村社会治理逻辑中，确保国家与农民、农民与基层政权之间形成良性互动的关系。深化村民自治实践，加强村级权力的有效监督。重视对乡村社会中自下而上的内生性自治组织的培育，并通过自治组织的建设，提升乡村社会的治理能力，实现村庄社会团结。加强社区社会组织培育，发挥社区社会组织动员群众的优势，发挥传统文化在基层社会治理中的作用，培养良好的民风村风，形成互信互助互让的邻里关系，实现村庄秩序与民生建设的良性互动。

参考文献

《中共中央国务院关于实施乡村振兴战略的意见》，《中华人民共和国国务院公报》2018 年 2 月 20 日。

《决胜全面建成小康社会夺取新时代中国特色社会主义伟大胜利》，2018 年 10 月 28 日。

《中共山东省委、山东省人民政府关于贯彻落实中央决策部署实施乡村振兴战略的意见》。

《山东省乡村振兴战略规划（2018～2022 年）》。

王亚华、苏毅清：《乡村振兴——中国农村发展新战略》，《中央社会主义学院学报》2017 年第 6 期。

王景新、支晓娟：《中国乡村振兴及其地域空间重构——特色小镇与美丽乡村同建振兴乡村的案例、经验及未来》，《南京农业大学学报》（社会科学版）2018 年第 2 期。

陈文胜：《论城镇化进程中的村庄发展》，《中国农村观察》2014 年第 5 期。

宋洪远等：《中国村庄经济社会发展的特征与趋势》，《湖南农业大学学报》（社会科学版）2015 年第 2 期。

B.8
2018~2019年山东乡村治理现状、问题与对策

许英梅*

摘　要： 乡村振兴战略背景下的山东乡村治理体系建设可以提升乡镇自治能力，促进产业融合、人才振兴，发展生态有机农业产业，传承优秀文化，促进文明乡风、美丽乡村建设。但是，面对新时代发展环境，乡村治理还面临一些问题和挑战，例如乡村空心化问题，乡村治理主体弱化、创新活力不足，乡村治理作用的被重视度不足，乡村治理工作碎片化、落后于乡村经济发展、与现实需求脱节，等等。针对上述问题和挑战，山东要积极调整发展策略，构建党组织领导的多元合作治理模式，探索"三治"融合，充分利用"互联网+"手段创新乡村治理，鼓励乡贤、新乡贤参与到乡村治理过程中，助力乡村"五大振兴"。

关键词： 乡村振兴　乡村治理　社会治理

实施乡村振兴战略是党的十九大的重要决策，是全面建成小康社会和社会主义现代化国家的重要历史任务，是抓好新时代"三农"工作的总体部署。2019年，中央一号文件继续以"三农"工作为重点，提出要优先发展农业和农村。乡村振兴战略的实施，要按照产业兴旺、生态宜居、乡风文明、治理有效、生活富裕的总体要求，建立和完善城乡一体化的体制机制和政策体系；全

* 许英梅，山东社会科学院农村发展研究所助理研究员，主要研究方向为农村发展、农业经济。

面认识和发展农村综合发展战略①。乡村治理是实现产业兴旺的“助推器”，是生态宜居的“保护者”，是农村文化的“粘合剂”，是社会建设的“总抓手”，是富裕生活的“发酵剂”。

乡村治理，顾名思义就是对乡镇、村庄的治理。学者贺雪峰曾在《乡村治理与农业发展》中论述它的重要性，“农村是中国现代化的稳定器与蓄水池，没有农村的稳定就没有全国的稳定，无农村秩序便无全国秩序，没有良好的乡村治理何谈良好的国家治理”。在实施乡村振兴战略的大背景下，农村地域广阔、居民众多、情况复杂，加强农村社会治理，特别是乡镇（街道）和村庄（社区）的基层治理，关系到全面建成小康社会和实现中华民族伟大复兴的中国梦。

一　2018年山东省乡村治理发展案例调查与思考

乡村治理作为一种与乡村振兴紧密相关的软实力，不仅是实施乡村振兴战略的重要目标，也是推进乡村振兴战略的重要保障，在促进农业生产、促进农村文明建设、提高农民生活质量方面发挥了重要的作用。面对乡村治理难题，山东省各地市乡村治理千头万绪，不同的地方情况有所差异，但也存在一些共性，山东省各地市对治理模式进行了极为细致的探索。

（一）实施乡村治理，提升乡村自治能力

自治是健全乡村治理体系的核心。通过建立基层组织和社会团体，组织公民个人有序参与到相关社会事务中，保证决策落实和规范管理，从而进一步提高群众的自我管理和自我服务水平。

决策事前听证，让群众“有处说理、放心说理”。昌邑市围子街道办事处是三镇合一形成的，现有 127 个村，共 10.04 万人，下辖 19 个社区。这里人口多、基础差，历史遗留问题突出，各种利益矛盾错综复杂，曾是当地的信访大镇。对此，自 2017 年以来，围子街道积极探索创新，定期到乡镇中调查，

① 《中共中央　国务院关于坚持农业农村优先发展做好“三农”工作的若干意见》（中发〔2019〕1 号）。

推动听证关口前移，在社区、村级重大事务决策上组织推行事前公开听证，从源头上预防和减少矛盾发生，让群众“有处说理、放心说理”，提升了社区治理水平。围子街道党工委副书记臧传英介绍，决策事前听证的主要内容是“5+X”，即根据事件类型和难易程度，因案施策，灵活运用。其中，上级决策落实、村级规范管理、家庭邻里纠纷、群众个性诉求、信访矛盾调处五方面内容必须进行决策前听证；“X”即“自选动作”，各村（社区）根据实际需要，自行决定听证决策的事项，全程公开，众口评议，达到知法、气顺、事了的目的。据统计，2017 年至 2018 年 4 月，该街道共召开听证会 950 次，处理各类事项 950 件，127 个村没有因村级事务决策不当而发生一起信访事件，群众到潍、去省、进京信访的比例大幅下降。

为了让法治元素融入老百姓的生活中，从 2016 年至 2018 年 4 月，潍坊高新区在全区部署开展打霸治痞专项行动，突出重点，“拔钉子”“啃硬骨头”，建立了宣传发动、联合执法、调度通报、条线责任、考核奖惩等“五项机制”，有黑打黑、无黑除恶、无恶治乱，先后拔除征地、清表、进地的“钉子户”，清理了破坏乡村治理秩序的“拦路虎”，消除了经济领域的“风险点”，依法解决了信访领域的“老大难”。据统计，经过两年的专项行动，潍坊高新区公安分局先后拔掉“钉子户”730 余户，60 余个受阻的项目顺利开工。同时，整治乱村 9 个，查处“村霸”49 名，一大批历史遗留问题得到化解，基层班子巩固强化，广大群众安居乐业、拍手称快。在全区 253 个居民小区中，“零发案小区”高达 213 个，保障了全区建设发展的提质增效。如今，依法治理已经成为潍坊高新区的一个特色“标签”。

探索乡村治理新方式，是乡村治理的重要抓手，是手段方式的创新，更重要的是能体现以人为本、便民利民惠民的服务理念。

（二）实施乡村治理，促进创新产业融合

十九大报告指出，融合发展一、二、三产业，支持和鼓励农民就业创业，拓宽农民收入增长渠道①。三产融合发展是新时代农业产业体系、生产体系和

① 《习近平在中国共产党第十九次全国代表大会上的报告》，http：//cpc. people. com. cn/n1/2017/1028/c64094 -29613660. html。

管理体系建设的迫切要求，是促进农民持续较快增收的重要支撑，也是培育农村新产业、新业态、新模式的有效途径。

平度市明村镇闫村根据村庄农业生产状况和区位条件，依托全镇“瓜果原乡、甜美明村”特色小镇建设，把产业链、价值链等现代产业组织方式引入农业，催生了葡萄种植、葡萄酒酿造和乡村旅游等新业态，确定了适度规模发展葡萄种植、葡萄酒酿造、农村旅游服务业的“三产融合”模式。自2016年以来，明村镇围绕“瓜果原乡、甜美明村”的目标定位，精心规划设计了以“悠然红色三合山，徜徉万亩百果园”和“一年四季、百果飘香”采摘游为主题的旅游发展框架。

“一串小葡萄，一边连着加工业，一边连着旅游业”，这正是明村镇闫村一、二、三产业融合发展的思路，真正实现了农业增效、农民增收、农村增绿的发展目标，增强了农村自治能力。

（三）实施乡村治理，促进人才振兴

近几年来，随着乡村振兴战略的不断深入及各项强农惠农政策的出台，农村经济快速发展，农村这一片广阔天地逐渐吸引了不少农民工回乡创业。乡村振兴，人才为先。乡村的产业要靠人才来干，文化要靠人才来兴，生态要靠人才来美，组织要靠人才来强。

在山东省聊城市高唐县赵寨子镇，农民工返乡创业现象极其普遍。在全镇50多家企业中，有二十七八家是由返乡农民创建的。其他方式的创业，比如经商、合作组织等，则数量更多。赵寨子镇三星精密机械有限公司是一家上市公司，公司创办人周宪木是土生土长的赵寨子镇人，他从一名普通的务工者发展为自主创业的佼佼者。2006年，周宪木放弃在其济南奋斗十几年的高薪工作，回家乡办厂，成立了三星精密机械有限公司，并一步步发展壮大。山东高唐鑫顺精密机械有限公司创始人刘兰岭也是回乡创业、回报社会的典范，该公司以“诚信求实、致力服务、唯求满意”为企业宗旨，重信用、守合同，保证产品质量，以多品种经营特色和薄利多销为原则，赢得广大客户的信任；他还把村里的贫困户安排到厂子里就业，帮助他们脱掉了“贫困帽”。赵寨子镇平板精密机械装备产业园内的鑫石精密机械有限公司由技术出身的葛现才创办，2010年他放弃济南月薪2万元的工作，回乡创业。

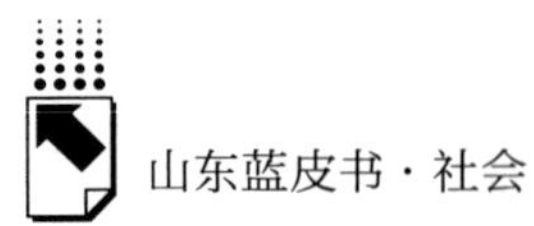

高唐赵寨子镇有40多年的平板量具生产历史，素有“中国平板精密机械装备产业之乡”的美誉。为促进这一镇域特色产业的发展，赵寨子镇专门建立了产业园区，鼓励企业进园规范化发展，为返乡创业者提供了良好的硬件和软件条件。

伴随着人才在乡村大展身手，乡村治理基础也发生了深刻变化。由此可见，乡土人才是发展草根经济的“金种子”，是宝贵的人才资源，是带领群众致富的“领头雁”，是实现乡村振兴的重要力量。

（四）实施乡村治理，发展生态有机农业

党的十九大报告第五部分强调，要坚持农业农村优先发展，按照产业兴旺、生态宜居、乡风文明、治理有效、生活富裕的总要求，建立健全城乡融合发展体制机制和政策体系，加快推进农业农村现代化①。

济宁驰润农业科技有限公司建设、经营、管理的驰润万亩渔业综合示范园区就是前文所述的典型案例。2018年，驰润万亩渔业综合示范园区承接5500亩按照五统一模式种植的绿色稻米样板田。济宁驰润农业科技有限公司的发展思路是以“调优结构、提质增效、混养增收”为方向，以“特色渔业+绿色稻米+林下畜禽+经济蔬果”为内容，“稻虾共作”成为其发展循环经济农业和生态有机农业的创新亮点思维。

该事例加快了农产品规模化种植、标准化生产、精品化加工、集约化经营、企业化运作、品牌化发展，有利于进一步提升农产品品质和品牌知名度，进一步放大国家地理标志保护产品的品牌效应，积极推进农业品牌建设，从而不断增加农民收入，从生态角度进一步促进现代化农业转型升级。

（五）实施乡村治理，传承传统优秀文化

习近平总书记强调，实施乡村振兴战略不能光看农民口袋里票子有多少，更要看农民精神风貌怎么样。乡村振兴离不开文化的引领。说到防止优秀传统文化失传，聊城市高唐县赵寨子镇倪堂村对落子舞的保护传承就是一个典范。

---

① 《习近平在中国共产党第十九次全国代表大会上的报告》，http：//cpc. people. com. cn/n1/2017/1028/c64094 -29613660. html。

落子舞是流行于聊城市高唐县赵寨子镇一带备受老百姓喜爱的一种民间舞蹈艺术，高唐县每年都会举行全县民舞调演，“落子舞”一直是重点必演项目。1995 年，高唐“落子舞”被定为聊城市春节文艺晚会必演节目；2006 年，高唐“落子舞”作为高唐县第一批非物质文化遗产，被聊城市政府列入市级非物质文化遗产名录予以政策性保护。自 2014 年起，高唐县倪堂村“落子舞”成为聊城市春节民舞民乐调研的必演节目。2015 年，“落子舞”被列入第四批山东省非物质文化遗产名录。

中医艾灸作为中华传统优秀文化，已有 2000 多年历史，是中医药学科的瑰宝。自 2016 年起，潍坊市峡山区太保庄街道立足全民健康，开展了“全民艾灸”活动。该活动由太保庄街道与潍坊中医院、山东中医药大学、江西中医药大学合作举办，以向全民推广热敏灸技术为抓手，转变群众健康理念，普及群众健康知识，传播热敏灸技术养生办法，至 2018 年 4 月实现了全街道 6 万余名群众少生病、晚生病、生小病。

通过传承优秀文化，促进了精准扶贫，打通了服务群众的“最后一公里”，开创了社会和谐稳定新局面。

（六）实施乡村治理，重树文明乡风

乡村文明与乡土文化是中华文明与社会文化的正宗源头所在，是中华文化的根基。要警惕一些乡村价值观念受市场经济影响，趋利主义泛滥；警惕传统价值观被逐渐颠覆，是非观念模糊，价值判断标准失范。

“红白喜事要节俭，不要攀比大操办。”首先，菏泽市郓城多次召开移风易俗推进会，把反对高额彩礼、倡树婚嫁新风等内容拍成微电影、编成《新三字经》等，通过各种渠道进行广泛传播。其次，每个乡镇街区都成立婚介协会，由每个村的妇女专职主任兼任“义务红娘”，建立“一乡一协会、一村（社区）一红娘”的服务网络。“义务红娘”将本村适婚青年的信息在微信群内及时公布，并且每月汇总信息，线上线下相结合，为青年男女牵线搭桥。更为重要的是，郓城提倡以颁证仪式取代婚宴仪式，不用婚车迎娶，也不再举行其他仪式，领证后直接到家中举办家宴。截至 2018 年 3 月，郓城县选择新型颁证仪式的新人已达 3250 余对，节省资金约 1690 万元。

唐村镇位于孟子故里——邹城市，是山东省文明镇、国家一级文化站、山

东省司法工作先进单位、山东省养老示范单位等。近年来，唐村镇启动实施了“儒风唐韵”新乡贤文明行动，营造了“人人向善行善，人人奉献爱心”的浓厚氛围，通过发挥新乡贤传承优秀文化、孕育文明乡风、化解矛盾纠纷、带动农村发展等作用，有效融洽了干群关系，促进了乡风文明，激活了农村发展新动能，探索出一条以党建为统领、自治为核心、法治为保障、德治为引领的道路，形成自治、法治、德治有机结合、紧密衔接的乡村治理新模式，助力提高乡村治理水平。

乡村文明与乡土文化的发展和振兴，可以引导农民传承和创新优秀传统文化和乡土文化，促进新时代农村良好新风尚的形成。

（七）实施乡村治理，重塑美丽乡村建设

深入学习贯彻党的十九大精神，落实第三次全国改善农村人居环境工作会议和全省美丽乡村建设现场会议精神，细化目标任务、突出工作重点、完善长效保护机制，不断提高群众的获得感和幸福感。

威海市美丽乡村建设起步较早，可分为三个阶段。2003～2009年，针对农村环境脏乱差的问题，威海市启动了以“三清三化”（清理“三大堆”、清理乱搭乱建、清理漫流污水和硬化街道路面、绿化庭院村庄、亮化主要干道）为主要内容的农村环境综合整治，即美丽乡村1.0版。2009～2016年，又启动了农村基础设施提升工程，加强道路、通信、供水、排水、垃圾处理等基础设施建设，全面实现了村村主干道路硬化、绿化、亮化，村村通电、通自来水、通公交车、通闭路电视、通无线网络等目标，建成了“户保洁、村收集、镇运输、市处理”的城乡环卫一体化机制，完成了美丽乡村2.0版打造。2016～2018年，全面启动美丽乡村标准化升级和示范创建行动，制订了“百村示范、千村提升”计划，标志着威海市美丽乡村建设进入3.0版时代。截至2018年4月，威海市美丽乡村覆盖率已经突破70%，居全省第一；除文登区和乳山市外，其他区市全面完成农村改厕工作，占全省任务的1/5。

这些好做法、好经验为山东省全面深入推进乡村治理提供了具有重要价值的样本。通过对乡村治理案例大量信息和有价值的案例系统的梳理，总结经验、发现问题，为山东省乡村治理发展建言献策。

二 2019年山东省乡村治理发展面临的问题和挑战

通过研究转型期的山东乡村治理现状，笔者发现，引起农村社会不协调、不稳定的因素有很多，例如乡村“空心化”、乡村治理主体弱化、乡村治理创新活力不足、乡村治理重视程度不够、乡村治理工作碎片化、乡村治理落后于乡村经济发展、乡村治理与现实需求脱节等。

（一）乡村“空心化”

由于二元城乡结构下农村的城镇化速度滞后于工业化速度，山东省乡村人口总数不断下降，农村“空心化”现象日益凸显。主要表现为以下几点。

第一，农村家庭模式。许多年轻人结婚即在城镇购买住房，农村留守人口基本以老年人为主体，呈现为农村人口老龄化，改变了农村家庭的存在方式，造成从事农业和农村发展的人口数量和素质的双下降。

第二，农业种植单一化。老龄化的农民倾向于种植劳作较少的作物，因而减少种植劳作较多的作物；对化肥和农药的依赖度增加，少投入劳力并保持产量。曾经对农民粮食生产产生积极影响的补贴现在并没有发挥应有的激励作用，当前粮食补贴主要的参照依据是产量区农户的耕地面积，而不是农户每年实际种植的面积。因此，一些农民就利用该政策，使“种地获取补贴”的总收入低于“不种地而去打工获取补贴”的总收入，这就导致一些不方便利用的土地被荒废。

第三，农村宅基地空置。完全脱离农业生产、长年在外打工甚至定居在城市的农民工数量逐年增加，农民打工的兼营性减弱，农民全家迁入城市的现象呈增长态势，这就造成农村住宅空置率上升。但一些交通便利的村落或城镇面临的问题是，新增居民住房沿交通干线分布，农村居民点用地面积不断扩大，这就导致村庄住宅坐落缺乏规划，基础配套设施难以操作，更严重的是直接侵占交通干线两侧的耕地，而原有住宅被空置，进而导致“空心村”蔓延。

（二）乡村治理主体弱化

新形势下乡村治理主体弱化的问题凸显，主要表现为以下几点。

第一，村领导班子力量弱。受过教育的中青年劳动力多数流向城市就业，使得农村人口的年龄分布不合理，进而导致乡村治理参与主体断层，村领导班子没有新的力量注入，成员老龄化，治理模式教条化，无法适应新时代乡村治理的多元化需求。

第二，村级组织处理事务的能力较弱，村民参与自治的程度较低。乡村治理仍然主要依靠上级党委政府。在现有的自治机制中，村民自我管理、自主服务、民主决策、民主监督等功能尚未充分发挥。村民较少参与自治事务，对村民自治组织缺乏信任。

第三，基层干部群众法治意识弱，农村法治生态环境差。农村留守的“老弱”群众文化水平低且缺乏法治意识，“贤人”和“能人”缺乏，村务监督功能随之丧失。一些村级组织被邪恶势力或“村霸”控制，涉及犯罪的事件时有发生。少数干部专横、滥用职权，恶化了乡村治理的法治环境。

第四，传统乡土文化断层，道德伦理观念约束力弱。市场经济中“利益第一”的价值观影响着以宗族观念、村规民约为基础的传统文化。传统道德伦理观念的束缚力正在逐渐丧失，村级组织独立解决纠纷的能力减弱。

（三）乡村治理创新活力不足

山东省的乡村治理受治理主体素质、社会参与度、治理模式等制约，处于被动位置，创新活力不足，主要表现为以下几点。

第一，乡村治理主体的素质整体偏低。乡村人才的培育和发展是乡村振兴的要义所在，必须形成前瞻性、有机性和战略性的人才格局①。但是，在全国推进城镇化的大背景下，广大农村青壮年劳动力逐渐被输送到城市中去，致使农村人才短缺，留下的多为老年人，而且思想较为守旧，更加削弱了乡村治理创新能力。

第二，乡村治理主体参与度低。农村基层党组织多用于应对上级布置的各项工作和检查，功能类似于乡镇政府的下属机构，村民自治制度不完善、不成熟，村务监督机制形同虚设，村委会服务意识不明晰，村民和村委会之间的关系不和谐。传统乡村治理模式可归结为基层政权“悬浮化”、管理方式“单一

---

① 赵秀玲：《乡村振兴下的人才发展战略构想》，《江汉论坛》2018 年第 4 期。

化”、自治组织“行政化”、村“两委”“不在场”、农民态度“冷漠化”①，甚至有的村庄出现了家族化倾向。以上种种，均脱离了现代乡村治理和乡村振兴规划的严格要求。

第三，乡村治理模式的僵化，使得农民默认传统角色和被管角色，没有意识到自己就是乡村治理的主体，参加乡村治理时感觉不到被需要感。

（四）乡村治理重视度不足

当今很多乡镇基层领导在乡村振兴实际工作中，对经济建设和生态文明建设的投资远大于乡村治理，多将重点放在了产业建设、生态建设上，对乡村治理的重视度不足。国家对城市治理的投资远远大于乡村治理。以环境保护为例，我们经常重视对环境保护资金和硬件的投入，但对治理体系的制定和完善不够重视。改革开放初期，农村垃圾清运、填埋等管理体系不健全，环境治理体系薄弱。在许多农民的观念中，只要自己的院子里没有垃圾就行，至于垃圾被扔到哪里去，则无人关心。因此，农民保护环境的自觉性没有被激发出来。

当前有一些观念错误地认为，乡村治理的作用形同虚设，没有乡村治理，依然能够解决好农村产业问题、生态问题、乡风问题、生活问题。这些观念产生的原因在于：乡村治理在乡村振兴中的“助推器”“保护者”“粘合剂”“发酵剂”作用发挥得不够，而且乡村治理操作比较繁杂，在短时间内难以被量化；乡村治理主体没有把生产、生态、生活作为一个有机衔接的整体来看待，“三农”问题的复杂性被忽视；乡村治理是一项连续性和持久性工程，在政绩观面前，基层政府会出现畏难、畏缩情绪。以上问题和矛盾导致乡村治理的作用被严重低估。近几年，国家政策在美丽乡村建设、农村体制改革、农业供给侧改革、精准扶贫等方面都肯定了乡村治理的效果②，开始重视乡村治理的独特作用。

① 张新文、张国磊：《社会主要矛盾转化、乡村治理转型与乡村振兴》，《西北农林科技大学学报》（社会科学版）2018年第3期。

② 李达、王俊程：《中国乡村治理变迁格局与未来走向：1978～2017》，《重庆社会科学》2018年第2期。

（五）乡村治理工作碎片化

目前，山东的乡村治理工作呈现碎片化。大多数乡村采取“头痛医头、脚痛医脚”的简单方法，甚至浅显地把乡村治理理解为一个“维护稳定”的手段，乡村治理仅仅作为临时“紧急灭火器”存在。以前面提到的农村环境治理为例，治理主体、治理权责、治理内容、治理过程等方面都体现了治理工作的碎片化，即只重视治理的某一环节或某些环节，而不关注过程的连贯性。在农村环境治理实践中，政府往往对环境政策的制定和执行比较重视，反而忽视政策监督、评估、反馈和改进等，忽视治理体系建设①。

（六）乡村治理落后于乡村经济发展

山东省乡村治理水平落后于乡村经济发展水平。许多村庄的基层民主建设水平不高，受集体财政资源制约，乡村治理发展缓慢，而且仅仅停留在表面，缺乏内涵性的文化建设；面对生态环境的巨大压力，生活、生产等方面的问题还没有根除。

根据乡村治理案例总结可以看出，许多村庄存在乡村治理与经济发展脱节的现象。例如，许多农民说：“现在村民比以前更富有，但他们也造成污染；工厂更繁荣，但他们每天排放大量的烟雾；农民确实挣钱，但工作中的气味很重”，“财政拨款购买图书、健身器材，不但没人管，而且长期闲置”。在许多农村地区，乡村治理水平与当地经济发展状况不相称，农村经济的发展并未带来乡村治理水平的同步提高，乡村治理缺乏行之有效的组织和形式。

上述问题出现的原因复杂多样，农民自身原因和国家政策原因并存，经济原因和政治原因并存。改革开放之初推广的农村土地家族承包制造成了村集体经济发展的滞后和农民组织化程度的降低；取消农业税的政策虽然在一定程度上减轻了农民负担，但让乡村治理失去了财力支撑；新型城镇化建设虽然加速了农民市民化，但加大了农村公共事务管理难度。从某些方面来看，乡村经济繁荣和农民富裕不能形成有效的乡村治理秩序，乡村振兴建设依然面临多方面

---

① 郎友兴：《走向总体性治理：村政的现状与乡村治理的走向》，《华中师范大学学报》（人文社会科学版）2015 年第 3 期。

困难。实施乡村振兴战略不仅是对已经得到较好发展的农村进行“锦上添花”式的建设，而且是重点围绕欠发达地区农村进行“雪中送炭”式的建设①。下一步需要尽快弥补乡村治理的不足，特别是乡村治理与经济发展水平之间的差距，使乡村治理与经济发展水平相适应，促进农村整体进步。

（七）乡村治理与现实需求脱节

随着经济社会的全面发展，乡村治理的直接作用是缓解农村发展过程中的社会矛盾和问题，它与农民的现实需求息息相关。但是，就目前来看，乡村治理水平与农民预期水平仍存在较大差距，搞形式主义、走过场现象比较严重，广大农民群众主动参加乡村治理活动的责任感和积极性没有被充分挖掘出来。当今农民的需求呈现多元化，表现在经济、政治、文化、社会和生态等方方面面，所以乡村治理应该从农村经济、政治、文化、社会和生态等多维度全面进步。乡村治理如果脱离了农民的现实需求，就失去了自身存在的价值；乡村治理需要围绕农民的现实需求展开，其效用需要通过农民统一评定。

三　2019年山东省乡村治理发展对策

中央面对乡村发展现状，调整战略并推出一系列制度创新措施，提出生态文明理念与民生新政。一些重大战略简略总结如下：1999 年，实施区域再平衡战略，重点投资西部大开发，振兴东北和中部地区；2002 年，确立城乡规划统筹、科学发展观、和谐社会等理念；2005 年，推进城乡再平衡战略，启动新农村建设，把县域经济建设作为重点投资领域；2007 年，树立生态文明的理念，提出到 2020 年实现两型农业、生态文明的目标；2012 年，提出建设“美丽中国”；2013 年，提出城镇化战略，同时提出“留住乡愁”和美丽乡村建设；2014 年，提出新乡贤治理；2015 年，提出生态文明综合改革，在农业发展政策方面确立一、二、三产业融合发展，并且提出贫富差距再平衡战略，

① 贺雪峰：《关于实施乡村振兴战略的几个问题》，《南京农业大学学报》（社会科学版）2018 年第 3 期。

承诺到2020年全面消除贫困；2019年，提出优先发展农业农村，夯实“乡村治理这个根基”。综上所述，解决“三农”问题，无论是“新农村建设”“城镇化”“美丽乡村建设”“新乡贤治理”，还是“全面消除贫困”，都是国家生态文明战略的内在组成部分。在乡村治理全过程中，要整合乡村文明和战略创新，使乡村治理在各个方面发挥作用，确保乡村振兴战略的全面实施。

2018年，山东省为了“强化驻村帮扶力量”，在选派驻村第一书记的基础上，进一步加大帮扶力度，调整了2301名优秀干部作为驻村工作队队员。山东省通过派驻第一书记、“千名干部下乡”等，加强农村基层党组织建设；整合乡贤、新乡贤和宗族力量，引导各类社会组织在乡村治理中发挥作用，厚植乡村治理根基。“三治”融合能够实现良法善治、健全乡村治理体系，是在现代化进程中实现依法治国的一把“钥匙”。

（一）提高乡村自治能力

以自治为指导，提高法治与德治的相容性和互利性。构建规范有序、自主创新、活力四射的乡村基层治理体系，引导乡村治理主体向村民转移，激发村民的主人翁意识。鼓励村民独立判断，在法律规则和农村需求差异之间寻求平衡；制定符合国情、民意的治理规范，促使传统道德与现代法治有序融合，增强法治接受度。按照村民认同的道德规范和风俗习惯，完善村规民约，使村民认同和自觉遵守。山东省着力提升乡村自治能力，需要从以下几个角度实施。

其一，充分发挥农民主体作用，提高农民自治能力。目前，乡村治理模式的主体构建需要培育大量的农村精英、“新乡贤”等综合型人才，如经济能人、大中专院校毕业生、退伍军人等，形成一支高素质的农村自治队伍。除农村精英外，大多数普通村民通过建立农业专业合作社、家庭农场等新型农业经营实体，参与到多元合作治理模式中。因此，要以多种方式促进农村教育的发展，提高农民的受教育水平和综合素质；通过宣传乡村治理法制知识，充分调动农民参与乡村治理工作的积极性，提高农民的参与度和合作意识，使他们成为真正的乡村治理主体，积极参与乡村公共事务的管理。

其二，构建乡村社群化治理模式。乡村的人口居住较为分散，传统的治理方式在效率与效果方面都不能满足现代人的需要。随着互联网技术发展，乡村人口“社群化”发展趋势可以为深层次开展乡村治理提供契机。基于“互联网+”技术，村庄政务与村民需求间能够快速实现精准对接，乡村管理者与村民间较容易实现良性互动，从而提高乡村治理的广度与深度。

乡村社群化治理模式的构建需要从以下几方面着手。

一是构建基于互联网的村务公开与反馈机制。传统的村务一般采用广播或者张贴公告等简单方式，村民只能片面、被动地接收信息。随着互联网信息技术的发展，网格化管理在基层治理组织中得以应用。村务管理者可以通过搭建信息沟通平台发布详细的信息，使村民可以在第一时间了解国家涉农资金补贴情况、监督资金发放与使用、查看土地承包信息，可以全面了解村务，可以随时咨询政策，还可以讨论、质疑，形成双向沟通机制，极大地提高基层管理人员的工作效率，从而构建村务公开与反馈机制。

二是建立基于社群自律的村民自治机制。在网络中，村民通过全面了解信息，学习先进典型经验，实现理性思考，形成社群化自律机制，使自身成为乡村治理的主流。

三是建立基于“社群”理念的乡村治理结构。在“社群化”治理时代，乡村治理体系中的旧组织框架、人员分工等发生了转变。在网络互动过程中，村民的意见如何反馈，反馈的意见谁来处理，社群化自治结构与传统乡村治理结构如何对接，村务决策流程是否需要完善，这些都以“社群”为出发点进行回答，进而完善目前的乡村治理体系。

其三，构建乡村社区化治理模式。原来的村委会乡村治理模式建立在传统的乡村结构基础上，但随着经济的发展，生活方式、理念随之改变，新形势下需要现代乡村治理，村委会治理模式也已经难以满足乡村“宜居”的生活需求。通过学习城镇的居委会治理模式来完善村委会治理模式，将成为乡村治理创新的方向。

乡村社区化治理模式构建的重点是建立村委会与居委会的双重治理结构。在原有的治理结构中，村委会负责解决从村庄整体发展到村民纠纷的所有事务；而居委会将“村务”与“民务”分开，侧重于协助村委会开展社区公益事业、调解村民纠纷、维护社区治安等，从服务角度构建现代宜居社区。

在乡村振兴战略背景下，乡村的经济发展结构发生巨大变化，人口流动加速，村民需求呈现多元化。推行社区化治理模式，能够使乡村治理在“三治”融合的基础上更加关注村民和流动人口的衣食住行等基本保障问题；增强社区活力，引导乡村社区居民参与到社区事务中，提高社区自治能力；通过社区活动和服务，培养人们文明、健康的生活方式；开展平安社区创建，推进乡村法治文明建设，构建乡村和谐发展环境。

其四，激发农村基层党组织活力。实施乡村振兴战略，做好乡村治理工作，基层党组织必须坚强，党员队伍必须过硬。不断激发农村基层党组织的活力，使基层党建迸发出来的活力成为乡村治理的力量之源。

第一，党建资源不断向基层倾斜，激活社会“神经末梢”。例如，莱西市多次组织高素质、年富力强的市直机关干部下沉基层开展帮扶活动，近年来开展的“强基固本村村行”活动就是其中一例。党的基层组织是党的全部工作和战斗力的基础，“强基固本”就是加强基础、巩固根本。如果把社会比作一个生命体，那么党建系统就是神经网络和血管系统，基层党组织是整个系统的神经末梢和毛细血管。只有神经网络和血管系统（党建系统）源源不断地向神经末梢和毛细血管（基层党组织）输送能量，使其保持旺盛的生命力，整个生命体（社会）才能持续充满活力。

第二，实现党建和乡村治理“同频共振”。加强党的政策引领，实现“农业生产在哪里、基层党组织就建到哪里”，使基层党组织成为引领产业发展的“领头羊”。投入精力、下大力气，整合零散的、或强或弱的经济社会发展要素，形成合力，找出适合本地的发展之路。

第三，整合胶东、沂蒙地区的红色文化资源，将精神动力转变为经济动力。近年来，胶东、沂蒙地区充分利用当地红色资源，建设红色教育基地和品牌，成为激发爱国主义、凝聚人民力量、培育民族精神的重要场所。此外，胶东、沂蒙地区把红色资源从精神动力转变为经济动力，把红色资源、绿色资源、生态产业有机结合起来，既能增加农民收入，又能实现加强党员干部教育与提高社会生产力的良性互动。

第四，建立一个强大的农村基层党组织领导小组，尤其关注农村人才的选择和年轻干部的储备，并通过实践活动促进其能力提升。设立服务群众的专项资金，加大资金投入保障力度。鼓励和支持农村基层党组织利用自身优势发展村级集体经济，以便党组织说话、办事更有力量，并真正成为指导、带领群众脱贫致富的带头人。

第五，基层党组织是党执政的“终端”，是党和人民群众“最后一公里”的组织保障。因此，做好为农民服务的工作也是增强农村基层党组织活力的重要措施。这项工作使党员有为群众服务的成就感，也使党员更加主动地接近群众，密切地联系群众，真诚地帮助群众。解决群众的问题和困难，党组织就会有更强的向心力和归属感。

（二）增强乡村法治保障

以法治为保障，促进自治和德治的健康有序发展。维护农民权益，维持农村秩序，依法解决矛盾纠纷，促进“三治”一体化发展，引导乡村治理实践与法治保护相结合，培养村民的法治意识和法律信仰；用法治保障促使乡村治理主体运用法治思维和法治方法开展工作；用法治保障为乡村德治营造良好的社会氛围，让德治在法治框架内充分发挥作用。

一是界定清楚村党支部与村委会之间的关系，实现村“两委”的分权及合作。《村民委员会组织法》（2018 年修订）第一章第四条规定：“中国共产党在农村的基层组织，按照中国共产党章程进行工作，发挥领导核心作用，领导和支持村民委员会行使职权；依照宪法和法律，支持和保障村民开展自治活动、直接行使民主权利。”① 因此，在乡村治理过程中，要充分界定村党支部与村委会之间的权责关系，形成产权清晰、责任明确、权力平衡的制度体系。详细地说，村党支部的职责是充分发挥党在政治、思想、组织上的领导作用，保证村民自治的正确方向；村委会的职责是处理好乡村的公共事务和公益事业，解决民事纠纷，协调社会责任的秩序，及时向上级反映群众的意见，支持经济的发展。在明确村“两委”关系的同时，需要协调好两者之间的合作协调机制，通过有序衔接，探索村“两委”之间有效的合作方式。

二是乡（镇）政府转变“管治”思维。乡镇政府机构通过构建全新的乡村治理体系，把重心重新定位到为乡村提供公共服务上。取消农业税后，乡镇财政资源大大减少。乡（镇）政府继续实行“全面治理”的政府模式，既没

① 《2018 年中华人民共和国村民委员会组织法全文（最新版）》，大律师网，2018 年 7 月 16 日，http：//www. maxlaw. cn/n/20180716/920136396684. shtml。

有必要，也不可能。将“治理型”政府转变为“服务型”政府已成为乡（镇）政府改革转型的基本方向。

三是优化多元合作治理环境。在乡村治理过程中，通过法律制度强化各个治理主体的地位。各个治理主体之间不属于领导与被领导的关系，而是在共同治理过程中处于平等、互动的关系。这个多元化主体之间的共同规则，既可以把原有的“村规民约”一定程度地延长，也可以强化对现有法律制度的实施。共同规则的形成和达成，既可以避免单一主体的主导，又可以减少新生治理主体的越轨和失范行为，从而实现多元治理环境，实现农村的良法善治。

（三）提升乡村德治水平

以德治为基础，促进自治和法治的顺利运行。以新时代社会主义核心价值观为指导，重建乡村治理新秩序，大力培育“三治”融合，为自治、法治提供扎实的情感基础。要重视优秀传统美德的影响力，营造乡村德治的浓厚氛围，提高村民的道德水平和自治能力。以弘扬德治为方向标，发挥道德的内在规范和约束作用，培育文明的乡风民俗。

一是让更多的乡贤、新乡贤参与到乡村治理过程中。乡贤是指本土有德行、有才能、有声望且深受本地民众尊重的贤人，大部分是村里的老党员、老干部、老教师等。乡贤对本地的历史文化有较深的了解与认识，并愿意为本地村民排忧解难，作为连接政府和村民的桥梁，能够事半功倍地提高乡村治理效率。让乡贤充分参与到乡村治理中，能够实现政府领导和村民自治组织之间的良好互动，有利于完善乡村治理体系。

随着城镇化水平的不断提高，乡村青壮年劳动力涌向城市，但近几年，在逆城镇化趋势的带动下，乡村地区涌现出一批新乡贤。他们大多具有一定的社会地位，视野开阔，有着反哺家乡的想法，可以为乡村的发展带来新观念、新技术。在乡村治理中，给新乡贤足够的发展空间，使其为乡村建设出谋划策，为基层治理注入新的活力。同时，要完善乡村基础设施、公共服务设施建设，创造良好的生活环境，让乡村留得住新乡贤。

二是加强农村文化体系建设。习近平总书记曾指出，我国农耕文明源远流长、博大精深，要在实行自治和法治的同时，注重发挥德治的作用，推动礼仪之邦、优秀传统文化和法治社会建设相辅相成。中华农耕文明是前人留给我们的一笔宝贵财富，是农村的“根”和“魂”。健全乡村治理体系，需要植根于农耕文明，发挥文化在乡村治理中的重要作用①。

第一，加强农村文化建设。清代赵翼撰写的《檐曝杂记》中有“每数十步间一戏台，南腔北调，备四方之乐”一说②。充分挖掘山东省传统乡村文化资源，促进农村文化产业与农业、商业、乡村旅游产业的融合发展，转变乡村文化生活方式，促进乡村旅游发展，繁荣乡村经济。重视对乡村文化遗存深度的研究和保护，既要突出农耕文化特色，又要体现生态文化价值。让山东省乡村独有的民俗文化、饮食文化、民间工艺等活动，表演有舞台，展示有馆室，经营有场地，宣传有平台。

第二，整合传统文化和现代文化资源。传统文化源远流长，要汲取优秀道德观念和传统文化的精髓；现代文化的多元性、开放性是传统文化所缺少的。如果整合传统文化和现代文化，使其互通有无，便更能推动农村文化产业兴旺发达。

第三，缩小城市文化与乡村文化之间的差距。改革开放以来，农村经济发展和人民群众的物质生活水平不断提高，对更高标准的文化生活有了更多的追求。城市作为先进文化的衍生地、聚集地，不仅具有为广大市民提供精神文明服务等功能，而且还承担了带动、辐射、推动乡村文化不断发展的责任。所以，缩小城市文化与乡村文化之间的差距，使其有机衔接，能更好地发展乡村文化产业。

---

① 《中共中央国务院印发〈乡村振兴战略规划（2018～2022年）〉》，人民网，2018年9月26日，http：//politics. people. com. cn/n1/2018/0926/c1001－30315263－2. html。

② 张国庆：《发挥文化在乡村治理中的重要作用》，http：//www. ce. cn/culture/gd/201810/08/t20181008_ 30448814. shtml。

B.9
2018 ~2019年山东省小城镇发展现状、趋势与对策

李 伟*

摘 要： 近年来，山东省委、省政府高度重视小城镇建设，于2016年8月启动了新生小城市、重点示范镇和特色小镇培育创建工作，并印发实施了《山东省设立新的中小城市试点方案》《山东省创建特色小镇实施方案》。“十三五”期间，山东省政府从资金、土地、政策方面对小城镇进行分层次、有重点的扶持引导，做大做强重点镇，做精做优特色小镇。2018年是政策实施的中期阶段，小城镇发展的质量和效益将最终影响政策实施的效果。

关键词： 小城镇 产业定位 新型城镇化

小城镇作为联城带乡、联工促农的重要桥梁，事关城乡融合发展大局，事关新型城镇化进程，事关新时代乡村振兴战略目标的全面实现。全力推进小城镇、特色小镇平稳、健康、高效发展，对构建完善现代化经济体系，促进山东省高质量发展，确保实现“两个走在前列、一个全面开创”目标具有重要意义。

一 政策出台背景

为充分发挥小城镇、特色小镇在推动新型城镇化、促进经济转型升级等方

* 李伟，山东省华坤乡村振兴研究院副院长，主要研究方向为乡村振兴、小城镇规划建设。

面的作用，山东省政府出台《山东省设立新的中小城市试点方案》《山东省创建特色小镇实施方案》，正式开展新生小城市试点、重点示范镇培育和省级特色小镇创建工作。2017 年，省政府公布了 10 个新生小城市、30 个重点示范镇培育名单和 109 个特色小镇创建名单，创建全国特色小镇 22 个。

（一）山东省小城镇、特色小镇创建目标及要求

山东省新生小城市试点、重点示范镇是传统意义上的建制镇；特色小镇是区别于行政区划单元和产业园区，具有明确产业定位、文化内涵、旅游特色和一定社区功能的发展平台。

1. 创建目标

山东省计划到 2020 年，培育 10 个以上镇区人口超过 10 万人，地方财政收入超过 10 亿元的新生小城市；培育 30 个以上镇区人口超过 5 万人，地方财政收入超过 5 亿元的重点示范镇。创建 100 个左右产业上“特而强”、机制上“新而活”、功能上“聚而合”、形态上“精而美”的特色小镇，并使其成为创新创业高地、产业投资洼地、休闲养生福地、观光旅游胜地，打造区域经济新的增长极。

2. 创建内容

一是明确产业定位。突出“一镇一业”“一镇一品”，注重因势利导，明确主导产业，拉长产业链条，壮大产业集群，提升产业层次，做大做强特色经济。聚集人才，培育海洋开发、信息技术、高端装备、电子商务、节能环保、金融等新兴产业；挖掘资源禀赋，发展旅游观光、文化创意、现代农业、环保家具等绿色产业；依托原有基础，优化造纸、酿造、纺织等传统产业。

二是科学规划布局。特色小镇规划面积一般控制在 3 平方千米左右，起步阶段建设面积一般控制在 1 平方千米左右。此外，山东省将城市设计贯穿特色小镇规划建设全过程，注重塑造特色风貌。

三是增加有效投资。原则上要求 5 年完成固定资产投资 30 亿元以上，每年投资不低于 6 亿元。对于西部经济隆起带上的特色小镇和信息技术、金融、旅游休闲、文化创意、农副产品加工等产业特色小镇，要求固定资产投资额不低于 20 亿元，每年投资不低于 4 亿元。

四是完善功能配置。高标准配套建设基础设施和教育、医疗等公共服务设

施。建设具有创业创新、公共服务、商贸信息、文化展示、旅游信息咨询、产品交易和信息管理等功能的综合服务平台，积极应用现代信息技术，使特色小镇全域实现公共 WI-FI 和数字化管理全覆盖。

五是创新运营方式。发挥市场在资源配置中的决定性作用，以企业为主推进项目建设；明确政府服务职能，积极做好规划编制设计、基础设施配套、资源要素保障、文化内涵挖掘传承、生态环境保护等工作；发挥第三方机构的作用，为入驻企业提供电子商务、软件研发、产品推广、技术孵化、市场融资等服务，将特色小镇打造成新型众创平台。

3. 动态监管

对进入创建名单的 109 个省级特色小镇、10 个新生小城市和 30 个重点示范镇（以下简称“示范试点”）开展年度绩效评价，优胜劣汰。年度绩效评价结果将被作为财政资金、用地指标等奖补政策的重要依据。对示范试点实行动态管理，对第一年没有完成培育创建目标任务的，给予黄牌警告；对连续两年没有完成培育创建目标任务的，对特色小镇取消创建资格，对新生小城市、重点示范镇不再进行政策扶持。

4. 规范发展

在新生小城市培育和特色小镇创建中，要明确做到“四避免”：一是避免举债式发展，给予市场主体最大发言权，防止政府大包大揽、过多干预，警惕以 PPP 为名的变相地方债；二是避免地产化发展，绝不能在小镇内搞大规模的房地产开发，不以商业地产规模彰显小镇建设成效；三是避免粗放型发展，将节地、节能等理念贯穿小镇建设全过程，实现生态保护与小镇发展互促共融；四是避免破坏性发展，践行“绿水青山就是金山银山”的理念，把生态文明理念全面融入小镇建设的全过程和各领域，真正实现低碳生活、和谐生产、宜居生态。

（二）支持小城镇、特色小镇发展的政策

1. 用地支持

充分将低丘缓坡、滩涂和存量建设用地用于特色小镇先期建设。对如期完成年度规划、目标任务的特色小镇，省里按实际使用指标的一定比例给予奖励；对连续两年未完成规划、目标任务的，加倍倒扣省奖励的用地指标。

截止到2018年，山东省累计拿出7000亩新增建设用地用于小城镇示范试点建设。

2. 财政支持

自2016年起，山东省统筹城镇化建设等资金，积极支持小城镇培育和特色小镇创建。截止到2018年，已累计拨付专项资金13.225亿元用于其规划设计、设施配套和公共服务平台建设等。省级城镇化投资引导基金参股子基金加大对特色小镇创建的投入力度，积极支持其特色产业发展、人才项目建设等。

3. 金融支持

创新融资方式，探索产业基金、股权众筹、PPP等融资路径，加大引入社会资本的力度，用于特色小镇公共配套基础设施、公共服务平台以及创新孵化平台等建设。山东省住房城乡建设厅同国家开发银行山东省分行、农业发展银行山东省分行等金融机构出台支持特色小镇发展的文件，支持236个项目进入国家开发银行项目库。

4. 技术支持

落实创新创业扶持政策，吸引、支持泰山学者、泰山产业领军人才、科技人员创业者、留学归国人员积极投入特色小镇创建，运用现代新技术，开发新产品，加快特色产业转型发展、领先发展。先后举办山东特色小镇项目推介会、鲁台经贸洽谈会、特色小镇建设交流推介会、美国康宁翰建筑设计集团来鲁洽谈会、德国巴伐利亚州规划设计代表团座谈会，促进特色小镇技术交流和理念更新。

（三）山东省特色小镇地理分布和产业发展情况

1. 自然地理分布情况

从地形特点来看，平原地区的特色小镇占57%，丘陵地区的占35%，山地地区的占8%，与山东省的地形特点和城市分布区域基本一致；从地域分布来看，东、中、西部较为均衡，所占比例分别为35%、38%、27%；从区域影响力来看，有24个特色小镇处于泛济青烟新旧动能转换综合试验区，26个位于四大城镇带范围内，区域带动作用明显。

2. 行政区域分布情况

特色小镇所在行政区域以建制镇为主，多数是国家重点镇和省级示范镇，

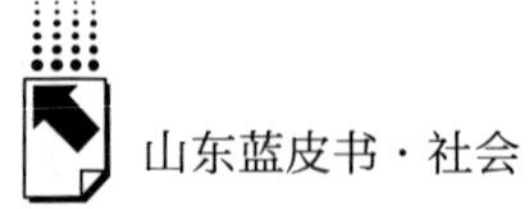

具有较好的产业基础和发展环境，有利于特色小镇的发展。有19个特色小镇分布在10个街道办事处、3个新城新区、4个旅游景区、1个县驻地镇和1个乡驻地中。按行车30～40分钟的距离，即约50公里的半径划定缓冲区，判定特色小镇与中心城区的关系。有超过65%的特色小镇分布在其所属地级市的周围，具备成为都市圈经济增长极的条件。

3. 主导产业发展情况

旅游发展型和工业发展型的特色小镇分别占37%和36%，商贸流通型、历史文化型和农业服务型的特色小镇较少。旅游发展型特色小镇主要分布在黄河—泰沂山脉一带和东部滨海地区，工业发展型特色小镇主要分布在济南都市圈、青岛都市圈和鲁南地区三大区域。从主导产业来看，特色小镇中有30%属于新兴产业，52%属于绿色产业，18%属于传统产业。其中，绿色产业以旅游观光业为主，占比高达67%，旅游产业在特色小镇中占比较高。

二 2018年山东小城镇、特色小镇发展态势

按照山东省政府工作部署和国家部委文件要求，山东省住房和城乡建设厅作为业务主管部门积极谋划，主动对接省直有关部门和机构，不断完善扶持政策，创新工作思路，扎实推进示范试点培育创建工作。山东省印发《山东省特色小镇精细规划编制技术要点》，指导特色小镇精准规划、精细实施。同时，自培育创建工作开展以来，各级党委、政府坚持因地制宜、分类指导、有序推进，着力提升发展活力，激发内生动力，优化功能布局，培植产业生态，示范试点工作取得阶段性成效。2018年，小城镇、特色小镇发展主要呈现以下特点。

（一）政策导向作用明显，发展质量全面提升

山东省政府严格落实“创新、协调、绿色、开放、共享”的发展理念，从土地、财政、金融、人才四个方面细化标准、明确要求，全方位强化对示范试点培育创建工作的扶持引导。各市在用足用活省级扶持政策的基础上，坚持把示范试点建设作为新常态下拉动经济增长、统筹城乡发展、创造创新平台的重要载体，将其纳入科学发展综合考核范围，先后出台一系列配套措施，在规

划、土地、招商、项目建设等方面出真招、下实功，发挥了积极的典型示范和辐射带动作用。淄博市把示范试点建设作为经济社会发展的重要指标任务，坚持月调度、季督查，并将土地指标全部单列，奖补资金按省、市 2∶1 的比例予以配套，全市新生小城市 1 个、重点示范镇 2 个、特色小镇 6 个，数量均居全省前列；德州市出台《特色小镇创建实施方案》，开展“以特色小镇为突破口，加快新型城镇化进程”的对口协商活动，并专门下发 2000 万元用作奖励资金，最大限度地发挥政府政策对市场的引导带动作用。在上级政策的积极引导下，各示范试点尤其是 10 个新生小城市，发展环境日益优化，承载能力不断增强，发展质量全面提升，公共财政收入全部超 5 亿元，常住人口全部超 5 万人，已成为区域经济新的增长极。其中，东营大王镇、潍坊羊口镇、泰安石横镇公共财政收入超 10 亿元，青岛泊里镇、烟台沙河镇、东营大王镇、枣庄西岗镇常住人口超 10 万人，东营大王镇位居全国百强镇第 58 位。

（二）产业带动优势突出，发展后劲持续增强

149 个示范试点立足自身的区位、资源、发展基础等条件，注重发挥比较优势，明确功能定位，全力培植产业特色强、集中度高、发展潜力大的优势产业，以产业带动经济发展，增强镇域实力，涌现出一大批农业强镇、工业重镇、商贸名镇。据统计，以工业商贸产业为主导的示范试点有 93 个，占总数的比例为 62.4%；以文旅休闲产业为主导的有 46 个，占 30.9%；以现代农业为主导的有 10 个，占 6.7%。一、二、三产业互动融合、结构优化。其中，新生小城市、重点示范镇全部以工业商贸产业为主导，规模以上工业企业分别达到 454 家、1924 家。在特色小镇中，工业商贸类、文旅休闲类小镇所占比例基本持平，分别为 48.6%、42.2%，现代农业类小镇占 9.2%，镇均规模以上工业企业总产值达 27 亿元，镇均税收总收入 2.1 亿元，主导产业税收占镇税收总量的比例基本在 50% 以上。聊城烟店轴承小镇有全国最大的轴承交易市场，年交易额 200 多亿元，占全国轴承交易总量的 10%，是名副其实的商贸名镇；威海初村健康小镇引进国内医疗器械制造行业龙头企业 2 家，拥有发明专利 252 项，以及自主知识产权产品 500 多项，高科技、高附加值产品占比在 80% 以上，到 2020 年，该小镇产业产值可达到 1500 亿元，成为全国高端医疗器械行业的领军重镇。

（三）产城融合深度推进，城镇规模不断扩大

各示范试点坚持以规划为引领，着力优化功能布局，强力推进产城融合，初步构建起生产、生活、生态功能健全，文化、休闲、社区体系完备，物流、人流、资金流加速集聚的城镇框架体系。目前，各示范试点镇区面积有效扩大，常住人口稳步增长，各类规划实现100%全覆盖。其中，新生小城市、重点示范镇建成区平均面积12平方千米，是全省镇均水平的3.3倍；建成区平均常住人口6.69万人，是全省镇均水平的3.9倍；二、三产业就业人口比例远超过一产就业比例，10个新生小城市的二、三产业就业人口比例均在75%以上。同时，各示范试点在推进产城融合、扩大城镇规模的过程中，坚持多规协调、精准定位，牢牢把握历史传承、地域环境、文化标识、建筑风格等特色“基因”，严格管控大规模建设、重复建设行为，坚决杜绝“一窝蜂”“大跃进”式的造城运动，避免“千镇一面”。威海市泊于镇严格落实《小城市试点镇域总体规划》和功能布局要求，坚持“绿色生态、产城融合、持续发展”理念，以健康、旅游、教育三大产业为基础，加大资金投入和精准招商力度，启动核心区建设22.8平方千米，全力打造一座面向未来的新生小城市。

（四）设施建设提档升级，镇域环境明显改善

各级持续加大投入，不断提高道路、供排水、供气、供暖、污水处理、垃圾处理等基础设施及教育、医疗、养老等公共服务设施建设标准，小城镇的承载力和吸引力不断增强，基础设施体系日趋完善，城镇面貌日新月异。自2016年以来，各示范试点累计投入198亿元，完成基础设施项目899个；还投入134亿元，完成公共服务项目454个。建成区绿地率32%，生活垃圾无害化处理率100%，供水普及率100%，污水处理率96%，燃气普及率80%。万人拥有初中教师数、千人拥有医疗卫生人数、千名老年人拥有养老床位数分别达到28人、13人、38张，超过全省平均水平，基本实现了公共服务的便民化、均等化，镇域各项社会事业快速、健康、协调发展。临沂义堂重点示范镇从百姓最关心、最直接的利益问题入手，深入开展公用设施改造提升活动，累计投入近5亿元，对镇区内的学校、医院、便民服务中心、综治中心等进行改扩建，群众满意度大幅提升，镇区的人口集聚能力明显增强。

（五）体制机制改革创新，城镇管理务实高效

以构建“权责统一、行为规范、运转协调、廉洁高效”的行政管理体制和运行机制为目标，各地积极探索创新，不断充实完善镇级政府功能，厘清事权边界，扩大经济社会管理权限，提升城镇管理水平，尤其注重扩大小城镇在产业发展、城镇规划建设、城镇管理、民生保障方面的行政审批、行政处罚及相关行政强制和监督检查权限，不断增强自身统筹经济社会发展的能力。部分市、县稳妥推进示范试点的行政管理体制改革，适度放宽机构设置限制，适度增加人员编制，对工作业绩突出、表现优秀的镇党政主要负责人优先提拔重用并继续兼任现有职务。泰安市开拓思路、敢闯敢试，在市级“计划单列镇”——石横镇被评为省级新生小城市后，除给予其规划、融资、招商等多项自主权外，还在财政体制、土地收益分配、干部配备方面突破条框制约，出台特殊政策，大大激发了基层干部做事的积极性。

三　山东省特色小城镇培育创建中存在的问题

各示范试点在实现高质量发展的同时，在区域协调发展、做强主导产业、发展理念更新、市场资源配置等方面还存在一定问题。

（一）资金投入不足，发展不平衡不充分的矛盾比较突出

受财政体制影响，大多数示范试点财政支出权限偏小，可支配财力较少，资金缺口较大，严重影响了小城镇建设投入，制约了镇域经济做大做强。尤其是东西部存在明显的地区差异，东部地区的青岛、烟台、威海三市的示范试点有40个，数量较多，经济实力普遍较强，财政收入大多在5亿元左右；西部地区的菏泽、德州、聊城三市的示范试点仅有19个，财政收入大多在1亿元左右。在由中小城市经济发展委员会、中小城市发展战略研究院、中国社会科学院发展与环境研究所等单位联合发布的2018年度全国综合实力百强镇中，山东省只入选3个镇，且排名比较靠后。

（二）主导产业层次不高，生产、生活、生态“三生”功能融合度不足

各示范试点注重强化特色产业支撑，但客观上存在产业结构单一、关联度低、带动力弱、科技含量不高、聚集和辐射能力不强的问题，特别是缺少“高精尖”类的行业龙头企业，缺少具有全国知名度和影响力的特色产业品牌。同时，不少示范试点专业化治理和规范化管理的能力偏弱，产业与城镇整体功能融合度不够，重产业发展、轻功能融合，工业、商业、住宅等功能区分不合理，文化、娱乐设施普遍缺乏，基础设施和公共服务设施在功能性、便民性方面有较大不足。

（三）城镇面貌千篇一律，“新”城市建设理念缺失

有的示范试点没有深入研究自身的历史渊源、文化背景、风土人情等个性特质，盲目照搬城市风格，建筑布局单调零乱，“千镇一面”，缺少特色；还有的习惯于延续传统的低水平的重复建设路子，对城市设计及海绵城市、地下管廊、智慧城市等建设新理念的重视程度不够，绿色节能建筑等新技术、新产品应用少，仍“穿新鞋走老路”。

（四）企业主体作用发挥不好，政府引导政策缺少精准度

小城镇培育创建的“政府引导、企业主体、市场化运作”原则仅停留在文件和口号中，政府、企业与市场责任不清、各自为战，“政府”往往唱独角戏，对小镇的扶持政策“大一统”，缺乏常态化的监测统计，缺乏分类指导和精准分析，未按市场要求建立小镇建设运营平台，社会资本对小镇建设“有热情、不了解、没着落”，市场的主体作用发挥得不好，造成小镇在策划、投资、运营、建设等环节自弹自唱，创建工作呈现“碎片化”特征。

四　新形势下小城镇、特色小镇的发展趋势和建议

十九大报告明确指出，要实施乡村振兴战略、区域协调发展战略，建立健全城乡融合发展的体制机制，构建大、中、小城市和小城镇协调发展的城镇格

局。山东省第十一次党代会提出，牢牢把握走在前列的目标定位，扎实推进新型城镇化，深入开展大、中、小城市培育和特色小镇创建。当前，山东省新旧动能转换全面起势，乡村振兴“齐鲁样板”打造工作有序展开，“双招双引”持续拓展。开展新生小城市、重点示范镇培育和特色小镇创建，有利于推进供给侧结构性改革，培育发展新动能，改造提升旧动能；有利于扩大有效投资，增加有效供给，创造新的经济需求；有利于带动工农业发展，协同推进旅游业等现代服务业发展；有利于推动产业加快聚集，补齐产业发展短板，引领产业转型升级和创新发展。综合判断，小城镇和特色小镇在未来一段时间内将仍是山东经济社会发展的热点，也必然是国家战略落地实施的重要载体。

（一）小城镇、特色小镇未来发展要把握几个重点

一是准确理解把握小镇内涵。立足产业“特而强”、机制“新而活”、功能“聚而合”、形态“精而美”，推动创新性供给与个性化需求有效对接，打造创新创业发展平台和新型城镇化有效载体。特色小镇一定要强调产业基础，要充分利用本地特色产业带动发展其他产业。特色小镇的定位要依托区域资源的禀赋和区位优势，切忌无中生有、勉而为之。对于中西部相对落后的县区，特色小镇应该依托镇区，和新型城镇化发展结合起来；要量力而行，多元化发展，结合自身条件去培育，不能盲目照搬浙江模式或省内已有的成功模式。

二是遵循经济社会发展规律。浙江特色小镇是经济发展到一定阶段的产物，具备相应的要素和产业基础。山东与浙江省情不一，发展基础不同，因此不能盲目照搬浙江经验。应按规律办事，树立正确政绩观和“功成不必在我”的理念，科学把握浙江经验中可复制和不可复制的内容，防止盲目发展、一哄而上，避免过度追求数量和投资规模。要合理借鉴其理念方法、精神实质和创新精神，追求慢工出细活、出精品，避免脱离实际的照搬照抄。特别是山东中西部地区，更要从实际出发，遵循经济社会发展规律，科学推进特色小镇和小城镇建设布局，走少而特、少而精、少而专的发展之路。

三是注重塑造小镇特色。特色是特色小镇培育的核心。在推进小城镇和特色小镇建设过程中，要立足区位条件、资源禀赋、产业积淀和地域特征，以特色产业为核心，兼顾建筑特色、文化特色、自然特色，找准特色、凸显特色、放大特色，防止内容重复、形态雷同、特色不鲜明和同质化竞争。聚焦高端产

业和产业高端方向，着力发展优势主导特色产业，延伸产业链、提升价值链、创新供应链，吸引人才、技术、资金等高端要素集聚，打造特色产业集群。

四是有效推进“三生融合”。山东省特色小镇可以分为传统产业类、新兴产业类和文旅类三类。不管是哪一类小镇，生产都是核心，生态、生活空间的布局应有助于实现特色产业的持续集聚和升级。“三生融合”的空间布局不是机械不变的，应体现柔性化、多功能、复合性特征。这就要求山东省科学规划特色小镇的生产、生活、生态空间，促进产城人文融合发展，营造宜居宜业环境，提高小镇集聚人口的能力和人民群众的获得感。留存原住居民生活空间，防止原住居民被整体迁出。增强特色小镇生活服务功能，构建便捷“生活圈”、完善“服务圈”和繁荣“商业圈”。提炼文化经典元素和标志性符号，并将其合理应用于特色小镇建设运营及公共空间。保护特色景观资源，将“美丽资源”转化为“美丽经济”。

五是厘清政府与市场边界。特色小镇培育要做到市场主体不缺位、政府引导不越位，让企业成为特色小镇建设主力军。应充分发挥市场主体作用，注重引入央企、国企和大中型民企等作为特色小镇主要投资运营商，尽可能避免政府举债建设进而加重债务包袱的情况。政府发挥强化规划引导、营造制度环境、提供设施服务等作用，顺势而为、因势利导，不过度干预。应统筹考虑政府综合债务率、现有财力、资金筹措和还款来源，稳妥把握配套设施建设节奏。

六是严控房地产化倾向。国家发改委、国土资源部、环境保护部、住房和城乡建设部联合印发了《关于规范推进特色小镇和特色小城镇建设的若干意见》，明确要求综合考虑小城镇和特色小镇吸纳就业和常住人口的规模，从严控制房地产开发，合理确定住宅用地比例，并结合所在市县商品住房库存消化周期确定供应时序。适度提高产业及商业用地比例，鼓励优先发展产业。科学论证企业创建特色小镇的规划，对产业内容、盈利模式和后期运营方案进行重点把关，防范“假小镇真地产”项目。

七是严格节约用地。落实最严格的耕地保护制度和最严格的节约用地制度，鼓励盘活存量和低效建设用地，严控新增建设用地规模，全面实行建设用地增减挂钩政策，不得占用永久基本农田。在符合土地利用总体规划和城乡规划的前提下，合理确定小城镇和特色小镇发展边界，避免另起炉灶、大拆大建现象。注重生态环境保护，严禁以小城镇和特色小镇建设名义破坏生态，严格保护自然保护区、文化自然遗产、风景名胜区、森林公园和地质公园等，严禁挖山填湖、破坏山水田园。

（二）小城镇、特色小镇未来发展的意见和建议

城镇强则区域强，小镇兴则农村兴。2019 年是新中国成立 70 周年，是全面建成小康社会、实现第一个百年奋斗目标的关键之年。要充分发挥小城镇和特色小镇在促进农村一、二、三产业融合发展，加快农业转移人口市民化，建设美丽乡村等方面的重要载体作用，坚持质量第一、效益优先，抓重点、强弱项、补短板，创新思路、方法，进一步推动小城镇建设质量变革、效率变革、动力变革，为实现山东省创新发展、持续发展、率先发展提供强有力的支撑。

一是落实新理念，积聚小城镇发展新优势。小城镇是带动乡村振兴的“龙头”，是城乡要素流动的“阀门”。推动山东省小城镇加速发展，就必须顺应新时代经济社会发展形势，充分发挥政府和市场的双重推动作用，积极践行发展新理念，准确把握城镇化发展新趋势，因势利导予以谋划部署，通过强有力的政策，实现更大的作为。在发展理念上，要按照改革创新思维和系统化的观点，将小城镇和特色小镇定位于现代城镇体系中承上启下的重要层次、城乡融合发展的重要环节、抓住山东省城镇化提质加速的关键因素来加以推动。在战略布局上，既要谋划发展城市群、中心城市，也要注重实施重点示范镇发展战略，提升小城镇和特色小镇的战略层次，切实把小城镇发展摆到重要位置，实施新的战略举措。在资源配置上，合理进行引导，充分考虑当前小城镇、特色小城镇发展的阶段性特征，把更多、更优质的生产要素吸引和配置到这一领域中，形成加速发展效应。在推动方式上，更好地利用财政资金、建设用地等“杠杆”，发挥好政府和市场的作用，加大协调推动和扶持引导力度，形成社会联动的强大推力。

二是实施新策略，调整规范政策支持重点。目前山东省已在财政资金、建设用地、信贷支持等方面出台了扶持政策，但客观上还存在针对性不强、精准度不高的问题。为此，要在保持和丰富扶持政策的基础上，根据现实发展需要，进行适时调整、完善和创新。总的来说，实施“扶持额度稳定、扶持重点突出、扶持内涵扩充”策略，可以达到既不增加新的财力支出，又对示范试点发展形成有力支撑的双重目的。扶持额度稳定就是综合考虑今后经济社会

发展、财政状况、小城镇发展等多种因素。2019～2020 年，全省继续实行现行示范试点扶持政策，现有的每年安排财政资金、建设用地指标等政策“大盘子”不变。在建设用地指标上，区分轻重缓急，根据各个示范试点的年度绩效评估情况和项目需求进行分配。扶持重点突出就是按照突出重点、打造亮点、整体提升的原则，充分发挥政策奖励的杠杆作用，坚持培大育强示范镇、做优做精特色小镇，分层次、分类别地对现有的示范试点进行政策聚焦。通过资金奖励、建设用地指标倾斜等方式，对各个类别中发展较快的小镇进行政策奖补，促使其更快、更好地发展。扶持内涵扩充就是拓展扶持领域，增加新的政策内容，主要是引导金融机构与示范试点开展战略性合作，支持有条件的区县（或示范试点）按照有关规定构建小城镇建设融资平台，引导和鼓励示范镇通过 PPP 方式融资；加强智力支持，强化示范试点的人才培养、引进与交流。

三是突出新特色，依靠科学规划引领小城镇发展。特色是小城镇建设的“魂”，规划是小城镇建设的“龙头”，规划引领下的特色发展路径是小城镇在区域发展大格局中的必然选择。习近平总书记讲道，“规划务必坚持以人为本，让历史文化与自然生态永续利用、与现代化建设交相辉映”。在示范试点培育创建过程中，必须高度重视两方面工作。一方面，注重特色化发展。特色资源是特色小镇发展的根本，要杜绝照搬照抄和拿来主义。要从当地历史、人文、景观、地理中寻找、挖掘独特资源，充分利用、传承特色资源并带动特色产业的打造，这种特色才具有稀缺性、相对性和多元性，才是可持续的。对于历史文化名镇、旅游名镇，要加强保护性开发建设，深入挖掘和发扬历史、文化内涵，切实保护好古村落、老街巷、特色民居和各种自然山水、地域人文、建筑风貌，真正让人“记得住乡愁”。对于产业基础较好的镇，要围绕优化产业结构，培植主导产业，拉长产业链条，配套产业集群，做优做强做特，努力建设农业强镇、工业重镇、商贸名镇。另一方面，注重规划引领。新生小城市、重点示范镇镇区和特色小镇规划区应达到控制性详细规划深度，其中的核心功能区或近期建设区应当达到城市设计深度。要运用先进理念，加强改革创新，推进多规合一，优化国土空间，提升功能定位，着力打造一批特点鲜明、优势明显、个性彰显的小镇。

四是探索新机制，提升小城镇建设管理水平。小城镇示范试点在构建新型乡镇框架、提高行政效能、推进综合执法、创新社会治理等方面进行了很多有益探索，打下了良好基础。但与全国先进地区相比，山东省的小城镇在体制机制、发展活力、管理水平方面尚有很大提升空间，需要着力做好扩权强镇这篇大文章，进一步加强协调推动，突出创新重点，扩大创新范围，提高创新层次，为示范镇发展释放强大的内生动力。第一，推进行政管理体制创新。继续加大简政放权力度，既要真放、实放，将乡镇急需管用的权限下放到位，又要加强指导，特别是解决好人才和设备等问题，确保乡镇能够接得住、用得好。进一步完善示范镇组织架构，探索实行内部岗位扁平化管理。通过集中执法权、县级综合执法机构派驻队伍等形式，打造乡镇综合执法平台。健全社会治理组织体系和便民服务体系，探索建立社会治理新机制。第二，推进干部人事制度创新。新生小城市和发展得比较好的重点示范镇的主要负责人可由县级领导兼任，或者享受区县级副职待遇。对发展迅速、整体提升较快的重点示范镇的领导干部在选拔任用时优先考虑，特别突出的可破格提拔，用于激发重点镇干部队伍的活力，提升城镇建设管理水平。新生小城市、重点示范镇要按照小城市的标准，适度超前配置基础设施、公共服务设施，发展社区商业设施。同时，通过对一系列现代信息技术的运用与管理，提高小城镇的综合管理和执法水平，着力提升小城镇总体形象。

参考文献

山东省人民政府办公厅：《山东省设立新的中小城市试点方案》（鲁政办字〔2016〕143号），2016年8月26日。

山东省人民政府办公厅：《山东省创建特色小镇实施方案》（鲁政办字〔2016〕149号），2016年9月1日。

国家发改委、国土资源部、环境保护部、住房和城乡建设部：《关于规范推进特色小镇和特色小城镇建设的若干意见》（发改规划〔2017〕2084号），2017年12月4日。

B.10
2018年山东省农村青年发展状况调研报告*

陈建伟**

摘　要： 本文利用共青团山东省委提供的农村青年调查数据，分析了当前山东省农村青年的人口结构现状、农村青年发展取得的成绩和存在的问题。在此基础上，本文对农村青年的创业机遇以及共青团如何更好地服务青年群体进行了分析。本文发现，当前山东省农村青年在村人数持续减少，青年人力资本外流严重。与此同时，农村青年的教育程度不断提高，青年的创新创富热情不断高涨。各级共青团组织应抓住乡村振兴这一机遇，利用自身组织优势，不断提高自身服务青年的水平，鼓励引导农村青年扎根基层，积极参与创业创富、青春扶贫、环境保护、志愿服务以及基层治理等活动。

关键词： 农村青年　青年发展　青年权益　创业

为深入学习贯彻党的十九大精神和山东省第十一次党代会精神，认真贯彻落实团十八大和省第十四次团代会工作部署，共青团山东省委以团干部“三联四促”常态化下沉基层工作为重要载体，针对全省农村（主要指乡镇及以

---

* 本文在写作过程中得到共青团山东省委基层组织建设部有关同志的大力指导与协助，在此表示感谢。本文是共青团山东省委落实团中央关于大抓团的基层建设，开展基层团组织建设状况调研工作部署的成果之一。

** 陈建伟，山东社会科学院省情与社会发展研究院助理研究员。主要研究方向为社会分层与流动、雇佣关系与工作质量。

下）的青年发展状况、流向分布状况以及农村团员队伍建设情况等开展了深入调研。调研旨在研究提升新时代乡镇（村）共青团和青年的工作路径，制定切实可靠的工作措施，以解决农村青年日益增长的发展需要与基层团组织不平衡不充分的发展之间的矛盾，不断巩固和扩大党执政的青年群众基础，团结带领广大农村青年在助力乡村振兴战略中充分发挥生力军和突击队作用。调研集中在2018年5月到8月，面向农村青年发放调查问卷2500份。根据统计调查、座谈访谈、典型挖掘等形成的全省农村青年发展状况具体如下。

一　全省农村青年人口结构现状

改革开放以来，劳动力特别是农村劳动力的流动性大大增强，农村人口不断向城镇迁移，加上人口出生率的下降，农村人口老龄化现象日益严重，青少年人口数量不断减少。习近平总书记在中央农村工作会议上的讲话深入分析了当前农村地区存在的发展不平衡不充分的问题。习总书记指出了一些农村地区的现状，他说："一些村庄缺人气、缺活力、缺生机，到村里一看，农宅残垣断壁，老弱妇孺留守，房堵窗、户封门，见到的年轻人不多，村庄空心化、农户空巢化、农民老龄化不断加剧。农民形容这种现象为'外面像个村，进村不是村，老屋没人住，院荒杂草生'。"农村青年的流失对农村社会经济发展、乡村振兴战略实施以及农村团工作开展等均造成了较大影响。

1. 农村青年在村人数大量减少

根据第六次人口普查数据推算，山东省农村13～37岁年龄组的人口大概占全部农村人口的29%。由于外出务工、上学或迁出农村，农村青年流失的情况非常严重。根据山东社会科学院经济社会综合调查数据，18～35岁的青年人仅占全部农村样本的10%。笔者针对农村青年的调查数据显示，现在大量农村青年并不在村内居住和工作，其中日常生活和工作主要在村内的仅占32.41%，27.04%在村外乡镇内生活、工作，24.43%在乡镇外县内生活、工作，16.11%在县外生活、工作（见表1）。调查数据还显示，在村外生活、工作的农村青年中，较少回村的占39.5%，基本不回村的占12.7%，也就是说，事实上有一半多的青年已经完全脱离农村。在本次农村青年调查中，尽管日常主要生活在村内的青年仍有32.41%，但在排除机关事业单位工作人员、在校学生等群体之后，务农的只有 9.36%，这一数字更加符合我们在近几年的多次实地调研中对农村目前人口结构的直观感受。100 个农村人口中只有 10 个青年，而这 10 个青年中只有 1 个留在农村。农村青年聚集呈现“内空外散”的特征，给农村团组织凝聚、组织中的青年带来极大挑战。进一步从常住村青年人口和不常住村青年人口的人力资本构成来看，在全部被访者中，主要在村内生活、工作的人的平均受教育年限为 12.4 年，主要在村外镇内生活、工作的人为 13.8 年，主要在镇外县内生活、工作的人为 14.2 年，主要在县外生活、工作的人为 14.6 年。拥有高学历的青年人多选择在城镇生活和工作，农村青年人力资源存量被严重稀释。

表 1　农村青年日常活动范围（居住地选择）

单位：%

日常活动范围	人数	比例
村内（务农）	190	9.36
村内（机关事业单位人员、工人、在校学生等）	468	23.05
村外乡镇内	549	27.04
乡镇外县内	496	24.43
县外市内	220	10.84
市外省内	73	3.60
省外国内	24	1.18
国外	10	0.49

2. 农村青年务农人数持续下降

根据青年分布情况调查数据，辖区内 14～35 周岁户籍人口的职业分布情况具体如下。在街道一级，从事农林牧渔业的人口占辖区青年户籍人口的比例平均为 26.2%；在乡镇一级，从事农林牧渔业的人口占辖区青年户籍人口的比例平均为 36.7%（见图 1）。但由于户籍制度改革的相对滞后，劳动力在城乡中的实际分布与户口登记严重脱节。一些学者估计，实际务农劳动力至少比统计部门公布的数字低 10 个百分点。根据农村青年调查数据，在农村青年从事的职业方面，务农的仅占 13.7%（常住村并务农的占 9.2%），以务农为主、农闲时外出打工的占 7.4%，而从事非农职业的青年人所占比例高达 77.4%。在山东省的一些农业大市和西部地市中，如临沂、潍坊、济宁和菏泽等，农村青年流出人数较多。非农职业吸收了绝大多数农村年轻劳动力，农业生产中的劳动力现在被称作“386199 部队”，主要由留守的妇女、儿童和老人构成。随着人口老龄化的加剧，让农民成为有吸引力的职业，以解决农村“谁来种地”的问题变得愈加迫切。与此同时，农民年龄知识结构、农村社会建设和乡村治理方面存在的问题更为突出，这就迫切需要鼓励一部分青年人热爱农村工作，培养造就一支新型职业农民队伍，优化农业从业者结构，改善农村人口结构，充分发挥青年人在乡村振兴中的生力军和突击队作用。

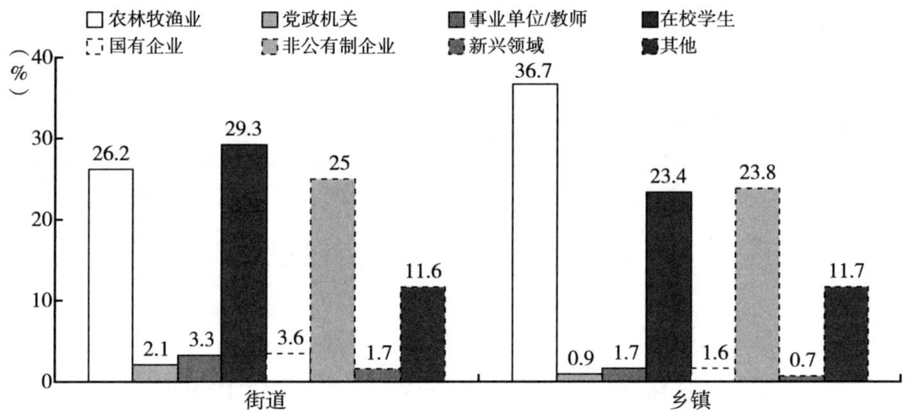

图 1　分街道和乡镇统计的农村青年职业分布情况

3. 农村青年人力资本外流严重

根据青年流向调查数据，全省农村青年不常住村的比例约为 62.3%，其中流向村外乡镇内的约占 12.6%，流向乡镇外县内的约占 21.9%，流向县外省内的约占 17.8%，流向省外的约占 9.9%（由于填报时统计口径、估算误差以及录入错误等，分流向的流出青年比例相加低于根据调查数据得出的不常住村青年人口比例，笔者认为分流向的流出青年比例至少要增加 10～20 个百分点）。从省内流向来看，山东省农村青年集中流向青岛和济南两市，分别占 25.7% 和 24.4%；之后是流向潍坊和烟台，分别占 8.2% 和 6.9%（见图 2）。从省外流向来看，山东省农村青年主要流向北京、上海和广东，分别占 28.8%、18.4% 和 14.2%；之后是天津市和江苏省，分别占 10.9% 和 10.3%。总体来看，农村青年的省内流向极不均衡，青岛和济南吸纳了绝大多数的青年劳动力，进一步推动了重点城市的集聚发展；此外，尽管流向外省的农村青年大约只占十分之一，但北上广深等发达省市对山东省高端人才的虹吸效应仍不容小觑。

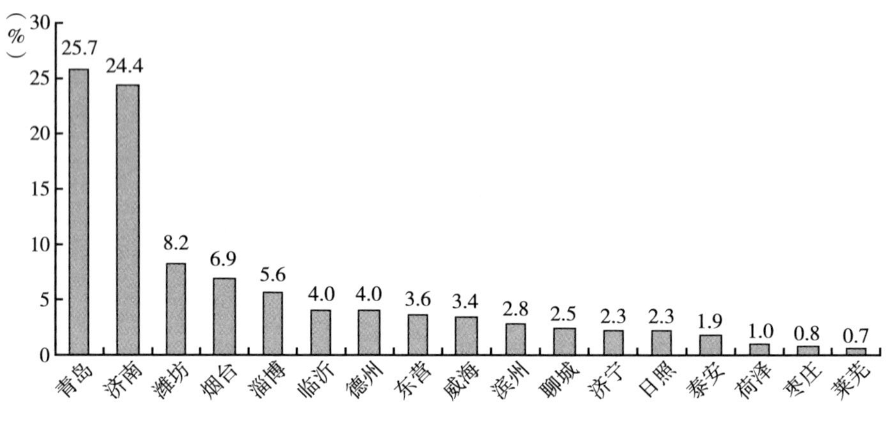

图 2　山东省农村青年的省内流向

二　全省农村青年发展现状和存在的问题

在历届省委、省政府的正确领导下，山东省农村青年发展取得巨大进步，为充分发挥其在农村经济社会发展中的生力军和突击队作用奠定了坚实基础。但是，农村青年发展与两个“走在前列”和开创现代化强省建设新局面的要求相比，与广大青年的新期待相比，仍然存在诸多问题。

第一，农村青年思想政治面貌总体健康向上，但个人价值观不断被侵蚀，共青团的有效覆盖面积严重不足。在全部被访者中，22.1% 为中共党员，41.1% 为共青团员，35.2% 为群众。在价值观方面，有 34.4% 的被访者认为对社会贡献大的人生才是成功的，其中党、团员青年比普通青年更认同集体主义价值观。党员和团员青年中分别有 9.7% 和 13.1% 的人认为拥有财富多的人生是成功的，而普通青年群众中这一比例高达 21.5%（见表 2）。另外，相比普通青年群众，党员和团员青年中有更高比例的人将自我价值得到充分实现作为人生成功的标准。总的来看，党员和团员青年的思想意识更加进步，保持了较好的先进性。农村青年普遍较为关注各领域的国家大事，其中关注最多的是政治领域的国家大事（占25.4%），然后依次是文化领域、社会民生领域、经济领域和生态环境领域等。特别是近年来，山东省农村青年积极响应团省委号召，努力投身于青年建功新旧动能转换行动、青年建功乡村振兴行动，积极参与“金晖助老”“牵手关爱”“小手拉大手共筑碧水蓝天”等活动，彰显了当代青年的责任和担当意识。

表2　农村青年的人生价值观选择

单位：%

人生价值观	政治面貌			
	中共党员	共青团员	民主党派	群众
对社会贡献大	34.8	36.8	33.3	31.0
社会地位高	11.9	11.6	12.1	9.1
拥有财富多	9.7	13.1	6.1	21.5
个人家庭幸福	22.9	16.9	36.4	23.3
自我价值得到充分实现	20.5	21.3	12.1	14.5
其他	0.2	0.4	0.0	0.6
合计	100	100	100	100

在肯定广大农村青年整体思想政治面貌的同时，我们也必须认识到，在市场经济大潮中，个人主义价值观会不可避免地对农村青年造成侵蚀。调查数据显示，有25.9%的农村青年认为拥有财富多、社会地位高的人生是成功的，有20.7%的人认为个人家庭幸福的人生是成功的。此外，农村地区党员和团员的构成比例也在一定程度上制约着青年的思想政治引领工作的开展。从党员的职业分布来看，机关事业单位人员占比最高，为68.4%，工人占14.7%，个体工商户占6.7%，外出打工者占3.1%，务农人员占2.4%。团员的职业分布有所不同，占比最高的是工人，为33.1%，学生占28.2%，机关事业单位人员占16.3%，个体工商户占10.4%，务农人员占5.1%，外出打工者占4.7%（见图3）。由此看来，在乡镇及以下地区，党员的职业分布更加集中，个体工商户、外出打工者和务农人员所占比例较低；同时，农村地区团员的职业分布相对更为均衡，但外出打工者和务农人员的有效覆盖面仍然严重不足，农村共青团面临“组织找不到青年、青年找不到组织”的难题。

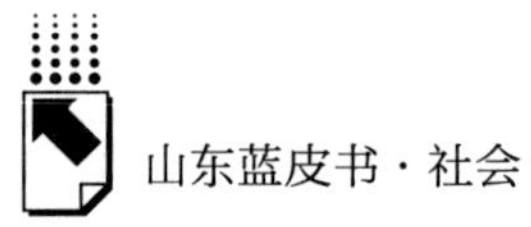

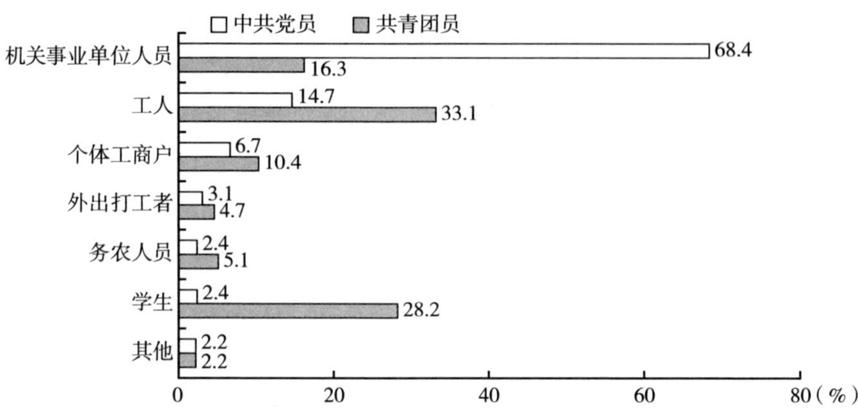

图3　农村青年中的中共党员和共青团员在各职业中的分布情况

第二，农村青年受教育年限不断增加，人力资本结构明显改善，但农村青年就业质量总体不高，收入和性别不平等问题较为严重。在全部被访青年中，拥有初中及以下学历的只占 18.1%，高中、中专、中职、职高学历占 26.0%，专科、高职学历占 22.8%，大学本科及以上学历占 33.2%。粗略计算，山东省农村青年的平均受教育年限达到 13.6 年，与我国新增劳动力的平均受教育年限（13.3年）基本一致，但远高于当前山东省农村居民的平均受教育年限（约为6.9年，即初中一年级水平）。在达到就业年龄的青年人群中，20～27 岁年龄组相比 28～35 岁年龄组有更高比例的人接受高中及以上各阶段的教育。比如，在 20～27 岁年龄组中，有 27% 的人接受专科、高职教育，而在 28～35 岁年龄组中，这一比例为 24.4%；在 20～27 岁年龄组中，有 34.6% 的人接受大学本科教育，而在 28～35 岁年龄组中，这一比例为 32.5%（见表3）。这在一定程度上说明，山东省农村青年的受教育年限是逐渐增加的，未来支撑经济社会发展的人力资本增量较为可观。

表3　农村青年的学历和年龄组交叉分布情况

单位：%

学历	年龄分组			
	14～16 岁	17～19 岁	20～27 岁	28～35 岁
初中及以下	76.0	5.3	12.4	20.0
高中、中专、中职、职高	19.8	62.3	22.9	17.8
专科、高职	0.8	14.0	27.0	24.4

续表

	年龄分组			
学历	14 ~16 岁	17 ~19 岁	20 ~27 岁	28 ~35 岁
大学本科	0. 8	17. 7	34. 6	32. 5
硕士及以上	2. 5	0. 8	3. 1	5. 3
合计	100	100	100	100

然而，受制于传统产业所占比例过大、城乡发展不均衡等，山东省农村青年的总体就业质量仍然不高。从各职业类别之间的收入差距来看，机关事业单位人员中有 35. 0% 的人月收入在 4001 ~6000 元，个体工商户中也有 26. 4% 的人达到这一收入水平，但除此之外的其他职业落入这一收入水平区间的比例均不足 15%①。此外，在工人和务农人员中，分别有 17. 5% 和 13. 8% 的农村青年工资水平在 1000 元以下（见图 4）。传统工业和农业相对较低的工资水平制约着农村青年的从业积极性，影响了其获得感和幸福感。另外，从性别来看，男性和女性农村青年的收入也存在较大的不平等。男性中只有 12. 5% 的人月收入在 1000 元以下，女性中这一比例则高达 22. 6%；男性中有 45. 0% 的人月收入在 2001 ~4000 元，女性中则只有 40. 0% 的人达到这一收入水平（见图 5）。

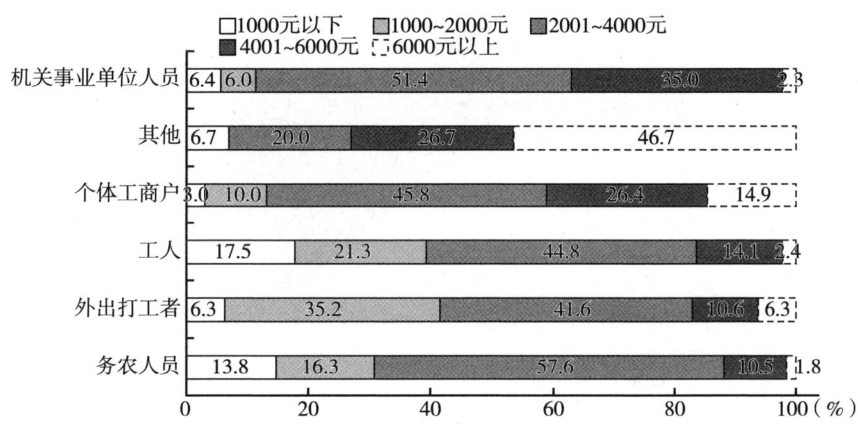

图 4　农村青年中各职业的工资水平分布

①　此处的结论排除“个体工商户”和“其他”两项。

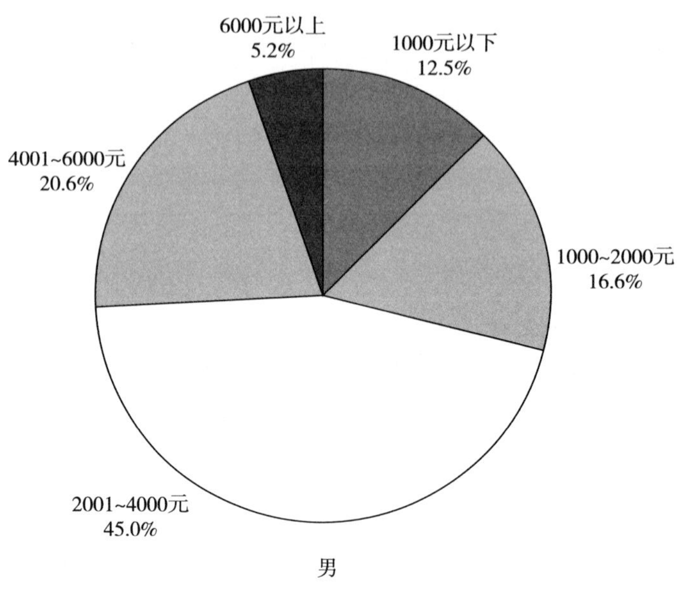

男

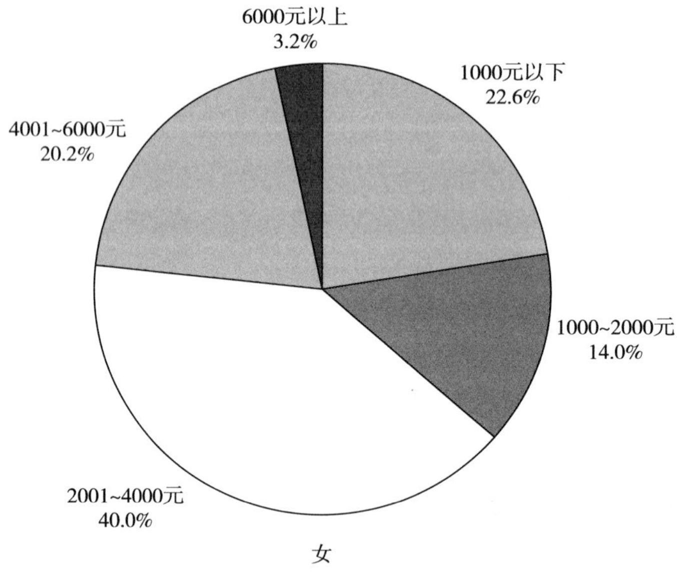

女

图5　农村青年中男性和女性的工资水平分布

第三，农村青年创新创业热情高涨，市场经济意识不断增强，但现实障碍仍然较多，农村大学生的创业能力和创业潜力有待激发。近年来，随着“大众创业、万众创新”的不断推动以及电子商务、“互联网＋”等新技术、新经济的快速发展，广大农村青年的创业致富热情得到极大激发。在全部受访农村青年中，有75.4%的受访者表示有创业想法，对创业不感兴趣和完全不想创业的分别只占13.5%和6.1%。在农村青年的职业发展预期中，有30.5%的人选择自主创业当老板，仅次于选择在机关事业单位工作的人（占38.1%），且比选择到企业工作的人多出接近一倍（占18.7%）（见图6）。在城市创业之外，越来越多的农村青年选择扎根农村创业，带动了绿色生态农业、农村电子商务、农村休闲旅游等新经济、新业态的发展。在2018年“山东青年五四奖章”获得者中，就有两位分别从事绿色农业技术开发和乡村田园综合体建设，并有效带动了当地经济社会发展，带领农民致富，展示了新时代农村创业青年的风采。

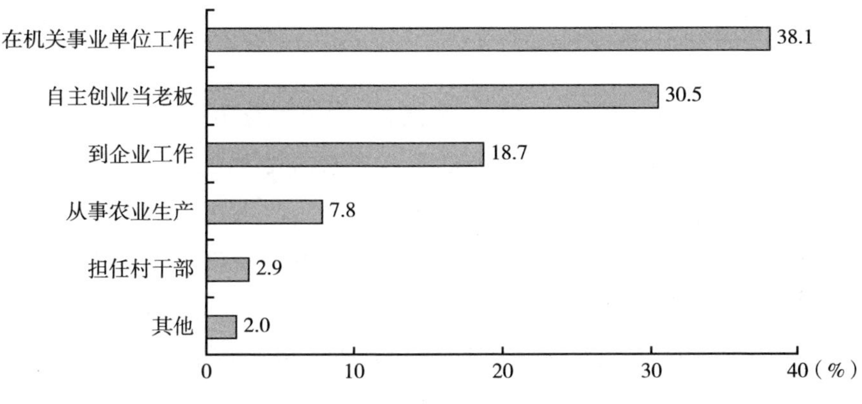

图6　农村青年的职业发展预期

调查数据还显示，当前很多农村青年在创新创业时面临较多的困难和阻碍。在全部受访农村青年中，有25.4%的受访者缺少资金、技术等支持，有24.9%的受访者不知道该如何创业。从学历分布来看，有创业想法，但缺少资金、技术等支持的现象普遍存在于各学历人群之中。从创业能力来看，在虽然有创业的想法，但不知道该如何创业的群体中，有26.9%的人具有专科、高职学历，有40.5%的人具有大学本科及以上学历（见表4）。也就是说，有创业想法，但不知道该如何创业的人更多地集中在拥有专科、高职和大学本科学历的农村青年之中，即使控制了当前正在上学的青年，这一现象也仍然存在。

高学历青年人才的创业能力相对较弱，是制约山东省青年群体创业的一大因素。此外，在对创业不感兴趣以及完全不想创业的群体中，有较大比例是具有大学本科学历的青年（占前一群体的49.3%，占后一群体的37.8%），高学历人才的创业意识和创业潜力仍有待进一步激发。

表4　农村青年的创业意愿和学历层次交叉情况

单位：%

自主创业	学历层次				
	初中及以下	高中、中专、中职、职高	专科、高职	大学本科	硕士及以上
正在为创业目标努力	17.2	27.2	22.7	24.9	7.9
缺少资金、技术等支持	20.4	25.9	29.5	24.0	0.2
不知道该如何创业	14.8	17.8	26.9	39.4	1.1
对创业不感兴趣	7.2	16.3	20.8	49.3	6.3
完全不想创业	15.3	22.5	14.3	37.8	10.2

第四，农村青年物质生活水平显著提高，精神文化生活日益丰富，但农村公共文化基础设施落后，网络对青年的影响越来越大。在受访农村青年中，月收入在2001～4000元的占比最高，为42.7%，月收入在4000～6000元的占20.4%。在排除在校学生群体之后，月收入在2001～4000元的人数比例提高了近6个百分点。调查表明，农村青年的收入水平明显高于农村地区的收入水平。例如，根据山东社会科学院2018年山东省经济社会综合调查数据，山东省农村地区18～35岁青年的家庭年收入平均为57047元，远高于其他各年龄组（36～45岁人口的家庭年收入平均为48366元，46～60岁人口的家庭年收入平均为48942元，61岁以上人口的家庭年收入平均为35154元）。在物质财富之外，农村青年的精神和文化生活也较为丰富多彩。在日常休闲活动方面，有28.2%的人选择看书报、杂志，有23.3%的人选择参加体育活动，选择唱歌、跳舞和书画、下棋的均有12%左右（见图7）。

同时也要注意到，农村地区公共文化设施匮乏，特别是针对青年人的文化产品供应不足、文化活动开展不多、青年社会组织的总体活跃度不高。统计显示，在调查的900余个乡镇街道中，共有青年社会组织2228个，青年社会组织成员89690人，其中乡镇层面分别有628个和18035人，仅是街道的1/4和

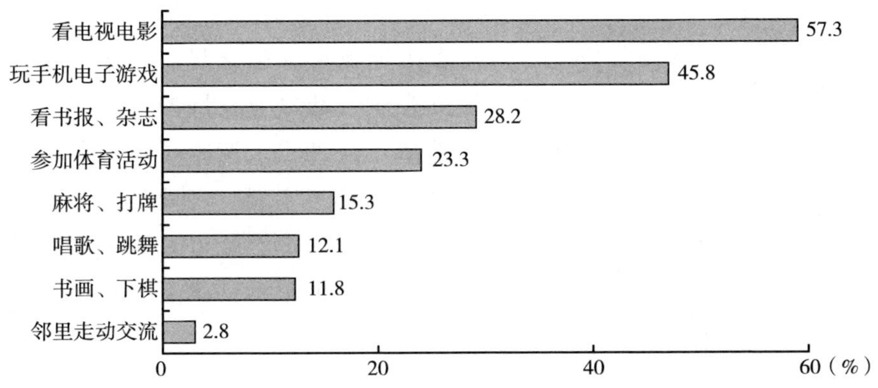

图7　农村青年的日常休闲方式选择情况

1/5；青年志愿者队伍7385个，青年志愿者人数171503人，其中乡镇层面分别有2078个和63683人，仅是街道的1/4和1/3。随着与外界接触和交流的增加，农村青年与父母一代的观念冲突增多，与农村传统文化的疏离感日渐增强。而随着自媒体、短视频、直播平台等的兴起，一些低俗网络文化也趁机占领农村青年文化市场。

第五，农村青年社会保障逐步健全，发展权益得到较好维护，但农村青年在婚恋、住房和工作等方面的压力日益增大。近年来，各级党委政府对农村基础设施和公共服务设施持续加大投入，农村青年在教育、医疗、社会救助等方面的获得感更加充实、更有保障。随着城镇基本公共服务体系的完善，进城务工青年的社会保障工作也取得较大进展。特别是党的十八大以来，在党委政府的支持下，山东共青团着力构建“大权益”工作格局，帮扶农村地区弱势青少年，资助贫困学生，广泛开展青少年法治教育和防艾、禁毒等自护教育，有力地维护了农村青年的各项权益，青年获得感不断增强。

但是，随着我国市场经济体制的转型和社会管理体制的变革，青年人在享受改革发展成果的同时，工作生活压力也越来越大。在农村青年现阶段最迫切的需求方面，创业创富占25.9%，规划人生占19.4%，买房占17.9%，求学占16.6%，结婚占12.1%（见图8）。近年来，山东省加快推进城镇化，住房市场结构性问题、全球经济环境恶化等因素导致房价攀升，很多进城务工青年都背上沉重的房贷担子，还有些青年则“望房兴叹”。一些农村地区高价彩礼、相互攀比等现象沉渣泛起，对青年人的婚恋观造成严重不良影响。青年人普遍处在学习和事业发展的黄金期，生活和工作压力的增大极容易对其价值观造成不良冲击。调查显示，农村青年在遇到困难时最先想到的求助对象是父母和其他亲属，之后是同学、朋友和老乡，而最先想到求助共青团组织的仅占 3.1%。青年人的压力和需求无法通过团组织得到有效缓解和满足，反过来也影响到团组织开展思想政治引领工作的成效。

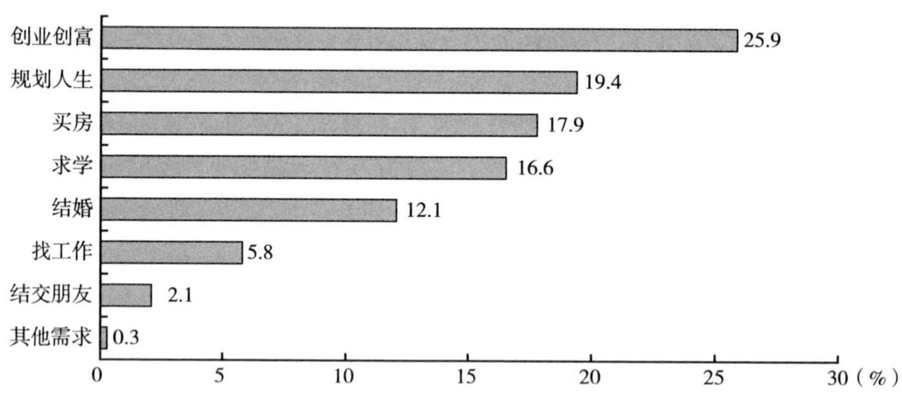

图 8　农村青年现阶段最迫切的需求

三　实施乡村振兴战略为农村青年发展提供了广阔舞台

习近平总书记在党的十九大报告中提出实施乡村振兴战略，这是党中央从党和国家事业全局出发，着眼于实现“两个一百年”奋斗目标，顺应亿万名农民对美好生活的向往而做出的重大决策。2018 年 3 月，习近平总书记在参加全国两会山东代表团审议时，重点谈了乡村振兴问题。他指出，实施乡村振兴战略，是新时代做好“三农”工作的总抓手，要深刻认识实施乡村振兴战略的重要性和必要性，扎扎实实把乡村振兴战略实施好。习近平总书记强调，实施乡村振兴战略是一篇大文章，要统筹推进乡村产业振兴、人才振兴、文化振兴、生态振兴和组织振兴，并对山东省努力打造乡村振兴“齐鲁样板”寄予厚望。2018 年 6 月，习近平总书记在考察山东期间，对打造乡村振兴“齐鲁样板”提出具体要求。他强调，要积极培养本土人才，鼓励外出能人返乡创业，鼓励大学生村官扎根基层，为乡村振兴提供人才保障；要加强基层党组织建设，选好配强党组织带头人，发挥好基层党组织的战斗堡垒作用，为乡村振兴提供组织保障；要加快构建促进农民持续较快增收的长效政策机制，让广大农民尽快富裕起来。

山东省委、省政府坚决贯彻落实中央和习近平总书记提出的要求，努力打造乡村振兴“齐鲁样板”，可以说是恰逢其时、恰在其势。当前山东省大力推动农业供给侧结构性改革取得新进展，农村改革取得新突破，城乡发展一体化迈出新步伐，农村公共服务和社会事业达到新高度，扶贫攻坚开创新局面，农村社会焕发新气象，为实施乡村振兴战略提供了较好的基础和条件。但我们也应看到，山东省城乡之间发展不平衡的问题依然突出，农业基础仍较薄弱，农业人才流失严重，农村文化设施落后，农村生态环境恶化，农民组织化程度较低。乡村振兴战略既是解决当前山东省农村地区社会主要矛盾的治本之策，也是山东省实现在全面建成小康社会进程中走在前列，在社会主义现代化建设新征程中走在前列，全面开创新时代现代化强省建设新局面的一大历史契机和难得机遇。乡村振兴战略的实施为青年人，特别是农村青年的发展提供了广阔舞台。全省广大农村青年应倍加珍惜这一难得机遇，努力为实现乡村产业振兴、人才振兴、文化振兴、生态振兴和组织振兴贡献青春力量。

客观分析当前山东省农村面临的土地、产业、生态、城乡二元结构，特别是人口结构等形势，就会发现，有利条件和不利条件同在，机遇希望和困难挑战并存，但主流是积极的。

第一，山东省农村新经济、新业态的主力是青年人。比如，山东社会科学院的调查数据显示，在农村从事电子商务经营的人中，有 64.3% 是 18 ~ 35 周岁的青年人。近年来，山东省一些农村地区涌现出大批新技术、新产业、新业态、新模式的开拓者和践行者，其中有很多是 35 周岁及以下的青年人，他们在发展绿色农业、打造田园综合体、发展乡村休闲旅游、青年创客产业等领域做出突出成绩。更加令人欣喜的是，农村青年人学习技术技能的积极性普遍较高。比如，电子商务技术作为“互联网 +”时代的标志性技术，对年轻农村劳动力具有非常大的吸引力，在30岁及以下年龄组中，有48.5%的人表示想学习电子商务技术。农村青年求知若渴、不断进步，是实现乡村振兴的有力保障。

第二，农村青年基层创业大有可为。调查数据显示，在想要选择或打算进入的各种创业领域中，有36.3%的农村青年选择餐饮、娱乐行业，16.9%选择种植、养殖业，13.6%选择农产品、手工艺品加工制造，7.6%选择乡村旅游，6.6%选择休闲农业，13.9%选择农村电商，选择其他创业领域的占5.1%（见图9）。种植和养殖业、农产品和手工艺品加工制造、乡村旅游、休闲农业和农村电商等都与农业农村直接相关，这些与农业农村相关的创业领域共占青年人创业领域选择的58.6%，要积极引导青年扎根农村创业致富。要想再创"全国农业看山东"的新辉煌，必须增创发展新优势。这些相关创业领域覆盖一、二、三产业，由此可以推动产业链、价值链、供应链"三链重构"，培育壮大农业"新六产"，打造山东农业产业化升级版。

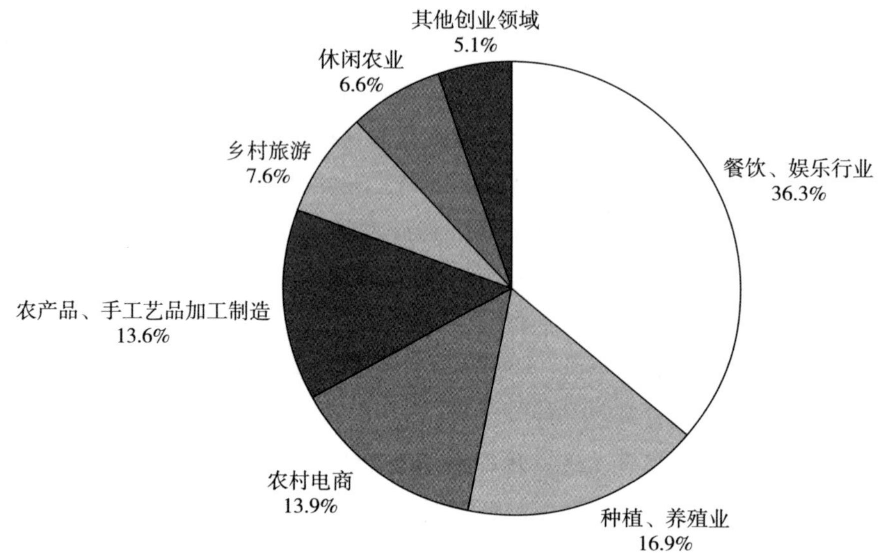

图9　农村青年选择的创业领域

第三，共青团在引领农村青年方面具有一定组织优势。近年来，山东共青团积极主动融入全省"三农"发展大局，全力参与脱贫攻坚，实施青春扶贫行动，培育农村青年电商，培养农村青年致富带头人，发现、培养、扶持了一大批农村青年创业致富典型，在农村青年群体中的感召力、吸引力和凝聚力得到进一步增强。2018 年山东经济社会综合调查数据显示，有 88.7% 的农村青年了解自己所在的或身边的团组织，有 67.0% 的农村青年经常或偶尔参加共青团组织的活动，有 84.5% 的农村青年认为共青团对自己的成长发展有帮助，其中有 45.4% 的人认为帮助比较大。在实施乡村振兴战略的大背景下，各级团组织坚持党建带团建，不断夯实基层基础，为组织引导广大农村青年参与乡村振兴提供有效的组织保障。

四　共青团组织服务农村青年发展的切入点和着力点

山东共青团深入学习贯彻习近平新时代中国特色社会主义思想，认真贯彻落实省委重大决策部署，深入开展团干部“三联四促”常态化下沉基层工作，组织动员广大农村青年建功乡村振兴，为打造乡村振兴“齐鲁样板”做出应有贡献。

（一）围绕乡村产业振兴，积极助力农村青年创业致富

深入实施青春扶贫行动，广泛开展农村青年电商培育工程。面向农村贫困青年，举办各级青年电商培训班，培育农村青年电商人才。注重发挥农村青年电商带头人的示范带动作用，鼓励通过产业链实现覆盖拓展，为“4 个 2”深度贫困地区培育电商扶贫项目，搭建电商服务平台，动员社会力量开展订单管理、品牌包装等服务，推动贫困地区产品外销，带动当地农民脱贫致富。深入实施农村青年创业致富“领头雁”培养计划，充分发挥大学生在创新创业中的引领作用，从宣传引导、实践培训、金融支持、导师帮扶、搭建平台等方面入手，多措并举鼓励支持大学生到农村创业致富，投身于“三农”发展。组织金融挂职干部与农村创业大学生结成帮扶对子，聘请专家教授担任技术顾问，帮助农村创业大学生解决技术难题，促进成果转化。发挥全国首个省级大学生农村创业联盟的作用，为农村创业大学生搭建起相互学习、交流合作、共赢发展的平台。

（二）围绕乡村人才振兴，积极引导农村青年返乡创业

落实山东省委部署要求，大力实施“村村都有好青年”选培计划。突出青年人力资本开发，做好选树、培养、带动三篇文章，从全省众多农村中选拔培养一批品德好、能力强、作风硬的乡村“好青年”，为夯实农村基层基础注入青春力量，为乡村组织振兴培育骨干队伍，为乡村振兴战略提供人才支持，力争到2020年在全省至少选树20万名乡村“好青年”。加强对乡村“好青年”的教育培训和政策扶持，将符合条件的乡村“好青年”纳入现代农场主培养、农村实用人才带头人培训及新型农业经营主体带头人培训中，分类型、分产业开展教育培训和学习交流，提升乡村“好青年”的综合素质、职业技能。推动各项惠农政策向乡村“好青年”倾斜，在土地流转、金融信贷、资金补贴、项目推广等方面给予其重点支持。着力抓好农村青年的聚才凝智工作，激发优秀青年扎根农村发展的热情，发挥农村优秀人才的典型带动作用，让更多青年愿意留在乡村、建设家乡，让更多青年愿意“上山下乡”、回报乡村，打造一支强大的乡村振兴人才队伍。

（三）围绕乡村文化振兴，积极投身优秀乡村文化建设

乡村振兴既要塑形，也要铸魂，要形成文明乡风、良好家风、淳朴民风，让广大农村焕发文明新气象，让中华优秀传统文化和齐鲁优秀文化生生不息、代代相传。深入实施“金晖助老”——青春扶贫志愿者行动，加强青年敬老、养老、助老道德建设，大力弘扬孝敬老人的传统美德。每年组织2万名青年志愿者接力结对1万名建档立卡贫困老年人，每月至少开展一次以“拉一次家常、整理一次家务、清理一次个人卫生、维修一次家电、送一件过冬用品”为主要内容的“五个一”助老志愿服务。大力选树“齐鲁最美青年”“山东好少年”等先进典型，引导青少年树立正确的家庭观念，倡导尊老爱幼、男女平等、夫妻和睦、勤俭持家、邻里团结等美德，坚决反对不孝父母、不管子女、不守婚则、不睦邻里等行为。针对农村一些不良风气盛行、因婚致贫的现象，积极引导青年自觉破除和抵制大操大办、高价彩礼等陈规陋习，树立文明新风，倡导结婚登记颁证、集体婚礼等文明节俭的婚庆礼仪。

（四）围绕乡村生态振兴，积极开展生态环保志愿活动

深入实施“小手拉大手”系列行动，打造集碧水蓝天、文明交通、文明新风3大领域，10项子活动于一体的活动体系。广泛开展垃圾分类减量、抵制燃放烟花爆竹、植绿护水、抵制秸秆焚烧等活动，通过主题教育、社会实践等引导青少年争做绿色理念的传播者、生态文明的践行者、身边环境的守护者。发挥“小手拉大手”系列行动的作用，带领家庭成员和社会公众助力美丽山东建设。深化保护母亲河行动，广泛发动青少年参与身边的增绿活动，充分利用城镇和农村的道路、渠系两侧以及闲置地、边角地、废弃地等，实现四旁植树。整合青少年环保力量，吸引各类生态环保社团参与，组建省、市、县三级青少年绿色联盟，形成同频共振、上下联动的工作体系。

（五）围绕乡村组织振兴，切实加强农村团的基层建设

深化农村区域化团建，加强基层服务型团组织建设，推广建立以乡镇团委为核心的青年工作委员会，打破行业、层级、所有制界限，构建农村基层团建新格局。推进乡镇及以下“青年之家”综合服务平台建设，力争在全省每个乡镇至少建成一处“青年之家”，面向农村青年开展思想学习类、基础团务类、阵地功能类、整合资源类、咨询服务类、文体休闲类等服务项目。大力加强农村团干部队伍建设，培养愿意做农村工作、会做农村工作的青年人才。加大对乡村“好青年”的推荐、选拔、任用力度，优先推荐符合条件但目前尚不是团员、党员的乡村“好青年”入团、入党；优先把综合素质好、群众威信高、组织能力强的乡村“好青年”党员和团员选拔到农村基层团的工作岗位上来；争取党政支持，综合考虑乡村“好青年”的专业特长、能力素质等，使其直接参与村务管理，提升工作能力。

五　对于做好新时期山东省农村青年发展工作的相关建议

实施乡村振兴战略，打造乡村振兴的“齐鲁样板”，是党中央交给山东

的重大任务，广大农村青年积极投身于乡村振兴发展更是责无旁贷。为更好地引领带动农村青年，为其施展才华创造条件、搭建舞台，特提出以下建议。

（一）提升产业发展质量，吸引农村青年留乡、返乡

长期以来，由于城市经济的高速发展和农民工大规模向城市流动，我国形成了城市导向型的农民增收模式。农民收入的增加主要不是靠农业农村，而是靠农民离开农业和农村到城里打工。一些调查显示，山东省农村有52.3%的家庭以工资性（打工）收入为第一收入来源，在各项收入占家庭总收入的比例方面，工资收入所占比例最高，为43%。在城市导向型模式下，虽然农民收入增加了，但由于农村没有坚实的产业支撑，缺乏足够的就业岗位，农村青年外流也就不可避免。要实现乡村振兴，首先必须实现产业振兴。要通过加快发展现代高效绿色农业，促进农村一、二、三产业融合和激活农村资源等多元化措施，提升农村产业发展质量，建立农业农村导向型的农民持续增收长效机制，增强青壮年劳动力留农、务农的内生动力，吸引农村青年留乡、返乡。一是依靠发展现代高效绿色农业，提高农业的生产效率，提高农业对农民增收的贡献率。二是依靠农村一、二、三产业融合，发展农业观光休闲旅游、文化体验、田园康养等第三产业。三是通过农村产权制度改革，把农村的资源激活，不断增加农民的财产性收入。

（二）破解人才瓶颈制约，强化乡村青年人才支撑

习近平总书记指出，乡村振兴要靠人才、靠资源，“如果乡村人才、土地、资金等要素一直单向流向城市，长期处于‘失血’、‘贫血’状态，振兴就是一句空话”。随着农村青年的大量外流，农村人口老龄化日益严重，留村人口的科学文化素质远远不能适应乡村振兴的需要。一些父母亲脱离低报酬的农业而外出打工，更导致其青少年子女抵触种地、抵触农村。乡村振兴人才，既包括农业方面的人才，还包括农村发展所需要的各方面人才，尤其是农村非农产业发展、基础设施和公共服务、乡村治理、村镇建设、新兴服务业等领域的技术和管理人才。要着力抓好招才引智工作，促进各路人才“上山下乡”

投身于乡村振兴。一是采取多方面有效措施，全面提高农民的素质和科学文化水平，大力培养新型职业农民，让一批批高素质的青年农民不断成长为专业大户、家庭农场主、农民合作社领办人和农业企业骨干。二是建立渠道多元化、符合乡村振兴需要、能够扎根并服务于农业农村的稳定干部和专业人才队伍。三是加强产业支撑，改善营商环境，鼓励城市企业家、大学生、各类专业人才和外出农民工等下乡、返乡、留乡创新创业。

（三）加强资金投入保障，改善农村基础设施条件

城乡差距最大、最直观的方面是基础设施和公共服务，农村现有的基础设施、公共服务严重滞后，远不能适应农民日益增长的美好生活需要。没有完善的基础设施、良好的人居环境，青年人才返乡的热情就会受到影响。农村基础设施、公共服务严重滞后的一个原因在于资金投入长期不足。要采取有效措施，加快形成财政优先保障、金融重点倾斜、社会积极参与的多元投入格局，弥补乡村振兴所面临的巨大资金缺口。一是坚持农业农村优先发展，把政府掌控的各种公共资源优先投向农业农村，并对现有财政资金进行整合，以提高财政资金的使用效率。二是大力发展普惠金融，为农业农村发展提供多层次、广覆盖、低成本、可持续的金融服务。通过全面深化农村产权制度改革，打通资源变资本、资本变资金的渠道。三是利用财政资金积极引导社会民间资本、工商资本下乡，参与乡村建设，促进乡村振兴。在优化环境、稳定政策预期、保护工商资本下乡积极性的同时，防止侵害农村集体产权、侵犯农民利益等行为的发生。

（四）强化政策落地衔接，引领农村青年建功立业

按照中央农村工作会议和山东省委部署要求，把农业农村优先发展落到实处，在干部配备上优先考虑，在要素配置上优先满足，在资金投入上优先保障，在公共服务上优先安排。优化政策供给，从组织保障、思想宣传、普惠政策、服务资源等方面入手，解决广大农村青年最关心、最直接、最现实的“痛点”“难点”问题。一是教育引导广大农村青年树立“农村天地广阔、青年大有可为”的思想观念，通过深入实施“村村都有好青年”选树活动，激发优秀青年扎根农村发展的热情。二是加强政府强农惠农政策解读，丰富技术技能

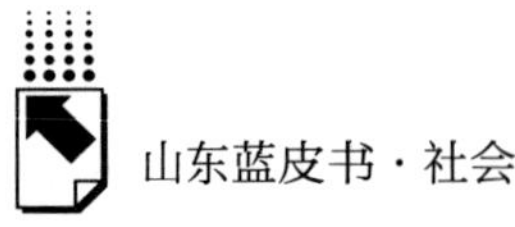

培训和创业辅导形式，广泛组织动员广大青年在质量兴农、脱贫攻坚、创新创业、文化建设、生态环境保护等领域中充分发挥生力军和突击队作用。三是坚持党建带团建，充分发挥农村基层团组织的作用，强化服务意识，提升服务能力，千方百计为青年排忧解难，做广大青年信得过、靠得住、离不开的贴心人，不断增强农村团组织的吸引力和凝聚力。

B.11
2018年山东省农村共青团建设状况调研报告

"农村共青团和青年工作状况"课题组*

摘　要： 农村基层团组织是贯彻落实党团组织重要决定和部署、组织联系广大农村青年团员的纽带和桥梁，肩负着为党组织输送新鲜血液的重任。调查研究山东省农村共青团建设状况，对科学分析和判断共青团基层团组织与工作现状，着力推动团的基层建设具有重要的理论和现实意义。通过重点剖析全省农村青年发展和共青团建设的现状，重点分析当前农村团员、团干部、团组织存在的问题和产生的原因，找准党政关注、青年需要和共青团力所能及的结合点，从坚持党建带团建、狠抓团员教育管理、从严管理团干部、加强基层团组织建设等方面提出推动基层团建纳入党建工作部署考核、推进"智慧团建"系统建设、创新基层团干部配备模式、强化"青年之家"阵地建设等有效对策和建议，切实推动山东省农村共青团建设和发展。

关键词： 农村　团员　团干部　团组织　共青团建设

为深入贯彻落实习近平总书记关于青年工作的重要思想，科学分析判断共

* "农村共青团和青年工作状况"课题组由团山东省委基层组织建设部、山东青年政治学院团委联合组成。报告主要执笔人：刘研，山东青年政治学院团委组织宣传部副部长；梁川，团山东省委基层组织建设部四级调研员。

青团基层团组织与工作现状，着力推动团的基层建设，共青团山东省委结合全省共青团系统“大学习、大调研、大改进”及团干部“三联四促”常态化下沉基层工作，于2018年5月至8月组织开展了农村青年发展和共青团工作状况调研。调研针对全省农村（主要指乡镇及以下）青年流向分布和发展状况，以及农村团员队伍建设、团干部队伍建设、团组织建设情况展开，力求摸清底数、查找问题、总结规律、挖掘典型，研究提升新时代农村共青团的工作路径，制定切实可行的工作措施，强化农村团的基层组织建设，激发农村团的基层组织活力。

一　调研基本情况

（一）调研对象

本次调研依托全省团干部“三联四促”常态化下沉基层工作，组织省、市、县（区）团委全体干部和部分高校、企业团委干部共计922名，深入基层包靠联系919个乡镇（街道），累计回收“三联四促”调查表格共计919份，其中乡镇层面调查表格522份（见表1）。在依托“三联四促”常态化下沉基层工作开展全面调研的基础上，根据地理位置、经济发展水平等因素抽样选取了济南、淄博、烟台、潍坊、临沂、聊城6市共30个乡镇作为样本开展

表1　乡镇层面调查表格地市分布情况

单位：个

城市	调研乡镇数量	城市	调研乡镇数量
济南市	16	威海市	30
青岛市	19	日照市	22
淄博市	63	莱芜市	8
枣庄市	20	临沂市	53
东营市	12	德州市	52
烟台市	31	聊城市	36
潍坊市	40	滨州市	29
济宁市	43	菏泽市	54
泰安市	34	合计	522

说明：表1数据收集截至2018年8月。

了实地调研，重点面向农村青年和基层团干部进行了问卷调查和访谈。其中，访谈乡镇团委专兼职团干部、乡镇中学团委书记、村团组织负责人、农村青年代表共计312人次；面向农村青年群体发放调查问卷2500份，最终回收有效问卷2055份，有效回收率为82.2%，有效问卷的地市分布情况如图1所示。

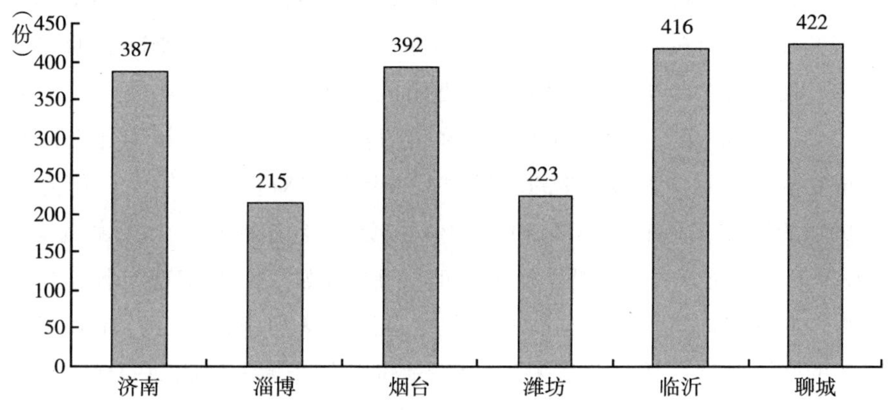

图1　有效问卷的地市分布情况

（二）调研方法和内容

调研方法主要有问卷调查、表格填写、实地调查走访、座谈交流等，对山东省农村青年发展和共青团工作状况进行调研，并在此基础上找出存在的问题，进行分析归纳，探索加强农村共青团建设的有效路径。

调研内容主要涉及全省农村青年的流向分布和发展状况，以及农村团员队伍建设、团干部队伍建设、团组织建设情况。其中，“三联四促”调查表格内含《党团组织建设情况调查表》《团委组织机构和工作机制建设情况调查表》《团委工作和阵地情况调查表》《青年分布情况调查表》《农村团组织情况调查表》《农村青年流向调查表》《农村（社区）团员花名册》7个附件；调查问卷主要包括农村团员青年的思想、生活、工作情况及其对共青团工作的认知等方面的内容。整体来看，调研范围和调研内容以乡镇层面为主、村级层面为辅。村级层面主要涉及村团员人数、村内团员基本信息、村团支部书记基本信息、村内青年流向等。

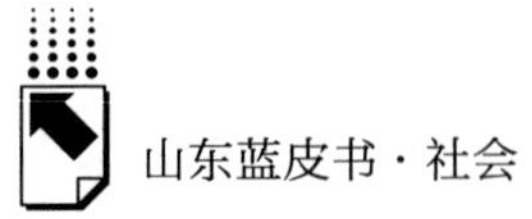

二 全省农村青年发展和共青团建设现状分析

（一）农村团员青年的基本情况

第一，农村团员青年的思想政治面貌总体健康向上，价值取向趋于自我实现与服务社会的有机统一。从在30个抽样乡镇中随机发放调查问卷的实际情况来看，被调查对象中有41.0%为共青团员，22.2%为中共党员（含预备党员），35.1%为群众。调查结果显示，在价值观方面，在“您认为什么样的人生是成功的”一题中，34.3%的农村团员青年将“对社会贡献大”作为个人人生成功的标准，另有20.6%和18.4%的受访者选择了“个人家庭幸福”“自我价值得到充分实现”两个个人价值层面的选项，自我实现与服务社会的价值取向整体趋向统一，农村青年价值观逐渐成熟和完善。但仍有15.5%和10.7%的受访者将“拥有财富多”“社会地位高”作为人生成功的标志。在关注热点方面，在“您日常比较关注哪些领域的国家大事”一题中，农村青年关注最多的是政治领域的国家大事（占25.4%），其余依次是文化领域、社会民生领域、经济领域和生态环境领域。其中，生态环境领域关注度最低，仅为11.2%。总体来看，当前全省农村团员青年的精神状态是积极向上的，对社会主流价值观认同度较高，自我意识明显增强，但在一定程度上仍存在理想信念模糊化、功利化、世俗化等倾向。

第二，农村青年物质生活水平显著提高，精神文化生活日益丰富。在物质生活水平方面，月收入在2000～6000元的农村青年占受访者的比例为63.4%，低于2000元的占32.5%，高于6000元的占4.1%。其中，月收入在2000～4000元区段的人数最多，约占42.7%。通过实地调研和访谈发现，农村青年职业分布主要以非公企业、党政事业单位、个体工商户为主，务农青年占比较低，收入水平整体略高于农村地区平均收入水平。根据山东社会科学院2018年经济社会综合调查数据，山东省农村地区18～35岁青年的家庭年收入平均为57047元，远高于其他各年龄组（36～45岁人口的家庭年收入平均为48366元，46～60岁人口的家庭年收入平均为48942元，61岁以上人口的家庭年收入平均为35154元）。在精神文化生活方面，在“您的日常休闲生活方式有哪些”一题中，“看书报、杂志”“参与体育活动”“看电视、电影”“玩手机、电子游戏”等七种休闲生活方式的选择比例均超过10%，说明当前农村青年精神文化生活较为丰富。其中，有28.2%的人选择“看书报、杂志”，有23.3%的人选择“参与体育活动”，有半数左右的人将“看电视、电影”和“玩手机、电子游戏”作为主要休闲方式，“唱歌跳舞”“书画下棋”“邻里走动交流”等占比偏低（见图2），体现出当前农村青年日常休闲生活中的线上活动明显多于线下活动，手机、电视等成为农村青年主要的休闲娱乐工具。

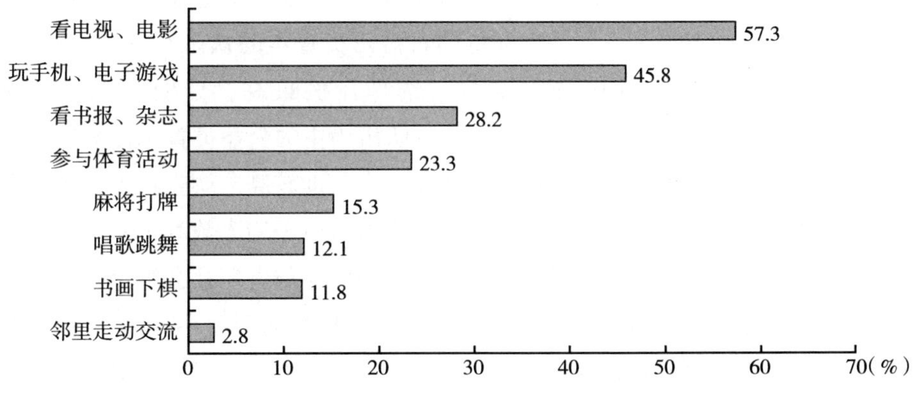

图2　农村青年选择各类日常休闲生活方式的比例

第三，农村团员青年流失严重，对农村共青团工作的有效覆盖带来了极大冲击。受城市化进程和传统就业观念影响，农村青年大多向往生活条件好、工资收入高、各项设施齐全的城市生活，很少有人愿意留在或回到农村就业。目前，留在农村的主要是在读学生、就近务工和从事农业生产的少数青年。根据青年流向调查数据，全省农村青年非常住人口的比例约为62.2%。其中，流向村外乡镇内的约占12.6%，流向乡镇外县内的约占21.9%，流向县外省内的约占17.8%，流向省外的约占9.9%。根据农村团组织情况调查表数据，农村外出团员约占在册团员总数的54.3%，与全省农村青年非常住人口占比基本一致。从实地调研走访的主观感受可以判断得出，当前农村团员青年流失严重程度远高于报表数据，绝大部分农村青年选择外出务工且回村频率较低。深度访谈中超过八成的村负责人表示本村常住青年数量很少，不超过村户籍人口总数的十分之一。

第四，青年社会组织逐渐成为联系、服务农村团员青年的新兴力量和重要途径。近年来，随着经济社会的进步，青年社会组织发展迅猛，在满足青年需求、化解青年难题、参与社会治理方面发挥了日益重要的作用，成为社会组织中最具活力的因素。根据对全省乡镇抽样调查的数据，超过30%的乡镇有相对规范、专业的青年社会组织，平均每个乡镇有1.3个青年社会组织，平均每个青年社会组织有相对固定、活跃度较高的成员约122人。在调查问卷的“除共青团外，您还参加过何种类型的青年组织”一题中，有68.2%的农村青年表示参加过各类青年社会组织。虽然当前农村青年社会组织总量不多，仍处在起步阶段，但发展态势良好，并逐渐得到农村团员青年的认可和肯定。其中，“公益青年组织”和“社区青年组织”选择比例最高，分别为29.3%和20.6%。从访谈中不难发现，以青年志愿者队伍为主的公益类青年社会组织在农村较为活跃，农村青年对志愿服务类活动的参与度较高。调查数据显示，平均每个乡镇有青年志愿者队伍4支，青年志愿者队伍平均人数为134人。受性别、学历、职业、收入等因素影响，不同个体层面参与青年社会组织的情况也存在一定的差异性。例如，从性别来看，农村女性参加青年社会组织的比例明显高于男性；从学历来看，具有大学本科及以上学历的农村青年参与度略高；从职业分布来看，党政事业单位工作人员、学生、企业工人成为农村青年社会组织的主要参与群体。

（二）农村团干部队伍基本情况

从调研整体情况来看，全省农村基层团干部队伍建设整体情况趋于良好。各级团组织认真贯彻落实团中央、团省委的工作部署，结合工作实际，积极创新实践，在加强农村基层团干部队伍建设方面做了一些有益的探索。

第一，乡镇团委班子配备较为完善，委员构成趋于多样。调查数据显示，在“三定”方案中，明确设置团委书记岗位的乡镇占61.6%。乡镇团委书记实际配备率几乎达到100%，几乎所有乡镇都明确了团委书记岗位，且有专人负责基层共青团工作。87.4%的乡镇设有团的基层委员会，委员会平均人数约9人，委员以体制内人员为主，主要由党政部门青年代表、学校青年代表、非公经济组织青年代表、大学生村官、农村青年致富带头人、派出所青年民警等构成。其中，党政部门青年代表占比36.18%，学校青年代表占比31.50%，成为基层团干部队伍的骨干力量；非公经济组织青年代表占比6.61%，大学生村官5.57%，农村青年致富带头人4.54%，派出所青年民警3.62%，成为基层团干部队伍的新兴力量（见图3）。整体来看，乡镇团干部队伍构成呈现多样化，各行各业的优秀青年代表加入基层团干部队伍，有利于充实基层团工作力量，拓宽基层团组织联系青年和整合资源的渠道。

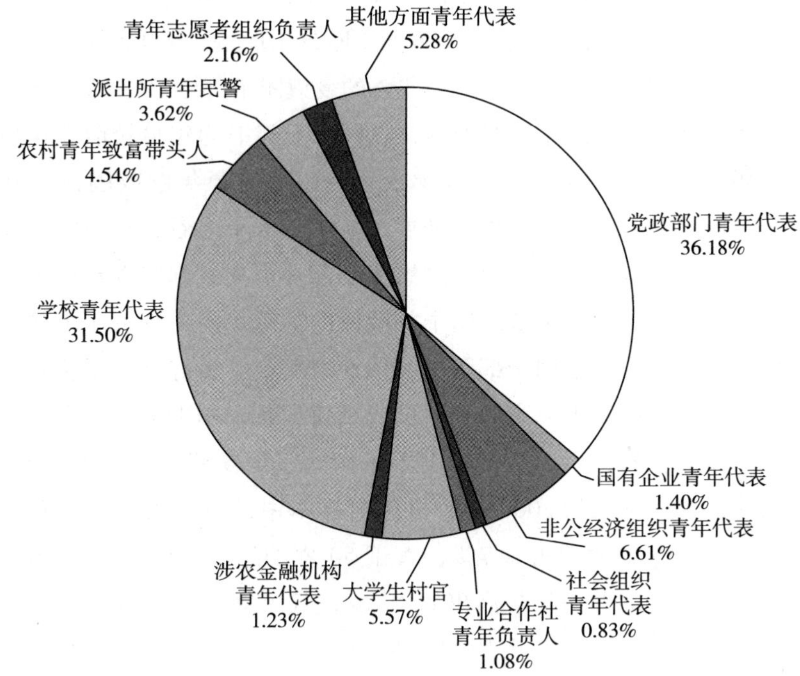

图3　乡镇团委委员构成情况

第二，基层团干部普遍以兼职为主，对团工作的精力投入明显不足。从乡镇层面来看，乡镇团委书记中有近70%的人为兼职。在实地调研中发现，受专兼职界定标准不一、主观判断标准不同等因素影响，乡镇团委书记实际兼职率高于数据所显示的，几乎达到100%。参与实地调研访谈的30个乡镇团委书记均为兼职，大多兼任党政办、组织办、宣传办、扶贫办等部门职务。同时，受人员调动频繁、急难险重任务多、日常工作繁杂琐碎等因素影响，基层团干部疲于应付、精力分散，对团工作的精力投入明显不足。从村级层面来看，农村团组织萎缩严重，功能弱化，基本处于缺少工作对象、活动项目单一、组织生活难落实的松散瘫痪状态，部分村级团组织已经成为有支部无团员的“空巢”组织。村团组织书记平均年龄超过40岁，多由农村青年代表或村“两委”成员中相对年轻的同志兼任，“问起来有，实际上没有”的状况普遍存在，超过90%的村团干部对团的工作分配不足1/4，80%以上的村团干部不清楚乡镇团委的工作安排。

第三，乡镇团干部队伍趋于优化，村级不平衡现象突出。一方面，乡镇团干部整体在年龄、学历、政治面貌等方面不断趋于优化。从年龄上看，乡镇团干部平均年龄在28岁左右。其中，87.2%的乡镇团干部年龄在25~35岁，大于35岁的仅占8.1%。上述数据表明，农村团干部平均年龄较前几年呈现明显下降趋势，且年龄结构基本形成梯次，与服务对象年龄范围保持基本一致，更加有利于农村共青团工作的开展。从学历水平上看，71.5%的乡镇团干部学历为大专及以上水平，由于乡镇团干部多由党政部门青年代表、学校青年代表担任，整体提升了基层团干部队伍的学历水平，乡镇团干部文化程度显著提高，为提升基层团干部队伍整体素质奠定了良好基础。从政治面貌上看，52.3%的乡镇团干部为中共党员或预备党员，团干部政治素质明显提高。另一方面，农村团干部队伍建设不平衡。一是乡镇与村级之间不平衡。例如，在随机抽样选取的2000多个自然村样本中，村团组织书记平均年龄为39岁，小于35岁的约占4.7%，大于50岁的约占10%。村级团干部平均年龄较乡镇团干部平均年龄高出约10岁，且年龄范围跨度较大。二是村与村之间不平衡。例如，临沂市兰陵县金岭镇35个行政村村团组织书记平均年龄为23.4岁，菏泽市鄄城县凤凰镇20个行政村村团组织书记平均年龄为56.5岁。受经济发展水平、地理位置与环境、政策文件落实程度等因素制约，不同地市、乡镇间的村团组织书记平均年龄、学历水平、政治面貌等仍存在较大差异。

（三）农村团组织建设现状

近年来，共青团山东省委始终把团的基层组织建设作为“生命力工程”来抓，着力夯实基层基础，不断增强基层团组织的活力和战斗力，农村基层团组织建设取得一定实效。

第一，基层党建带团建工作深入推进，农村团组织建设取得一定进展，新兴领域的团建工作有待加强。近年来，基层党建带团建工作逐渐趋于制度化、规范化，在思想建设、组织建设、队伍建设等方面取得明显实效，形成了党团共建、齐争共创的良好局面。调查显示，有 54.7% 的村团组织书记按规定程序进入村“两委”班子，约 2/3 的基层党组织在抓好自身党组织组建和调整工作的同时，进一步建立健全了同级团组织。但是，基层党建带团建工作在不同领域也存在较大差异。基层团组织主要集中在农村和学校，分别占 82.17% 和 9.58%，合计占比超过九成。在非公企业、社会组织等新兴领域中的团组织数量仅占 4.74%（见图 4），远低于同领域内党组织建设比例（非公企业、社会组织等新兴领域中的党组织数量约占总数的 14%）。这也从侧面表明，近年来，以非公企业为代表的新兴领域团建工作明显滞后于非公企业发展速度和青年从业人数增长速度。

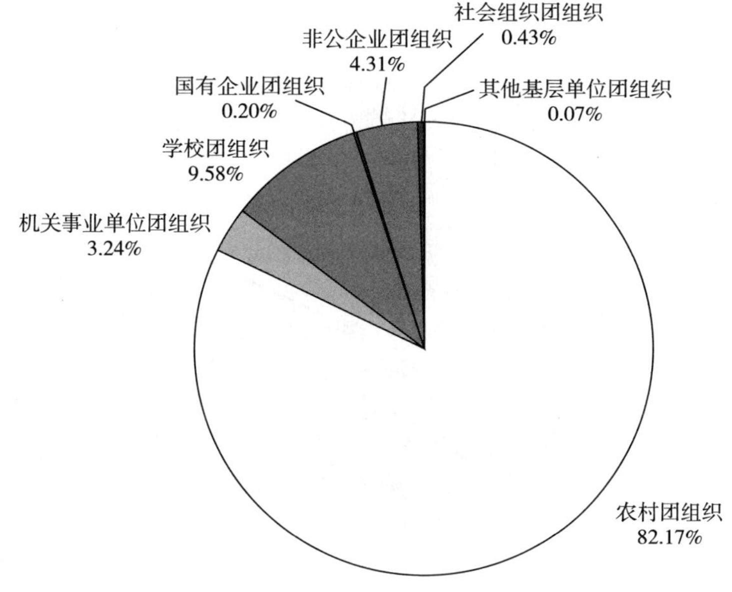

图 4　乡镇团组织类型

第二，农村团组织活动以乡镇为主，活动类型相对集中，团员青年参与度良好。结合调查数据和基层团组织实际工作情况来看，农村共青团工作开展和活动组织主要集中在乡镇层面，分为党政交办的任务和团的自主活动两种类型。其中，党政交办的任务占 33.6%，团的自主活动占 66.4%。根据抽样统计，乡镇团委年平均活动次数为 17 次左右，参加活动年平均人数约 255 人次，每次活动平均参与人数 42 人。平均每周至少开展一次活动的乡镇团委仅占 5.5%，有 69.1% 的乡镇团委开展活动年平均次数低于平均值（小于 17 次）。其中，年平均活动次数少于 10 次的占 39.6%，多于 20 次的占 25.1%，这说明各地农村团组织活动开展情况极不平衡。从活动参加人员构成来看，学生、政府机关、企事业单位工作人员是参与农村共青团活动的主要群体，占参与人员的 85.48%；从活动类型来看，志愿服务活动、扶贫助困等公益活动、思想教育学习活动分列前三位，分别占 28.13%、19.72% 和 18.03%（见图 5）。另外，在“是否参加过共青团组织的活动”一题中，超过半数的农村团员青年表示参加过部分共青团组织活动，17.9% 的团员青年表示经常参加共青团组织活动，但也有 14.2% 的团员青年表示记不清自己参加共青团组织活动的情况，另有 14.7% 的团员青年则表示一次都没有参加过共青团组织活动。

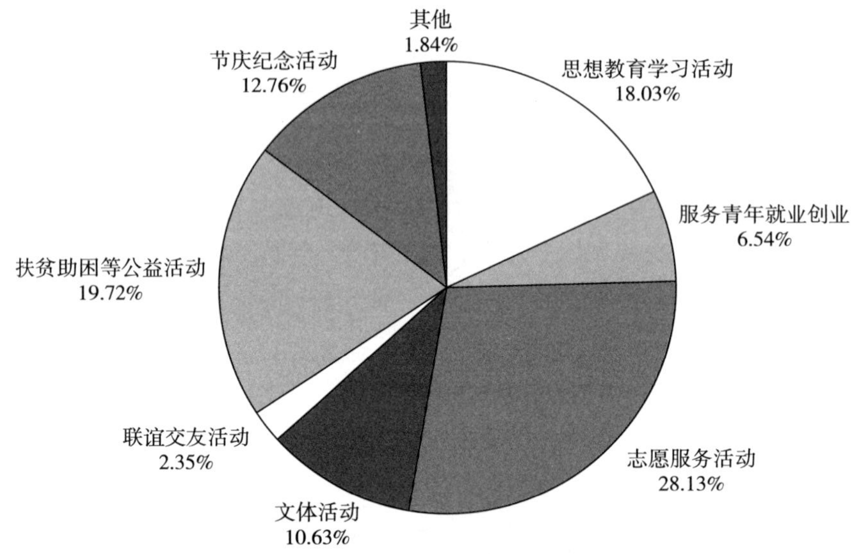

图 5　乡镇共青团主要活动类型

第三，农村团组织服务对象认知度和满意度较高，对团组织实际作用发挥的评价呈两极化。调查显示，近八成农村团员青年对农村团组织有一定程度的了解和认知，其中有超过 70% 的团员青年表示自己对团组织“比较了解”，

17.7%的团员青年表示“非常了解”，但也有约10%的团员青年表示“不了解”。在“您认为共青团工作对您成长发展是否有帮助”一题中，85%的农村团员青年认为共青团对个人成长发展有帮助，认为完全没有帮助的仅占6%。农村青年对当前基层团组织的认真度和满意度评价趋于良好，但对基层团组织作用实际发挥的评价呈现两极化分布，41%的农村团员青年认为共青团对个人成长发展“有，帮助比较大”，但仍有44%的青年认为“有，但帮助不大”（见图6）。整体来看，自共青团深化改革，尤其是中央、地方一系列加强基层团组织建设的政策制度实施以来，基层团组织直接联系青年、服务青年的措施不断完善，但在工作针对性、实效性上仍有较大提升空间。

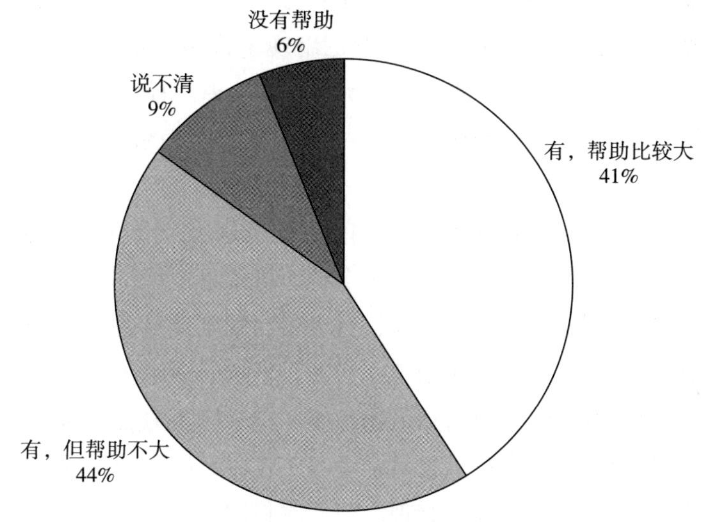

图6　农村青年对基层团组织作用实际发挥的评价情况

第四，乡镇及以下地区的“青年之家”建设工作扎实推进，服务成效有待进一步提高。为深入贯彻落实团中央关于“青年之家”建设的部署要求，团省委将推进“青年之家”建设列入全省共青团重点工作项目中，推动团的组织网络、工作力量、服务项目在青少年身边有形化、日常化。截至2018年8月，各乡镇及以下团组织依托现有党建活动阵地、党群服务中心、志愿者服务站等工作阵地，有效融合共青团元素，建设“青年之家”619处。调查显示，每个被调研乡镇平均建有“青年之家”1.22个，年平均开展活动8.25

次，年平均服务青少年约 340 人次，约 46% 的“青年之家”有常态化参与活动的青年社会组织入驻。实地调研发现，由于基层团组织工作力量薄弱，“青年之家”运营管理人员的配备难以得到长期、稳定的保证，从而影响了平台服务的常态化开展。现有“青年之家”多是通过整合党政、群团、社会资源打造而成的，在围绕农村青少年特点和实际需求开发、设计有针对性的个性化服务方面还存在较大缺口。

三　全省农村共青团建设存在的问题与原因分析

当前，我国经济发展进入新常态，在农村领域大力推进精准扶贫、实施乡村振兴战略的过程中，农村共青团建设也出现了许多新情况，面临许多新问题。如政策制度落实不到位、农村团员大量流失、基层团工作力量薄弱、农村团组织活力不足等，已成为制约当前农村共青团工作开展的重要因素。具体表现在以下几个方面。

第一，农村团员教育管理不到位，团员意识薄弱，团员先进性体现不足。一是农村团员意识薄弱。乡镇层面除了学校、机关事业单位的团员教育管理工作相对规范外，其他领域均严重滞后；村级层面的工作更是无从谈起，多数团员身份意识淡化，长期不参加团的组织活动，不按时缴纳团费。在农村，很多青年只有在考学、参军时才申请加入团组织；很多团员只有在因工作需要审核个人档案时才想起自己是团员；在日常学习工作中，团员的先进性和光荣感无从体现。二是流动团员缺乏有效管理。当前农村团员青年大多流向城市或附近城镇的非公企业中打工，但因非公企业建团比例还比较低，所以流动团员团籍多数留在学校或农村。农村团组织缺乏对流动团员的教育管理和联系交流，流动团员犹如“断了线的风筝”，以致许多农村团组织都存在“找不到团员”的现象，从而成了空壳团支部。三是团员信息登记工作不完善。在回收的“三联四促”调查表格中发现，部分乡镇填报《农村（社区）团员花名册》的人中团员只有寥寥几个，甚至一个都没。目前，除了中学团组织的团员登记管理工作比较完备外，农村和党政机关团组织基本没有团员登记花名册。在访谈中，不少农村团组织书记不清楚本村有多少名 14 ~35 岁青年，连团员数也说不准，在工作中需要填写团员数据和信息时主要靠估计，毫无依据和来源。

第二，基层团干部政治、经济待遇难落实，激励约束机制不健全。从乡镇层面来看，一是乡镇团干部缺乏硬约束。通过调研发现，目前针对乡镇团委的考核机制较为完善，但针对团干部能力素质、工作落实、开拓创新、实绩成效等方面的考核评价办法尚未健全，缺乏严格的约束办法和科学的激励措施，乡镇团干部的积极性、主动性没有被充分调动起来。二是乡镇团干部投入精力不够。乡镇工作任务繁重、千头万绪，团干部作为骨干力量普遍身兼数职，这就导致其精力过于分散，甚至无暇顾及团工作，很多时候是疲于应付或选择性开展工作，部分团工作得不到有效落实。三是乡镇党委的重视程度有待提高。虽然乡镇团委书记配备率较高，但大多数乡镇党建带团建制度落实不到位，对团工作开展缺少足够的重视和支持，在政治上对团干部的关心和培养力度也不够。调查显示，仅有6.3%的乡镇团委书记由党政班子成员兼任，乡镇团委书记列席同级党委会、建立党建带团建工作联系点制度落实比例较低。从村级层面来看，除村“两委”成员或大学生村官兼任村团组织书记有固定工资收入外，村团组织书记岗位本身没有任何政治和经济待遇，村团干部从事的团工作都是义务性质，无相应的报酬和补贴。加之农村团员青年流失严重，团组织服务对象大量减少，村团干部中普遍存在“无事可干”的现象。

第三，乡镇团组织“有心无力”，村级团组织“名存实亡”。一是活动阵地建设比较薄弱。在调查中不难发现，越是团的基层组织，工作条件越艰苦，活动阵地建设越薄弱。村级团组织普遍没有活动阵地，乡镇“青年之家”建设还未实现全覆盖，部分活动阵地因设施简单陈旧、管理维护不善、综合服务功能较弱等，无法发挥应有作用，对团员青年的吸引力和凝聚力不强。二是工作经费相对紧张。目前，大多数乡镇能将团委经费列入年度财政预算，开展工作时采取一事一议、实报实销的方式支出经费。但据调查了解，受经济发展状况和财力限制，乡镇团委平均工作经费约为8911元，有68.2%的乡镇年度工作经费低于平均值，两万元经费的保障要求没有得到落实。村级集体经济普遍很薄弱，团组织工作经费更是难以得到保障，加之自筹自创经费较为困难，村级团组织中能坚持每年开展2次左右活动的占比不到40%，常年不开展活动的占比接近25%。三是基本制度落实不到位。当前，上级为基层团组织建设出台的各项规章制度已较为完善，但在实际落实上还存在很多问题。部分基层团组织，特别是村级团组织，没有严格落实“三会两制一课”等基本制度，无团内组织生活，基础团务工作开展也不规范。

第四，农村共青团工作缺少有效服务内容，农村青年获得感缺乏。从走访、座谈情况来看，80.3%的受访者表示“有创业意向”或“创业意向非常强烈”，其中有54%的受访者表示目前面临“有创业的想法，但缺少资金技术等支持”或者“有创业的想法，但不知道该如何创业”的困难局面。调查问卷显示，“国家强农惠农政策解读”“技能培训”“创业辅导”是最受农村团员青年欢迎的三种活动类型（见图7）。部分基层团组织跳不出老思路、老办法，开展的活动仍以志愿服务（28.1%）、扶贫助困（19.7%）、思想教育学习（18.1%）等活动为主。在“遇到困难时最先想到求助于谁”一题中，仅有3.1%的农村青年会想到求助共青团组织，这说明部分基层团组织设计工作内容时没有以服务青年为出发点，没有真正了解青年需求，无法帮助青年解决实际困难，工作中缺少青年易于接受的方式、扎实有效的措施和满足需求的内容。

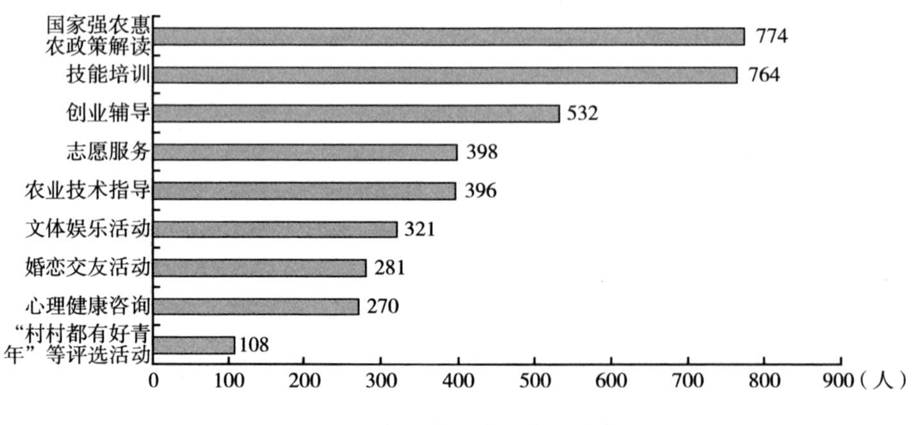

图7　最受农村青年欢迎的活动类型

四　深入推进全省农村共青团建设的对策和建议

基层团组织是团的全部工作和战斗力的基础，担负着直接联系青年、服务青年、团结青年、教育青年，把党的要求和团的任务落实到团员青年身上的重要职责。如何强化农村团组织建设，激发农村团组织活力，不断巩固和扩大党执政的青年群众基础；如何围绕中心、服务大局，找准农村共青团工作的切入点、结合点、着力点；如何团结带领农村团员青年在助力乡村振兴战略中发挥生力军和突击队作用。这些都是摆在山东省农村共青团工作面前的迫切任务和重大课题。

（一）坚持党建带团建，优化农村团的工作环境

自觉坚持、紧紧依靠党的领导，是共青团90多年来发展的根本经验。作为党的助手和后备军，作为党领导下的先进青年群众组织，坚持党建带团建是共青团适应新形势、新要求的根本保障。因此，要毫不动摇地坚持党建带团建的工作机制，全面贯彻落实《关于加强新形势下基层党建带团建工作的实施意见》。

一方面，要抓好党建带团建各项制度的落实。全面加强党对共青团工作的领导，落实基层党委定期研究共青团工作的制度，基层党委每年至少听取一次共青团工作汇报。建立领导干部党建带团建工作联系点，经常性地开展调查研究和督查指导工作。将基层团建纳入党建工作中整体部署、同步推进、一体考核，努力争取将党建带团建落实情况作为基层党建的考核和述职评议内容，实现“团建不合格、党建不评优”，切实提高基层党组织对农村团建的重视程度和扶持力度。

另一方面，要学习党建经验，紧跟党建步伐。努力使基层团建与基层党建在内容上相衔接，措施上相配套，推进上相同步。抓住中组部明确要求基层党组织活动场所要与群团组织共享共用的有利契机，积极争取基层党委支持，依托党建阵地资源，推动“青年之家”入驻各地党群服务中心、社区服务中心及工会、妇联等群团组织基层阵地，实现共建共享。

（二）狠抓团员教育管理，增强团员先进性光荣感

团员是团的肌体细胞和团的活动主体，团员发展和团员管理工作是团建设的基础工程。要坚持从严治团，按照坚持标准、控制规模、提高质量、发挥作用的要求，不断提高农村团员发展和教育管理水平。

1. 不断提升团员发展质量

严格把好农村团员发展入口关，重点抓好乡镇中学团员发展和教育管理工

作，严控团员比例，确保团员发展质量。深化从严治团，规范入团仪式、超龄离团、组织关系接转、团内统计等基础团务，提高“三会两制一课”实效，努力解决“失联”团员问题，稳妥处置不合格团员。通过学习培训、主题教育、实践活动、同伴分享、选树典型等方式，注重运用网络手段，丰富团员教育载体，提升团员教育成效，切实增强团员意识。

2. 切实增强团员先进性

严格团员教育管理，突出政治性和先进性，以学习习近平新时代中国特色社会主义思想和党的十九大精神为主线，采取灵活多样的方式组织农村团员青年开展学习，线下常态化开展各类面向团员的主题教育活动，线上持续推进“青年大学习”主题团课活动。推动全体团员成为注册志愿者，引导团员开展扶贫济困、助老助残、社区服务、生态建设等各类志愿服务活动，并积极加入网络文明志愿者队伍，争当好网民、传播正能量。

3. 着力推进“智慧团建”系统建设

“智慧团建”是破解农村基层团组织“摸不清数量、找不到青年”关键问题的有力抓手，要强化认识、明确职责，逐级抓好落实。要实现精准管理，摸清本地团组织底数，推动所有农村团支部采集团员、团干部基本信息并录入“智慧团建”系统，建成涵盖全省农村团员、团干部基本信息的数据库。稳步推进系统运用，随着系统不断优化升级，逐步实现基本信息动态采集、基础团务网上办理、工作部署网上推进、青年服务网上开展，推动共青团自身建设的互联网转型。适应信息时代改革和加强团自身建设的要求，推进“智慧团建”系统与青少年大数据中心建设互联互通，打造面向全省青少年个体的个性化数据库。

（三）从严管理团干部，锻造过硬基层团干部队伍

加强基层团干部队伍建设是提升团的组织力的必要前提和组织保证，基层团干部有信念、善服务，有本领、在状态，共青团就有生命力、战斗力。严格对照“好干部”标准，教育引导基层团干部既要政治过硬，又要本领高强，努力打造一支让党放心、让青年满意的基层团干部队伍。

1. 配强基层团干部队伍

要拓宽基层团干部来源渠道，以配备兼职团干部为主，结合“三联四

促”，推动乡镇（街道）配备专职团干部。加大竞争性选拔基层团干部的力度，注重从青年岗位能手、青年创业人才和大学生村官等优秀青年党、团员中选拔基层团组织书记，加强团组织带头人队伍建设。支持村和城市社区团组织书记按程序进入“两委”班子，鼓励“两委”年轻成员、大学生村官兼任团组织书记。

2. 加强基层团干部管理培训

深化理想信念教育、党性教育、道德教育，推进“两学一做”学习教育常态化、制度化，开展“不忘初心、牢记使命”主题教育，引导团干部提高政治觉悟和政治能力。按照“分工负责、下跨两级”的原则，制订基层团干部培训计划，开发培训课程，探索建立基层团干部持证上岗制度，力争每三年对基层专职团干部和兼职团干部骨干轮训一遍。

3. 完善基层团干部激励机制

在各级团组织“两红两优”评选表彰中，加大对基层团干部的榜样选树和评优表彰力度，将包括青少年事务社工、从事共青团工作的青年志愿者在内的基层兼职团干部纳入表彰范围。广泛开展“最美基层团干部”推选活动、“最美青春故事”分享活动等选树评优活动，选树一批基层团干部先进典型，扩大宣传推广范围，增强示范带动效应。

4. 提升基层团干部服务青年能力

依托“三联四促”常态化下沉基层工作，指导帮助基层团干部开展工作，通过两年时间实现对全省所有乡镇（街道）的全覆盖。在“三联四促”规定动作落实中，上级团干部为基层团干部带去新思路、新理念，并整合上级政策、资源，帮助基层团干部开展一系列特色项目，有效提升基层团干部服务青年的能力。

以淄博市为例，淄博市积极探索创新基层团干部配备模式，不断优化基层团干部成长路径。2017 年，淄博团市委下发《关于做好县乡团委换届和团干部配备工作的通知》，对基层团干部选配标准、选配程序做了明确要求，对做好团干部转岗交流工作做出具体部署，将一批政治素质好、工作能力强、有培养潜力的团干部输送到党政岗位上，将一批忠于党的事业、热爱团的工作的优秀年轻干部选配到团的领导岗位上。淄博市高青县探索实施了“副科级干部兼任乡镇团委书记”“增设团委第一副书记”等团干部配备模式。淄博市博山区乡镇团委书记的选任均先由区委组织部、团区委联合进行考察，再由区委组织部备案并发文公布。

（四）加强基层团组织建设，着力提升农村基层团的组织力

坚持“强镇带村”的工作方向，继续深化城乡区域化团建，务实推进乡镇实体化“大团委”建设，宣传推广泰安市青年工作委员会的经验做法，真正发挥乡镇在团的基层组织建设中的“桥头堡”作用。结合团干部“三联四促”常态化下沉基层工作，解决农村团组织软弱涣散的问题，促进基层团组织全面活跃。

1. 创新组织设置，扩大组织覆盖

务实推进乡镇实体化大团委建设，建立以乡镇、街道团（工）委为核心的青年工作共建委员会。结合产业布局和青年聚集实际情况，因地制宜设置团的基层组织。对经济发展较好、团员数量较多的村，可建立团总支部或基层团委；对外出团员较多的村，可推行村村、村社、村校及村企联建、共建等模式，打造纵横交织的网络化组织体系。探索建设“流动团员联络站”，逐步解决流动团员及在未建团单位工作的团员的管理教育问题。

2. 狠抓支部建设，激发组织活力

坚持一切工作到支部，按照从严治团要求，严格执行共青团基层组织工作条例，落实“三会两制一课”等基本制度，设计开展各具特色的工作，全面激发基层组织活力。坚持民主集中制，尊重团员主体地位，保障团员民主权利，开展批评与自我批评，注重创新，切实提高组织生活质量。加强团籍管理，做好团组织关系转接工作，杜绝“档案随身带”现象，最大限度地减少农村团员流失、失联。按照“双向互动、共建共管”的原则，建立流入地和流出地团组织统筹管理、联动运行的流动团员组织网络。

3. 强化阵地支撑，推进“青年之家”建设

继续坚持新建一批、转型一批、开放一批的原则，争取党政支持，整合团内外资源，每个乡镇（街道）至少建成一处“青年之家”，力争到2019年底实现全省乡镇（街道）全覆盖。加强“青年之家”日常管理和绩效考核，探索建立平台运行、资源保障、融入区域化团建等工作机制，努力实现团的组

织、工作、阵地在基层的有机融合。探索成立“团干部＋社工＋志愿者”工作队伍，为“青年之家”配备专业化工作力量。积极推动全省所有“青年之家”进驻云平台并定期通过云平台开展活动，使农村团员青年可以随时在网上找到“青年之家”，并通过网络实现分类搜索、地址导航、服务选择、活动参与、活动评价、互动交流等功能。

B.12 农村“厕所革命”的山东实践

——全省农村无害化卫生厕所改造的实践特征、政策体系与问题建议

史晓浩　范文凯*

摘　要： 农村“厕所革命”是在新时代开展的涉及范围广、社会关注度高、系统性强的民生工程，是当下重大战略决策的重要落脚点以及重点工作部署的组成内容。推进农村“厕所革命”对改善农村人居环境、保障群众身心健康有重要意义。综合运用统计分析、文本资料分析、现场调研的方法，探求全省农村户厕改造的政策体系、改造现状、存在的问题及政策建议，能够系统勾勒出全省“厕所革命”实践的雏形。山东省率先在全国制定实施了农村改厕的“1 + N”政策体系，推动“厕所革命”实践覆盖全体农户，改厕技术模式向因地制宜方向发展，工作重心向后期管护转移，改厕效果向资源可持续利用方向转化。目前，全省农村改厕的群众满意度在97%以上，但从实际来看，还存在地区之间进展不平衡、覆盖范围有“死角”、改造标准不高、粪污利用链接不完善等问题，需要进一步统筹施策，完善制度设计、提升改厕质量、强化后期管护，大幅提升粪污资源化利用水平。

关键词： 农村　“厕所革命”　山东

* 史晓浩，山东省建设发展研究院副研究员，博士，主要研究方向为城乡发展与新型城镇化。范文凯，山东省建设发展研究院助理经济师，硕士，主要研究方向为城乡发展与新型城镇化。

党中央站在新时代的历史方位上，从统筹“三农”改革与经济社会发展的高度，提出乡村振兴战略，要求山东省打造乡村振兴的齐鲁样板。“厕所革命”是乡村全面振兴的题中之义，是全省乡村振兴的关键突破点，也是短板之一。在全省农村地区，特别是贫困落后地区，深入推动农户“厕所革命”，有利于优化农户居住环境，有利于改进农民卫生水平，有利于提升农民生活质量，对增加农民的幸福感和获得感意义重大。

一　“厕所革命”发展概述

“厕所革命”是为提升厕所卫生化和无害化水平而对传统旱厕采取的一系列改造实践的统称。为理清“厕所革命”的来龙去脉，本文系统梳理了厕所概念、“厕所革命”产生的原因、国内外发展背景、我国“厕所革命”发展史及新时代针对“厕所革命”采取的重点行动。

（一）概念界定与问题由来

厕所古称“溷（hùn）藩”或“圊（qīng）”“轩”，因古时农家厕所只用茅草遮蔽，故又称为“茅厕”①。《说文字释》诠释“厕”字时说，“厕，言人杂在上，非一也……言至秽之处宜常修治，使洁清也”。据世界卫生组织（WTO）统计，人一生中约有3年时间在厕所里度过，厕所设置的目的是为人所方便，保持环境清洁卫生。

旱厕是我国北方地区厕所的传统构造形式。秦汉时代的“溷”和“图”字，有猪圈和厕所两重含义，在出土的汉晋文物中有为数众多的猪圈和厕所功能兼备、厕所与牲口圈栏合为一体的泥塑明器，这种形态的厕所在中国的北方、华南等地盛行，一直延续至近代②。山东省的旱厕一般有简易裸露坑式与简易坑上盖板式两种，不能水冲，而且粪便的储存与厕所的使用混为一体，即使部分旱厕采用了便器洁具，粪便也未进行无害化处理，甚至有部分旱厕圈养牲畜，人畜共用粪坑。

① 《世卫组织统计：人一生约有3年时间在厕所里度过》，http：//news.sohu.com/20141119/n406158788.shtml。

② 周星、周超：《“厕所革命”在中国的缘起、现状与言说》，《中原文化研究》2018年第1期。

近几年的“厕所问题”是中国社会从农耕文明向工业文明、从乡土社会向都市化社会转型过程中出现的。以农耕文明为背景，传统的“厕所文化”以广大农村为“根据地”，但经由现代化进程带来的新文明形态，亦即工业文明、都市文明，导致中国出现了文明形态的大转换①。正是在这个转换的进程中，厕所在所难免地成为严重和深刻的“问题”。尤其是在温带季风性气候的北方，受气候条件影响，夏季旱厕气味难闻、蛆虫蚊蝇及病菌滋生，老人和孩子如厕的安全性较差，旱厕成为农村人居环境以及家庭微环境的“木桶短板”。更深层次的原因是，厕所不仅是解决人体排便、排尿等基本生理需求的场所，更是现代文明程度的体现，像卧室、厨房等居所构成一样，是标定农民身份认同的重要空间寄托②。

（二）“厕所革命”的全球化背景

2001 年，世界厕所组织（World Toilet Organization）在亚洲新加坡成立，成为全球厕所及公共卫生领域第一个国际性非营利组织，其主要任务是从全球化层面引领厕所卫生及设备改善。该机构每年都会在全球不同的会员国举办世界厕所高级别峰会（World Toilet Summit）。目前世界厕所组织有来自 53 个国家的 151 个国际会员。

自 2000 年以来，全球各地厕所文明参差不齐，日本等发达国家较早重视厕所文明且效果突出，但是仍有大量国家和地区厕所设计建设停滞不前，管理使用水平停留在 18、19 世纪。世界卫生组织一项报告显示：世界上仍有 40%的人口无法使用合理的公共卫生设施，致使传染病肆虐，每年夺去 200 万条生命③。正因如此，“厕所革命”一直被联合国作为改善贫困落后地区卫生环境的一项重要手段。

联合国在全球，特别是发展中国家和地区，积极倡导改善厕所环境，持续提升畜禽粪便管理水平。2013 年 7 月 24 日，第 67 届联大全体会议通过决议，将每年的 11 月 19 日设立为“世界厕所日”（UN World Toilet Day），旨在推动

---

① 周星、周超：《“厕所革命”在中国的缘起、现状与言说》，《中原文化研究》2018 年第 1 期。

② 冯雪红：《日常之蔽：以三江源厕所变革为例透视田野细微经验》，《民族学刊》2018 年第 5 期。

③ “世界厕所组织”，360 百科，https：//baike. so. com/doc/1210826 - 1280844. html。

人人享有环境卫生，实现可持续发展的共同愿景①。鉴于“厕所革命”带来的生态环保效益，一些知名人士和组织十分关注发展中国家的农村厕所改造情况，例如盖茨基金会资助研发新型厕所，倡导人们改变如厕习惯。

（三）中国“厕所革命”发展史

作为全球最大的发展中国家，也是四大文明古国，中国的厕所建造历史可以追溯到3000多年前的周朝，据《周礼》记载，周朝已开始在路边建设厕所。汉、唐时期，大街上没有公厕，平民家里必备便桶。唐宋时期，出现了专门经营“粪业”的人，以替家庭清扫厕所为主，操持“粪业”的人往往收入不菲。宋朝首都东京城内下水道呈网状布局，有专门的清洁工人负责城市卫生。明朝北京公厕数量稀少，一时产生了“京师无厕”的假象。明代王思任曾在《文饭小品》中绘声绘色作赋道：“愁京邸街巷作溷，每昧爽而揽衣。不难随地宴享，报苦无处起居。”清代佚名《燕京杂记》说：北京的公共厕所，入者必须交钱，故人都当道中便溺。直到清朝末年，这种情况才有所改观。北京各街道遍修厕所，不准随地便溺。而且，出现了大粪车，以摇铃为号②。

改革开放初期，我国开始开展对现代意义上的农村“厕所革命”的探索工作。在原农业部和全国爱国卫生运动委员会等部门的倡导下，一部分地区先期在小范围内探索性开展了农村厕所改造，是“厕所革命”先期进展的雏形，与20世纪50~70年代开展的爱国卫生运动、四害（苍蝇、蚊子、麻雀、老鼠）灭除运动、血吸虫病防治等工作同根同源。

20世纪90年代，农村改厕被纳入《中国儿童发展规划纲要》和《关于卫生改革与发展的决定》中，同时伴随卫生乡镇县城的创建，农村也逐渐掀起了“厕所革命”。1990年前后，借助北京市举办第十一届亚运会的契机，北京市政府组织进行了大规模的市容整洁行动，其中包括增建、改建公共厕所并开展卫生整治行动，拉开了我国大规模实施“厕所革命”的大幕。2002年，中国政府颁布《关于进一步加强农村卫生工作的决定》，要求在农村继续以改

① 联合国官方网站，https：//news. un. org/zh/story/2013/07/197812。

② 《世卫组织统计：人一生约有3年时间在厕所里度过》，http：//news. sohu. com/20141119/n406158788. shtml。

水、改厕为重点，整治环境卫生，预防和减少疾病的发生，促进文明村镇建设。2009 年，政府将农村改厕纳入深化“医改”的重大公共卫生服务项目中。2010 年，政府启动了以农村改厕为重点的全国城乡环境卫生整洁行动，促使农村的卫生厕所普及率迅速提升。2004～2013 年，中央政府累计投入 82.7 亿元用于改造农村厕所，实际改造了 2103 万户农户的厕所；全国农村卫生厕所普及率从 1993 年的 7.5% 提高到 2013 年的 74.1%①。进入新时代以来，国家自上而下实施的农村户厕大规模改造、旅游厕所改造升级等措施将改厕推向一个崭新的高度，以生动实践为“厕所革命”赋予了深刻的民生内涵。

中共中央总书记、国家主席、中央军委主席习近平在不同场合多次提出并倡导开展“厕所革命”，其情切切，其意拳拳。2014 年，习近平总书记在江苏省镇江市考察，强调“厕所改造是改善农村卫生条件、提高群众生活质量的一项重要工作，解决好厕所问题在新农村建设中具有标志性意义”。2015 年 3 月，他强调抓“厕所革命”是提升旅游业品质的务实之举；同年 7 月，在吉林省延边调研时，他再次强调：“新农村建设要来场厕所革命，让农村群众用上卫生的厕所。”② 2017 年，就旅游系统推进“厕所革命”工作取得的成效，习近平总书记进一步做出重要指示，要求“坚持不懈推进厕所革命，把它作为乡村振兴战略的一项具体工作来抓，努力补齐影响群众生活品质的短板”。2018 年，习近平在参加两会山东代表团审议时指出，要推动乡村生态振兴，扎实实施农村人居环境整治三年行动计划，推进农村“厕所革命”。2019 年全国两会时期，习近平在参加内蒙古代表团审议时，对农牧区开展农户厕所改造提出重要关切。

中共中央、国务院《乡村振兴战略规划（2018～2022 年）》提出，“实施厕所革命，结合各地实际普及不同类型的卫生厕所，推进厕所粪污无害化处理和资源化利用”，农村“厕所革命”正式上升到国家战略高度。2018 年，国家公布《农村人居环境整治三年行动方案》，“厕所革命”是其中改善农村人居环境的重要内容之一，标志着深入推进农村“厕所革命”在以政策文件形式上升为国家意志的同时进入了具体执行阶段。当前，“厕所革命”已经成为各

① 周星、周超：《“厕所革命”在中国的缘起、现状与言说》，《中原文化研究》2018 年第 1 期。

② 邹伟、胡浩、荣启涵：《民生小事大情怀——记习近平总书记倡导推进“厕所革命”》，http://politics.people.com.cn/n1/2017/1128/c1001-29673371.html?form=rect。

级党和政府的重点任务，推进力度大、实施层级高、影响范围广，是改善民生的又一重要落脚点。

二　山东省“厕所革命”的实践特征

作为北方传统旱厕的代表性地区之一，山东在全国最早开展了大规模的农村“厕所革命”。为系统、深入地推动农村“厕所革命”，山东省建立全省农村改厕工作联席会议制度，省直相关部门作为成员单位合力推进“厕所革命”，联席会议办公室设在省住建厅，各地以住房城乡建设主管部门为主（部分地区结合当地实际设立改厕主管部门，如青岛农村改厕工作由爱委会负责），推进机制在纵向与横向两个维度上都较为完善。“厕所革命”日渐深入，逐步形成了适宜山东省农村改厕现状的典型特征。2018 年 10 月，中央农办、农业农村部、卫生健康委在山东省淄博市召开了全国农村改厕现场推进会，将山东农村无害化卫生厕所改造的先进实践经验向全国推广。

（一）改厕区域实现省域范围广泛覆盖

山东“厕所革命”实践的第一个典型特征是：对农民实现了全省东、中、西地区的广泛覆盖。这种做法有别于全国其他地区推行的“厕所革命”，例如江苏省将“改厕普及村”作为典型的做法。

自 2015 年以来，山东省农村改厕数量快速增长。据官方统计，截至 2018 年底，山东省累计完成农村改厕约 1010 万户，仅 2018 年一年，山东省便完成改厕 174. 9 万户。这些改厕户既包括农村常住户，也包括一些常年外出务工但愿意参与改造的非常住户。总体来看，传统农村地区的乡（镇）农村改厕任务基本完成，剩余少量涉农街办改厕工作正在抓紧推进。涉农街办部分农户改厕工作滞后是因为原改厕政策未将城市辖区内的农户改厕列入财政支持范畴，该政策瓶颈现已突破，现行政策明确支持涉农街办农户改厕。

截至 2018 年底，全省已有 26 个县（市、区）农村无害化厕所 1% 抽样覆盖率超过 90%，占全部应改县（市、区）的 18. 3%①。从目前改厕完成的地

① 该数据包含各地独立开展农村厕所改造工作的开发区。

区分布来看，拥有较高完成率的县（市、区）主要分布在山东省中东部地区，淄博、威海、滨州最为集中；其他地区在大规模推进过程中，进展相对较慢，仅在青岛、泰安、临沂等地零星分布（数据截止到2018年底）。当前，各地正在加速推进这一工作，预计2019年改厕完成率将实现突破性增长。

（二）改厕技术因地制宜采取多种模式

山东省“厕所革命”实践的另一个特色是多种模式推进，不搞“一刀切”。各地农村的实际情况各不相同，地理状况、社会经济、人口结构、村庄规划、住宅布局等方面的差异都会对改厕模式选用产生一定影响。在保证改厕标准和质量并综合考量改厕成本的前提下，各地因地制宜采取了符合实际的改厕模式，大多数地方采用了三格化粪池厕所和双瓮漏斗式厕所两种类型。专栏1为三格化粪池式和双瓮漏斗式改厕模式简介。

专栏1　三格化粪池式和双瓮漏斗式改厕模式简介

1. 处理工艺

三格式和双瓮式化粪池是经工厂标准化生产的化粪池，在安装规范和正确使用前提下，通过对粪便过滤沉淀并加以发酵，保证粪便在化粪池内贮存60天以上，最终实现对粪便的无害化处理。山东省采用的标准化三格式、双瓮式化粪池设计容积分别为1.5立方米、1.2立方米。

2. 建设运行费用

一般来说，三格式、双瓮式化粪池初次建设安装费用分别为1200元、1000元，受施工条件、人力成本、厕具市场价格等因素影响，可能存在一定差异。运行费用主要为抽粪清运费，在正常使用的前提下，一般家庭户每年的费用为100～160元。

3. 管护机制

传统改厕模式后期管护包括抽粪清运与后续再处理两个环节。根据各地上报数据，在正常使用前提下，一般家庭户每年需抽粪3～4次。粪污的后续处理方式主要有三种：一是农户分散收集，用于农业种植；二是集中收集处理，转变为有机肥料；三是运输至污水处理厂，进行再处理。

根据建设条件差异，山东省主要采用了六种改厕模式（见图1）。其一，在条件允许的一般农村地区，如广袤的冲积平原地区，在群众自愿的基础上，优先推广三格化粪池厕所、双瓮漏斗式厕所改造模式，各地根据实际情况细分为一体式、砖砌混凝土式等子类；其二，在缺水村庄或丘陵山区，如鲁中山区、鲁西南地区，推广使用价格相对低廉的粪尿分集式厕所；其三，在重点饮用水源保护地区及生态敏感区，例如泰山及其连绵区、胶东半岛绿心地带，全面采用深度处理效果好的具有完整上下水道的水冲式厕所；其四，在城中村、城边村和集中居住的农村新型社区中，结合分散化污水处理技术，推广使用具有污水处理设施的水冲式厕所；其五，在部分产业园区及污水处理能力有余量的地区，推广使用改厕与生活污水处理一体化模式；其六，在以上改厕模式受限制地区，应因地制宜结合当地厕所改造历史，采用三联式（通）沼气池式厕所、双坑交替式厕所等类型。根据实际情况，对于确实不适用无害化卫生厕所改造技术的地区，做好粪便“无暴露”卫生管理工作。

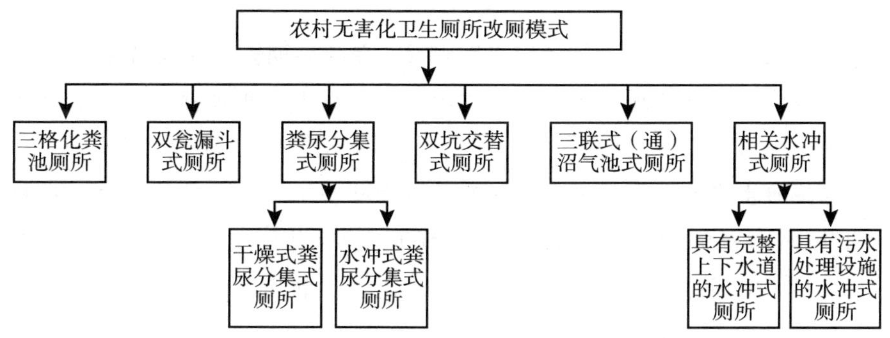

图1　山东省农村无害化卫生厕所改造模式

（三）改厕任务建管并重顺利衔接

山东省农村“厕所革命”实践的第三个特点是建管并重，既注重建设好又注重维护好，当前工作重心实现了由前期以“改”为主向后期以“管”为主的转变。目前全省各地市陆续出台了后期管护的相关政策，同时依据各自实际状况制定了丰富多样的解决方案。

农村改厕后期管护内容主要包括维修服务、清运服务、处理利用三部分。一是维修服务。在质保期出现的质保范围内的损坏由中标企业进行维修，维修费用由供货企业或施工单位承担，超出质保期、质保范围或人为损坏等情况，维修费用由农户承担。部分地区成立农村改厕服务站，如桓台县在当地设置售后服务机构配齐维修工具和厕具零部件，公开服务电话，提供低价有偿服务。二是清运服务。山东省各地市多采用三格式与双瓮式改厕，因此多需要粪污清运服务。从目前的状况来看，主要采用抽粪车抽运方式，费用出资方式主要有政府与农户共同负担式、农户自己负担式、政府包干式。三是处理利用。部分地区将清运后的粪污资源化利用，作为有机肥使用。如巨野王土墩村，由村集体出资建成一处无害化生物降解池，集中密闭堆肥，达标后销售给种植大户使用。部分地区将粪污清运送至污水处理厂处理。如沾化各乡镇财务市场化的方式，由旱厕清运有限公司分片区统一清理、运输、处理。专栏 2 为荣成市、桓台县、巨野县、单县后期管护实践简介。

专栏2　荣成市、桓台县、巨野县、单县后期管护实践简介

全省东中西部分地区在推进户内改厕的基础上，积极推进改厕后续管护工作。

荣成市由市水务集团负责农村改厕后续管护工作，全市每年投入镇村污水处理设施和户型处理器的费用约2500 万元，共建立了 5 处农村改厕管护服务站，对周边村庄改厕和污水处理设施进行管理、维护和粪液粪渣抽取，每户每年免费抽取 2～3 次。

桓台县下辖全部 8 个镇已全部成立清运公司，负责提供维修、清运、处理等服务，将抽取的粪液运送到蔬菜生产基地，发展无公害农业，构建起“农户 + 清运公司 + 蔬菜基地”的生态循环农业产业链。

巨野县探索建立村庄集中处理粪便的无害化生物降解池，王土墩村已建成运行一处，实现了对周边村庄粪液的统一抽运和处理利用。

单县采用粪尿分集式模式，该模式后续无须抽粪，绝大多数村民愿意将腐熟的粪便自行清运至农田，用作有机肥。

（四）改厕效果实现了户内人居环境与农村地区健康卫生环境的同步提升

山东农村“厕所革命”实践的第四个特点是实现了户内人居环境与农村地区健康卫生环境的同步提升。建设农村无害化卫生厕所，对传统旱厕进行全方位改造，厕所外观、内在构造均发生了巨大变化；采用水冲式的卫生洁具，对粪便的储存与处理均采用了无害化的设施和技术。对改厕居民进行访谈发现，对比改厕前后，旱厕气味难闻、蛆虫蚊蝇滋生的状况得到根本性改变，改厕后厕所的外观、功能、环境得到极大提升，安全性、卫生性、易用性得到极大改进，家庭生活环境、生活质量得到明显改善。据监测，农村改厕从源头上有效减少和预防农村疾病的传播，全省2017年农村群体甲乙类肠道传染病发病数较2015年下降了26.95%，其中作为重点肠道传染病之一的痢疾的发病数下降了34.23%①；两类疾病在2018年分别继续提高了3.54个百分点和3.53个百分点（见图2）。

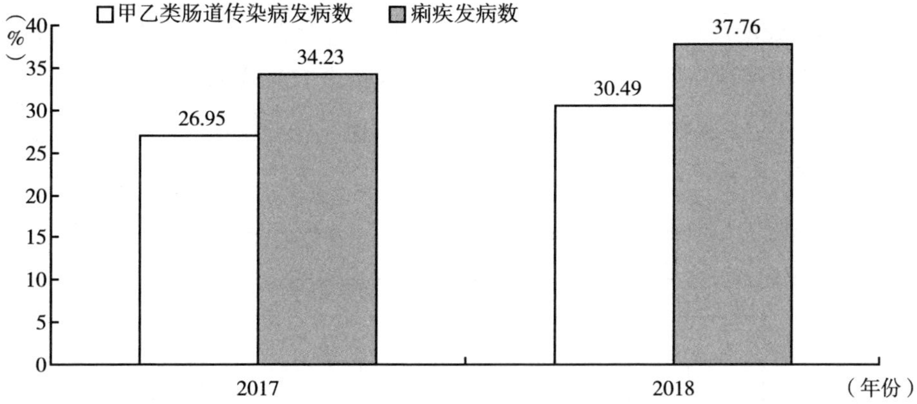

图2　2017年与2018年山东省农村群体传染病发病数相比2015年降幅情况

（五）改厕主观满意度普遍高于改厕完成率

山东农村“厕所革命”实践的第五个特点是群众主观满意度普遍高于改

① 《山东农村厕改：三级财政补助让群众少花钱不花钱》，新华网，2019年1月17日，http：//www. xinhuanet. com//politics/2019 -01/17/c_ 1124003964. htm。

厕完成率。群众改厕满意度是农村改厕考核验收的最重要指标之一，山东省农村改厕群众满意度处于较高水平。以全省改厕村庄为抽样框，采用分层抽样方法，保证改厕镇（乡、街道）样本全覆盖，村庄及农户随机选取，对全省利用财政资金实施改厕户开展1%农户规模的抽样调查，2016、2017年度的群众改厕满意度分别为99.41%、97.78%，即使对比改厕完成率较高地区，主观满意度也比改厕完成率高7~9个百分点。原因主要有：全省农村厕所改造资金全部由各级财政承担，大部分地区农民不用掏一分钱便可以用上干净、卫生的无害化厕所；以农民意愿为前提，做到“从群众中来到群众中去”，实现了“应改尽改”；改厕效果直接与农民日常生活息息相关，满足了新时代农民急切改善居住环境的需求。

三　山东省“厕所革命”的政策体系

农村“厕所革命”复杂性强、难度大，之所以能取得一些成绩，离不开主管部门构建的严密、科学的政策体系。山东省从全省农村户厕改造的实际出发，经过多年探索，初步建立起以《关于深入推进农村改厕工作的实施意见》（鲁办发〔2015〕50号）为主体，涵盖建设、管护、利用等环节的“1+N”“厕所革命”政策体系（见图3）。

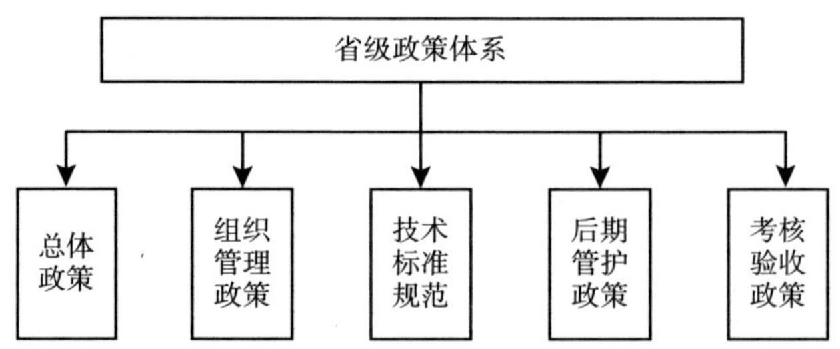

图3　山东省农村改厕省级政策体系构成

（一）政策总体设计

2015年底，山东省下发了《关于深入推进农村改厕工作的实施意见》（鲁办发〔2015〕50号），从全省层面启动了农村改厕工作，对全省改厕工作做出系统性部署。同年，省财政厅下发《山东省农村改厕省级奖励补助办法》（鲁财农改〔2016〕8号），对山东省开展农村改厕的资金来源、管理、使用做了明确规定。2018年，山东省农村改厕工作联席会议办公室印发了《全省东中西农村无害化卫生厕所改造提升试点工作实施方案（2018～2020年）》，要求进一步提高农村改厕的科学性、实用性，坚持分区域、分类别精细化推广，推动全省农村“厕所革命”高质量发展。当前，围绕保障“厕所革命”的深入实施，对应不同时点的差异化任务，一系列后续政策仍在继续完善。

（二）组织管理政策

《关于建立全省农村无害化卫生厕所改造工作联席会议制度的通知》（鲁建村字〔2015〕29号）和《关于建立全省农村无害化卫生厕所改造工作调度制度的通知》（鲁建村字〔2016〕6号）旨在统筹协调，打破农村“厕所革命”的重大制约，理顺成员单位职责；加强对深入推进全省“厕所革命”工作的督促指导；及时评估“厕所革命”的开展情况，总结好的做法和经验，提出宣传推广意见和建议。

（三）建设技术规范

山东省依据《粪便无害化卫生要求》（GB7959－2012）、《农村户厕卫生规范》（GB19379－2012）等国家标准，结合自身实际，制定了《一体式三格化粪池（聚乙烯、共聚聚丙烯、玻璃纤维增强复合材料）》（DB37/T 2792－2016）、《一体式漏斗化粪池（聚乙烯、共聚聚丙烯、玻璃纤维增强复合材料）》（DB37/T2793－2016）、《农村无害化卫生厕所使用与维护规范》（DB37/T 2867－2016）、《农村一体式无害化卫生厕所施工及验收规范》（DB37/T5062－2016），为山东省改厕提供了明确的技术标准依据。

（四）后期管护政策

2016年印发的《关于做好农村卫生厕所冬季防冻和引导群众正确使用改后厕所工作的通知》（鲁建村函〔2016〕41号）提出了后期管护的相关要求。2017年6月，山东省住房和城乡建设厅发布了《关于加快建立农村无害化卫生厕所后续管护长效机制的意见》（鲁建村函〔2017〕19号），要求着眼于改厕工作的规范化、制度化、长效化，建立健全相关制度，加快建立符合农村实际的无害化卫生厕所长效管护机制。2018 年发布的《中共山东省委农村工作领导小组办公室关于加强农村无害化卫生厕所后续管护工作的通知》（鲁机发〔2018〕896 号）、《山东省人民政府办公厅关于加快建立长效管护机制深入推进农村“厕所革命”的通知》（鲁政办字〔2018〕151 号）要求扎实推进农村“厕所革命”，巩固农村改厕工作成果，确保其长期发挥效益。

（五）考核验收政策

2016 年，多部门联合发布的《关于印发〈山东省农村无害化卫生厕所改造考核验收办法（试行）〉的通知》（鲁建村字〔2016〕24 号）为全面考核和公正评价各市农村改厕工作、规范改厕流程、确保改厕进度、提升改厕质量提供了政策支撑。2017 年，《关于印发〈全省农村无害化卫生厕所全覆盖县（市、区）认定办法〉的通知》（鲁建村函〔2017〕1 号）对全覆盖县（市、区）认定流程以及标准做了规定。2018 年度，根据山东省改厕实际情况，山东省住房和城乡建设厅印发了《关于调整〈全省农村无害化卫生厕所全覆盖县（市、区）认定办法〉的通知》（鲁建村字〔2018〕46 号），进一步完善了认定标准。

四　“厕所革命”过程中存在的问题

受外在条件的制约，山东省农村“厕所革命”在向纵深推进的过程中，仍然存在诸多问题，需要在下一阶段加以解决。

（一）省内不同地区农村“厕所革命”的进展不平衡

受制于各地发展水平，全省东、中、西部地区在改厕资金投入、改厕完成率、改厕模式等方面存在明显的不平衡现象。一是资金投入差别大。据调查，东部地区配套资金较为充分，基本不需要农户出资。如荣成市财政按照砖砌化粪池每户 1200 元、聚乙烯化粪池每户 1300 元的标准给予农户奖补，户型处理器按实际发生金额全额奖补，运行维护费用主要由政府财政承担。桓台县提高县财政补助标准，每户补助 500 元。西部个别市 2016、2017 年两年的市级财政补助金额平均每户不到40元，其余费用由县级财政采用逐年偿还的方式承担。二是改厕进度差别大。荣成市、桓台县等24个县（市、区）改厕进展较快，改厕完成率均超过90%，但仍有超过八成的县（市、区）农村改厕进展相对滞后。三是改厕档次差别大。东部地区在改厕模式、厕屋建设等方面的质量和档次明显高于西部地区，如荣成市采用了厕污一体化处理模式；聊城、菏泽等西部地区主要采取三格化粪池式、双瓮漏斗式、粪尿分集式等模式；单县、巨野县部分村庄甚至出现农户要求把三格化粪池式厕所、双瓮漏斗式厕所更换为粪尿分集式厕所的现象，厕屋建设简陋，卫生状况较差。

（二）农村户厕改造的覆盖范围有“死角”

山东省农村“厕所革命”范围覆盖了八成以上农村地区，但受上级政策与行政区划调整等外在因素限制，部分目前尚属于农村性质的户厕未被纳入改造范围。一是因街道办事处在行政隶属上属于城区的范畴，山东省先行改厕补助办法未将街道办事处内的村庄纳入农村厕所改造范围，目前街道办事处内的村庄的改厕不能享受改厕奖补资金政策。二是部分列入土地增减挂钩试点、五年规划改造的村，因政策变化，未完成相关规划，也未全面实施改厕，导致村民未享受到改厕红利。三是部分位于山区的边远村受制于山区石基难以开挖，改厕机械和后期管护设备难以进入，现有财政资金总量难以完成如此艰难的施工任务，导致少部分农民未参与厕改。

（三）部分地区农村户厕改造标准不够高

“厕所革命”是一项系统工程，各地在地下化粪池、厕具配备、厕屋建设等方面仍有较大提升空间。一是部分厕所配件安装不够规范。例如，厕所排气管高度不达标，有的地方甚至出现改造完成后拔掉排气管的现象，存在一定安全隐患，也不利于厕所臭味消散。二是地上厕屋建设水平有待提高。山东省西部地区普遍存在厕屋简陋的问题，部分农户厕所仅有围挡，顶部未覆盖或覆盖不全，厕所内堆集杂物较多，环境脏乱差，存在雨水直排厕坑以及杂物堵塞的隐患。三是室内厕具质量有待提高。部分高压冲水设备因产品设计问题，踩踏出水较为费力，老年人和儿童使用不便；有的地方储水桶没有按照要求埋入地下，存在冬天结冰就无法使用的问题。

（四）农村户厕改造完成后的抽用链条不完善

当前推进农村“厕所革命”，关键是按照卫生标准和污染控制的要求，完善厕所设计、坑厕清洁、粪污收集处置、管理维护的集合体，解决农村厕所的系统性问题①。山东省个别地区还存在重建轻管现象，厕具维修、粪液抽取、利用处理服务不到位，问题频发。一是专业抽运队伍缺位。部分地区没有配备专门的抽运队伍，主要以农户自己抽或联系其他农户抽为主，没有建立起覆盖到村到户、随叫随到、“一竿子插到底”的抽用体系，存在找不到人抽、抽后自行运、运后无处存、存后无处用等问题。二是终端利用市场缺位。各地大多未建立市场化的粪液处理利用机制，没有打通与大棚、苗圃、有机肥工厂、污水处理厂等不同类型场所的粪污利用终端，未实现资源的有效利用。三是厕污一体处理衔接缺位。除荣成市、齐河县、东阿县等采用分散化处理技术进行一定探索外，其余地方均未实现改厕污水和其他生活污水的一体化处理。

五　推动山东省“厕所革命”的政策建议

深入推动农村“厕所革命”仍然受到各种客观因素的制约。从人口构成来看，2018 年全省常住人口城镇化率已达 61.18%，农村普遍存在老年人、常年在外务工户等低意愿改造群体，老人受传统习惯、生活方式和行动不便等影响，不愿意进行改造；常年在外务工的农户长期生活在城市，庭院普遍处于空置状态，本人不愿或难以联系进行改造。从建设基础条件来看，有的农房胡同过于狭窄，庭院可利用空间很小，不适用现行户用厕所改造技术。鉴于以上分析，建议从以下六个方面着手，推动全省农村“厕所革命”向纵深迈进。

（一）完善体系，强化后期管护

紧紧依靠各级党组织，在“厕所革命”过程中推动乡村组织振兴。广泛发动群众、依靠群众，提高农民参与农村“厕所革命”的积极性和主动性，

① 黄圣彪：《推进厕所革命需要解决的技术问题及措施建议》，《中国环境管理》2018 年第 2 期。

倡导已改厕户向周边未改厕群众、省内外农民、媒体记者讲好山东“厕所革命”故事，在政府及相关机构的科学指导下，把厕所建好、管好、用好、宣传好。建议各级政府部门成立农村改厕工作专班和推进办公室，抽调人员负责农村改厕工作的统筹协调、整体推进和督导落实。按照统筹建管、重在管护的思路，建立完善“户抽取、村集中、镇管理、县监测、市考核、省统筹”的管养体系。引导群众正确使用和维护厕所，充分利用广播、电视、报刊、微电影、宣传标语等多种形式，注重发挥农村妇女、儿童等关键作用，积极开展改厕宣传教育活动，将良好生活习惯、规范卫生行为等纳入村规民约，增强村民文明意识。

（二）分类推进，完善制度设计

客观评估不同地区在经济基础、群众意识、生活习惯等方面存在的差异，研究制定适用于山东省东、中、西部不同地区的改厕指导意见。东部地区在实现全覆盖、加强管护的基础上，探索推进改厕和污水处理一体化，将厕所污水、餐厨污水、洗浴污水等统一收集处理。中部地区加快推进改厕全覆盖，构建维修服务、清运服务、利用处理等制度体系，确保改厕正常运转。西部财政压力较大地区充分尊重群众意愿，根据群众需求选择合适的改厕模式和养护管理方式，实现“愿改尽改”。省财政实施差异化奖补制度，适当提高对西部地区财政困难县（市、区）的奖补标准，推动“厕所革命”向条件艰苦地区延伸。

（三）品质为先，提高改厕质量

落实地方主体责任，常态化开展农村户用厕所质量治理行动，细化改进措施，确保改厕质量。按照省定规范强化化粪池细部建设标准，推动工作关注点由建设规模向建设质量聚焦，立体化提高厕所地上、地面、地下工程建设质量，保证厕屋有顶、厕具干净、厕内整洁、粪污无害。优化现有厕具储水桶设计，增强厕所保暖性能，提高农户参加“厕所革命”的意愿。

（四）源头治理，减少收运环节

具备条件的村可以采取改厕与生活污水处理一体化模式，一步到位实现厕污“户内清”。采用三格式和双翁式改厕模式的村庄可以镇或村为单位，以

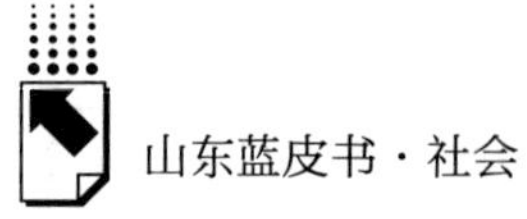

1000户左右的规模为标准，统一建立地埋式生物降解池，单村或周边村统一收集、集中堆放、循环利用，实现粪渣粪液“不出乡”。对于农村新型社区、生态敏感村、文化旅游村、国家传统村落、美丽宜居村庄、乡村振兴示范村等条件优越村庄，在科学测算污水有效径流的前提下，稳步推进分散式污水处理，实现生活污水“全处理”。

（五）引入市场，实现资源利用

农村厕所粪污既是污染源，也是很好的资源，对解决粪污在生活—生产—生态系统中的循环利用问题至关重要。打通隔阂，完善链条，建立市场化“收、储、运、销”机制。联通市场，以村镇为单位，加强与种植大棚户、有机肥生产企业、沼气公司、污水集中处理企业等粪污利用市场主体之间的联系。推广荣成市改厕治污一体化处理、公司化运营的做法，以县（市、区）为单位，委托专业污水处理公司统一收集、统一处理、统一监测，实现粪污专业化管理、中水规模化利用。加强对农村卫生厕所管护服务单位的监管，合理确定粪液抽取服务的指导收费标准。

（六）统筹施策，形成政策合力

统筹规划、环保、市政、卫生、制造、建设等多目标要求，立足于构建厕所系统集合体，制定统一的农村厕所规范标准，避免同一阶段内的反复建设和重复投资。结合美丽乡村建设、新型社区建设、增减挂钩、美丽村居创建、乡村振兴“百十千”示范工程等工作，以村庄为单位，统筹部署涉农改革各项工作，实现村庄厕、路、暖、水、电、房等基础设施改造工程“同提升”。结合农业转型升级，与循环农业、有机农业发展相衔接，实现粪污利用“有出口”。促进粪污收运与城乡环卫一体化工作相衔接，做到多项工作一班人马，实现“有人管”。

参考文献

《世卫组织统计：人一生约有3年时间在厕所里度过》，http：//news. sohu. com/

20141119/n406158788. shtml。

冯雪红：《日常之蔽：以三江源厕所变革为例透视田野细微经验》，《民族学刊》2018 年第 5 期。

周星、周超：《“厕所革命”在中国的缘起、现状与言说》，《中原文化研究》2018 年第 1 期。

“世界厕所组织”，360 百科，https：//baike. so. com/doc/1210826 - 1280844. html。

《山东农村厕改：三级财政补助让群众少花钱不花钱》，http：//www. xinhuanet. com//politics/2019 - 01/17/c_ 1124003964. htm。

黄圣彪：《推进厕所革命需要解决的技术问题及措施建议》，《中国环境管理》2018 年第 2 期。

Contents

I General Report

Abstract: 2018 is the beginning of implementation of the rural revitalization strategy. Shandong province has formulated and issued the "1 + 1 + 5 + N" rural revitalization policy planning system, which has been the framework for Qilu model of rural revitalization. Shandong has launched the "ten hundred thousand" demonstration project for exploring new models and experiences of Qilu rural areas, innovated the mechanism for managing agriculture-related funds which been allocate the county level in an integrated way, cultivated the "New Six Yields in Agriculture" and new type of agricultural businesses , and reformed the rural collective property rights system in a provincial-level pilot project to activate key resources. A three-year campaign to improve rural human settlements has been launched, and land use system reform been carried out to activate scattered plots of unutilized land in rural areas. Focus on rural talents' training, importing , setting down and retaining to promote the revitalization of rural talent, Promoting rural governance through the construction of grass-roots Party organizations, shaping the soul and patterns of rural civilization, the overall force of rural revitalization further cohesion. The shortcomings of agricultural modernization, farmers' income increase, rural infrastructure and public service, main body function of farmers rural revitalization, and the shortage of system supply of urban-rural integrated development need to be addressed in the implementation of the rural revitalization strategy in 2019. A blueprint has been drawn for rural revitalization in Shandong in 2018. In 2019, the plan will and should be further implemented through institutional reform and innovation.

Keywords: Rural Revitalization; Qilu Model; Urban-rural Integrated Development; Institutional Innovation.

Ⅱ Topical Reports

Abstract: From perspectives of labor force and production activity, the article analyzed achievement and problem of rural industry vitalization and talent vitalization in Shandong Province. As to labor force structure, there're so widespread phenomena of multiple job-holding, aging and less schooling that farmers are unqualified for rural vitalization strategy. Although we have made great progress in education of new type of skilled farmers, there is still large gap between the status quo and the long-run goals. As to the agriculture production, food crops and cash crops cultivations are still consist of main part of agriculture, though it has made headway in promotion of agriculture labor productivity, agriculture mechanization and reduction of chemical fertilizer and pesticide. Up to now, there are twenty two thousands of agriculture industrialization organizations and one hundred and sixty thousands of farmer cooperation organizations. We must fully recognize that there are still lots of contradictions and problems such as land costs, capital shortage and business risks that constrain development of agriculture production and business.

Keywords: Agriculture Labor; New Type of Skilled Farmer; Agriculture Industrialization; New Six Yields in Agriculture

B. 3 Current Conditions, Problems and Countermeasures of Rural Research on Rural Old-age Problems and Countermeasures in Shandong, 2018 –2019 *Li Ai* / 086

Abstract: Based on the analysis of the characteristics of the aging rural population in Shandong province, this paper discusses the current situation and predicament of the rural old-age pension model, and puts forward a plan to integrate the development of rural and urban areas, improve the rural old-age pension security system and social assistance system, and encourage the participation of social forces. Carry forward the suggestion of respecting and loving the old traditional culture.

Keywords: Rural Old-age Pension; Ageing of Population; Old-age Model; Urban and Rural Integration

B. 4 The Development Status of the Health Care Services and Medicare System in Rural Areas of Shandong and the Corresponding Policy Proposals, 2018 –2019 *Ji Yanan* / 103

Abstract: This paper, focusing on the development of health care and medicare system of rural Shandong in 2018, analyzes the health status of the rural residents, the supply and demand on medical care and the development of medicare system. Meanwhile, some concerns will be also put forward, such as the disparity of medical resources between the town and the countryside, the economic overburden of disease, the insufficient supplement of elderly service and the situation of poverty due to illness. In order to speed up the program of "Rural Vitalization" and "Healthy Villages and Towns", some proposals are going to submitted on enhancing the top-level design of health service, developing a multi-level medicare system, training the rural medical and health talents and facilitating the health-related industries.

Keywords: Rural Vitalization; Healthy Villages and Towns; Health Assistance for Poverty Alleviation

B. 5 Current Conditions, Problems and Countermeasures of Rural Culture Vitalization in Shandong, 2018 -2019

Zhu Xiaoshu / 134

Abstract: Since the 19th CPC National congress, Shandong government has taken strengthening the construction of spiritual civilization in rural areas and promoting the prosperity of rural culture as their work targets. Around the construction of public cultural facilities, the supply of public cultural services, the protection of excellent traditional culture and other fields, Shandong has made considerable achievements in carrying out the strategy of rejuvenating rural culture, actively promoting the cultural participation and consumption of rural residents. But in practice, there are still some practical problems, such as the disconnection between the supply and demand of rural public culture, the low participation rate of rural residents in cultural activities, all kinds of uncivilized phenomena exist in different degree, the shortage of rural cultural talents, and the difficulty of industrialization of rural culture. Based on this, this paper analyzes the current situation, problems and causes of rural cultural revitalization in Shandong province by using the statistical data collected from Shandong General Socio-Economic Survey hold by SDASS in 2018 and data published by the department of culture and tourism of Shandong province. Then puts forward countermeasures and suggestions to accelerate rural cultural revitalization, these countermeasures and suggestions include: promote ideological and ethical progress in rural areas, strengthen public cultural services, carry forward farming culture, cultivate local cultural talents, and develop rural cultural industries.

Keywords: Culture Vitalization; Rural Vitalization; Public Service Supply; Rural Spiritual Civilization Construction

B.6 Current Conditions, Problems and Policy Suggestions of Rural Ecological Civilization Construction Shandong, 2018 -2019

Zhu Xiaoshu / 156

Abstract: This paper analyses the data collected from Shandong General Socio-Economic Survey hold by SDASS in 2018, data from Statistical Yearbooks and the latest data published by Shandong Government and Shandong Eco-environmental Protection Department. Finds that in 2018, Shandong Province integrated the construction of ecological civilization with the work of rural revitalization closely, strived to promote the construction of rural ecological civilization, and has made some achievements. However, there are still some problems in the construction of ecological living environment, the comprehensive prevention and control of agricultural pollution, the enhancement of residents' awareness of environmental protection, and the prevention of social risks of ecological environmental protection. So this paper will provide some policy suggestions on these following aspects: ecological civilization, production mode, life style and how to improve institutions and mechanisms.

Keywords: Environmental Protection; Ecological Civilization; Rural Revitalization; Agricultural Pollution

B.7 Current Situation, Problems and Countermeasures of Rural Development in Shandong Province in 2018 -2019

Tao Jinyu / 180

Abstract: Rural development is the foundation of rural vitalization, the strategy of rural vitalization needs to be implemented at the rural level. Through the sample survey of 100 villages, roughly half of the villages are demonstration-led villages and characteristic developmental villages, which have more location advantages than relocation villages. Efficient agriculture, investment solicitation, electronic commerce, leisure agriculture and rural tourism are leading industrial choices in village planning. More than 30% of the rural residents' income comes from secondary and tertiary industry, more than 90% of villages have improved their living environment. lack of economic projects, capital and technology, loss of elite labor force, less arable land per capita, inconvenient transport and environmental pollution are the main factors restricting the development of villages. Based on the analysis of the current situation, problems and trends of rural development in Shandong Province, this paper puts forwards some countermeasures to promote the development of villages.

Keywords: Rural Vitalization; Rural Development; Rural Governance

Abstract: Under the background of the strategy of rural revitalization, the construction of rural governance system in Shandong Province can enhance the autonomous ability of villages and towns, promote industrial integration and talent revitalization, develop ecological organic agriculture industry, inherit excellent culture, and rebuild civilized rural style and beautiful rural construction. However, facing the development environment of the new era, rural governance is facing some problems and challenges, such as hollow rural areas, weakening the main body of rural governance, lack of innovation vitality, insufficient attention to the role of rural governance, fragmentation of rural governance, lagging behind the development of rural economy, disconnection from the actual needs and so on. In response to the challenge, Shandong should actively adjust its development strategy, build a pluralistic cooperative governance model of Party organization leadership, explore the integration of "three governance", make full use of the "Internet +" means to innovate rural governance, encourage villagers and Xinxiang virtuous to participate in the process of rural governance, and assist rural "five revitalization".

Keywords: Rural Revitalization; Rural Governance; Social Governance

B. 9 Development of Small Towns in Shandong Province 2018 –2019 Current Situation, Trend and Countermeasure *Li Wei* / 226

Abstract: In this paper, it systematic combs the policy background to strengthen the construction of small characteristic towns and charming towns by Shandong provincial party committee and government, from natural geography, administrative division and leading industry development. By analyzing, it points out that small characteristic towns of Shandong province achieves remarkable results of development quality, industry cultivation, town scale and efficient management aspects in 2018. However, there are still some problems of regional coordinated development, strengthening leading industries, updating development concepts and market resource allocation. This paper points out that under the background of the Conversion of Old and New Kinetic Energy and the Strategy of Rural Revitalization, the construction of small characteristic towns is still the hot spot of Shandong economic and social development, and it is also an important carrier for the implementation of national strategy. In the future, the development of small characteristic towns should pay attention to several key points. It also puts forward policy suggestions from the aspects of implementing new ideas and strategies, highlighting new characteristics and exploring new mechanisms.

Keywords: Small Characteristic Towns; Industry Cultivation; New-type Urbanization

B. 10 Report of Rural Youth Development in Shandong Province 2018 *Chen Jianwei* / 240

Abstract: Using rural youth survey data provided by CCYL of Shandong Province, the article analyze the population structure of rural youth, achievements and problems of development of rural youth in Shandong Province. Further, the article analyze rural youth's opportunity of starting business, and ways of servicing rural youth group. The article find that there are constant diminish of youth population and youth human capital in rural area. At the same time, rural youth has gained great progress in education level, and the group is full of enthusiasm for starting business. All levels of CCYL should seize opportunity of rural vitalization strategy, make full of use their organizational influence to better service rural youth group, promoting the group engage in activities of starting business, fighting against poverty, protecting environment, volunteering service and participating grass-roots governance.

Keywords: Rural Youth Group; Development of Youth; Youth Rights and Interests; Start Business

Abstract: The rural grassroots organization of the Communist Youth League is the link and bridge to implement the important decisions and arrangements of the party and group organizations, and to organize and link with the vast number of rural youth members. It shoulders the heavy responsibility of conveying fresh blood to the party organizations. Investigating and studying the construction status of rural Communist Youth League in Shandong Province has important theoretical and practical significance for scientifically analyzing and judging the current situation of the grassroots group organization and work of the Communist Youth League and promoting the grassroots construction of the group. Through the analysis of the status quo of rural youth development and the construction of the Communist Youth League in the province, the paper analyzes the problems and reasons of the current rural members, regiments, and regiments, and identifies the points of party and government concern, youth needs and the Communist Youth League, and adheres to the party building. In order to effectively promote the construction and development of the rural Communist Youth League in Shandong Province, effective countermeasures and suggestions are put forward in such aspects as insisting on Party building leading the construction of the League, paying close attention to the education and management of the League members, strictly managing the League cadres and strengthening the construction of grass-roots League organizations. The specific countermeasures include promoting grass-roots league construction to be included in the assessment of Party construction work deployment, promoting the construction of "wisdom League construction" system, innovating the cadre allocation mode of grass-roots league, and strengthening the construction of "youth home" position.

Keywords: Rural; League Member; Youth League Cadres; Youth League Organization; Communist Youth League Construction

Abstract: The rural toilet revolution is a livelihood project with wide scope, high social concern and strong systematicness in the new era. It is an important foothold of the current major strategic decision-making and the component content of the key work deployment. Promoting the rural toilet revolution is of great significance for improving the rural living environment and ensuring people's physical and mental health. By using the methods of statistical analysis, text data analysis and field investigation, this paper explores the policy system, present situation, existing problems and policy suggestions of rural household toilet renovation in the whole province, which can systematically outline the rudiment of the practice of toilet revolution in the whole province. Our province took the lead in formulating and implementing the 1 + N − policy-system of rural toilet improvement throughout the country, promoting the toilet revolution practice to cover all farmers, changing the toilet technology model to adapt to local conditions, shifting the focus of work to later management and protection, and transforming the effect of toilet improvement to the direction of sustainable utilization of resources. At present, the satisfaction of the people in rural areas has reached more than 97%. However, in view of the reality of rural toilet improvement, there are still some problems, such as unbalanced progress between regions, dead corners in coverage, low reform standards, imperfect links between the use of manure, and so on. It is necessary to further coordinate measures to improve the system design, improve the quality of toilet improvement, strengthen late management, and greatly improve the septic benefits of manure resources.

Keywords: Rural Areas; Toilet Revolution; Shandong

✧ 皮书起源 ✧

“皮书”起源于十七、十八世纪的英国，主要指官方或社会组织正式发表的重要文件或报告,多以“白皮书”命名。在中国,“皮书”这一概念被社会广泛接受，并被成功运作、发展成为一种全新的出版形态，则源于中国社会科学院社会科学文献出版社。

✧ 皮书定义 ✧

皮书是对中国与世界发展状况和热点问题进行年度监测，以专业的角度、专家的视野和实证研究方法，针对某一领域或区域现状与发展态势展开分析和预测，具备原创性、实证性、专业性、连续性、前沿性、时效性等特点的公开出版物，由一系列权威研究报告组成。

✧ 皮书作者 ✧

皮书系列的作者以中国社会科学院、著名高校、地方社会科学院的研究人员为主，多为国内一流研究机构的权威专家学者，他们的看法和观点代表了学界对中国与世界的现实和未来最高水平的解读与分析。

✧ 皮书荣誉 ✧

皮书系列已成为社会科学文献出版社的著名图书品牌和中国社会科学院的知名学术品牌。2016 年，皮书系列正式列入“十三五”国家重点出版规划项目；2013~2019 年，重点皮书列入中国社会科学院承担的国家哲学社会科学创新工程项目;2019 年,64 种院外皮书使用“中国社会科学院创新工程学术出版项目”标识。

中国社会发展数据库（下设 12 个子库）

全面整合国内外中国社会发展研究成果，汇聚独家统计数据、深度分析报告，涉及社会、人口、政治、教育、法律等 12 个领域，为了解中国社会发展动态、跟踪社会核心热点、分析社会发展趋势提供一站式资源搜索和数据分析与挖掘服务。

中国经济发展数据库（下设 12 个子库）

基于“皮书系列”中涉及中国经济发展的研究资料构建，内容涵盖宏观经济、农业经济、工业经济、产业经济等 12 个重点经济领域，为实时掌控经济运行态势、把握经济发展规律、洞察经济形势、进行经济决策提供参考和依据。

中国行业发展数据库（下设 17 个子库）

以中国国民经济行业分类为依据，覆盖金融业、旅游、医疗卫生、交通运输、能源矿产等 100 多个行业，跟踪分析国民经济相关行业市场运行状况和政策导向，汇集行业发展前沿资讯，为投资、从业及各种经济决策提供理论基础和实践指导。

中国区域发展数据库（下设 6 个子库）

对中国特定区域内的经济、社会、文化等领域现状与发展情况进行深度分析和预测，研究层级至县及县以下行政区，涉及地区、区域经济体、城市、农村等不同维度。为地方经济社会宏观态势研究、发展经验研究、案例分析提供数据服务。

中国文化传媒数据库（下设 18 个子库）

汇聚文化传媒领域专家观点、热点资讯，梳理国内外中国文化发展相关学术研究成果、一手统计数据，涵盖文化产业、新闻传播、电影娱乐、文学艺术、群众文化等 18 个重点研究领域。为文化传媒研究提供相关数据、研究报告和综合分析服务。

世界经济与国际关系数据库（下设 6 个子库）

立足“皮书系列”世界经济、国际关系相关学术资源，整合世界经济、国际政治、世界文化与科技、全球性问题、国际组织与国际法、区域研究 6 大领域研究成果，为世界经济与国际关系研究提供全方位数据分析，为决策和形势研判提供参考。

法律声明